孙永健——著

周易
你读懂了吗？

ZHOUYI NI DU DONG LE MA？

团结出版社
UNITY PRESS

图书在版编目(CIP)数据

周易你读懂了吗? / 孙永健著. –– 北京:团结出
版社,2022.10
ISBN 978-7-5126-9548-1

Ⅰ.①周… Ⅱ.①孙… Ⅲ.①《周易》—研究 Ⅳ.
①B221.5

中国版本图书馆CIP数据核字(2022)第151839号

周易你读懂了吗?

孙永健 著

出　　版:团结出版社
　　　　　(北京市东城区东皇城根南街84号　邮编:100006)
电　　话:(010)65228880　65244790
网　　址:http://www.tjpress.com
E - mail:zb65244790@vip.163.com
经　　销:全国新华书店
印　　装:四川煤田地质制图印刷厂

开　　本:185mm×260mm　16开
印　　张:33.5
字　　数:606千字
版　　次:2022年10月第1版
印　　次:2022年10月第1次印刷

书　　号:978-7-5126-9548-1
定　　价:128.00元

开始动笔写这本书的时候，曾定书名为《换个角度看周易》，以表我看《周易》的特殊视角，即与传统的思维定式截然不同的新视角。

《周易》问世，已有三千年历史。在这段漫长的时间里，人们深受古代占卜算卦甚至巫术的熏染，把《周易》里的"八卦"符号视为八种自然现象：

八卦符号：▦ ▦ ▦ ▦ ▦ ▦ ▦ ▦

自然现象：地 雷 水 泽 山 火 风 天

在此基础上，又把这八种"自然现象"互相搭配生成的64种"征兆（卦象）"，当作预示"天意"的工具。

随着科学进步与普及，人们逐渐认识了各种自然现象生成的起因，并掌握了多种自然规律，这便动摇了"自然征兆"预示"天意"的基石。由此，在没有认识到《周易》还隐藏其它含意的情况下，《周易》很容易被贴上"迷信"的标签。

初略知晓些许商周时代的历史，尤其《周易》作者的人生经历后，心里反而生出一串奇怪的问题：《周易》真是一部占卜算卦的工具书？难道《周易》的作者姬昌——那个时代最杰出的部落首领——也会像巫师那样痴迷于法术？难道周部落推翻了统治中原长达500多年的殷商王朝，靠得是"自然征兆"的预测？

带着这样的疑惑，我开始潜心研读《周易》，渐渐发现它是一部以占卜算卦为幌子，用隐语密码写就的"兵书"。

　　《周易》里的"卦象"含意,根本不是"自然现象"的叠加组合,而是周文王姬昌推演国家综合实力的"模盘",是敌我双方实力对比的64种情况。《周易》里的64个"卦辞",看似占卜算卦的术语,实则是针对上述64种不同情况(卦象)而制定的相应对策。

　　周部落由小到大,由弱到强,最终彻底战胜实力强大的殷商王朝,正是在这部用隐语密码写就的"兵书"指导下,完成了历史的更替。

　　破解《周易》为"密码兵书",是一件非常困难的事情。起初,我试图通过查找文献资料获得证据,但在《易经》典籍的海洋里(注:我个人理解,《易经》是对《周易》的哲学解释和发挥,而且是超发挥),却没有发现丝毫线索。于是,只好改变破解《周易》密码的思路,尝试用逻辑推理方式解开《周易》之谜。

　　这项工作就像破译电报密码那样,首先设定《周易》的"卦象"、"卦名"和

"卦辞"三者之间存在的纵横交错的诸多逻辑关系式，然后将想到的各种可能性放入上述逻辑关系式里进行检验。只有通过了所有的逻辑关系验证的可能性，才被视为《周易》的"密码"。

尽管《周易》卦辞只有寥寥数百字，但破译它的难度相当大，毕竟《周易》成书的时代与我相隔三千年的历史。好在中国很多文字起源于"象形"、"指事"和"会意"，能透过这些具有表意特征的文字找到"兵书密码"的痕迹。然而，在三千年漫长的岁月里，中国文字几经洗练和演变，从甲骨文、金文，到大篆、小篆，再到隶书、楷书，最后形成现代简化字，很多文字的字形已经演变得"面目全非"了。更何况，随着"假借"、"转注"和"形声"造字法的广泛应用，使得原本单纯的表意文字在含意上也发生了巨变，不仅引申出各种各样的新意，而且许多字的本义已经消失得无影无踪。这给破解"密码"增加了相当大的难度。

非常幸运，近代考古学家在殷墟等地发现并出土了大量的甲骨文文物（注：甲骨文和金文是《周易》成书年代的文字），并由当代古文字学家逐一解开甲骨文、金文与现代汉字的演变关系。

借助近代考古学家和古文字学家建造的"时空隧道"，我得以穿越到三千年前《周易》成书的年代，近距离观看《周易》卦辞的甲骨文和金文字形所表达的本义，进而找到了破解"兵书"密码的依据。

我能想象到，如果没有甲骨文的出现，如果没有现代古文字学家的研究硕果，《周易》的隐语将是一个永远解不开的"谜"。

我从《周易》作者姬昌的个人经历和周部落的发展历程，探寻文王姬昌写作《周易》的动机；我从中国古代的造字方法和那个时代产生的阴阳二元哲学，佐证"兵书密码"设置的逻辑；我用"先拆分、后合成"的破解方式，将《周易》卦辞里的古老文字分解为若干基本元素（字符），然后按照类别设定隐意，再将这些字符隐意放入事先设计好的"卦辞"、"卦象"和"卦名"的交错逻辑关系式中进行检验。经过无数次的假设与验证，最终筛选出符合各项逻辑关系的字符隐意，它们合成为逻辑体系完整的隐意内容。

《周易》卦辞的字符隐意内容，清晰地展现出一部理论体系完整和军事策略多样的"兵书"。这部"兵书"是帝王之作，因而与中国古代军事家的"兵法"有所不同。《周易》"兵书"侧重于综合国力的对比，侧重于制定国家的发展战略，侧重于由弱到强的不同阶段所应采取的策略。

纵观《周易》"兵书"，可归纳为六个层次：

1. "兵书"首先将64卦象设定为64种敌我双方的综合实力的对比情况，在这64卦里，周文王用隐语表述泰卦"䷊"模式是本方力求达到的终极目标，而否卦"䷋"则是本方万万不可陷落的底线。

2. "兵书"论述战胜对手与本方形成综合实力优势的辩证关系。并明确提出综合实力优势格局的概念和标准。

3. "兵书"论述本方综合实力中最重要的三项因素是军事、疆域和经济，强调三者之间存在相辅相成的辩证关系。其中：经济是综合实力的基础；疆域是经济（农耕时代的经济）赖以生存和发展的土壤；军事是开疆拓土的重要武器，是保卫疆域和经济成果的坚石，是遏制对手在其它领域迅猛发展的工具，是最终战胜对手的关键因素。

4."兵书"论述强军和形成综合实力优势格局的各种途径和方法，以及这些方法在不同形势下的可行性和局限性。

5."兵书"探索在敌强我弱情况下的本方发展策略。制定这些策略既要依据军事、疆域、经济三者之间的辩证关系，还要考虑当时的双方实力因素的对比情况。

6."兵书"探索本方强军后的军事策略，特别强调要根据双方对峙的不同情况（卦象），而采取不同的军事行动。即使本方实现了综合实力的优势格局，也要比较双方的综合实力而制定不同的军事攻势。

《周易》隐语被完整地破译出来后，我被震撼了，被周文王姬昌的智慧和才干所震感，我感慨三千年前的中国先贤竟有如此完整而系统的军事思想理念和体系，不禁发出钦佩而崇敬的心声：

他，周文王姬昌，不但是中国古代建立周朝基业的杰出帝王，而且是一位具有远见卓识的政治家和军事家。他，还是一位底蕴浑厚的文字学家，更是一位编织密码的高人。

周文王姬昌是中国古人用密码写书的第一人。

《周易》也是人类有文字记载以来的第一部兵书。

孙永健

2021年12月18日修改

目录

目录

CONTENTS

目录

CONTENTS

周易 你读懂了吗？

ZHOUYINIDUDONGLEMA

开篇

《周易》作者的经历与『兵书』

KAIPIAN

一、《周易》是帝王之作

《周易》的作者是周朝的奠基人周文王。周文王本名姬昌,黄帝的后代,祖先著名人物有帝喾、后稷和公刘。

周是一个历史悠久的部落,在周文王祖父古公亶父为部族首领时,周人受薰育戎狄侵袭逼迫,不得不迁徙至渭河流域岐山以南之周原,成为殷商王朝的臣民。

"周"字溯源:

周　周　周　周

甲骨文　金文　小篆　楷书

字源解说:周,甲骨文字形,像在整治好的农田里密植秧苗之形,金文在甲骨文字形的下方添加"口",遂有传扬义。(参考资料:北京语言大学出版社《汉字演变五百例》(李乐毅著)第二版477页"周")

从"周"的古字中可以看到周部落擅长农耕生产的些许痕迹。

周原物产丰富,土地肥沃,灌溉便利,农耕条件优越。古公亶父造田营舍,建邑筑城,经济

了解《周易》作者的经历,及其家族创业发展历程,不但有助于理解《周易》卦辞的真实含意,而且从中能够感受到它极有可能是一部用密码写就的兵书。

在此必须说明:本节内容仅仅提示要从另一个角度重新认识《周易》卦辞,仅仅提示它与兵书存在关联的可能性。本节内容不作为推定的依据。至于"兵书"的论证,将在接下来的正文章节中表述。

发展快速，国力迅速恢复壮大。

虽然古公亶父卑事商王武乙，却有推翻商朝而一统诸侯的志向。据《史记》记载，古公觉得自己的少子季历最为贤明，更为可贵的是，季历的儿子姬昌有圣瑞之兆。古公亶父赞叹道："我的后代当有成大事者，大概就是昌吧？"长子太伯及次子虞仲知道古公有心立季历，以便将来传位于昌，便悄然逃亡到荆蛮之地，按当地风俗身刺花纹，剪短头发，而把周部落首领之位让给季历。

季历接位后，继承古公亶父遗道，笃于行义，领导部落兴修水利，发展农业生产，训练军队，积极吸收商朝文化，又与商贵族任氏通婚，加强政治联系。在商王武乙的支持下，他对周围戎狄部落大动干戈。商王文丁四年，他又领兵先后征伐燕京之戎，余无之戎，七年破始呼之戎，十一年打败了翳徒之戎，为殷商王朝立下赫赫战功。

商王文丁因而封季历为"牧师"（职司畜牧），所以季历有时又称公季。季历成为殷商王朝西方诸侯之长，也使周部落成为商朝属下的西部强大方国。

此后，虽然商周关系密切，但周部落在征伐战争中发展壮大引起了商朝的不安。商王文丁担心西方诸侯成为季历的羽翼，构成对殷商的威胁，便以封赏为名，将季历召唤到殷都，名义上封为"方伯"，号称"周西伯"，实则软禁季历，以遏制周族势力。

可叹季历一世英雄，却因软禁而绝亡。

公元前1107年，姬昌继承西伯侯之位，人称西伯昌。时年他已45岁（姬昌生于公元前1152年）。

西伯姬昌即位后，意识到国力不足与殷商对抗，固继续臣服于殷。他严格遵循先祖的遗训，施行仁义之道，勤于治

古公觉得自己的少子季历最为贤明，更为可贵的是，季历的儿子姬昌有圣瑞之兆。古公亶父赞叹道："我的后代当有成大事者，大概就是昌吧？"长子太伯及次子虞仲知道古公有心立季历，以便将来传位于昌，便悄然逃亡到荆蛮之地，按当地风俗身刺花纹，剪短头发，而把周部落首领之位让给季历。

▶

周部落的发展历程，表明姬昌绝非等闲之辈。《周易》是姬昌晚年之作，是他一生唯一作品，是他超凡智慧的结晶。然而，我无法理解:《周易》作为创业帝王之作，为什么会是一部占卜的书籍呢?

请留下你的足迹……

😊

政，重视耕种与畜牧，深受百姓爱戴。他礼贤下士，广罗人才。贤士太颠、闳夭、散宜生、鬻子、辛甲大夫先后慕名到达周国，受到西伯昌重用。

西伯昌是一位英明的君主，他的博学与阅历使他成为一位成熟而杰出的首领。他所统领的周国也成为殷商朝代最强盛的诸侯国。西伯昌在商朝上下博得很高威望，同九侯、鄂侯并称三公。

周部落的发展历程，表明姬昌绝非等闲之辈。《周易》是姬昌晚年之作，是他一生唯一作品，是他超凡智慧的结晶。然而，我无法理解:《周易》作为创业帝王之作，为什么会是一部占卜的书籍呢?

二、《周易》成书的背景

司马迁在《报任安书》中写道:"文王拘而演《周易》"。这句话的意思是:西伯昌被商纣王羁押，由此激发他推演八卦、撰写了《周易》。

西伯昌为什么被商纣王监禁? 主要原因是商纣王对周国国力发展迅猛的担心，而引发事由则是商纣王的残暴人性。

商纣王是商朝末代君主，在位期间自公元前1075年至公元前1046年。纣王天资聪颖，闻见甚敏;稍长又材力过人，有倒拽九牛之威，具抚梁易柱之力，深得帝乙欢心。即位后亲征夷方，威望大震，同时也暗暗滋长了他的骄横与纵欲。

纣王听说九侯的女儿长得漂亮，便迎娶入宫。这位女子不善承欢，纣王盛怒之下将她杀死，并把她的父亲九侯剁成肉酱。鄂侯闻讯后向纣王提出了尖锐的批评。结果纣王不但不听，还把鄂侯杀死做成肉脯。

西伯昌听到这些事情，不由得暗自叹息。

纣王听了谀臣崇侯虎的告发，又听到身边的小人添油加醋的谗言：姬昌在国内积德行善，诸侯都倾向于他，这会儿又流露出不满情绪，说不定会夺取殷商的天下。

纣王怀疑姬昌存有谋反之心，便把他抓起来，囚禁在羑里这座国家监狱中（今河南省汤阴县北），以防周国造反。这是帝辛（纣王）23年的事。

有关"文王拘羑里"的因由，现代学者持有另一种见解，说是商纣王为了获取更多的青铜原料，发兵征伐东夷之际，担心西部的周部落乘虚而入，便将周文王作为人质关押在羑里。

羑里是中国有文献记载的第一所监狱。西伯昌走进监狱大门时，已经是82岁的老人了。在羑里，他失去了与外界的联系，见不到自己的亲人。据史籍记载，为断绝姬昌与外界的联系，殷纣王不仅在羑里驻有重兵，还在通往羑里的道路上层层设卡。

试想一下，古稀之年的西伯昌深知纣王人性残暴，一定会意识到自己很有可能会像父亲那样客死他乡。作为一个怀有兴周翦商使命的君主，此时此刻最令他惦念的重要事情是什么呢？

不难判断，西伯昌仍在处心积虑谋划着推翻纣王统治的殷商王朝。现在身陷囹圄，无法脱身，只能寄托后代们完成先辈和自己的意愿。所以，将祖辈父辈和自己积累的治国结晶写出来并传授给自己的后代们，成为狱中西伯昌生命中最为重要的事情。

◄

纣王怀疑姬昌存有谋反之心，便把他抓起来，囚禁在羑里这座国家监狱中。

现代学者持有另一种见解，说是商纣王为了获取更多的青铜原料，发兵征伐东夷之际，担心西部的周部落乘虚而入，便将周文王作为人质关押在羑里。

姬昌身陷囹圄，无法脱身，只能寄托后代们完成先辈和自己的意愿。所以，将祖辈父辈和自己积累的治国结晶写出来并传授给自己的后代们，成为狱中西伯昌生命中最为重要的事情。

《周易》谈兵与《孙子兵法》角度不同，它是从综合国力角度，着重阐述军事、疆域、经济三者之间的依存关系，并以此制定各个阶段的不同策略。

面对牢狱中的严密监视，西伯昌不可避免要考虑一个问题，他要传授给后人的兴周翦商之作，如何才能躲过商纣王的耳目？

三、《周易》的隐意是"兵书"

《周易》是中国古代一部神秘的著作，通常被认为是与占卜有关的书籍。然而，当笔者粗略地知晓了一些作者的经历后，却怎么也不相信《周易》是一部占卜的书籍，反复阅读多年，渐渐看出它在占卜的形式掩盖下隐藏的另一层含意。这层隐意体现出作者的治国之策，揭示出兴周翦商的军事谋略。

《周易》是一部兵书。

《周易》谈兵与《孙子兵法》角度不同，它是从综合国力角度，着重阐述军事、疆域、经济三者之间的依存关系，并以此制定各个阶段的不同策略。它对弱国在强国的统治下如何求生存、求发展以及如何超越对手有着透彻的认识和对策。

《周易》论述自身强大与相对强大的关系，论述相互依存互为发展的关系，特别强调互惠互利优势互补方式，是由劣势转变为优势的重要途径之一。《周易》同时指出，当对方军事力量相当强大的时候，不利于本方采取互通有无的方式；当对方在各个方面都具有优势时，即使本方存在某项优势，也不利于采用优势互补的方式。

（上述"兵书"的具体内容将在64卦隐意解析中论述）

四、《周易》隐语的密码

面对牢狱中的严密监视，西伯昌不可避免要考虑一个问题，他要传授给后人的兴周翦商之作，如何才能躲过商纣王的耳目？

当笔者一点点一步步解开西伯昌设计的卦辞隐语密码

时，便逐渐地感受到，西伯昌凭借过人的智慧，以占卜算卦为掩护，用自创的密码系统，变换64卦象的组合模式，将周密而长远的谋划潜藏在撰写的卦名和卦辞中。

殷商时代人们对占卜非常迷信。君主坚信自己是天子，是神的儿子。天上的神会对地上的儿子的行为进行指导。由于人们都是天子的臣民，所以神也帮助所有的人。而人们要想知道天神的意图，则要通过占卜的方式获得。所以当时商朝上下都很相信命运，相信鬼神，相信占卜与巫术。

西伯昌迎合时代的氛围，在占卜算卦掩护下，写就了满篇都是"吉凶利咎"等占筮用语的《周易》。

一旦领悟了西伯昌运用文字密码的逻辑，便能清晰地看到一部体系完整的兵书。《周易》隐语的基本逻辑是：

1. 有关"人类"的文字和字符是暗示"本方"的密码，而有关"禽兽"、"畜牲"的文字则是隐喻"对方"的符号，就此展开敌我双方实力优劣的对比；

2. 有关"兵器"、"猎具"的文字和字符代称军事，而含有"城、丘、土"的文字和字符则代指国土疆域，含有"草本植物"和"财富"的文字和字符分别代指农业经济，进而阐述军事、疆域和经济之间相辅相承的关联性；

3. 隐藏在文字中的"阳"和"阴"的概念，则表述敌我双方各种因素对比的优劣状况，据此制定不同格局下的战略和策略。

（参见第二章密码逻辑与隐意设定中的详细论述）

西伯昌凭借过人的智慧，以占卜算卦为掩护，用自创的密码系统，变换64卦象的组合模式，将周密而长远的谋划潜藏在撰写的卦名和卦辞中。

一旦领悟了西伯昌运用文字密码的逻辑，便能清晰地看到一部体系完整的兵书。

笔者感叹西伯昌的才华,他不但是一位具有远见卓识的政治家军事家,而且是一位底蕴浑厚的文字学家,更是一位编织密码的高手。

如果笔者对《周易》卦辞隐意解析的推断成立,那么周文王将是中国古人用密码写书的第一人,《周易》卦辞也将是有文字记载的第一部兵书。

五、《周易》成书的代价

商纣王得知西伯昌在监狱里独自搞了一套与殷商龟甲炙卜完全不同的使用蓍草的占筮方法,这种方法是在古人伏羲创建的八卦基础上推演出来的64卦象。商纣王担心周文王全新的占筮预测能力会达到高超境界,他认为"圣人应当不会吃自己儿子做成的肉羹",于是,在试探西伯昌占筮水准的方式上,纣王采用了最残忍的办法,将他的长子伯邑考杀死,并做成肉羹送给姬昌吃。

西伯昌见到纣王送来的人肉羹,已经猜到纣王对他狱中的隐蔽活动产生了猜忌,很可能是用自己儿子的肉做成的人肉羹来试探他的占筮方式是否灵验。

西伯昌想到兴周翦商大业尚未成功,自己和先辈的经验尚未传授给后代继承,所以,此时不能让商纣王看出任何破绽,于是,他装作什么也不知道,把纣王送来的肉羹吃掉了。

能够想象到,西伯昌忍受了多大的心痛吃下了这碗肉羹。如果没有远大的抱负,如果仅仅是写一部消遣的占卜之作,他早就悲绝地倒下了。正因为姬昌正在推演撰写《周

▶

在试探西伯昌占筮水准的方式上,纣王采用了最残忍的办法,将他的长子伯邑考杀死,并做成肉羹送给姬昌吃。

正因为姬昌正在推演撰写《周易》兵书——一部要推翻殷商王朝的策划,一部指导后代具体实施的指南,所以他以顽强的精神和毅力挺过来了。

易》兵书——一部要推翻殷商王朝的策划,一部指导后代具体实施的指南,所以他以顽强的精神和毅力挺过来了。

传说西伯昌吃了肉羹以后,找个没人的地方倾腹吐出。而吐出来的肉忽然变成一只兔子跑掉了。如今,在羑里城的西北处西伯昌吐肉羹的地方,有一个不太显眼的坟冢,即伯邑考之墓,也叫"吐儿冢"。至今羑里民间有一个习俗——不打兔子,因为它是文王长子变的。

很显然,《周易》是西伯昌用"心"和"血"写就的惊世之作,是他七年牢狱之中,明面上装疯卖傻痴迷占筮,心底下却深藏志向和谋略,最终完成的密码兵书。

纣王听到西伯昌吃了自己儿子的肉羹的消息,便对西伯昌推演八卦不以为然,纣王说:"谁说西伯昌是圣人?吃了自己儿子做成的肉羹尚且不自知。"从此他也放松了对姬昌的警惕。

有关《史记》等史料只字未提伯邑考的死因和周文王忍痛吃下自己儿子做成的肉羹之悲壮经历,一个很有可能的重要原因是当时的周族部落知情人对周文王和伯邑考的敬重和怜悯而忌讳将此事载入史册。

(参考资料:皇甫谧著《帝王世纪》;秦泉主编《周易大全》外文出版社2012年版298-299页)

六、"兵书"的理论与实践

西伯昌因于羑里的第七年,他的大臣闳夭以美女、奇物、善马献给纣王,以求释放姬昌。

被释放的西伯昌没有表现出一点怨恨纣王的意思,相反,他立即把洛水以西的土地献给商纣王,以答谢纣王对他的赦免。商纣王被姬昌表现的"忠心"所迷惑,为了让姬昌为他卖命,纣王赏赐给他象征权力的弓箭和大斧，让他重辖西部各路诸侯，并有权征伐其他的诸侯。

这段现实中的用土地换军事的交易，竟然在《周易》的卦辞里早有论述。损卦辞的隐意是这样写的：

在对方处于军事优势的情形下，本方只有实现军事优势，才能确保不出问题。实现这一目标的最佳方案是采用优势互补。若要实现军事抗衡，本方就要形成军事优势，就要动用本方的疆域和经济优势作为交换条件。

西伯昌回西岐后，正式称王，史称周文王。

周文王表面上对纣王更加诚服，不断向纣王献忠心，以增加纣王对自己的信任。帝辛三十年春三月，周文王又率诸侯入贡。纣王大喜，特赐地千里。与此同时，周文王利用纣王赐予他的征伐权利，仿效父亲季历不断南征北伐以扩大自己领地的做法，他一方面增强周族实力，使周国附近一些部落归附。另一方面进行武力扩张，他拜姜尚为军师，制定军国大计，以天下诸侯不堪忍受犬戎、密须、耆等诸侯的欺凌为由，率军征伐这些助纣为虐的走狗，保护弱小诸侯国。这些军事行动不但巩固了周的后方，而且使周文王威望大增，很多诸侯都背叛纣王而归依文王。

周文王早在随卦辞里用隐语写道：

在本方与对方相比处于弱势的时候，不错的方案是通过辅佐对方来发展本方的疆域。

接着，周国东伐耆国（在今山西长治西南）、又伐邘（即孟，在今河南沁阳），使得周国的实力进一步壮大，领土扩展到江汉流域，形成"三分天下，周得其二"的局面。

又有《周易》卦辞隐意与之吻合。艮卦辞的隐意：

……执行对方的廷规政令，却不让优势见效于对方。只

> 这段现实中的用土地换军事的交易，竟然在《周易》的卦辞里早有论述。

> 周文王利用纣王赐予他的征伐权利，仿效父亲季历不断南征北伐以扩大自己领地的做法，他一方面增强周族实力，使周国附近一些部落归附。另一方面进行武力扩张，他拜姜尚为军师，率军征伐这些助纣为虐的走狗，保护弱小诸侯国。

要采用这项策略，本方才能立于不败之地。

此时，纣王的臣子祖伊渐渐意识到殷商的龟甲占卜预测在周人面前已经失灵了。当然，他不可能知道其中的一个重要原因——周文王撰写和使用的兵书秘笈在决策方式上更具科学性。他对纣王说："天既讫我殷命，假人元龟，无敢知吉"。大意为：上天已经断绝了殷商的国运，预测人间凶吉的龟甲占卜已经不灵验了。

公元前1056年，一代圣主周文王辞别人世，享寿97岁。

周文王何尝不想在有生之年亲手消灭残暴的纣王？此时，周国已经完全具备对抗商纣王的实力，但他始终没有发兵。在《周易》艮卦辞的隐意中透露出其中的理念。

在本方尚不具备绝对优势的情况下，要分化瓦解对方统治下的各路诸侯，使其发生质的变化，却不要向他们发动攻击，即使他们处于劣势状态。

周文王一定要等待时机成熟，他要等到周国的综合实力超越对方才可下手。他宁可等到自己死去，让后人完成他的终生大业。

周国兴盛于周文王时代，他的杰出领导使周国势力强盛，为翦商大业作好充分准备。

周文王去世后，嫡次子姬发即位，史称周武王。

周武王四年，出兵征伐位于商都朝歌之西的黎国（今山西省上党壶关）。九年，东征至盟津，八百多诸侯前来会盟，都说："纣王可以讨伐的了！"武王却说："你们不知天命还没有完全属于我们。"于是统军回去。

又过二年，殷商的太师和少师拿着祭祀的乐器星夜兼程逃亡周国，报告殷商王室纷争内幕和当前重大军情。

武王看到纣王荒淫无道，穷兵黩武、重刑厚敛、拒谏饰非，终致众叛亲离，知道伐纣的时机已经成熟。周武王趁殷商主力部队东征夷国，殷都朝歌空虚之际，联合庸、羌、徽、彭、濮等方国，集结兵力，由镐京出发，东征伐纣。

周武王乘虚而入的用兵之策正是《周易》大畜卦和小过卦卦辞隐意写出的兵法：

1. 大畜卦卦辞隐意：

本方综合实力已经形成优势格局，而对方的综合实力却相反，已经陷入整体劣势的被动局面，此时，本方通过军事实力消灭对方是尚佳之策。此时，本方已经形成绝对优势格局，能够战胜综合实力具有优势的对方。

2. 小过卦卦辞隐意：

本方只可寻找对方的薄弱环节采取军事行动，不可针对对方的优势方面发动军事进攻。

纣王君臣匆忙整编从东夷前线遣来的战俘及大田奴隶，作为抵挡周师联军的军队。这种乌合之众哪里经得住姜尚率戎车三百乘，虎贲三千人，代甲士卒四万五千人，如貔如貅如熊如罴般的先锋冲阵。

结果殷商军队节节败退，纣王在兵撤朝歌寨后，登上露台，穿上珠宝镶嵌的衣裳，引火自焚而死。

于是，这个立国五百多年的殷商帝国，被属下西部周原部落氏族——在《周易》兵书的策略指引下——推翻了。

第一章

卦象是《周易》的灵魂

在解开《周易》密码、看懂周文王运用卦象所要表达的含意后，笔者视卦象为《周易》的灵魂。

第一节　探寻《周易》卦象的本义

《周易》的卦象共有64卦，它们均由两个八卦符号重叠组合而成。"八卦"是一组古老而神奇的符号：

周文王拘羑里著《周易》，分别给两两重叠的八卦符号（64卦象）取了卦名，填了卦辞。足见卦象在《周易》中的分量。

但是，在《周易》的卦辞和卦名里，作者没有留下任何明确阐释卦象本义的辞句。笔者只能在流传至今的各种阐释卦象含意的学说中寻找答案，并通过《周易》作者的亲身经历和著书立说的意图与各种卦象含意进行关联性对比，运用简单的相关分析法验证卦象、卦辞和卦名之间的逻辑关系，以甄别哪种卦象学说最接近《周易》作者所运用之卦象。

一、"八卦"与农耕生产的关系

1. 探索季节变化规律的方法

有学者认为，在中国汉字出现以前，远古先贤伏羲氏大约历炼三千多年，逐渐形成了一组神秘的符号，后人称之为"八卦"。司马迁著《史记》云："伏羲作八卦。"（《日者列传》）

"八卦"很可能是以伏羲为代表的中国古人通过测量太阳位置，记录摸索季节变化规律，用以指导农业耕作的一种方式。（参考资料：秦泉主编《周易大全》外文出版社2012年版289—291页）

所谓"卦"字，其左边的"圭"字是古代测量日影位置和长度的仪器（圭表），而右边的"卜"字是分析研究的一种方式。

据此，"八卦"作为"符号"有可能存在于远古时期与农耕生产活动相关的季节变化规律的研究上。

2.《周易》的卦象与农耕的关联性

从《周易》卦辞和卦名的文字考量，有许多与农耕要素有关的文字和字符，如：方、辰、井、里、畜、苗等；还有许多与植物有关的文字和字符，如：禾、康、归、眚、屯、乙、生、艹、木、竹、未、丧等。如果《周易》卦辞、卦名和卦象存在内在的逻辑关系，那么卦辞和卦名里存在许多与上古时代农耕有关的文字和字符，则表明《周易》的卦象与上古的"农耕经济"存在一定的关联性。

再从"周"的古文字来看，甲骨文"圕"像在整治好的农田里密植秧苗之形，金文"圕"在甲骨文字形的下方添加"口"，遂有传扬义（参考资料：北京语言大学出版社《汉字演变五百例》（李乐毅著）第二版477页"周"）。从"周"的古字中可以看到周部落擅长农耕生产的些许痕迹；另有周部落的祖先后稷，被尧举为司农，他对中国的农耕发展起到了巨大的推动作用（参考资料：秦泉主编《周易大全》外文出版社2012年版295页）。从《周易》作者周文王继承先祖遗志的角度做分析，《周易》的卦象与农耕也应该存在较大的关联性。

但是，翻阅文献古籍，尚未找到"八卦"与农耕之间的清晰而具体的关联关系，因而，只能确定《周易》的卦象与农耕生产存在相关性，却不能确定它们之间的相关程度。

二、卦象与自然征兆学说

1.八卦符号的"自然征兆"含意

"自然征兆说"将八卦符号（☷ ☶ ☵ ☴ ☳ ☲ ☱ ☰）的每个卦形定义为一种特殊的自然现象和含义：

"八卦"作为"符号"有可能存在于远古时期与农耕生产活动相关的季节变化规律的研究上。

从"周"的古字中可以看到周部落擅长农耕生产的些许痕迹；

从《周易》作者周文王继承先祖遗志的角度做分析，《周易》的卦象与农耕也应该存在较大的关联性。

"☰"象征天，代表万物万象焕发生机的原动力，为刚健之卦；

"☷"象征地，它顺承天道的运转变化，为阴柔之卦；

"☴"象征风，有长风相随吹而不断的意思，为随顺之卦；

"☳"象征雷，有雷震而万物萌动的意思，为好动之卦；

"☵"象征水，是外柔内刚的代表，但因水常陷在低洼处，所以为险陷之卦；

"☲"象征火，代表外刚内柔的特性，为附着之卦；

"☶"象征山，有静止如山的意思，为静稳之卦；

"☱"象征泽，这里是各种生物的生活之所，为如意之卦。

概括八卦与象征的自然现象，可列表为：

卦象：☷ ☳ ☵ ☱ ☶ ☲ ☴ ☰

象征：地 雷 水 泽 山 火 风 天

2. 64种"自然征兆"的衍生

将八种象征自然现象的八卦符号互相搭配，便能生成64种征兆（卦象）：

泰	大壮	需	夬	大畜	大有	小畜	乾
升	恒	井	大过	蛊	鼎	巽	姤
明夷	丰	既济	革	贲	离	家人	同人
谦	小过	蹇	咸	艮	旅	渐	遁
临	归妹	节	兑	损	睽	中孚	履
师	解	坎	困	蒙	未济	涣	讼
复	震	屯	随	颐	噬嗑	益	无妄
坤	豫	比	萃	剥	晋	观	否

3. 殷商时代的占卜征兆

由于古时人们对于事物的发展缺乏足够的认知，常常借由自然界的征兆来指示行动。但因自然征兆并不常见，还须人为方式加以考验，于是占卜便应运而生。

从事占卜的巫师们用各种奇异的方式获得某种"自然征兆"的组合体（卦象），据此判断上天对世间各类事物吉凶福祸发展变化而发出的神祗。

4.《周易》的卦象与"自然征兆说"的关联性

《周易》成书的时代正是占卜盛行的殷商晚期；《周易》的卦名和卦辞里，不但出现了大量表述自然现象的文字，而且存在许多与占卜有关的文字，如：吉、凶，等；如：利涉大川、利见大人、利有攸往，等。这些因素表明，《周易》卦象与"自然征兆说"存在一定的关联性。

但从周部落的发展历程考察分析，周文王祖孙三代励精图治，胸怀推翻殷商王朝的远大志向，尤其有关周文王的祖父古公亶父选择部落首领接班人的事情，以及周文王作为部落首领带领周部落发展成为割据一方的诸侯方国的经历，都说明周文王并非等闲之辈，而《周易》也不应该是一部占卜的工具书。

再从卦象、卦名和卦辞的内在逻辑关系来考察，更能看出"自然征兆说"理念下的卦象、卦名和卦辞之间的逻辑关系很不清晰，常会产生自相矛盾的结节。

比如：泰卦的卦象"☷☰"，从结构来看其"占卜理念"的自然征兆为"地（☷）"在"天（☰）"上，似乎象征着翻天了、覆地了，应该属于很糟糕的卦象。但是，相对应的卦名却叫"泰"。

"泰"是一个相当稳健的字，常用于稳如泰山、国泰民安

◀

从事占卜的巫师们用各种奇异的方式获得某种"自然征兆"的组合体（卦象），据此判断上天对世间各类事物吉凶福祸发展变化而发出的神祗。

从周部落的发展历程考察分析，周文王祖孙三代励精图治，胸怀推翻殷商王朝的远大志向，都说明周文王并非等闲之辈，而《周易》也不应该是一部占卜的工具书。

在"自然征兆说"的卦象理念下，卦名"泰"与"地（☷）"在"天（☰）"上的"自然征兆"却存在相悖的逻辑关系。

等情形的描述。可是在"自然征兆说"的卦象理念下，卦名"泰"与"地（☷）"在"天（☰）"上的"自然征兆"却存在相悖的逻辑关系。

又如：否卦的卦象"☰☷"，按照"占卜理念"所形成的自然征兆为"天（☰）"在上、"地（☷）"在下。这分明是一个顺应自然的卦象，但是卦名却偏偏用了一个"否"字。令人相当费解。

以上两例表明，当"自然征兆说"的理念注入卦象的含意时，《周易》三要素之间的逻辑关系会出现紊乱情况。

综合上述分析，"自然征兆说"代表《周易》卦象的本义存在较多质疑，它们在表象上看似存在占卜关联，但在实质上却存在明显的逻辑问题。

当"自然征兆说"的理念注入卦象的含意时，《周易》三要素之间的逻辑关系会出现紊乱情况。

三、卦象与万物生成模式学说

学界还有一种从宇宙观的哲学视角来解释卦象的学说，该学说认为：卦象的生成过程体现宇宙万物生成演变的发展模式（参见外文出版社《周易大全》第一版331页）。

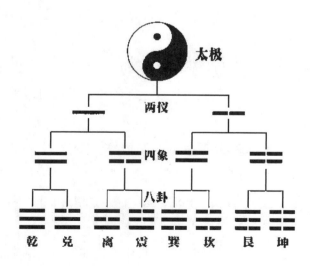

接下来探讨的问题是："万物生成模式学说"是否适用于解释《周易》的卦象内涵。

1. 万物生成模式

"万物生成模式学说"的精辟阐释是："太极生两仪，两仪生四象，四象生八卦，八卦生万物。"

具体可表述为：宇宙的初始状态是混沌，表示的符号为太极；之后，"太极生两仪"——就是由太极分出了阴"--"阳"—"两种基本性质；"两仪生四象"——即阴阳的两仪经过再次细分就形成了太阴，少阴，少阳和太阳这四种形态；"四象生八卦"——则是阴阳的四象再次细分就形成了八卦；"八卦生万物"——表示阴阳符号不断细化的结果又可以形成六十四卦象，以此类推，阴阳符号可以组成千万卦，也就是千万种事物的形态。

2. 卦象的哲学含义

"万物生成模式学说"由两个最简单的"阴、阳"构筑出世界变化万千的模型，这与老子在《道德经》阐释宇宙万物形成的理论模式"道生一，一生二，二生三，三生万物"十分相似。体现了生生不息、天地造化的自然界本来面目。《易经.系辞传》对"易"的解释是"生生之谓易"。这里的"生生"，就是一个连续不断的生成过程。

3.《周易》的卦象与"万物生成模式学说"的关联性

卦象作为描述"阴阳"构成的事物形态，不排除它会用来阐述世界万物构成的原理。但从《周易》卦名和卦辞的内容来看，却不包含阐述宇宙形成的哲学思想。

至今，尚未查到周文王与宇宙观和哲学观有关的史料文献，且从周文王一生经历来看，他不是学者，不是哲学家，他把整个身心都投入到国家发展壮大的霸业中。

◀

"万物生成模式学说"由两个最简单的"阴、阳"构筑出世界变化万千的模型，体现了生生不息、天地造化的自然界本来面目。

从周文王一生经历来看，他不是学者，不是哲学家，他把整个身心都投入到国家发展壮大的霸业中。因而"万物生成模式说"不适用于解释《周易》的卦象内涵。

因而，可能性分析得出的结论是：周文王所著《周易》的卦象内涵与"万物生成模式学说"不存在关联性，即"万物生成模式说"不适用于解释《周易》的卦象内涵。

四、现代科技符号之说

现代科学家对卦象有很多惊奇的发现，本文仅列举二例，用以分析验证这些科学发现成果与《周易》卦象的关联性。

1. 八卦是计算机的语言

17世纪德国著名哲学家、数学家莱布尼兹发明了作为现代计算机基础的1和0两个数字的"二进制"，他于1689年发布的文章（Explication de l'Arithmétique Binaire）中注明，他开发的二进制中的1和0两个符号源自一本写于公元前九世纪的《周易》，其中的阴阳二元法由中国远古的伏羲所创立。

莱布尼茨对法国耶稣会的传教士约阿希姆·布韦从中国带来的《易经》非常着迷，因为其中把各种事物比如天地、冷热、黑白、男女、是否，等等都简化成阴阳两个符号和它们的组合来表示，这些正与他在1666年就提出的把十进制转化成"逻辑是非"的二进制不谋而合。

八卦符号：☷ ☶ ☵ ☴ ☳ ☲ ☱ ☰

二进制符号：000 001 010 011 100 101 110 111

莱布尼兹尤其注意到《周易》中描述的卦象是一种把"–"和"--"两个符号的两个三次方组合，等价于横竖两轴分别从000000排到111111的组成的一个方阵，得出64个6爻符号。

莱布尼兹认为这些中国古人作家在数学方面比他同时代

17世纪德国著名哲学家、数学家莱布尼兹对《易经》非常着迷，其中把各种事物比如天地、冷热、黑白、男女、是否，等等都简化成阴阳两个符号和它们的组合来表示，这些正与他在1666年就提出的把十进制转化成"逻辑是非"的二进制不谋而合。

的人认知要先进得多。他得出结论认为这种二进制对映着他所钦佩的哲学视觉二元数学，是中国在这方面取得重大成就的证据。

（资料来源：引自金小石2021年12月1日专稿）

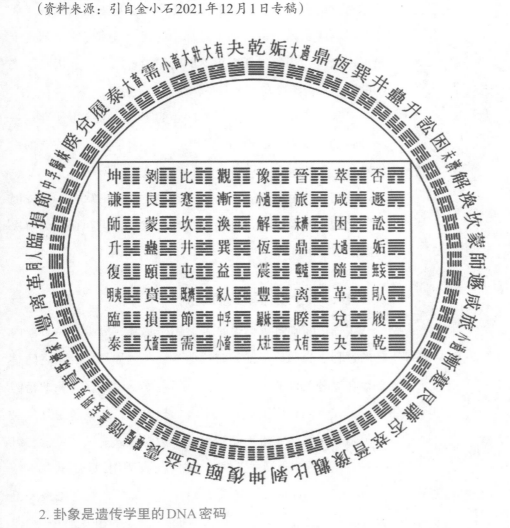

2. 卦象是遗传学里的DNA密码

德国马丁.勋伯格博士（Dr. Martin Schönberger）在他1973年出版的《易经与遗传密码—生命的奥秘》（I Ching & the Genetic Code: The Hidden Key to Life）一书中有一段清楚的叙述，惊奇地揭示出这64个遗传密码子与64卦象的对应关系，并建立起自然界普遍系统的假设，多次验证了64卦象和遗传密码的一致性。

（资料来源：引自金小石2021年12月1日专稿）

虽然卦象的"科技因素"之说在表象上与《周易》没有关联性，但存在作为解决问题的使用工具的可能性。

3.《周易》的卦象与"现代科技符号"的关联性

考察《周易》的卦名和卦辞含义，并未发现任何与生产技术有关的内容。从已知的周文王个人经历来看，他的"职业"是君主，是帝王，而不是那个时代的技术专家。从这个角度来衡量，周文王所要表达的卦象内容与"科技因素"之间的关系不应该存在多大的关联性。

但是，卦象作为人类解析问题的工具，很有可能存在一种独特的逻辑模式，而被周文王当作一种制定治国战略的思维工具。

因而，上述可能性分析结论是：虽然卦象的"科技因素"之说在表象上与《周易》没有关联性，但存在作为解决问题的使用工具的可能性。

五、数学组合模式的猜测

在分析甄别各家学说是否适用于解释《周易》的卦象内涵的过程中，始终不能确定这些学说与《周易》卦象之间是否存在充分条件的逻辑关联性，但各家学说阐释卦象的精辟思想，在不同程度上启发了笔者的想象力，让笔者想到卦象的阴阳二元结构，进而想到另一个数学模式——［象素］组合——它会不会是周文王撰写《周易》所采用的卦象含意呢？

在随后的时间里，笔者开始认真研究卦象的阴阳二元组合，以及［象素］组合模式与《周易》卦象的相关性……

各家学说阐释卦象的精辟思想，在不同程度上启发了笔者的想象力，让笔者想到卦象的阴阳二元结构，进而想到另一个数学模式——［象素］组合——它会不会是周文王撰写《周易》所采用的卦象含意呢？

第二节 卦象的阴阳二元符号

把《周易》里的所有卦象拆分至最小单位，可以清晰地看到，构成64卦象最基本的元素是："−"和"--"。

这组"−"和"--"符号源自中国远古的阴阳二元法，正与17世纪德国著名哲学家、数学家莱布尼兹开发"1"和"0"的二进制不谋而合。

一、伏羲发明了"-"和"--"符号

据传说，"−"和"--"，早在人类创造文字之前，由中国古人伏羲氏创造并使用。其年代大约在公元前七千年。这是人类最为朴实最为简单的符号。

正是在这条"−"和"--"的基础上，中国古人世代演进，创造了八卦、卦象、《周易》、《易经》，逐渐发展成一个完善的博大精深的预测体系和人与自然的哲学体系。因而，伏羲被后人誉为"一画开天，文明肇启"。

这组符号是如何产生的，目前说法不一。其中一种没有得到考证的推测是：伏羲发明这两个符号是从男人和女人最基本的性别特征衍生而来的图腾。模仿男子的性别特征，就画了一条实线"−"；模仿女子的性别特征，就画了一条虚线"--"。

笔者以为，这种没有得到考证的判断不是无稽之谈，更不是亵渎中国古人的伟大发明。这种判断存在极大的可能性——依据公元前七千年左右的人类所处的生存环境状况，不难想象他们的生活内容，估计除了寻觅食物维持生命，便是男

▶

虽然"–"和"--"最初很可能是人类对性别的形象描述，但它代表人类开始使用符号来表达认识事物的原始阶段。虽然其表现方式是形象的、感性的、至简的，但标志着一万年前的祖先们已经开始对人类和事物有了最基本的认识。

自然界中万事万物也存在两个相对的基本性质的表现。如阳和阴、日和月、天和地、明和暗、火和水、动和静、实和虚、优和劣、善和恶、上和下、南和北；……等等。

女婚媾繁衍生息。因而，伏羲选择最直观的人人都能明白的性别特征作为初创的原始符号，具有普及性和流传性。

虽然"–"和"--"最初很可能是人类对性别的形象描述，但它代表人类开始使用符号来表达认识事物的原始阶段。虽然其表现方式是形象的、感性的、至简的，但标志着一万年前的祖先们已经开始对人类和事物有了最基本的认识。

伏羲创造的"–"、"--"符号，将人类的性别表述清楚，是人类创建表达事物的一种方式，是人类从感性认识升华到理性认识的第一次飞跃。他竖起了人类认识事物的第一个里程碑。

二、阴阳二元哲学理念

如果说，伏羲最初创造"–"和"--"是特指人类的男性和女性，那么，随着人类生产活动的发展，祖先们对世界的认识也在不断的积累，不但认识到人类自身存在两个本质的区别，而且动物也存在雄雌区别。以此类推，不但动物存在相对区别，而且自然界中万事万物也存在两个相对的基本性质的表现。如阳和阴、日和月、天和地、明和暗、火和水、动和静、实和虚、优和劣、善和恶、上和下、南和北；又如：白日和黑夜、月圆和月缺、炎夏和寒冬、主体和客体、内在和外在、男人和女人、肉体和精神等等。

于是，中国古人便选择"阳"和"阴"两字来表述事物的两个方面。其实，"阳"最初的本义是指山或物体向着太阳的那一面，"阴"最初的本义则是指背着太阳的那一面。此时的"阳"和"阴"都是具体的形象的表述。而当古人认识世界事物由形象认识升华到理性认识时，"阳"和"阴"的概念则变成抽象的含意了。

由此，可以推演出：日为阳，月为阴；天为阳，地为阴；明为阳，暗为阴；火为阳，水为阴；动为阳、静为阴；实为阳，虚为阴；优为阳、劣为阴；雄为阳，雌为阴；等等。

事物对立的"阳"和"阴"两方面又是互相依存的，任何一方都不能脱离另一方而单独存在。如上为阳、下为阴，而没有上也就无所谓下；热为阳、冷为阴，而没有冷同样就无所谓热。因而，阳依存于阴，阴依存于阳，每一方都以其相对的另一方的存在为自己存在的条件。

这就是中国古人早期的、朴素的认识世界的阴阳二元哲学。

三、阴阳二元符号的含意

在有关《周易》的书籍中，人们通常把《周易》卦象中的基本符号"–"称作"阳爻"，把"--"称为"阴爻"。

由此推测，在文字出现之前，中国古人已经将阴阳二元哲学理念用"–"和"--"来表述了，其中："–"符号代表二元结构的阳性方面，"--"符号代表二元结构的阴性方面。

依据中国古人的阴阳二元哲学理念，"–"和"--"则可用来表述万事万物存在的对应关系。

例一，"–"和"--"可用以表述人类生存的天气状况：

"阳"最初的本义是指山或物体向着太阳的那一面，"阴"最初的本义则是指背着太阳的那一面。而当古人认识世界事物由形象认识升华到理性认识时，"阳"和"阴"的概念则变成抽象的含意了。"阳"和"阴"两字分别来表述事物的两个方面。

在文字出现之前，中国古人已经将阴阳二元哲学理念用"–"和"--"来表述了，其中："–"符号代表二元结构的阳性方面，"--"符号代表二元结构的阴性方面。

▶

依据中国古人的阴阳二元哲学理念，"—"和"--"则可用来表述万事万物存在的对应关系：天气的"炎热（—）"与"寒冷（--）"、土地的"肥沃（—）"与"贫瘠（--）"、综合实力的"昌盛（—）"与"孱弱（--）"、武器品质的"精良（—）"与"拙劣（--）"、社会发展的"文明（—）"与"愚昧（--）"、个人才智的"智慧（—）"与"愚蠢（--）"

事物（天气状况）相对应的两面：炎热　　寒冷
阴阳（二元符号）理念的表述："—"　　"--"

例二，"—"和"--"又可用以表示种植作物的土地状况：
事物（土地状况）相对应的两面：肥沃　　贫瘠
阴阳（二元符号）理念的表述："—"　　"--"

例三，"—"和"--"又可用以表示一个方国的综合实力状况：
事物（方国综合实力状况）相对应的两面：

昌盛　　孱弱
阴阳（二元符号）理念的表述："—"　　"--"

例四，"—"和"--"还可用以表示拥有武器的品质状况：
事物（武器的品质）相对应的两面：

精良　　拙劣
阴阳（二元符号）理念的表述："—"　　"--"

例五，"—"和"--"又可用以表示一个社会的发展进程：
事物（社会发展状况）相对应的两面：

文明　　愚昧
阴阳（二元符号）理念的表述："—"　　"--"

例六，"—"和"--"又可用以表示某个人的才智状况：
事物（个人才智状况）相对应的两面：

智慧　　愚蠢
阴阳（二元符号）理念的表述："—"　　"--"
……

综合以上各个列表情形，能够明显地看到事物的"任意"性和符号的"固定"性特点。

1.事物的"任意"性特点

阴阳二元哲学理念适用于万事万物。以上列表显示：天气、土地、方国、武器，社会和个人，都存在相互对应的两个方面。类似这样的阴阳二元结构的表述实例不胜枚举。因此，在阴阳二元哲学理念里，所指事物是不同的，千变万化的，可以不断更换而不必确定的。这就是上述实例所显示的"任意"性特点。

2.符号的"固定"性特点

在中国古人阴阳二元哲学理念的支配下，任凭事物千变万化，它们相互对立的阴阳两个方面，却都能够用统一的"－"和"--"符号来表述。也可以说，表述各种事物阴阳两面的符号"－"和"--"是确定的、不变的。

阴阳二元哲学理念下的事物"任意"性和符号"固定"性特点，使得"－"和"--"符号能够完全独立存在，而不需要刻意添加符号所要表述的不同事物的名称。这种符号完全独立的模式体现了阴阳二元哲学的核心在于表述事物相对立的两个方面。

正是因为"－"和"--"符号的"独立"性特点，在文字出现之前的漫长岁月里，它能够独立发展和演进，形成一组无需特指某种事物的"八卦"符号：☷☶☵☴☳☲☱☰。

四、八卦符号成为"自然征兆"的表述

随着"－"和"--"符号不断演进，逐渐形成更为复杂的符号，而使人们忽视了后起符号"四象"、"八卦"和"卦象"里的最基本元素"－"和"--"所代表的阴阳二元结构的哲学含意。

在阴阳二元哲学理念里，所指事物是不同的，千变万化的，可以不断更换而不必确定的。

它们相互对立的阴阳两个方面，却都能够用统一的"-"和"--"符号来表述。

正是因为"-"和"--"符号的"独立"性特点，在文字出现之前的漫长岁月里，它能够独立发展和演进，形成一组无需特指某种事物的"八卦"符号：☷☶☵☴☳☲☱☰。

以"八卦"为例：

八卦：☷ ☳ ☵ ☱ ☶ ☲ ☴ ☰

象征：地　雷　水　泽　山　火　风　天

当"八卦"里的八种符号分别代表了八种自然形态后，人们的视线很自然地转入八种"自然形态"的不同组合（卦象）所寓意的更为深奥的哲学含意（天意），而不再关注构成要素"–"和"--"所包含的古老的简单的阴阳二元哲学理念了。

尽管"天地"、"山泽"、"水火"、"风雷"为四组相互对应的阴阳关系，但在占卜和义理的理念里，它们已经变成预示"天意"的"自然征兆"了。

此时，"–"和"--"仅仅是构成"八卦"和"卦象"的元素而已，而它的阴阳二元哲学理念则被占卜的玄妙和《易经》"自然与道德"的高深哲学所淹没。如同现代的计算机用户，更专注于各种软件的运用，而不会在意"1"和"0"在电脑程序中的基础作用；如同构成汉字的"横、竖、撇、捺"等字符，在人们更加在意文字表述的内容时，而不必去了解这些字符的本身含意了。

五、《周易》里的卦象含意

尽管《周易》作者周文王将伏羲时代的"八卦"经过两两重叠组合，推演出更为复杂的64卦象，然而，考察《周易》作者使用卦象的方法，与殷商的占卜截然不同，与《易经》的"自然与道德"哲学也不相干。

1.《周易》使用卦象的方式与占卜截然不同

殷商的占卜方式是用火在龟壳上灼出裂纹以判断吉凶，

当"八卦"里的八种符号分别代表了八种自然形态后，人们的视线很自然地转入八种"自然形态"的不同组合（卦象）所寓意的更为深奥的哲学含意（天意），而不再关注构成要素"–"和"--"所包含的古老的简单的阴阳二元哲学理念了。

此时，"–"和"--"仅仅是构成"八卦"和"卦象"的元素而已，而它的阴阳二元哲学理念则被占卜的玄妙和《易经》"自然与道德"的高深哲学所淹没。

而周文王的占卜方式是用筮草推演卦象的阳爻"－"和阴爻"－－"。(参考资料：秦泉主编《周易大全》外文出版社2012年版295——300页)

2.《周易》成书时代尚无《易经》的哲学

依据《周易》成书时代早于《易经》五百年左右的时间跨度因素，以及将《周易》提升到"自然与道德"的哲学高度的真正推动者是《易经》之因素（参考资料：李零著《死生有命 富贵在天：〈周易〉的自然哲学》香港中文大学出版社2013年版)，可以推断：殷商晚期的周文王在创作《周易》时，尚无"自然与道德"的哲学内容。

3. 阴阳二元哲学的适用性

假如《周易》使用卦象的方式与殷商所使用的占卜方式截然不同，假如《周易》作者的时代尚不具备"自然与道德"的哲学思想，那么，《周易》里的卦象会表述怎样的内涵呢？

从历史观角度衡量，《周易》里的卦象很有可能延续了伏羲时代所创造"－"和"－－"的内涵，仍然保持着阴阳二元哲学理念。

◀

假如《周易》使用卦象的方式与殷商所使用的占卜方式截然不同，假如《周易》作者的时代尚不具备"自然与道德"的哲学思想，那么，《周易》里的卦象会表述怎样的内涵呢？

第三节 卦象的［象素］组合模式

在分析不同的卦象含意是否适用于《周易》的研究中，笔者逐渐体会到卦象是一种用途非常广泛的工具，它既可以当作预测"天意"的"自然征兆"，也可以用于表述宇宙万物生成的演化模式，还可以成为阴阳二元符号应用于不同领域的不同表述。

由此，笔者想到卦象会不会还有另外一种可能存在的内涵：它是多项因素的阴阳二元结构的组合体。笔者把它定义为：［象素］。

本节着力探索［象素］的理论模型，并在第四节验证［象素］是否适用于《周易》的卦象。

一、阴阳二元符号的数学含意

依据中国古人创立的阴阳二元哲学理念，推演伏羲氏历练三千年之久的八卦符号（）的［象素］含意。

假设：M为阴阳二元符号的种类。依据阴阳二元哲学理念，事物存在互为对应的两面，用符号表示为"－"和"－－"，即是说阴阳二元符号的种类为：M= 2

当设定事物变化只存在两个方面（或阴或阳）的前提（M= 2）下，引发事物变化的因素数量n将决定不同因素阴阳组合体的数量（Y），它们之间呈现几何级数关系：$Y = M^n = 2^n$

二、"一因生两仪"的组合模型

引发事物变化的因素为n项，即表示引发事物变化的因素是不确定的，即可能只有一项，也可能会有多项。

为说明［象素］的阴阳二元理论模型，需要先从一项因素（n=1）的阴阳二元组合情形开始论述。

以上古时代的农耕生产因素为例，人们总结

出太阳对农业会产生阴阳两种影响。阳光充足，作物茁壮生长，可用符号"—"表示为阳性的情形；而阳光不足，对作物生长不利，可用符号"--"表示为阴性的状况。

如果把太阳作为影响农耕生产的唯一因素（n=1），把阴"--"阳"—"符号作为太阳因素可能变化的最简单的阴阳二元结构状况（M= 2），便会生成以下两种情形：

影响因素	生成的现象：	
太阳	"--"	"—"
情形	1	2

这个"因素组合现象"的含意是：一项因素的阴阳二元结构会生成两种现象。用几何级数表示"因素组合体"的数量为：

$$Y = M^n = 2^1 = 2$$

这是［象素］阴阳二元结构理论模型中最简单的表达式。

三、"两因生四象"的组合模型

自然界对人类生产活动的影响因素常常不是单一的，虽然"万物生长靠太阳"，然而太阳不是影响农耕生产的唯一因素，早在上古时期就有"大禹治水"的传说，引证水对农耕民族发展的利害关系。

于是，在［象素］阴阳二元结构理论模型里再增加另外一项因素——"水"。即是说，万物生长不但要靠太阳，还要靠雨露滋润。

在太阳和雨水这两个因素同时存在的状态（n=2）下，如何用［象素］阴阳二元结构理论模型来表现它们对农耕生产的影响呢？

现在把太阳和雨水两项因素的阴"--"阳"—"状况（M= 2）进行排列，能够衍生出四种组合现象：

影响因素	生成的现象			
A 太阳	"--"	"--"	"–"	"–"
B 雨水	"--"	"–"	"--"	"–"
情形	1	2	3	4

现对这四种组合现象进行分析：

情形1：太阳和雨水对作物的影响同时呈现阴性，符号为两个阴线"--"的组合，表示对作物的生长极为不利。

情形2：太阳对作物的影响是不利的，符号为阴线"--"，但雨水对作物的影响是有利的，符号为阳线"–"，于是形成上阴下阳的符号组合，这种因素的综合作用要比"情况1"向好些许。

情形3：太阳出现了有利的阳线"–"，但雨水却是不利的阴线"--"，这是上阳下阴的组合体，仍然是好坏参半。

情形4：太阳和雨水都出现有利的阳线"–"，这个时刻最有利于作物的生长。

以上两项因素（n=2）的阴阳二元（M=2）交错变化，形成了各不相同的组合体，这便衍生出"四象"（四种现象）来。这个"因素组合现象"的含意为：两项因素的阴阳变化能够生成四种现象。用几何级数表示组合体的数量为：

$$Y = M^n = 2^2 = 4$$

在文字出现之后，"四象"也有了相应的名字。

现象：	1	2	3	4
阴阳符号组合：	☰☰	☰☰	☰☰	☰☰
组合体的名称：	太阴	少阴	少阳	太阳

从上述的推理过程中可以看出，四象形成的内在原因是基于两项因素的不同变化的综合反映，即是，当影响事物变化的因素变成两项的时

候，这两项因素的阴阳二元组合会生成"太阴、少阴、少阳、太阳"四种现象，即为"四象"。

四、"三因生八卦"的组合模型

按照"一因生两仪"和"两因生四象"的"阴阳二元组合现象"，可以推算出"三因生八卦"的结果。

当引发事物变化的因素只有一项（n=1）的时候，它的阴阳二元（M=2）变化所生成的形态数量是：$Y = M^n = 2^1 = 2$；当探讨的因素增加到两项因素（n=2）时，这两个因素的阴阳二元（M=2）组合所衍生的形态数量是：$Y = M^n = 2^2 = 4$；现在，将因素增加到三项（n=3）的时候，这三项因素的阴阳二元（M=2）组合，将会出现多少个形态呢？

用几何级数方法推算，得到"八卦"的数学含意为：

$$Y = M^n = 2^3 = 8$$

继续以影响农耕生产的因素为例，来说明三项因素组合的结果。

影响作物生长的因素不止太阳和雨水，还有第三项因素——土壤。土地的贫瘠不利于作物的生长，用"--"表示阴性；土地的肥沃有利于作物的生长，用"—"表示阳性。把太阳、雨水、土地三项因素（n=3）的阴阳二元（M=2）符号"—"和"--"进行排列，得到如下组合现象：

影响因素	形成的组合现象							
A 太阳	--	--	--	--	—	—	—	—
B 雨水	--	--	—	—	--	--	—	—
C 土壤	--	—	--	—	--	—	--	—
情形：	1	2	3	4	5	6	7	8

以上表格中，"太阳""雨水""土壤"的阴"--"阳"—"符号的组合可以形成八种情形，现将这八种情形逐个分析：

影响作物生长的因素不止太阳和雨水，还有第三项因素——土壤。把太阳、雨水、土壤三项因素（n=3）的阴阳二元（M=2）符号"–"和"--"进行排列可以形成八种情形。

　　情况1：太阳因素为阴性"--"、雨水因素为阴性"--"、土壤因素为阴性"--"的组合状态，归纳为符号"☷"，表示三项因素都为阴性，情况极差。

　　情况2：太阳因素为阴性"--"、雨水因素为阴性"--"、而土壤因素为阳性"–"的组合状态，归纳为符号"☶"，表示情况出现见好端倪，第三个因素出现了阳性。但总体情况仍处于阴性，因为第一第二因素都没有改变。

　　情况3：太阳因素为阴性"--"、雨水因素为阳性"–"，土壤因素为阴性"--"的组合状态，归纳为符号"☵"，表示情况3比情况2略强，第二个因素出现了阳线，但第三个因素又变成了阴性。

　　情况4：太阳因素为阴性"--"、雨水因素为阳性"–"、土壤因素为阳性"–"的组合状态。归纳为符号"☴"，表示情况发生重大改观，三个因素中出现了两个阳线，但仍然没有摆脱阴性氛围，因为主要因素仍处于阴性状态。

　　情况5：太阳因素为阳性"–"，雨水因素为阴性"--"、土壤因素为阴性"--"的组合状态。归纳为符号"☳"，表示主要因素由阴性转为阳性，整个事物发生了质变，开始呈现阳性。

情况6：太阳因素为阳性"–"，雨水因素为阴性"--"、土壤因素为阳性"–"的组合状态。归纳为符号"☳"，表示不但主要因素为阳性，而且第三因素也出现了阳性，体现阳的因素进一步加强。

情况7：太阳因素为阳性"–"、雨水因素为阳性"–"、土壤因素为阴性"--"的组合状态。归纳为符号"☱"，不言而喻，情况更好了。

情况8：太阳因素为阳性"–"、雨水因素为阳性"–"、土壤因素为阳性"–"的组合状态。归纳为符号"☰"，表示三因都是阳性，一个极好的状态！

把上面八种不同情形的阴阳组合符号进行排列：

☷ ☶ ☵ ☴ ☳ ☲ ☱ ☰

这便形成了［象素］理论模型的八卦符号。

上述归纳的八卦符号的含意是：三项因素的阴"--"阳"–"二元组合，会形成八种不同的现象。即是说，当影响事物的因素增加到三项时，它的阴阳二元变化会产生八种不同情形的组合体，即"三因生八卦"。

上述归纳的八卦符号的含意是：三项因素的阴"--"阳"–"二元组合，会形成八种不同的现象。即是说，当影响事物的因素增加到三项时，它的阴阳二元变化会产生八种不同情形的组合体，即"三因生八卦"。

五、"八卦"叠生 64 卦的组合模型

如果延续"一因生两仪、两因生四象、三因生八卦"的阴阳二元的组合逻辑，可以得出 $Y = M^n = 2^n$ 级数的组合模式，继而可以探讨更多的因素生成的形态。当出现四项影响因素（n=4）时，它的阴阳二元（M=2）组合便会生成 $M^n = 2^4 = 16$ 种不同的组合体；当探讨五项因素（n=5）的阴阳二元（M=2）组合时，便会生成 $M^n = 2^5 = 32$ 种组合体；当因素达到六项（n=6）时，它的阴阳二元（M=2）组合便会衍生出 $M^n = 2^6 = 64$ 种

组合体……。以此类推，可至无穷。

然而，仔细分解《周易》64卦象，并非简单的六条横线构成，而是两个三条横线的组合。

那么，六条横线与两个三条横线有什么区别呢？

《周易》卦象符号的衍生实际上停留在三个横线（n=3）上，即"三因生八卦"的阶段，而没有继续向四横线（n=4）、五横线（n=5）和六横线（n=6）延伸。其中的原因可能与两个因素有关：

值得注意，《周易》卦象符号的衍生实际上停留在三个横线（n=3）上，即"三因生八卦"的阶段，而没有继续向四横线（n=4）、五横线（n=5）和六横线（n=6）延伸。其中的原因可能与两个因素有关：

一是影响事物的要素很多，不是一项或两项，所以不能用一条两条横线（因素）来代表。用"三条横线（因素）"也不是说只有三项要素。"三"在古人的表达方式中通常象征"多"的含义，如"众"，"森"、"叠"、"蠡（集）"、"蠱（蛊）"等字，可推测"八卦"符号的三条横线有代表着多重因素之意；

"八卦"符号的三条横线有代表着多重因素之意；

另一因素是分析事物变化的规律要抓主要矛盾，不必面面俱到，因而抓住最重要的三项因素的变化来研究，就是抓住重点的分析方法。汉字中"一"、"二"、"三"的表达方式最简洁。四以后的表达方式就变化多端了，说明古人对一二三的重视程度。

分析事物变化的规律要抓主要矛盾，不必面面俱到，因而抓住最重要的三项因素的变化来研究，就是抓住重点的分析方法。

卦象是64卦象的简称。"卦象"中的"卦"是指"八卦"，"象"是指"生成的64种表象"，两字合在一起（卦象）

的意思是，八卦的两两组合生成了64种表象。用几何级数表述为：

$$Y \times Y = M^n \times M^n = 2^3 \times 2^3 = 64$$

六、64卦象隐藏的含意

在［象素］理念下，尽管笔者能理解八卦停留在"三因生八卦"阶段的寓意，但却搞不清楚"两个八卦"符号组合的模式含意。

笔者对两个八卦符号组合含意进行各种猜测，逐渐倾向于"内因和外因"的组合。但是这项"假设"却不能通过卦象、卦名、卦辞三要素的逻辑验证。这又成了一个不解之"谜"。

直到发现卦象是周文王用来推演综合国力的对比模式时，笔者才对两两八卦符号的组合含义有了透彻的理解……

◀

笔者对两个八卦符号组合含意进行各种猜测，逐渐倾向于"内因和外因"的组合。但是这项"假设"却不能通过卦象、卦名、卦辞三要素的逻辑验证。这又成了一个不解之"谜"。

37

第四节 《周易》的卦象是综合国力的对比模式

《周易》里的"卦象"是综合国力的对比模式——这是笔者对《周易》卦象做出的"假说定义"。产生这样的假说,一方面源于《周易》作者周文王经历的启示,一方面取决于中国古代阴阳二元哲学理念推演得出的卦象[象素]内涵,还有一方面因素是《周易》卦辞和卦名的隐语对卦象[象素]内涵的揭示。

作为综合国力的对比模式,卦象与卦名和卦辞的隐意存在着极为紧密的相关性,而使笔者坚信这项假说的成立。

一、将[象素]理念引入《周易》八卦

上节归纳[象素]理念下的八卦符号的含意是:三项因素(n=3)的阴阳二元(M= 2)符号"—"和"--"的组合,会形成八种不同的现象。用几何级数表示三项因素生成的阴阳组合体的数量为:

$$Y = M^n = 2^3 = 8$$

[象素]理念下的"八卦"是一种分析工具和方法,其所显示的三个最重要因素,可以根据不同的分析对象,设定不同的因素。

在古代农耕生产方面,[象素]的因素可设定为阳光、雨水和土壤三要素;在现代企业发展方面,[象素]的因素可设定为科技含量、市场份额和生产能力三要素。

依据周文王的"帝王"职业,将[象素]理念引用到《周易》卦象的"八卦"符号上。假设:"八卦"为殷商时代各个诸侯国综合实力的各种情形,其中:上线隐喻——军事,中线隐喻——疆域,下线隐喻——经济。当其中某方面的因素处于优势时,就用符号"—"表示;反之,当某方面的因素处于劣势时,就

用符号"--"表示。

依据上述设定，［象素］所显示的军事、疆域和经济三个方面因素（n=3）的优劣情况（M=2），在某个特定的时点上会表现出不同的组合现象（$Y = M^n = 2^3 = 8$），用列表概括如下：

卦象	因素	形成的组合现象：							
上线	军事	--	--	--	--	−	−	−	−
中线	疆域	--	--	−	−	--	--	−	−
下线	经济	--	−	--	−	--	−	--	−
情形：		1	2	3	4	5	6	7	8

以上表格中，"军事"、"疆域"、"经济"的"−"和"--"符号的组合，共形成八种不同的情形，把每个组合体抽象地用符号表示，就形成了"八卦"：

情形：	1	2	3	4	5	6	7	8
卦象：	☷	☳	☵	☶	☴	☲	☱	☰

二、［象素］理念下的"八卦"含义

运用［象素］视角解析《周易》里的卦象（八卦），即是把八卦符号所表示的八种情况视作诸侯国综合实力有可能出现的八种情形。

情形（1）☷，表示此时诸侯国的综合实力处于军事、疆域和经济全方位劣势状态；

情形（2）☳，表示综合实力中只有经济因素处于优势，而军事和疆域因素都处于劣势；

情形（3）☵，表示综合实力中只有疆域因素处于优势，而军事和经济因素都处于劣势；

情形（4）☶，表示综合实力中疆域和经济两项因素处于优势，而军

事因素却处于劣势；

情形（5）☵，表示综合实力中只有军事因素处于优势，而疆域和经济因素都处于劣势；

情形（6）☴，表示综合实力中军事和经济两项因素处于优势，而疆域因素却处于劣势；

情形（7）☲，表示综合实力中军事和疆域两项因素处于优势，而经济因素却处于劣势；

情形（8）☰，表示综合实力中军事、疆域和经济三项因素全都处于优势。

以上八种情形的解析，便是［象素］视角的八卦含意。

三、"卦象"的［象素］表达式的含义

如果，"八卦"是表述某个诸侯国在军事、疆域和经济这三个最重要方面的综合国力状况的话，那么，由两个八卦符号重叠组合而成的64卦象（Y×Y= M^n × M^n = 2^3 × 2^3 = 64），则是表述两个诸侯国的综合实力的对比情形。

这项"假设"是否成立，需要通过诸多逻辑检验。本节先将这项"假设"放入泰卦和否卦的卦象中，以验证卦象和卦名之间是否存在合理的逻辑关系。

为了对比方便起见，将传统的卦象组合结构进行调整，由原来的上下排列结构转换成左右排列结构。

比如：泰卦的卦象由上下排列结构"䷊"转换为左右排列结构"☷☰"；再比如：否卦的卦象由上下排列结构"䷋"转换为左右排列结构"☰☷"。

本文将这两个符号平行排列后，定名右边的八卦符号叫［内卦］，左边那个八卦符号叫［外卦］。［内卦］体现着本方的综合国力，［外

卦］体现着对方的综合国力。

采用［外卦］和［内卦］平行排列的结构，有助于对两方的综合国力进行对比分析。

比如，将泰卦的卦象"☰☷"转换为象素表达式"☰☷"，并据此列表：

八卦符号	表示因素	外卦-对方	内卦-本方
上线	军事：	"--"劣势	"—"优势
中线	疆域：	"--"劣势	"—"优势
下线	经济：	"--"劣势	"—"优势

从列表中可以清楚地看到，在设定的三个因素中，本方处于军事、疆域和经济这三个方面的优势，而对方却在这三个方面处于劣势。这样的象素对比状况，对本方非常有利，因而周文王用"泰"作卦名来表示接受这样的敌我对阵局面。显然，"泰卦"的卦名和卦象存在着极大的关联性。

再比如：否卦卦象"☰☷"转换为象素表达式"☰☷"并列表：

八卦符号	表示因素	外卦-对方	内卦-本方
上线	军事：	"—"优势	"--"劣势
中线	疆域：	"—"优势	"--"劣势
下线	经济：	"—"优势	"--"劣势

以上列表一目了然，对方处于全面优势状态，而本方的各项因素却在劣势中。这样的局面对本方非常不利，所以，周文王用"否"作卦名，告诫本方不可接受这样的局面。显然，"否卦"的卦象与卦名之间存在现象与对策的关联关系。

以上两例显示，［象素］理念极有可能是《周易》作者运用卦象的本义，即卦象是用来表述敌我双方综合实力的对比模式。

四、64卦象的［象素］表达式

把上下重叠结构的64卦象全部转换成左右排列的卦象群，便构成64卦象的象素表达式。它们反映出本方与对方综合实力对比的64种情形。

泰	大壮	需	夬	大畜	大有	小畜	乾
升	恒	井	大过	蛊	鼎	巽	姤
明夷	丰	即济	革	贲	离	家人	同人
谦	小过	蹇	咸	艮	旅	渐	遁
临	归妹	节	兑	损	睽	中孚	履
师	解	坎	困	蒙	未济	涣	讼
复	震	屯	随	颐	噬嗑	益	无妄
坤	豫	比	萃	剥	晋	观	否

用［象素］理念排列的64卦象，能够清晰地反映本方与对方综合实力对比的64种情形。在接下来的章节中所解读的《周易》卦名和卦辞的隐语内容，便是对这64种综合国力对比情形所做的分析和决策。

五、［象素］假说是否成立

卦象是一组运用广泛的符号。［象素］理念仅仅是运用卦象的一种方法。卦象的［象素］概念，不是笔者的臆断，而是在研究《周易》卦辞时的发现——周文王所填卦名所写卦辞完全是以卦象的［象素］理念为模式的。只有把卦象视为［象素］，才能真正看懂《周易》的卦象，读懂《周易》的卦名和卦辞的隐意，以及它们之间的内在关系。

《周易》64卦象的表意与隐意，存在这样一种可能性：周文王延用当时社会广泛接受"自然征兆"的理念，故意给商纣王及其监视者制造一个假象，以为他真的在用自然征兆占卜。实际上，周文王是在占卜所用卦象的掩护下，另辟蹊径，把卦象作为一种独特的分析工具，用来对比敌我双方的综合国力，以此制定相应的策略（这便是卦辞里的隐语）。

笔者把周文王创造的卦象应用之法概括为［象素］。

但是，在周文王撰写的《周易》卦辞里，并没有专门提及设定象素的文字内容，因而［象素］仅仅是一项假说。这项假说是否成立，需要通过它与《周易》卦辞和卦名之间是

◀

用［象素］理念排列的64卦象，能够清晰地反映本方与对方综合实力对比的64种情形。

只有把卦象视为［象素］，才能真正看懂《周易》的卦象，读懂《周易》的卦名和卦辞的隐意，以及它们之间的内在关系。

［象素］仅仅是一项假说，需要通过它与《周易》卦辞和卦名之间是否存在合理的逻辑关系加以验证。

泰卦和否卦的［象素表达式］中，能够明显感受到［卦象的象素］与卦名之间存在的逻辑关联性，可以作为验证"假说"的一个组成部分。

当然，仅有两项验证不能达到证明的充分条件，还必须将64卦象与64卦辞和卦名的逻辑关联性做出进一步的评估。

请留下你的足迹……

▶

否存在合理的逻辑关系加以验证。

幸好在上文论及的泰卦和否卦的［象素表达式］中，能够明显感受到［卦象的象素］与卦名之间存在的逻辑关联性，可以作为验证"假说"的一个组成部分。

当然，仅有两项验证不能达到证明的充分条件，还必须将64卦象与64卦辞和卦名的逻辑关联性做出进一步的评估。

在随后的章节中，笔者将全面介绍在这些方面的研究心得，以供读者甄别［象素］理念是否成立。

第二章
密码逻辑与隐意设定

如果《周易》的隐意内容真是一部体系完整的『兵书』，那么证实《周易》[隐语假说] 的成立，则成为一项不可或缺的关键环节。

第一节 设立卦辞隐语的逻辑关系

证实《周易》卦辞存在隐语,并破解它的密码,有两条可选途径:(1)考古研究,在浩瀚的古籍中寻找答案。这种方式需要时间和毅力。如果不曾有人留下有关这方面的只言片语,那么穷尽毕生精力也将颗粒无收;(2)假设判定,就像破译电文密码那样,首先假设卦辞中的每个字的隐藏含意,然后从横向纵向各种逻辑角度对其合理性进行判定和验证。这种方式需要想象和推理。

笔者选择了后者,愿意接受想象力与思维逻辑相结合的挑战。

一、字符隐意假设

[字符—隐意—假设],是指将卦辞中某字或字符的隐意设定为"某某某"意。

单独设定一个字或字符的隐意并不难,可以凭借想象力蹦出闪光的思想火花。但《周易》卦辞约有237字,针对每字设定一项隐意内容,则至少需要列出237个隐意条目。这时,难点出现了——当考虑到237个卦辞隐意是一个有机的、有序的、有逻辑的整体时,作为组织成员中的每个字或字符的隐意就会受到整体结构的约束。这时,再奇妙的想象也要被严谨的逻辑思维所约束。

在想象力和逻辑思维之间找到平衡点的唯一办法是对隐意存在的各种可能性在多层逻辑关系的框架里试探。

二、"王"字的隐意假设

在此,以"王"的隐意破解过程为例,说明《周易》卦辞隐语的解析逻辑。

"王"出现在卦辞"王假有庙"的辞句里。名家通常解释"王假有庙"为"君王亲临宗庙"。这样的解释没有任何问题。只是从汉字的造字原由和本义来看，"王"除了"君王"之意外，还有其它含意。

"王"字溯源：

甲骨文　　金文　　小篆　　楷书

"王"字的甲骨文和金文字形"太"和"王"，像带手柄的宽刃巨斧的形状。造字本义为最大的战斧。后假借代指战场上所向无敌的统帅，引申为古代的最高统治者（在秦汉帝王改称为皇帝以前的朝代）。（参考资料：左民安著《细说汉字》九州出版社2005年版276页"王"）

由此，"王"至少有两层含意：（1）造字本义：一种古代的兵器；（2）引申含意：君王、帝王的称谓。

由于《周易》作者的经历，启发笔者从兵书的角度看卦辞；由于笔者通过中国古代阴阳二元哲学理念将卦象推演为综合国力的对比模式，因而，"王假有庙"辞句中的"王"字的"战斧"本义相当"抢眼"——它会不会被周文王用来隐喻卦象（综合国力）中的军事因素呢？于是，"王"的隐意假设为：军事。

实际上，"王"本身存在各种隐意假设，因为，"王"字除了"战斧"造字本义外，还有很多其它含意，如君王之称，如姓氏，等等。依据"王—战斧—军事"的思路来假设"王"隐意军事，仅仅是诸多假设中的一种。

在解析"'王'的隐意假设"过程中，隐隐感觉到存在着一种情况（尚不敢断言"规律"）：当汉字出现多种表达含义时，周文王用它的"通常含意"写出卦辞的明面含意，而

在解析"'王'的隐意假设"过程中，隐隐感觉到存在着一种情况（尚不敢断言"规律"）：当汉字出现多种表达含义时，周文王用它的"通常含意"写出卦辞的明面含意，而选择几乎被人们遗忘的或已不被人们使用的"造字本义"作为卦辞隐语的密码，非常巧妙地将他所要表达的"兵书"内容掩藏起来。

▶

本节列出七项［隐意逻辑关系］，用以甄别多种［隐意假设］。只有被所有的［隐意逻辑关系］验证通过的假设，才被认定为《周易》卦辞的隐意。

［辞句—隐意逻辑关系］是指把每句辞里的字或字符的隐意组合起来，能够形成完整的具有逻辑性的辞句隐意。

选择几乎被人们遗忘的或已不被人们使用的"造字本义"作为卦辞隐语的密码，非常巧妙地将他所要表达的"兵书"内容掩藏起来。

当然，对于含有多层含意的汉字，可以做出各种隐意假设。其中哪种假设能被认定为《周易》卦辞的隐语呢？这便需要运用纵横交错的［隐意逻辑关系］进行筛选和验证。

三、［隐意逻辑关系］的验证

本节列出七项［隐意逻辑关系］，用以甄别多种［隐意假设］。如果字符的［隐意假设］不能通过七个层次的［隐意逻辑关系］中任何项下的验证，则需返工，重新设定。只有被所有的［隐意逻辑关系］验证通过的假设，才被认定为《周易》卦辞的隐意。

1.［辞句-隐意逻辑关系］的验证

《周易》64卦均有卦辞，每个卦辞又由若干辞句组合而成，如：王假有庙，利涉大川，等等。［辞句—隐意逻辑关系］是指把每句辞里的字或字符的隐意组合起来，能够形成完整的具有逻辑性的辞句隐意。

"王"字出现在辞句"王假有庙"中，因而把"王假有庙"里的四个字的隐意组合起来，要形成完整的、具有逻辑性的辞句隐意。

按照设定的［辞句—隐意逻辑关系］的要求，假设："王"隐喻本方的军事实力；"假"隐喻本方全力以赴发展内卦（本方综合实力）中的某项因素；"有"隐喻本方采取的措施；"庙"隐喻内卦（本方综合实力）中的经济因素处于劣势。（这些字符的"隐意假设"参见本章随后相关各节中的［隐意设定］和第四章第一节［涣卦隐意解析］中的相关论述）

把上述四字的［隐意假设］组合起来，可得辞句"王假有庙"的隐意组合："王假有庙"＝"王（隐喻本方的军事）"＋"假（隐喻本方全力以赴发展本方综合实力中的某项因素）"＋"有（隐喻本方采取的措施）"＋"庙（隐喻本方综合实力中的经济因素处于劣势）"

综合上式隐意信息，"王假有庙"的隐意可解读为：本方要全力以赴发展本方的军事，并针对本方经济劣势状况而采取措施。

考查"王假有庙"辞句隐意的逻辑关系，符合"完整的、具有逻辑性的辞句隐意"的要求，因而"'王'的隐意假设——本方的军事"通过第一关验证。

《周易》卦辞中的辞句有100多句，就此需要运用100多个［辞句—隐意逻辑关系］来验证辞句中相应字的假设隐意是否合乎逻辑。

2.［卦辞–隐意逻辑关系］的验证

［卦辞—隐意逻辑关系］是指把每卦的辞句隐意组合起来，形成完整的、具有逻辑性的卦辞隐意。

现在，"'王'的隐意假设——本方的军事"开始经受逻辑分析第二关的检验。

辞句"王假有庙"出现在涣卦辞里，涣卦辞："亨：王假有庙，利涉大川，利贞"。假设：换卦辞中的每个字的"隐意假设"均已通过第一关的验证。（这些辞句的"隐意假设"参见本章随后相关各节中的［隐意设定］和第四章第一节［涣卦隐意解析］中的相关论述）。按照［卦辞—隐意—逻辑］的要求，将换卦辞里的每个辞句隐意组合起来，形成换卦辞的隐意：

◀

［卦辞—隐意逻辑关系］是指把每卦的辞句隐意组合起来，形成完整的、具有逻辑性的卦辞隐意。

49

问卦（亨）：本方全力以赴发展本方的军事（王假），并针对自身的经济劣势而采取措施（有庙），这样做的目的是要形成优势格局（利），战胜（涉）实力超强（大）的对方（川）吗？解答：首先要形成本方综合实力的优势格局（利贞）。

考查涣卦辞的隐意逻辑，符合"完整的、具有逻辑性的卦辞隐意"的要求。因而"'王'的隐意假设——本方的军事"通过第二关验证。

《周易》共有 64 卦，相应有 64 个［卦辞—隐意逻辑关系］，用以验证卦辞中相应字的［假设隐意］是否合乎逻辑。

3. ［卦辞–象素–隐意逻辑关系］的验证

［卦辞—象素—隐意逻辑关系］是指在同一个卦中，卦辞隐意与卦象的象素表达模式的内容，存在一致性的逻辑关系。

涣卦辞中的"王假有庙"隐意——本方全力以赴发展本方的军事并针对自身的经济劣势而采取措施——这句辞的潜台词为"目前本方军事处于劣势"。而涣卦的象素表达式"☴☵"显示，内卦的上线和下线均为虚线，表示本方综合实力中的军事状况和经济方面都处于劣势。卦辞隐意和卦象内涵存在一致性的逻辑关系。因而"'王'的隐意假设——本方的军事"通过第三关验证。

《周易》共有 64 卦，相应有 64 个［卦辞--象素--隐意逻辑关系］，用以验证卦辞中相应字的［假设隐意］是否合乎逻辑。

［卦辞—象素—隐意逻辑关系］是指在同一个卦中，卦辞隐意与卦象的象素表达模式的内容，存在一致性的逻辑关系。

［相同辞句—隐意逻辑关系］是指在《周易》的卦辞里反复出现的相同辞句的［隐意假设］必须存在一致性。

4. ［相同辞句–隐意逻辑关系］的验证

［相同辞句—隐意逻辑关系］是指在《周易》的卦辞里反复出现的相同辞句的［隐意假设］必须存在一致性。

辞句"王假有庙"不但出现在涣卦辞中，而且出现在萃卦辞中。这两处的"'王'的隐意假设——本方的军事"必须存在一致性，而且这两处的辞句"王假有庙"的组合隐意也必须存在一致性，甚至这两处的卦辞隐意与卦象的象素所反映的内容也必须存在一致性。

运用［相同辞句—隐意逻辑关系］，验证"'王'的隐意假设——本方的军事"在其它辞句中是否成立。

萃卦☰☰：亨：王假有庙，利见大人？……。

卦辞隐意：问卦（亨）：本方全力以赴发展本方的军事（王假），并针对自身的经济劣势而采取措施（有庙），可是，此卦有何优势因素（利）能够实现（见）用一个优势（大）发展另一个优势（人）的目标呢？（这些字符和辞句的"隐意假设"参见本章随后相关各节中的［隐意设定］和第十一章第一节［萃卦隐意解析］中的相关论述）

两处的"'王'的隐意假设"存在一致性，两处的"王假有庙"隐意也存在一致性。卦辞"王假有庙"所在的卦象——涣卦☰☰和萃卦☰☰——的内卦的上线均为劣势。因而，则有当"王"隐喻本方的军事时，卦辞"王假有庙"与［卦象的象素表达模式］存在高度相关性。

验证结果："王"在不同卦辞的相同辞句中，其"隐意假设——本方的军事"，不但与各个卦辞的隐语逻辑相符合，而且与各个"卦象的象素表达模式"内容相吻合。通过第四关的逻辑验证。

▶

［同字不同句—隐意逻辑关系］是指在《周易》的卦辞里反复出现的字和字符，在不同辞句中的"隐意假设"也必须存在一致性。

［共性—隐意逻辑关系］是指每项［隐意假设］在类别上是否存在逻辑上的共性。

5. ［同字不同句–隐意逻辑关系］的验证

［同字不同句—隐意逻辑关系］是指在《周易》的卦辞里反复出现的字和字符，在不同辞句中的"隐意假设"也必须存在一致性。

"王"在《周易》卦辞里一共出现过4次，除了"王假有庙"在涣卦和萃卦辞中出现外，还在丰卦辞句"王假之"和夬卦辞句"扬于王庭"中出现。虽然"王"在3个不同的辞句中出现，但"'王'的隐意假设——本方的军事"内容应该保持一致。

运用［同字不同句—隐意逻辑关系］，验证"'王'的隐意假设——本方的军事"在其它辞句中是否成立。

（1）丰卦☲☳辞：亨：王假之，勿忧？宜日中。

丰卦辞的隐意：问卦（亨）：本方全力以赴发展军事（王假），并已形成优势（之），这种情形能使本方的疆域因素不再处于劣势状态吗（勿忧）？解答：对外卦处于劣势的军事和疆域方面发动攻势（宜），以形成本方疆域优势（日中）。（文中每字每句的隐意解析，参见本章随后相关各节中的［隐意设定］和第十二章第四节［丰卦隐意解析］中的论述）

丰卦辞的隐语内容表示，本方综合实力中的军事状况已经发生变化，不再处于劣势，这与丰卦的卦象☲☳所显示的状况完全一致——丰卦的内卦上线为阳线，体现本方综合实力中的军事为优势状况。因而，在丰卦辞中"'王'的隐意假设——本方的军事"得到验证。

（2）夬卦 ䷪ 辞：扬于王庭……。

夬卦辞"扬于王庭"的隐意：当本方致力形成军事优势（扬于王），且将优势贯穿整个内卦时（庭），……。（文中每字每句的隐意解析，参见本章随后相关各节中的［隐意设定］和第十三章第五节［夬卦隐意解析］中的论述）

从夬卦的卦象 ䷪ 来看，内卦的上线为实线，代表本方综合实力中的军事处于优势，体现了文中"扬（优势）"和"王（本方的军事）"的隐藏含意。

验证结果："王"在不同卦辞的辞句中，其"隐意假设——本方的军事"，不但与各个［卦辞的隐意逻辑关系］相符合，而且与各个［卦象的象素表达模式］的内容相吻合。通过第五关的逻辑验证。

6.［共性–隐意逻辑关系］的验证

［共性—隐意逻辑关系］是指每项［隐意假设］在类别上是否存在逻辑上的共性。比如："王"隐喻军事，源于"王"的本义存在着"战斧"的内涵。那么，"战斧"隐喻军事，是否存在类别共性，则成为验证"王"的［隐意假设］的一项标准。如果"战斧隐喻军事"存在共性，那么"'王'的隐意假设"则被通过。

笔者在做这项验证的过程中得到另一个启示：是否含有"兵器"意的字都是隐喻军事的标识呢。

查看《周易》卦辞发现，除了"王"字，至少还有 5 个字（甲骨文或金文或篆文）的造字本义含有"兵器"意：亡、戎、我、七、夬；又发现，卦辞中约有 23 个字（甲骨文或金文或篆文）中的字符含有"兵器"意：则、夷、咸、妄、侯、剥、晋、遁、苦、革、旅、初、渐、繻、至、

53

［综合汇总—隐意逻辑关系］是指《周易》卦辞中所有的字或字符的隐意假设通过前六项验证后，还必须使这些［隐意假设］存在整体逻辑的合理性。

窒、咥、丈、解、所、童、接、密。（参见随后章节的卦辞隐意解析）

将这些字或字符的隐意假设为"军事"，并像"王"字一样，放入各个［隐意逻辑关系］中加以验证。结果表明：这些字或字符的"隐意假设"——军事——通过验证。（上述各字或字符的逻辑验证内容参见随后章节中的卦辞隐意解析）

通过上述逻辑验证，得到一项［类别—隐意—共性］规律——周文王用"兵器"隐喻军事。而"王"的造字本义为"战斧"，"战斧"是古代的兵器，因而，"王"隐喻军事的假设，合乎［隐喻—共性］的逻辑。

正是在验证"'王'的隐意假设"过程中发现了［类别—隐意—共性］规律，使得笔者在随后的卦辞隐意分析时，有了相当奏效的切入角，即用归类研究方式，寻找、观察、分析某一类的字或字符是否存在［隐意—共性］。

7. ［综合汇总–隐意逻辑关系］的验证

［综合汇总—隐意逻辑关系］是指《周易》卦辞中所有的字或字符的隐意假设通过前六项验证后，还必须使这些［隐意假设］存在整体逻辑的合理性。

这项逻辑关系的验证，只有完成全部卦辞隐意解析后，才能判别对错结果。因而，在本书随后论述和解析的章节中所呈现的内容，不但是对卦辞隐意的解读，而且是对它们的［综合汇总—隐意逻辑关系］进行系统验证的全部过程。

第二节 动物类别的隐意

正如上节所述，在验证"王"的隐意假设过程中，发现了《周易》卦辞中，用"兵器"隐喻军事的［类别—隐意—共性］规律，使得笔者在随后的卦辞隐意分析时，有了相当奏效的切入角，即用归类研究方式，寻找、观察、分析某一类的字或字符是否存在［隐意—共性］。

本节及随后各节内容，便是分门别类的［隐意—共性］解析。

一、"本方"、"对方"密码逻辑

如果把"动物"分成两个大类的话，侧有"人类"与"其它动物"之分。

《周易》卦辞里有许多与"人"有关的字和字符，它们的［类别—隐意—共性］是什么呢？同样，《周易》卦辞里也有许多与"禽兽牲畜鱼虫等（简称：禽兽牲畜）"有关的字和字符，这些字符的［类别—隐意—共性］又是什么呢？

把"人类"和"禽兽牲畜"两类字符进行各种隐意假设尝试和验证，终于发现周文王设计的"人"与"禽兽牲畜"的隐语内涵。具体来说，（1）与人类有关的字符是隐喻"本方"的密码；（2）与禽兽牲畜有关的字符是隐喻"对方"的标识。

设计这种隐意逻辑关系，应该源于周文王的牢狱之灾。

不要忘记，周文王是在商纣王的牢狱里撰写的《周易》，这个场所本身就是滋生仇恨的地方，因而用"禽兽畜牲"这类骂人的脏话隐喻敌我关系的对方，淋漓尽致地表达了周文王内心世界对敌人的刻骨仇恨。同样，周文王在牢狱中无

周易你读懂了吗

法与亲人相见，孤单熬过七年时光，可以想象他在那种恶劣环境下对亲人的思念情感。在卦辞中用"人类"隐喻本方，不但流露出他对亲人的思念之情，而且体现了他寄予后代完成翦商兴周大业的期望。

将"人类"与"禽兽牲畜"划分为两大阵营，仅仅是隐喻"本方"和"对方"的大范畴。沿着这个分水岭进行细化，可以得到更为具体的隐意表述。

二、"人类"各项类别的隐意

1. ［人类—称谓—字符］的隐意设定

"人称"——［人类—称谓—字符］，是指《周易》卦名和卦辞里存在一类表示"人类称谓"的字（包括字符含"人称"之意的字）和词组。这类字（以甲骨文、金文或小篆构字要素为准）和词组有：

（1）字：巳（甲骨文：𠂤）、自（甲骨文：𦣻）、王（金文：王）、候（甲骨文：�）、我（甲骨文：𢦏）、妹（甲骨文：𣎵）、夫（甲骨文：夫）、童（金文：童）、后：毓（甲骨文：毓 金文：毓）、夷（金文：夷）、戎（金文：戎）、咸（甲骨文：咸），共12个字；

（2）字（字符含有"人称"之意）：姤（小篆：姤）、孚（金文：孚）、改（金文：改）、讼（金文：讼）、往（甲骨文：往）、兑（甲骨文：兑）、接（小篆：接）、旅（甲骨文：旅）、萃（金文：萃）、乾（小篆：乾），共10个字。

（3）词组：君子、大人，共2个词组。

延续"人类"隐喻"本方"的密码设计逻辑，将上述含有"人称"之意的词组、字和字符的隐意全部设定为"本方"（注：除"戎"、

56

"咸"另有特指，参见该字的隐意解析），并与相关联的其它类别的字符隐意进行重组，形成新的合成隐意，用以解析相关卦名和卦辞中的隐意内容。

例："夬（甲骨文：木）" = "成人——人称（隐喻本方）" + "大（隐喻优势）" + "指事符在头部（隐喻上线军事因素）"，合成隐意：内卦的上线为"阳性"，或：本方军事因素为优势。

例："孚（金文：𥝢）" = "子——人称（隐喻本方）" + "爪——禽兽爪（隐喻对方的动作）"，合成隐意：对方挑衅、掠夺、进犯本方。

例："贞大人吉"合成隐意：本方的综合实力（贞），可以通过本方"优势叠加"的发展途径（大人）而形成优势格局（吉）。

2. ［人类-身形-字符］的隐意设定

"人形" ——［人类—身形—字符］，是指《周易》卦名和卦辞里存在一类表示人类"身体形态"的字（包括字符含"人形"之意的字）。这类字（以甲骨文、金文或小篆构字要素为准）有：

元（甲骨文：ㄔ）、光（甲骨文：ㄓ）、先（甲骨文：ㄓ）、履（甲骨文：ㄓ）、挠（小篆：ㄓ）、身（甲骨文：ㄓ）、艰（甲骨文：ㄓ）、悔（小篆：ㄓ）、见（甲骨文：ㄓ）、观（金文：ㄓ）、临（金文：ㄓ）、童（金文：ㄓ）、扬（金文：ㄓ）、夙（甲骨文：ㄓ）、若（甲骨文：ㄓ）、即（甲骨文：ㄓ）、节（金文：ㄓ）、既（甲骨文：ㄓ）、坎

◀

设定"人类"的隐意为：本方；设定"禽兽畜牲"的隐意为：对方。这种类别隐意的设计与周文王的牢狱之灾有关。

设定［人类—称谓—字符］的隐意为：本方。如："君子"的隐意：本方。

设定［人类—身形—字符］的隐意为：本方。如："光（甲骨文：ㄓ）"字中的"人形"字符的隐意为：本方。

（小篆：坈）、笑（小篆：芺）、郊（小篆：鶨）、邑（金文：𗊧）、无（甲骨文：𤱶）、夷（金文：𡗥），共24个字。

延续"人类"隐喻"本方"的密码设计逻辑，将上述单字中的"人形"字符的隐意全部设定为"本方"，并与相关联的其它类别的字符隐意进行重组，形成新的合成隐意，用以解析相关卦名和卦辞中的隐意内容。

例："元（甲骨文：𠄐）"="人的身形（隐喻本方）"+"指事头部（隐喻上线军事）"，合成隐意：本方的上线军事因素。

例："光（甲骨文：𤎩）"="人形（隐喻本方）"+"头部的火焰（隐喻上线军事为优势，而且三项因素都是优势）"，合成隐意：不但本方军事形成优势，而且综合实力的三项指标均为优势。

设定［人类—右手—字符］的隐意为：本方采取某项措施。如："有（甲骨文：𠃌）"的隐意：本方采取措施。

如："得（甲骨文：𢔳）"字里的"右手"字符的隐意：本方采取的措施。

3. ［人类—右手—字符］的隐意设定

［人类—右手—字符］，是指《周易》卦名和卦辞里存在一类表示人类"右手"的字（包括字符含"右手"之意的字）。这类字（以甲骨文、金文或小篆构字要素为准）有：

有（甲骨文：𠃌）、攸（甲骨文：攸）、改（金文：𢻰）、惊（小篆：驚）、昼（金文：書）、建（金文：𢖺）、篮（金文：𥂗）、丈（小篆：𠫓）、夬（甲骨文：𠬪）、事（金文：𠁰）、离（金文：𥹉）、取（甲骨文：𠬝）、蒙（金文：

设定［人类—左手—字符］的隐意为：本方辅佐。如："随（小篆：𨿺）"字中的"左手"字符的隐意为：本方辅佐某某做某事。

)、得（甲骨文：）、谦（小篆：）、震（小篆：）、豚（金文：）、豫（小篆：）、获（甲骨文：）、反（金文：）、损（小篆：）、接（小篆：）、挠（小篆：），共23个字。

依据"人类"隐喻"本方"的密码设计逻辑和右手在人类活动中所起的作用，将上述单字中的"右手"字符的隐意全部设定为"本方采取某项措施"，并与相关联的其它类别的字符隐意进行重组，形成新的合成隐意，用以解析相关卦名和卦辞中的隐意内容。

例："得（甲骨文：）"="右手（隐喻本方采取的措施）"+"贝——货币（隐意财富经济）"+"彳（道路）"，合成隐意：本方获取财力之路。

例："事（金文：）"="右手（隐喻本方采取措施）"+"猎具（隐喻本方的军事）"，合成隐意：本方针对自身的军事状况而采取的措施。或：本方采取军事措施。

4. ［人类-左手-字符］的隐意设定

［人类—左手—字符］，是指《周易》卦名和卦辞里存在一类表示人类"左手"的字（包括字符含"左手"之意的字）。这类字（以甲骨文、金文或小篆构字要素为准）有：

随（小篆：），共1个字。

依据"人类"隐喻"本方"的密码设计逻辑和左手在人类活动中所起的作用，将上述单字中的"左手"字符的隐意全部设定为"本方辅佐"，并与相关联的其它类别的字符隐意进行重组，形成新的合成隐意，用以解析相关卦名和卦辞中的隐意内容。

例："随（小篆：）"="辵（隐喻本方走的路）"＋"阜——山丘（隐喻疆域因素）"＋"左手（隐喻本方辅佐）"＋"肉——禽兽牲畜的肉（隐喻从对方那里获益）"，合成隐意：本方发展疆域之路，可通过辅佐对方而获益。

5. ［人类–双手–字符］的隐意设定

［人类—双手—字符］，是指《周易》卦名和卦辞里存在一类表示人类"双手"的字（包括字符含"双手"之意的字）。这类字（以甲骨文、金文或小篆构字要素为准）有：

扬（金文：）、夙（甲骨文：）、若（甲骨文：）、易：繁系（甲骨文：）、泰（小篆：）、盟（金文：）、假或叚（金文：）、解（甲骨文：）、革（金文：）、乱（金文：）、康（金文：）、遗（小篆：）、涣（小篆：），共13个字。

依据"人类"隐喻"本方"的密码设计逻辑和双手在人类活动中所起的作用，将上述单字中的"双手"字符的隐意全部设定为"本方齐心协力，或：本方全力以赴"，并与相关联的其它类别的字符隐意进行重组，形成新的合成隐意，用以解析相关卦名和卦辞中的隐意内容。

例："泰（小篆：）"="双手（隐喻本方齐心协力）"＋"水（隐喻劣势）"＋"大（隐喻优势）"，合成隐意：本方齐心合力改变劣势处境形成优势局面。

例："盟（金文：）"="皿——用具（隐喻内卦）"＋"双手（隐喻本方齐心协力）"＋"水（隐喻劣势）"，合成隐意：本方竭尽全力改变自身劣势状况。

6. ［人类–脚步–字符］的隐意设定

"人足"——［人类—脚步—字符］，是指《周易》卦名和卦辞里存在一类表示人类的"止或趾（脚）"的字（包括字符含"人足"之意的字）。这类字（以甲骨文、金文或小篆构字要素为准）有：

之（甲骨文：𝕬）、过（金文：𝕬）、正（甲骨文：𝕬）、征（甲骨文：𝕬）、迷（小篆：𝕬）、遁（小篆：𝕬）、随（小篆：𝕬）、遗（小篆：𝕬）、道（金文：𝕬）、涉（甲骨文：𝕬）、渎（小篆：𝕬）、往（甲骨文：𝕬）、出（金文：𝕬）、咎（甲骨文：𝕬）、先（甲骨文：𝕬）、履（甲骨文：𝕬）、忧：憂（小篆：𝕬）、後（甲骨文：𝕬）、复（甲骨文：𝕬）、蹇（小篆：𝕬）、建（金文：𝕬），共21个字。

依据"人类"隐喻"本方"的密码设计逻辑和脚在人类活动中所起的作用，将上述单字中"人足"字符的隐意全部设定为"本方付诸行动"，并与相关联的其它类别的字符隐意进行重组，形成新的合成隐意，用以解析相关卦名和卦辞中的隐意内容。

例："之（甲骨文：𝕬）"="脚步（隐喻本方付诸行动）"＋"实线'—'（隐喻优势）"，合成隐意：本方付诸行动，达到优势。

例："涉（甲骨文：𝕬）"="脚步淌过（隐喻本方越过或战胜）"＋"河流（隐喻外卦）"，合成隐意：本方超越对方的综合实力，或本方战胜对方。

7. ［人类–眼睛–字符］的隐意设定

"人眼"——［人类—眼睛—字符］，是指《周易》卦名

设定［人类—脚步—字符］的隐意为：本方付诸行动。如："正（甲骨文：𝕬）"字中的"止"字符的隐意为：本方向某处行动。

如："之（甲骨文：𝕬）"字中的"脚步"字符的隐意为：本方付诸行动。

如："涉（甲骨文：𝕬）"字里的"脚过河"字符的隐意：本方越过或战胜某某。

和卦辞里存在一类表示人类"眼睛"的字（包括字符含"人眼"之意的字）。这类字（以甲骨文、金文或小篆构字要素为准）有：

设定[人类—眼睛—字符]的隐意为:本方看到某种情形,或:本方实现某项目标。如:"见(甲骨文:罗)"字里的"目"字符的隐意:本方实现某项目标。

见（甲骨文：罗）、临（金文：𥄂）、童（金文：童）、艮（金文：艮）、观（金文：观）、眢（甲骨文：眢）、睽（金文：睽）、锡（金文：锡），共8个字。

依据"人类"隐喻"本方"的密码设计逻辑和眼睛在人类活动中所起的作用，将上述单字中的"人眼"字符的隐意全部设定为"本方看到某种情形，或：本方实现某项目标"，并与相关联的其它类别的字符隐意进行重组，形成新的合成隐意，用以解析相关卦名和卦辞中的隐意内容。

如:"临(金文:𥄂)"字中的"目"字符的隐意为:本方审视某情况。

例："临（金文：𥄂）"＝"人形（隐喻本方）"＋"眼睛（隐喻审视某种情况）"＋"三个物件——用具（隐喻卦象的三个因素）"，合成隐意：本方必须重视综合实力的三个方面。

如:"眢(甲骨文:眢)"字中的"目"字符的隐意为:本方实现。

例："眢（甲骨文：眢）"＝"目（隐喻本方实现）"＋"屮——植物（隐喻农耕经济）"，合成隐意：本方实现经济发展。

8. [人类–张口–字符] 的隐意设定

[人类—张口—字符]，是指《周易》卦名和卦辞里存在一类表示"人张着嘴巴"的字（包括字符含"张嘴"之意的字）。这类字（以甲骨文、金文或小篆构字要素为准）有：

咥（小篆：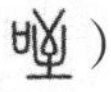）、即（甲骨文：）、节（金文：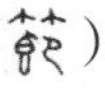）、既（甲骨文：）、坎（小篆：），共5个字。

依据“人类”隐喻“本方”的密码设计逻辑和嘴在人类活动中所起着“吃”的作用，将上述单字中的“张嘴”字符的隐意全部设定为“本方享用，本方吞噬，本方消灭”之含意，并与相关联的其它类别的字符隐意进行重组，形成新的合成隐意，用以解析相关卦名和卦辞中的隐意内容。

例：“节（金文：）”=“人张嘴（隐喻本方享用）”+“容器与食物——用具（隐喻内卦中的成果）”+“竹——植物（隐喻农耕经济）”，合成隐意：本方独享内卦经济发展带来的成果。

例：“咥（小篆：）”=“口（隐喻本方消灭）”+“至——兵器及实线（隐喻军事优势）”，合成隐意：本方具有征战能力的军事。

9.［人类-言语-字符］的隐意设定

“人言”——［人类—言语—字符］，是指《周易》卦辞里存在一类表示“人说话”的字（包括字符含“言语”之意的字）。这类字通常由“口”字旁和“言”字旁来表示。这类字（以甲骨文、金文或小篆构字要素为准）有：

吉（甲骨文：）、否（金文：）、可（甲骨文：）、噬（小篆：）、嗑（小篆：）、苦（小篆：）、咸（甲骨文：）、悰（小篆：）、曷（小篆：）、讼（金文：）、谦（小篆：）、坤（战国：），共12个字。

依据“人类”隐喻“本方”的密码设计逻辑和语言在人类活动中所起的作用，将上述单字中的“言语”字符的隐意

◄ 设定［人类—张口—字符］的隐意为：本方享用，本方吞噬，本方消灭。如：“即（甲骨文：）”字中的“张嘴”字符的隐意：本方消灭某某。

如：“节（金文：）”字里的“张口”字符的隐意：本方享用。

设定［人类—言语—字符］的隐意为：本方的判断、本方的论述。如：“讼（金文：）”字中的“言语”字符的隐意：本方论述。

全部设定为"本方的判断、本方的论述"之含意，并与相关联的其它类别的字符隐意进行重组，形成新的合成隐意，用以解析相关卦名和卦辞中的隐意内容。

例："讼（金文：⿰）"＝"言（隐喻本方说）"＋"公——人称（隐喻周文王）"，合成隐意：周文王论述。

例："谦（小篆：⿰）"＝"言（隐喻本方说）"＋"右手（隐喻本方采取措施）"＋"两把禾——作物（隐喻农耕经济）"，合成隐意：周文王指出：本方要着手发展经济。

三、"禽兽牲畜"的隐意

［禽兽牲畜—字符］的隐意设定

由于禽兽牲畜类的文字和字符多为象形字，因而将它们的"称谓"与"体形"，以及"动作"合为一体，均用［禽兽牲畜—字符］来表示。

［禽兽牲畜—字符］，是指《周易》卦名和卦辞里存在一类表示禽兽牲畜的字（包括字符含"禽兽牲畜和鱼虫"之意的字）。这类字（以甲骨文、金文或小篆构字要素为准）有：

1. 单字：鸟（金文：⿰）、虎（甲骨文：⿰）、马（甲骨文：⿰）、牛（甲骨文：⿰）、鱼（甲骨文：⿰），共5个字。

2. 字符（某单字里的字符含有"禽兽牲畜和鱼虫"之意）：飞（战国文字：⿰）匪（小篆：⿰）、维（金文：⿰）、获（甲骨文：⿰）、观（金文：⿰）、孚（金文：⿰）、虢（金文：⿰）、号（小篆：⿰）、豫（小篆：⿰）、狱（金文：⿰）、狐（甲骨文：⿰）、惊（小篆：⿰）、荐或薦（金文：⿰）、顋（小篆：⿰）、赢（小篆：⿰）、蕃（金文：⿰）、告（金文：⿰）、牲（金文：⿰）、牝（金文：

）、解（甲骨文：⿰）、豚（金文：⿰）、家（甲骨文：⿱）、再（甲骨文：⿳）、蛊（甲骨文：⿱）、厉（金文：⿱）、背（小篆：⿱）、宜（金文：⿱）、随（小篆：⿱）、革（金文：⿱）、求（金文：⿰），共30个字。

依据"禽兽牲畜"隐喻"对方"的密码设计逻辑，将上述单字和单字中的"禽兽牲畜"字符的隐意全部设定为"对方"，并与相关联的其它类别的字符隐意进行重组，形成新的合成隐意，用以解析相关卦名和卦辞中的隐意内容。

例："孚（金文：⿱）"＝"爪——禽兽的爪（隐喻对方抓）"＋"子——人称（隐喻本方）"，合成隐意：对方进犯本方。

例："号（小篆：⿰）"＝"虎（隐喻凶猛的对方）"＋"号：拖长声音大声喊叫（隐喻叫嚣）"，合成隐意：凶猛的对方大肆叫嚣。

四、"人类的性别"和"禽兽牲畜的性别"的隐意

这两类字符隐意的设定，将在本章第六节的"性别"隐意设定中论述。

◀

设定[禽兽牲畜—字符]的隐意为：对方。如："牲（金文：⿱）"字里的"牛或羊"字符的隐意：对方。

如："孚（金文：⿱）"字里的"禽兽的爪"字符的隐意：对方的进犯。

如："号（小篆：⿰）"字中的"虎"字符的隐意：凶猛的对方。

第三节 "住处"演化与隐意设定

本节探讨的［类别—隐意—共性］规律，涉及到"居所"类字符。虽然这类字符在字面上没有任何"人类"、"禽兽牲畜"的含意，但要理解它们的隐意，却不能离开周文王构建的"人类"与"禽兽牲畜"分类的重要主线。

一、"居所"的密码逻辑

周文王生活的上古时代，人类与禽兽已经发生本质的区别，人类的双手创造了禽兽根本不可能做出的物质财富，人类不再是穴居或巢居动物，他们用双手建造了各种用于居住的建筑；反观禽兽的生存状况，它们仍然延续巢穴栖息的习惯，仍然出没于川河荒野寻觅食物。

"人类"与"禽兽"形成的居住环境的差异，为探索"居所"类字符隐意共性提供了重要线索。经过"隐意共性"探索和各项验证，发现"居所"类字符的隐意与64卦象存在极大的相关性：（1）人类居住的"房屋"，通常与"内卦"相关；（2）禽兽栖息的"巢穴"和禽兽出没觅食的"川河"，通常与"外卦"相关；（3）另有牲畜栖身的"棚户"，通常也与"外卦"相关。

不难想象，周文王设计这套隐意密码的逻辑关系，应该源于"居所"与卦象的属性存在相似的特征。

"卦象"涵盖着内卦和外卦的实力对比情形，"居所"则囊括着人类和禽兽牲畜的居住状况。因而，将"人类"隐喻"本方"的密码设计逻辑引申到卦象的隐语中，则有"人的居所"成为隐喻内卦的标识，即显示本方综合实力的卦象；相应地将"禽兽牲畜"隐喻"对方"的密码设计逻辑转接到卦象的隐语中，则有"禽兽牲畜的栖身处"成为隐喻外卦的标识，即显示对方综合实力的卦象。

二、［人类–房屋–字符］的隐意设定

［人类—房屋—字符］，是指《周易》卦名和卦辞里存在一类表示"人类建造并使用的房屋或住所"的字（包括字符含"房屋"之意的字）。这类字（以甲骨文、金文或小篆构字要素为准）有：

安（甲骨文：🀫）、密（金文：🀫）、寨（小篆：🀫）、宁（金文：🀫）、实（金文：🀫）、涣（小篆：🀫）、庭（金文：🀫）、庙（金文：🀫）、复（甲骨文：🀫）、出（金文：🀫）、入（金文：人）、渎（小篆：🀫）、尚（金文：🀫）、亨或享（金文：🀫），共14个字。

依据"人类"隐喻"本方"的密码设计逻辑和"房屋"体现人类居住状况的特性，将上述单字中表示"人的居所"字符的隐意全部设定为"内卦，或：本方综合实力的现实情况"，并与相关联的其它类别的字符隐意进行重组，形成新的合成隐意，用以解析相关卦名和卦辞中的隐意内容。

例："安（甲骨文：🀫）"＝"宀——房屋（隐喻内卦）"＋"女（隐喻本方处于劣势）"，合成隐意：处于劣势的内卦。或：本方综合实力处于劣势。

例："密（金文：🀫）"＝"宀——房屋（隐喻内卦）"＋"两柄武器（隐喻军事因素）"＋"山（隐喻疆域因素）"，合成隐意：本方综合实力中的军事和疆域方面。

例："庙（金文：🀫）"＝"广——建筑（隐喻内卦或本方的综合实力）"＋"苗（隐喻农耕经济）"＋"庙——与阴间有关（隐喻劣势）"，合成隐意：本方综合实力中的经济因素为劣势。

三、"禽兽牲畜的栖身处"的隐意

在人类改变居住条件的同时，禽兽牲畜的栖身环境发生分化，野生"禽兽"栖身状况仍然停留在穴居或巢居的原始状态，而被人类驯化的"牲畜"随着人类居住条件的改变，也栖身在人类的建筑物中。这种分化的居所，使得隐喻外卦的标识存在着较大差异。不过，只要依据"禽兽牲畜的栖身处"这个基本要素来衡量，就能识别隐喻外卦的文字和字符。

1. ［禽兽–巢穴–字符］的隐意设定

［禽兽—巢穴—字符］，是指《周易》卦辞里出现的特指"禽兽居住栖息的巢穴"的字（包括字符含"巢穴"之意的字）。这类字（以甲骨文、金文或小篆构字要素为准）有：

西（金文：✿）、窒（小篆：窒），共2个字。

依据"禽兽"隐喻"对方"的密码设计逻辑，将上述单字中表示"禽兽栖息处"字符的隐意全部设定为"外卦，或：对方综合实力的现实情况"，并与相关联的其它类别的字符隐意进行重组，形成新的合成隐意，用以解析相关卦名和卦辞中的隐意内容。

例："西（金文：✿）"＝"鸟巢（隐喻外卦或对方的综合实力）"＋"日落（隐喻劣势）"，合成隐意：对方的综合实力处于劣势。

例："窒（小篆：窒）"＝"穴（隐喻外卦或对方的综合实力）"＋"至（隐喻军事优势）"，合成隐喻：对方综合实

▶

设定［人类—房屋—字符］的隐意为：内卦，或：本方综合实力的现实情况。如：安（甲骨文：安）字中的"宀"字符的隐意：本方的综合实力。

设定［禽兽—巢穴—字符］的隐意为：外卦，或：对方综合实力的现实情况。如："窒（小篆：窒）"字中的"穴"字符的隐意：对方的综合实力。

设定［牲畜—房屋—字符］的隐意为：外卦，或：对方综合实力的现实情况。如："家（甲骨文：家）"字中的"宀"字符的隐意：对方的综合实力。

力中的军事因素为优势。

2. ［牲畜-房屋-字符］的隐意设定

［牲畜—房屋—字符］，被人类圈养的"牲畜"常常栖身在人类建造的棚户里。因此，有些含有房屋"宀"的字符，也会用来隐喻外卦，即对方的综合实力情形。这类字和词组有：

家（甲骨文：）、家人、不家，共3个字和词组。

依据"牲畜"隐喻"对方"的密码设计逻辑，将上述单字和字符中表示"牲畜栖息的房屋"字符的隐意全部设定为"外卦，或：对方综合实力的现实情况"，并与相关联的其它类别的字符隐意进行重组，形成新的合成隐意，用以解析相关卦名和卦辞中的隐意内容。

例："家（甲骨文：）"="宀"＋"豕"，合成隐意：外卦。

卦辞"家人"="家（隐喻外卦或对方的综合实力）"＋"人（隐喻优势）"，合成隐意：外卦处于优势。

卦辞"不家"="不（否定，即劣势）"＋"家（隐喻外卦或对方的综合实力）"，合成隐意：综合实力处于劣势状态的对方。

识别"房屋"字符究竟隐喻外卦还是内卦，主要看它与组合字符构成的含意。当"房屋"与"牲畜"组合时，"房屋"字符则隐喻外卦。

3. ［禽兽-川河-字符］的隐意设定

［禽兽—川河—字符］，是指《周易》卦名和卦辞里存在一类"川"或"氵（河流）"的字（包括字符含"河流"之意的字）。这类字（以甲骨文、金文或小篆构字要素为准）有：

川（甲骨文：）、永（甲骨文：）、涉（甲骨文：）、溴（小

69

▶

设定［禽兽—川河—字符］的隐意为：外卦，或：对方综合实力的现实情况。如："川（甲骨文：𛰙）"字里的"河流"字符的隐意：对方的综合实力。

如："涉（甲骨文：𤲟）"字里的"河流"字符的隐意：对方的综合实力。

如："渐（小篆：𤲟）"字中的"氵"字符的隐意：对方的综合实力。

篆：𤲟）、涣（小篆：𤲟）、渐（小篆：𤲟）、济（金文：𤲟）、汔（小篆：𤲟）、濡（小篆：𤲟），共9个字。

依据"禽兽"隐喻"对方"的密码设计逻辑，以及禽兽通常出没于川河野外寻觅食物的特性，将上述单字中表示"川河"字符的隐意全部设定为"外卦，或：对方综合实力的现实情况"，并与相关联的其它类别的字符隐意进行重组，形成新的合成隐意，用以解析相关卦名和卦辞中的隐意内容。

例："涉（甲骨文：𤲟）"＝"脚步（隐喻本方的行动）"＋"氵——河流（隐喻外卦）"＋"脚步（隐喻本方的行动）"，合成隐意：本方越过外卦，或：本方超越对方的综合实力。从军事角度理解为：本方征伐外卦取得胜利。

例：卦辞"利涉大川"，隐意：形成优势格局（利），战胜（涉）综合实力具有优势的对方（大川）。

例："渐（小篆：𤲟）"＝"氵——河流（隐喻外卦或对方的综合实力）"＋"车（隐喻内卦或本方的综合实力）"＋"斤（隐喻军事）"，合成隐意：比较敌我双方的军事因素。

第四节 室内"用具"与隐意设定

本节探索《周易》卦名和卦辞里出现的与室内"用具"有关的字和字符。这类字和字符特征与上节讨论的"居所"类字符非常相似，也属于人类创造并使用的物品，因而，仍可通过甄别"人类"和"禽兽牲畜"使用这类物品的情况，找到隐藏在字面背后的隐意密码。

一、"用具"隐意密码逻辑

经过统计分析发现，周文王常用"用具"这类概念的字和字符来隐喻内卦中的因素。其隐语逻辑仍然与"人类"和"禽兽"存在的本质区别相关。

"用具"——是人类制造并使用的产品。这是禽兽无法做到并使用的。从这个意义来理解，"用具"与人类有关。而周文王用"人类"概念隐喻本方，因而，显示本方综合实力（内卦）中的各项因素，也可借用人类特有的"用具"来隐喻了。

人类拥有的用具多种多样，用来隐喻内卦中的各项因素的"用具"通常多与"室内"相关，这与"居所"隐喻内卦（或外卦）存在着逻辑的延续。用"室内用具"隐喻内卦中的因素，正体现着内卦是本方各项因素的综合体。

当然，人类制造的"用具"还提供给驯养的牲畜使用。按照"人类"与"牲畜"分类的基本原则，牲畜使用的人类制造的用品，则隐喻外卦中的各项因素。

二、［人类–用具–字符］的隐意设定

　　［人类—用具—字符］，是指《周易》卦名和卦辞里存在一类用来表述人类使用的"用具"的字（包括字符含"人类使用的用具"之意的字）。这类字（以甲骨文、金文或小篆的构字要素为准）有：

　　1. 含"鼎"字符的字：鼎（甲骨文：�）、贞（金文：𣇻）、则（金文：𩰙）、损（小篆：𢹬），共4个字。

　　2. 含"器皿"字符的字：易（金文：𣇻或：𣇌）、惕（金文：𣇻）、锡（金文：𧶜）、益（金文：益）、嗑（小篆：嗑）、盥（金文：盥）、篡（金文：𣇻）、𩰟（金文：𣇌）、食（甲骨文：食）、恤（小篆：恤）、宁（金文：宁）、即（甲骨文：𨙍）、节（金文：節）、既（甲骨文：𣇻）、丰（金文：豐）、晋（甲骨文：晉）、瓶（金文：𣇻），共17个字。

　　3. 含"笔"字符的字：昼（金文：書）、建（金文：建），共2个字。

　　4. 含"杖"字符的字：攸（甲骨文：攸）、改（金文：改）、惊（小篆：驚），共3个字。

　　5. 含"勺"字符的字：篡（金文：𣇻）、升（金文：升），共2个字。

　　6. 含"丝绳"字符的字：乃（金文：乃）、终（甲骨文：终）、後（甲骨文：後）、乱（金文：亂）、纁（小篆：纁）、畜（甲骨文：畜）、实（金文：實），共7个字。

　　7. 含"袋子"字符的字：东（甲骨文：東）、栋（小篆：棟）、童（金文：童），共3个字。

8.含"乐器"字符的字：南（甲骨文：🀀）、可（甲骨文：🀀）、言（甲骨文：🀀）、信（金文：🀀）、音（金文：🀀），共5个字。

9.含"石器（厂）"字符的字：庶（金文：🀀）、假——段（金文：🀀）、反（金文：🀀）、原（金文：🀀），共4个字。

10.含其它"用具"字符的字：甲（甲骨文：🀀）、蒙（金文：🀀）、渎（小篆：🀀）、同（甲骨文：🀀）、所（金文：🀀）、明（金文：🀀）、尚（金文：🀀）、巽（金文大篆：🀀）、剥（小篆：🀀）、壮（金文：🀀）、渐（小篆：🀀）、主（金文：🀀）、用（金文：🀀）、中（甲骨文：🀀）、宁（金文：🀀）、锡（金文：🀀），共16个字。

依据"人类"隐喻"本方"和"人的房屋"隐喻"内卦"的密码设计逻辑，再把"用具"视为"房屋里的器物"，则能推演出"人的用具"隐喻"内卦里的各项因素"的隐意密码。因而，笔者将上述单字中表示"人的用具"字符的隐意全部设定为"内卦中的某项因素，或：本方综合实力中的某个方面"，并与相关联的其它类别的字符隐意进行重组，形成新的合成隐意，用以解析相关卦名和卦辞中的隐意内容。

例："损（小篆：🀀）"＝"手（隐喻本方采取措施）"＋"鼎——用具（隐喻内卦或本方综合实力中的因素）"＋"鼎的上方圆形符号（隐喻卦象中的上线军事因素）"，合成隐意：针对本方综合实力中的上线军事因素，本方必须采取的措施。

例："则（金文：🀀）"＝"鼎——用具（隐喻内卦或本方综合实力中的因素）"＋"刀——兵器（隐喻军事）"，合成隐意：本方综合实力中

▶

设定[人类—用具—字符]的隐意为：内卦中的某项因素，或：本方综合实力中的某个方面。

如："盥（金文：⚌）"字中的"皿"字符的隐意：本方综合实力中的某个方面。

如："昼（金文：書）"字中的"笔"字符的隐意：内卦里的某项因素。

如："终（甲骨文：∩）"字里的"绳"字符的隐意：内卦相关联的因素。

的军事因素。

例："盥（金文：⚌）" = "双手（隐喻本方齐心协力）" + "器皿——用具（隐喻内卦或本方综合实力中的因素）" + "水（隐喻劣势）"，合成隐意：本方竭尽全力改变自身的劣势状况。

例：瓶（金文：⚌） = "缶——用具（隐喻内卦或本方综合实力中的因素）" + "两个人字（隐喻两项优势）"，合成隐意：内卦有两项因素处于优势。

例：昼（甲骨文：⚌） = "右手（隐喻本方采取的措施）" + "笔——用具（隐喻内卦里的某项因素）" + "日（隐喻优势）"，合成隐意：本方采取的措施是：借助内卦中的某项优势因素。

例：改（金文：⚌） = "巳（隐喻本方某因素尚未成熟）" + "人的右手（隐喻本方采取措施）" + "棍杖——用具（隐喻内卦里的某项因素）"，合成隐意：本方借助内卦里的某项因素，针对自身尚未成熟的因素而采取的措施。

例：升（金文：⚌） = "勺子——用具（隐喻内卦里的因素）" + "短横处于勺子上方位置（隐喻上线军事）"，合成隐意：本方综合实力中的军事因素。

例：终（甲骨文：∩） = "绳子——用具（隐喻内卦相关联的因素）" + "两端打结符号（隐喻上线军事和下线经济因素）"，合成隐意：相关联的内卦里的军事和经济因素。

74

例：实（金文：）＝"宀——房屋（隐喻内卦）"＋"绳子——用具（隐喻内卦里相关联的因素）"＋"贝——钱币（隐喻经济财力）"，合成隐意：本方的综合实力与自身经济的财力密切相关。

例："东（甲骨文：）"＝"中间装满东西两头扎紧的口袋——用具（隐喻内卦的中线因素）"＋"日升（隐喻优势）"，合成隐意：内卦的中线因素为优势。

例：言（甲骨文：）＝"乐器——用具（隐喻内卦里的因素）"＋"人嘴吹乐器——发音（隐喻优势）"，合成隐意：本方综合实力中的某个方面存在优势。

例：庶（金文：）＝"石——烧煮用具（隐喻内卦的经济因素）"＋"火（隐喻优势）"，合成隐意：形成内卦的经济优势。

明（金文：）＝"窗——用具（隐喻内卦里的因素）"＋"月（隐喻劣势）"，合成隐意：本方综合实力中的劣势因素。

三、[禽兽牲畜–用具–字符] 的隐意设定

虽然禽兽牲畜不会制造用具，但是被人类驯化的动物却能够使用人类制造的物品。从使用的角度来理解，便能在《周易》卦名和卦辞里看到一类 [禽兽牲畜—用具—字符]，

如："实（金文：）"字里的"绳"字符的隐意：内卦里的相关联因素。

如："东（甲骨文：）"字里的"突出中部的口袋"字符的隐意：内卦的中线因素。

如："庶（金文：）"字里的"烧煮食物的石器"字符的隐意：内卦的经济因素

这类字符是用来表述与禽兽牲畜有关的"用具"的字（包括字符含"用具"之意的字）。这类字（以甲骨文、金文或小篆构字要素为准）和词组有：

（1）字：蛊（甲骨文：⚇）、告（金文：𣥁）、匪（小篆：𠥩）、维（金文：𢇛）、宜（金文：𠣷）、厉（金文：𠪋），共6个字。

（2）词组：其瓶，共1个词组。（注："其"为代词，在此代指对方。）

依据"禽兽牲畜"隐喻"对方"、"房屋"隐喻"卦象"的密码设计逻辑，再把"用具"视为"房屋里的器物"，则能推演出"与禽兽牲畜有关的用具"是隐喻"外卦里的各项因素"的密码。因而，笔者将上述单字和词组中表示"与禽兽牲畜有关的用具"字符的隐意全部设定为"外卦中的某项因素，或：对方综合实力中的某个方面"，并与相关联的其它类别的字符隐意进行重组，形成新的合成隐意，用以解析相关卦名和卦辞中的隐意内容。

▶

设定［禽兽牲畜—用具—字符］的隐意为：外卦中的某项因素，或：对方综合实力中的某个方面。如："蛊（甲骨文：⚇）"字里的"与虫有关的器皿"字符的隐意：对方综合实力的某个方面。

如："厉（金文：𠪋）"字里的"与虿相关的石器"字符的隐意：外卦里的因素。

如："其瓶"词组里的"其、缶"字和字符的隐意：对方综合实力中的某项因素。

例："告（金文：⚇）"="牛（隐喻对方）"＋"食槽——与牲畜相关的用具（隐喻外卦里的因素）"，合成隐意：对方将某方面占为己有。

例："蛊（甲骨文：⚇）"="器皿——与两虫有关的器皿（隐喻外卦里的因素）"＋"两虫（隐喻对方的两项弱势因素）"，合成隐意：对方综合实力中有两个方面处于弱势。

例："厉（金文：⚇）"="厂——与蛋相关的石器（隐喻外卦里的因素）"＋"蛋——毒虫（隐喻对方弱小但却狠毒）"，合成隐意：虽然对方的综合实力中存在劣势因素，但却相当狠毒。

例：词组："其瓶"="其（代词，隐喻对方）"＋"瓶——与对方有关的用具及两个'人'字形（隐喻外卦存在两项优势因素）"，合成隐意：外卦存在两项优势因素。

四、其它"用具"的隐意设定

《周易》的卦名和卦辞里还有许多表示"人类制造的用具"字符，如猎具，如兵器，如农具。这些字符的密码逻辑和隐意设定将在本章第五节论述。

第五节　兵器领土作物与隐意设定

本节探讨《周易》卦名和卦辞里出现的"兵器"、"领土"和"作物"等有关的字和字符隐意。理解这类字符的属性，仍然离不开"人类"隐喻"本方"、"禽兽牲畜"隐喻"对方"的密码逻辑主线。

一、兵器的密码逻辑与隐意设定

《周易》卦名和卦辞里存在许多与"战斗"、"作战"有关的字和字符，这类字和字符是隐喻"军事"的密码。

延续"人类"隐喻"本方"、"禽兽牲畜"隐喻"对方"的密码逻辑主线，再将与"战斗"、"作战"相关联的"用具"字和字符视为隐喻卦象中的军事因素的密码，便能分出隐喻"军事"因素的字和字符类别：（1）"猎具"是人类捕猎禽兽的工具，而"禽兽"被周文王用来隐喻对方，所以"猎具"为本方所使用，成为隐喻本方军事的密码；（2）"兵器"是人类制造的军事用具，这类与人类有关的字符也成为隐喻本方军事的密码；（3）"刑具"成为隐喻"对方军事"的标识，其逻辑应该源于"刑具"实施于"人类"的缘故。因为周文王用"人类"隐喻本方，所以实施于本方的"刑具"便是对方的军事了；（4）"角爪"是禽兽牲畜"战斗"的"武器"，这类字符也成为隐喻对方军事的标识；（5）其它与禽兽牲畜有关的"兵器"，可视为隐喻对方军事的标识。

1. ［猎具—军事—字符］，是指《周易》卦名和卦辞里存在一类“捕猎工具”含意的字（包括字符含“猎具”之意的字）。这类字（以甲骨文、金文或小篆的构字要素为准）有：

事（金文：）、离（金文：）、革（金文：），共3个字。

2. ［兵器—军事—字符］，是指《周易》卦辞里存在一类“兵器”含意的字（包括字符含“兵器”之意的字）。这类字（以甲骨文、金文或小篆的构字要素为准）有：

（1）刀类：初（甲骨文：）、则（金文：）、剥（小篆：）、亡（甲骨文：）、安（金文：）、曷（小篆：）、七（甲骨文：）、丈（小篆：）、苦（小篆：），共9个字；

（2）斧类：王（金文：）、咸（甲骨文：）、渐（小篆：）、所（金文：），共4个字；

（3）矢类：侯（甲骨文：）、至（甲骨文：）、咥（小篆：）、疾（甲骨文：）、夷（金文：）、晋（甲骨文：）、睽（金文：）、央（甲骨文：），共8个字；

（4）戈类：我（甲骨文：）、戎（金文：）、密（金文：），共3个字；

（5）矛类：繘（小篆：），共1个字；

（6）盾类：遁（小篆：）、戎（金文：），共2个字；

（7）军旗类：旅（甲骨文：）、乾（小篆：），共2个字；

◀

设定［猎具—军事—字符］的隐意为：内卦中的军事因素，或：本方综合实力中的军事方面。如：“事（金文：）”字里的“猎具”字符的隐意：本方的军事。

设定［兵器—军事—字符］的隐意为：内卦中的军事因素，或：本方综合实力中的军事方面。如：“初（甲骨文：）”字里的“刀”字符的隐意：本方的军事。

如：“至（甲骨文：）”字里的“箭”字符的隐意：本方的军事。

（8）战鼓类：贲（甲骨文：）、艰（甲骨文：），共2个字；

（9）军事术语类：师（甲骨文：），共1个字。

依据"猎具"和"兵器"隐喻"本方军事"的密码设计逻辑，将上述［1.2.］单字中表示"猎具"和"兵器"字符的隐意全部设定为"内卦中的军事因素，或：本方综合实力中的军事方面"，并与相关联的其它类别的字符隐意进行重组，形成新的合成隐意，用以解析相关卦名和卦辞中的隐意内容。

例："事（金文：）"＝"右手（隐喻本方采取措施）"＋"猎具（隐喻本方的军事）"，合成隐意：本方针对自身的军事状况而采取的措施。

例："则（金文：）"＝"鼎——用具（隐喻内卦里的因素，或本方的综合实力中的某个方面）"＋"刀——兵器（隐喻本方军事）"，合成隐意：本方综合实力中的军事因素。

例："初（甲骨文：）"＝"衣——衣食类（隐喻经济）"＋"刀——兵器（隐喻军事）"，合成隐意：经济和军事。

例："旅（甲骨文：）"＝"军旗（隐喻军事）"＋"从——双人字（隐喻优势叠加发展模式）"，合成隐意：本方通过在军事上形成的优势，采取"优势叠加"的发展模式。

3.［刑具—军事—字符］，是指《周易》卦名和卦辞里存在一类"刑具"含意的字（包括字符含"刑具"之意的字）。这类字（以甲骨文、金文或小篆的构字要素为准）有：

童（金文：）、接（小篆：）、狱（金文：），共3个字符。

4.［角爪—军事—字符］，是指《周易》卦名和卦辞里存在一类"角爪"含意的字（包括字符含"角爪"之意的字）。这类字（以甲骨文、金文或小篆的构字要素为准）有：

孚（金文：）、解（甲骨文：），牛（甲骨文：）、告（甲骨文：🐛），共4个字。

5. ［禽兽兵器—军事—字符］，是指《周易》卦名和卦辞里存在一类"与禽兽有关的兵器"含意的字（包括字符含"兵器"之意的字）。这类字（以甲骨文、金文或小篆的构字要素为准）有：

窒（小篆：𡩍）、狐（甲骨文：🦊），共2个字。

依据"刑具"、"角爪"和"禽兽有关的兵器"隐喻"对方军事"的密码设计逻辑，将上述［3.4.5.］单字中表示"刑具"、"角爪"和"禽兽有关的兵器"字符的隐意全部设定为"外卦中的军事因素，或：对方综合实力中的军事方面"，并与相关联的其它类别的字符隐意进行重组，形成新的合成隐意，用以解析相关卦名和卦辞中的隐意内容。

例："童（金文：🏺）"="东（隐喻内卦的疆域因素处于优势状态）"+"人形（隐喻本方）"+"眼睛（隐喻本方看见或面临）"+"刑具（隐喻对方的军事）"，合成隐意：本方形成的疆域优势已经受到对方的军事威胁。

例："接（小篆：𢫔）"="扌（隐喻本方采取措施）"+"刑具（隐喻对方的军事）"+"女（隐喻本方处于劣势）"，合成隐意：本方必须扭转处于劣势的状况，才能抵抗对方的军事威胁。

◀

设定［刑具—军事—字符］的隐意为：外卦中的军事因素，或：对方综合实力中的军事方面。如："童（金文：🏺）"字里的"刑具"字符的隐意：对方的军事。

设定［角爪—军事—字符］的隐意为：外卦中的军事因素，或：对方综合实力中的军事方面。如："解（甲骨文：🐂）"字里的"牛角"字符的隐意：对方的军事。

设定［禽兽兵器—军事—字符］的隐意为：外卦中的军事因素，或：对方综合实力中的军事方面。如："窒（小篆：𡩍）"字里的"禽兽穴里的箭"字符的隐意：对方的军事。

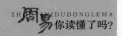

例："室（小篆：窒）"="穴（隐喻外卦或对方的综合实力）"+"至——兵器及实线（隐喻军事优势）"，合成隐意：对方综合实力中的军事因素为优势。

例："孚（金文：孚）"="子——人称（隐喻本方）"+"爪——禽兽的爪（隐喻对方的军事攻势）"，合成隐意：对方挑衅、掠夺、进犯本方。

二、领土的密码逻辑与隐意设定

《周易》卦名和卦辞里存在许多与"领土"有关的字和字符，这类字和字符是隐喻卦象里的"疆域"因素的密码。

经过统计与分析，归纳有三类字和字符在《周易》卦辞里隐喻疆域因素：（1）土地，（2）山丘，（3）城邑。不难理解这三类字和字符的含意与疆域存在的逻辑关联性。

1. ［土地—疆域—字符］，是指《周易》卦名和卦辞里存在一类"土"含意的字（包括字符含"土"之意的字）。这类字（以甲骨文、金文或小篆的构字要素为准）有：

野（甲骨文：𡐖）、坎（小篆：坎）、里（金文：里），共3个字；

2. ［山丘—疆域—字符］，是指《周易》卦名和卦辞里存在一类"山丘"含意的字（包括字符含"山丘"之意的字）。这类字（以甲骨文、金文或小篆的构字要素为准）有：

密（金文：密）、师（金文：师）、归（甲骨文：归）、挠（小篆：挠）、随（小篆：随），共5个字；

3. ［城邑—疆域—字符］，是指《周易》卦名和卦辞里存在一类"城邑"含意的字（包括字符含"城邑"之意的字）。这类字（以甲骨文、金文或小篆的构字要素为准）有：

困（甲骨文：困）、邑（金文：邑）、郊（小篆：郊），共3个字。

依据"领土"的三类形态与"疆域"因素存在的逻辑关联性，将上述［1.2.3.］单字中表示"地域"、"山丘"和"城邑"字符的隐意全部设定为"疆域因素"，并与相关联的其它类别的字符隐意进行重组，形成新的合成隐意，用以解析相关卦名和卦辞中的隐意内容。

例："里（金文：𫝆）"＝"田——农耕要素（隐喻经济）"＋"土（隐喻疆域）"，合成隐意：经济和疆域。

例："野（甲骨文：𣏨）"＝"林——植物（隐喻农耕经济）"＋"土（隐喻疆域）"，合成隐意：经济和疆域。

例："密（金文：𡧛）"＝"宀——房屋（隐喻内卦或本方的综合实力）"＋"两柄武器（隐喻军事）"＋"山（隐喻疆域）"，合成隐意：本方综合实力中的军事和疆域方面。

例："师（甲骨文：𠂤）"＝"土山（隐喻疆域）"＋"包围——军事术语（隐喻军事）"，合成隐意：疆域与军事。

例："归（甲骨文：𢳂）"＝"𠂤：小山（隐喻疆域）"＋"帚：将草秆扎成捆——作物（隐喻经济）"，合成隐意：疆域和经济。

例："邑（甲骨文：𭈬）"＝"口——城郭（隐喻疆域）"＋"人（隐喻本方）"，合成隐意：本方的疆域因素。

三、作物的密码逻辑与隐意设定

《周易》卦名和卦辞里存在许多与周文王时代的"经济"有关的字和字符，这类字和字符是隐喻卦象里的"经济"因素的密码。

周文王时代的"经济"与农耕生产和衣食财富密切相关，因而，可把《周易》卦名和卦辞里与农耕要素、植物、

◄

设定［土地—疆域—字符］的隐意为：疆域因素。如："野（甲骨文：𣏨）"字里的"土地"字符的隐意：疆域因素。

设定［山丘—疆域—字符］的隐意为：疆域因素。如："密（金文：𡧛）"字里的"山"字符的隐意：疆域因素。

设定［城邑—疆域—字符］的隐意为：疆域因素。如："邑（金文：𭈬）"字里的"口"字符的隐意：疆域因素。

衣食和财富有关的字符视为隐喻卦象中的"经济因素"的密码。这类字符中，与"人类"相关的，则隐喻本方的经济因素，与"禽兽牲畜"相关的，则隐喻对方的经济因素。

1. [农耕—经济—字符]，是指《周易》卦辞里存在一类"农耕生产要素"含意的字（包括字符含"农耕生产要素"之意的字）。这类字（以甲骨文、金文或小篆的构字要素为准）有：

井（甲骨文：井）、里（金文：里）、庙（金文：庙）、畜（甲骨文：畜）、方（甲骨文：方）、震（小篆：震），共6个字。

2. [植物—经济—字符]，是指《周易》卦辞里存在一类"植物"含意的字（包括字符含"植物"之意的字）。这类字（以甲骨文、金文或小篆的构字要素为准）有：

谦（小篆：謙）、康（金文：康）、归（甲骨文：歸）、牲（金文：牲）、告（甲骨文：告）、屯（金文：屯）、乾（小篆：乾）、苦（小篆：苦）、萃（金文：萃）、筮（金文：筮）、噬（小篆：噬）、荐或薦（金文：薦）、庙（金文：庙）、蕃（金文：蕃）、蹇（小篆：蹇）、蒙（金文：蒙）、节（金文：節）、笑（小篆：笑）、困（甲骨文：困）、栋（甲骨文：栋）、野（甲骨文：野）、离（金文：离）、未（甲骨文：未）、妹（甲骨文：妹）、丧（甲骨文：丧），共25个字。

3. [衣食—经济—字符]，是指《周易》卦辞里存在一类"衣食"含意的字（包括字符含"衣食"之意的字）。这类字（以甲骨文、金文或小篆的构字要素为准）有：

初（甲骨文：𧙃）、萃（金文：𦥑）、迷（小篆：𧗀）、求（金文：𣘻）、庶（金文：𥻆），共5个字；

4.［财富—经济—字符］，是指《周易》卦辞里存在一类"财富"含意的字（包括字符含"财富"之意的字）。这类字（以甲骨文、金文或小篆的构字要素为准）有：

得（甲骨文：𢔂）、朋（甲骨文：𡲰）、渎（小篆：𤁗）、实（金文：𡩗），共4个字。

依据那个时代的"农耕生产和衣食财富"与"经济"因素存在的逻辑关联性，将上述［1.2.3.4.］单字中表示"农耕（要素）"、"植物"、"衣食"和"财富"字符的隐意全部设定为"经济因素"，并与相关联的其它类别的字符隐意进行重组，形成新的合成隐意，用以解析相关卦名和卦辞中的隐意内容。

例："井（甲骨文：井）"，殷商时代的土地制度，卦辞"改邑不改井"，隐意：只顾开疆拓土（改邑），却忽视了经济发展（不改井）。

例："里（金文：里）"="田——农耕要素（隐喻经济）"+"土（隐喻疆域）"，合成隐意：经济和疆域。

例："归（甲骨文：𨑔）"="�：小山（隐喻疆域）"+"帚：将草杆扎成捆——作物（隐喻经济）"，合成隐意：疆域和经济。

设定［农耕—经济—字符］的隐意为：经济因素。如："里（金文：里）"字里的"田"字符的隐意：农耕时代的经济。

设定［植物—经济—字符］的隐意为：经济因素。如："谦（小篆：𧮫）"字里的"禾"字符的隐意：农耕经济。

设定［衣食—经济—字符］的隐意为：经济因素。如："初（甲骨文：𧙃）"字里的"衣"字符的隐意：经济。

设定［财富—经济—字符］的隐意为：经济因素。如："实（金文：𡩗）"字里的"贝"字符的隐意：经济财力。

例："谦（小篆：谦）" = "言（隐喻本方论述）" + "右手（隐喻本方采取的措施）" + "两株禾——植物（隐喻发展经济）"，合成隐意：周文王强调：本方必须采取措施，发展经济。

例："初（甲骨文：初）" = "衣——衣食类（隐喻经济）" + "刀——兵器（隐喻军事）"，合成隐意：经济和军事。

例："迷（小篆：迷）" = "辶（隐喻本方走的道路）" + "米——粮食（隐喻经济）"，合成隐意：本方走农业生产之路。

例："实（金文：实）" = "宀——房屋（隐喻内卦或本方的综合实力）" + "绳子——用具（隐喻相关联的因素）" + "贝——财富（隐喻经济财力）"，合成隐意：本方的综合实力与经济财力密切相关。

例："得（甲骨文：得）" = "彳（表示道路）" + "贝——货币（隐喻经济实力）" + "右手（隐喻本方采取措施）"，合成隐意：本方发展经济获取财富之路。

第六节 性别差异与隐意设定

在《周易》的卦辞里，可以看到很多与"性别"有关的字符。

"性别类字符"存在隐意共性密码的发现，源于中外历史学家对八卦起源的研究，其中一项没有得到验证的推测，启发了笔者的想象力。

一、性别字符与八卦符号的基本元素

中国古人伏羲创造的"－"和"－－"符号，最初很可能是人类对性别的形象描述。（参见第一章第二节卦象的阴阳二元符号的论述）

虽然，史学家至今尚未找到足够证据证实伏羲发明实线"－"和虚线"－－"符号出自于"性别"，但这个关联性的判断使笔者受到启发，生出卦辞里"性别类字符"的隐意的探索思路。

二、性别字符的密码逻辑

经过统计分析得到一项结果，《周易》卦名和卦辞里表示性别的字和字符与卦象的符号"－"和"－－"存在极大的关联性：（1）"雄性"字符通常与卦象的"－"符号有关；（2）"雌性"字符通常与卦象的虚线"－－"符号有关。

依据第一章第四节"卦象是综合国力的对比模式"中的［象素］假设：符号"－"隐喻综合实力（卦象）中的某项因素处于"优势"，符号"－－"隐喻综合实力（卦象）中的某项因素处于"劣势"。

从而可以推定：（1）"雄性"字符是隐喻综

设定［人类—男性—字符］的隐意为：本方处于优势，内卦中的某项因素为实线'—'，或：本方综合实力中的某个方面为优势。如："吉（甲骨文：🔒）"字里的"男性特征"字符的隐意：本方综合实力中的某个方面为优势。

如："壮（金文：𡗜）"字里的"士"字符的隐意：实线'—'即优势。

如："而（甲骨文：𦥑）"字里的"胡须——男性特征"字符的隐意：本方的综合实力中的某项因素为优势。

合实力（卦象）中的某项因素为"优势"的密码；（2）"雌性"字符是隐喻综合实力（卦象）中的某项因素为"劣势"的标识。

这就是"性别"字符的密码逻辑。

三、"性别"字符的隐意设定

"性别"不但存在于人类，而且存在于禽兽牲畜之类的动物。因而可以演化出：（1）［人类—男性—字符］，（2）［人类—女性—字符］，（3）［禽兽牲畜—雄性—字符］，（4）［禽兽牲畜—雌性—字符］，四项子类。

1. ［人类–男性–字符］的隐意设定

［人类—男性—字符］，是指《周易》卦名和卦辞里存在一类表述人类"男性"的字（包括字符含"男性"之意的字）。这类字（以甲骨文、金文或小篆的构字要素为准）有：

吉（甲骨文：🔒）、壮（金文：𡗜）、而（甲骨文：𦥑），共3个字。

依据"人类"隐喻"本方"、"男性"隐喻"卦象的实线'—'或综合实力中某项因素为优势"的密码逻辑，将上述单字中表示"人类男性"字符的隐意全部设定为"本方处于优势和内卦中的某项因素为实线'—'，或：本方综合实力中的某个方面为优势"，并与相关联的其它类别的字符隐意进行重组，形成新的合成隐意，用以解析相关卦名和卦辞中的隐意内容。

例："吉（甲骨文：🐚）"＝"男性特征（隐喻本方综合实力中的某个方面为优势）"＋"口（隐喻本方判断）"，合成隐意：本方确定某某情形为优势，或：本方确定某某方案为尚佳之策。

例："壮（金文：𠂤）"＝"床——用具（隐喻内卦或本方的综合实力中的因素）"＋"士：古代表示男人（隐喻实线'—'即优势）"，合成隐意：内卦为优势。

例："而（甲骨文：🐚）"＝"胡须——男性特征（隐喻内卦或本方的综合实力中的某项因素为优势）"＋"位置在头部（隐喻卦象的上线军事）"，合成隐意：本方军事优势。

2. ［人类—女性—字符］的隐意设定

［人类—女性—字符］，是指《周易》卦名和卦辞里存在一类表述人类"女性"的字（包括字符含"女性"之意的字）。这类字（以甲骨文、金文或小篆的构字要素为准）有：

女（甲骨文：🐚）、安（甲骨文：🐚）、妹（甲骨文：🐚）、后：毓（甲骨文：🐚金文：🐚）、姤（小篆：🐚）、妄（金文：🐚）、接（小篆：🐚）、身（甲骨文：🐚）、若（甲骨文：🐚）、悔（小篆：🐚）、匕（金文：🐚）、比（甲骨文：🐚）、艮（金文：🐚），共13个字。

依据"人类"隐喻"本方"、"女性"隐喻"卦象的虚线'--'或综合实力中某项因素为劣势"的密码逻辑，将上述单字中表示"人类女性"字符的隐意全部设定为“本方处于劣势和内卦中的某项因素为虚线‘--’，或：本方综合实力中的某个方面为劣势”，并与相关联的其它类别的字符隐意进行重组，形成新的合成隐意，用以解析相关卦名和卦辞中的隐意内容。

例：“身（甲骨文：）”=“女性身体（隐喻内卦某因素为劣势）”＋“突出中部位置（隐喻中线疆域因素）”，合成隐意：本方综合实力中的疆域因素为劣势。

例：“安（甲骨文：）”=“宀——房屋（隐喻内卦）”＋“女（隐喻本方处于劣势）”，合成隐意：本方处于劣势的局面。

例：“若（甲骨文：）”=“女子（隐喻本方劣势）”＋“双手（隐喻本方全力以赴做某事）”＋“梳头（隐喻发展卦象的上线军事因素）”，合成隐意：即使本方的综合实力处于劣势，本方也要齐心协力想方设法发展军事。

例：“艮（金文：）”=“目（隐喻本方看见）”＋“匕——女性（隐喻内卦某项因素处于劣势）”，合成隐意：本方必须看到，自身尚存劣势因素。

▶

［人类—女性—字符］的隐意为：本方处于劣势，内卦中的某项因素为虚线‘--’，或：本方综合实力中的某个方面为劣势。如：“身（甲骨文：）”字里的“女性身体”字符的隐意：内卦某因素为劣势。

如：“安（甲骨文：）”字里的“女”字符的隐意：本方处于劣势。

如：“若（甲骨文：）”字里的“女子”字符的隐意：本方劣势。

3.［禽兽牲畜–雌性–字符］的隐意设定

［禽兽牲畜—雌性—字符］，是指《周易》卦名和卦辞里存在一类表述禽兽牲畜性别为"雌性"的字（包括字符含"雌性"之意的字）。这类字（以甲骨文、金文或小篆的构字要素为准）和词组有：

（1）字：䝙（小篆：䝙）、牝（甲骨文：牝），共2个字。

（2）词组：牝马、牝牛，共2个词组。

依据"禽兽牲畜"隐喻"对方"、"雌性"隐喻"卦象的虚线'--'或综合实力中某项因素为劣势"的密码逻辑，将上述单字和词组中表示"禽兽牲畜性别为雌性"字符的隐意全部设定为"对方处于劣势和外卦中的某项因素为虚线'--'，或：对方综合实力中的某个方面为劣势"，并与相关联的其它类别的字符隐意进行重组，形成新的合成隐意，用以解析相关卦名和卦辞中的隐意内容。

例："䝙（小篆：䝙）"＝"禺——母猴（隐喻对方的某项因素为劣势）"＋"页——头部（隐喻上线军事因素）"，合成隐意：对方军事处于劣势。

例："牝马"＝"牝——雌性（隐喻外卦的某项因素为劣势）"＋"马（隐喻对方）"，合成隐意：外卦的劣势因素涉及到整个对方。

［禽兽牲畜—雌性—字符］的隐意为：对方处于劣势，外卦中的某项因素为虚线'--'，或：对方综合实力中的某个方面为劣势。

如："䝙（小篆：䝙)"字里的"禺——母猴"字符的隐意：对方的某项因素为劣势

如："牝（甲骨文：牝)"字里的"雌性牲畜"字符的隐意：对方为劣势。

第七节 "阴阳"哲学与隐意设定

本节探讨的 [类别—隐意—共性] 规律,与中国古代的早期哲学——"阴阳对应理念"——密切相关。

一、"阴阳"的哲学含意

中国古人发现,自然界中许多事物存在两个相对的基本性质的表现,并逐渐归纳总结形成阴阳二元哲学理念。(参见第一章第二节卦象的阴阳二元符号的论述)

二、"阴阳"隐意的密码逻辑

借助"阴阳理念",可以看到《周易》卦象、卦名和卦辞中存在许多"阴阳对应关系"的符号和字符,如符号:实线"—"与虚线"--",如字和词组:男性与女性,雄性与雌性,日与月,大与小,水与火,庭与庙,云与雨,利与不利,"人"与"反'人'",言与哑,等等。统计分析结果表明:

(1)卦象的实线"—"是隐喻综合实力中的某项因素为优势的密码;卦象的虚线"--"是隐喻综合实力中的某项因素为劣势的标识;

本节不再重复这项隐意设定。(参见第一章第四节"卦象是综合国力的对比模式"中的论述)

(2)卦名和卦辞里的"阳性"字符和词组,

是隐喻"优势"的密码；卦名和卦辞里的"阴性"字符和词组，是隐喻"劣势"的标识；

三、［阴阳－对应－字符］的隐意设定

［阴阳—对应—字符］，是指《周易》卦名和卦辞中存在着阴阳对应关系的字（包括字符含"阴或阳"之意的字）。这类字（以甲骨文、金文或小篆的构字要素为准）和词组有：

1. "日"与"月"

日（阳性）：日（金文：☉）、昼（金文：書）、东（甲骨文：𣇄）、栋（甲骨文：糒）、童（金文：𤔲）、西（金文：⊗）、扬（金文：𤓪）、乾（小篆：𠬝），共8个字；

月（阴性）：月（金文：☽）、凤（甲骨文：𥄉）、明（金文：𪱐）、恒（甲骨文：𠄟），共4个字。

依据古代"阴阳"哲学理念，将上述单字和词组中表示"日（阳性）"字符的隐意全部设定为"优势"、"月（阴性）"字符的隐意全部设定为"劣势"，并与相关联的其它类别的字符隐意进行重组，形成新的合成隐意，用以解析相关卦名和卦辞中的隐意内容。

例："扬（金文：𤓪）"＝"人类身形（隐喻本方）"＋"双手的动作（隐喻本方全力以赴）"＋"太阳（隐喻优势）"，合成隐意：本方致力发展全面优势。

例："凤（甲骨文：𥄉）"＝"人类身形（隐喻本方）"＋"双手的动作（隐喻本方全力以赴）"＋"月亮（隐喻劣势）"，合成隐意：本方针对劣势因素而全力以赴采取措施。

◀

设定［阴阳—对应—字符］的隐意为："阳性"为优势，"阴性"为劣势。

设定"日（阳性）"为优势，如："扬（金文：𤓪）"字里的"太阳"字符的隐意：优势。

设定"月（阴性）"为劣势，如："凤（甲骨文：𥄉）"字里的"月亮"字符的隐意：劣势。

例："七日来复"＝"七——刀（隐喻军事）"＋"日（隐喻优势）"＋"来（隐喻在本方实现）"＋"复（隐喻内卦的经济因素）"，合成隐意：军事优势要在本方发展经济的基础上得到实现。

例："至于八月"＝"至——兵器及实线（隐喻军事优势）"＋"于（迂回）"＋"八月——两项劣势（隐喻劣势叠加）"，合成隐意：本该具备优势的军事（至），却徘徊在（于）劣势状态（八），将会导致其它因素成为劣势（月）。

2."大"与"小"

大（阳性）：大（甲骨文：夨）、泰（小篆：夳）、嗑（小篆：嗑）、需（甲骨文：夳）、濡（小篆：濡）、坤（战国：坤）、夫（甲骨文：夫）、亦（甲骨文：夨）、疾（甲骨文：疾）、夷（金文：夷），共10个字；

小（阴性）：小（甲骨文：小），共1个字。

依据古代"阴阳"哲学理念，将上述单字和词组中表示"大（阳性）"字符的隐意全部设定为"优势"、"小（阴性）"字符的隐意全部设定为"劣势"，并与相关联的其它类别的字符隐意进行重组，形成新的合成隐意，用以解析相关卦名和卦辞中的隐意内容。

例：泰卦䷊中"小往大来"的隐意：劣势因素（小）去往（往）对方，优势因素（大）来到（来）本方。

例：否卦䷋中的"大往小来"的隐意：优势因素（大）去往（往）对方，劣势因素（小）却来到（来）本方。

例：萃卦䷬："用大牲吉"＝"用——用具（隐喻内卦）"＋"大（隐喻优势）"＋"牲（隐喻对方的经济因素）"＋"吉（隐喻优势）"，合成隐意：本方发展自身的综合实力，要利用对方处于优势的经济因素，这是尚佳策略。

例：睽卦☲☱："小事吉"＝"小（隐喻劣势）"＋"事（隐喻本方采取军事措施）"＋"吉（隐喻优势）"，合成隐意：本方采取措施，将军事劣势变成优势。

3. "火"与"水"

火（阳性）：主（金文：👤）、光（甲骨文：👤）、庶（金文：👤）、百（甲骨文：👤），共4个字；

水（阴性）：泰（小篆：👤）、原（金文：👤）、盥（金文：👤）、易（金文：👤或：👤）、惕（金文：👤）、锡（金文：👤）、鱼（甲骨文：👤）、剥（小篆：👤）、需（甲骨文：👤）、濡（小篆：👤）、后·毓（甲骨文：👤 金文：👤）、姤（小篆：👤）、共12个字。

依据古代"阴阳"哲学理念，将上述单字和词组中表示"火（阳性）"字符的隐意全部设定为"优势"、"水（阴性）"字符的隐意全部设定为"劣势"，并与相关联的其它类别的字符隐意进行重组，形成新的合成隐意，用以解析相关卦名和卦辞中的隐意内容。

例："光（甲骨文：👤）"＝"人类身形（隐喻本方）"＋"头部（隐喻象素的上线）"＋"三簇火焰（隐喻三项优势）"，合成隐意：不但本方上线军事因素呈现优势，而且综合实力的三项主要方面均为优势。

◄ 设定"大（阳性）"为优势，如："用大牲吉"辞句里的"大"字的隐意：优势。

设定"小（阴性）"为劣势，如："小往大来"辞句里的"小"字的隐意：劣势。

设定"火（阳性）"为优势，如："光（甲骨文：👤）"字里的"三簇火焰"字符的隐意：优势。

设定"水（阴性）"为劣势，如："盥（金文：👤）"字里的"水"字符的隐意：劣势。

例："百（甲骨文：△）"="'一'——在字符的上方（隐喻上线军事）"+"白——烛火形（隐喻优势）"，合成隐意：军事优势。

例："泰（小篆：𦈉）"="双手（隐喻本方齐心协力）"+"水（隐喻劣势）"+"大（隐喻优势）"，合成隐意：本方齐心合力改变劣势处境形成优势局面。

例："盥（金文：𥁋）"="皿——用具（隐喻内卦里的因素）"+"双手（隐喻本方齐心协力）"+"水（隐喻劣势）"，合成隐意：本方竭尽全力改变自身劣势状况。

4."利"与"不利"

利（阳性）：利贞、元亨利贞、利艰贞、利女贞、利君子贞、利涉大川、利有攸往、利见大人、无攸利、利建侯、利西南，共11个词组；

不利（阴性）：不利、不利君子贞、不利涉大川、不利有攸往、不利东北，共5个词组。

依据古代"阴阳"哲学理念，将上述单字和词组中表示"利（阳性）"字符的隐意全部设定为"优势"、"不利（阴性）"字符的隐意全部设定为"劣势"，并与相关联的其它类别的字符隐意进行重组，形成新的合成隐意，用以解析相关卦名和卦辞中的隐意内容。

例：卦辞"利君子贞"="利（隐喻优势）"+"君子（隐喻本方）"+"贞（隐喻内卦或本方的综合实力）"，合成隐意：这个方案将形成本方综合实力的优势局面。

例：卦辞"不利君子贞"="不利（隐喻没有优势）"+"君子（隐喻本方）"+"贞（隐喻内卦或本方的综合实力）"，合成隐意：本方综合实力没有任何优势的格局。

例：卦辞"利涉大川"="利（隐喻优势）"+"涉（隐喻本方超过对方）"+"大（隐喻优势）"+"川（隐喻外卦或对方的综合实力）"，合成隐意：形成优势格局，战胜综合实力具有优势的对方。

例：卦辞"不利涉大川"＝"不利（隐喻没有优势）"＋"涉（隐喻本方超过对方）"＋"大（隐喻优势）"＋"川（隐喻外卦或对方的综合实力）"，合成隐意：没有可依托的优势，去战胜综合实力具有优势的对方。

5."人"与"反'人'"

在字形上，"人（甲骨文：⁊）"与"人的反像（甲骨文：ᅣ）"存在对应关系。

人（阳性）：人（甲骨文：⁊）、攸（甲骨文：攸）、尾（甲骨文：ᆍ）、永（甲骨文：⼳）、涣（小篆：㵾）、咎（甲骨文：⟋⟍）、蹇（小篆：蹇）、蒙（金文：蒙）、庭（金文：庭）、信（金文：信）、瓶（金文：⼲）、旅（甲骨文：旅）、曷（小篆：曷）、北（甲骨文：⼳）、背（小篆：背），共15个字；

反'人'（阴性）：北（甲骨文：⼳）、背（小篆：背），共2个字。

依据古代"阴阳"哲学理念，将上述单字和词组中表示"'人'字（阳性）"字符的隐意全部设定为"优势"、"反写'人'字（阴性）"字符的隐意全部设定为"劣势"，并与相关联的其它类别的字符隐意进行重组，形成新的合成隐意，用以解析相关卦名和卦辞中的隐意内容。

例："瓶（金文：⼲）"＝"两个人（隐喻两项优势）"＋"缶——用具（隐喻内卦或本方的综合实力）"，合成隐意：内卦有两项因素处于优势。

例辞："同人"＝"ᄇ（隐喻内卦的上线和下线）"＋"人（隐喻优势）"，合成隐意：整合本方军事和经济优势。

例："北（甲骨文：⼳）"＝"'人'（隐喻优势）"＋"反像的'人'（隐喻劣势）"，合成隐意：优势与劣势的变化。

6."物质"与"意识"

依据古代"阴阳"哲学理念，"物质"和"意识"存在着对应关系，

"物质"为实，为阳性；"意识"为虚，为阴性。

心（阴性）：心（甲骨文：🙂）、惕（金文：🗡）、恤（小篆：🌊）、宁（金文：🏠）、悔（小篆：🌊）、忧——憂（小篆：🌊），共6个字。

古人认为"心"是思维的器官，因此把思想、感情都说做"心"，即"心"与物质相对应，属于"意识"形态，从阴阳关系上可理解为"虚"，或"阴"的状态。

将上述单字和词组中表示"心（阴性）"字符的隐意全部设定为"劣势"，并与相关联的其它类别的字符隐意进行重组，形成新的合成隐意，用以解析相关卦名和卦辞中的隐意内容。

例："恤（小篆：🌊）"＝"血（甲骨文：🌊）"为"皿——用具（隐喻内卦里的因素）"和"容器里的符号（隐喻卦象中的象素）"＋"忄（隐喻劣势）"，合成隐意：内卦中的某项因素为劣势。

7. "吉"与"凶"

吉（阳性）：吉（甲骨文：🏺），共1个字；

凶（阴性）：凶（甲骨文：🌊），共1个字。

依据古代"阴阳"哲学理念，将上述单字和词组中表示"吉（阳性）"字符的隐意全部设定为"优势"、"凶（阴性）"字符的隐意全部设定为"劣势"，并与相关联的其它类别的字符隐意进行重组，形成新的合成隐意，用以解析相关卦名和卦辞中的隐意内容。

例："元吉"＝"元（隐喻本方的军事）"＋"吉（隐喻本方断定为优势）"，合成隐意：本方军事为优势。

例："后夫凶"＝"后（隐喻本方处于劣势，尤其经济）"＋"夫（隐喻本方的军事为优势）"＋"凶（隐喻劣势）"，合成隐意：本方综合实力处于劣势格局，尤其经济处于劣势（后），终会导致军事优势（夫）丧失殆尽（凶）。

8. "言"与"哑"

言（阳性）：口（金文：）、言（甲骨文：）、信（金文：）、音（金文：），共4个字。

哑（阴性）：哑（小篆：），共1个字。

依据古代"阴阳"哲学理念，将上述单字和词组中表示"言（阳性）"字符的隐意全部设定为"优势"、"哑（阴性）"字符的隐意全部设定为"劣势"，并与相关联的其它类别的字符隐意进行重组，形成新的合成隐意，用以解析相关卦名和卦辞中的隐意内容。

例："笑言哑哑"＝"笑（隐喻本方的经济）"＋"言（隐喻优势）"＋"哑哑（隐喻两项劣势）"，合成隐意：本方仅有经济处于优势，其它两项因素均为劣势。

9. "云"与"雨"

云（阳性）：云（甲骨文：）、沄（小篆：），共2个字；

雨（阴性）：雨（甲骨文：）、震（小篆：），共2个字。

依据古代"阴阳"哲学理念，将上述单字和词组中表示"云（阳性）"字符的隐意全部设定为"优势"、"雨（阴性）"字符的隐意全部设定为"劣势"，并与相关联的其它类别的字符隐意进行重组，形成新的合成隐意，用以解析相关卦名和卦辞中的隐意内容。

例："密云不雨"＝"密（隐喻内卦的军事和疆域因素）"＋"云（隐喻优势）"＋"不雨（隐喻不存在劣势）"，合成隐意：本方综合实力中的军事和疆域方面均为优势，其它方面也不存在劣势。

10. "庭"与"庙"

庭（阳性）：庭（金文：），共1个字；

设定："利（阳性）"为优势、"不利（阴性）"为劣势；"'人'字（阳性）"为优势、"反写'人'字（阴性）"为劣势；"心（阴性）"为"劣势"；"吉（阳性）"为优势、"凶（阴性）"为"劣势"；"言（阳性）"为优势、"哑（阴性）"为劣势；

如："北（甲骨文：)"字里的"人"字符的隐意为优势，"反写'人'"字的隐意为劣势

如："笑言哑哑"辞句里的"言"字的隐意为优势，"哑"字的隐意为劣势。

设定："云（阳性）"为优势、"雨（阴性）"为劣势。如："密云不雨"辞句里的"云"字的隐意为优势，"雨"字的隐意为劣势。

设定"庭（阳性）"为优势、"庙（阴性）"为劣势。如："扬于王庭"辞句里的"庭"字的隐意：本方的综合实力为优势。

如："王假有庙"辞句里的"庙"字的隐意：本方综合实力中的经济因素处于劣势。

庙（阴性）：庙（金文：🏛），共1个字。

依据古代"阴阳"哲学理念，将上述单字和词组中表示"庭（阳性）"字符的隐意全部设定为"优势"、"庙（阴性）"字符的隐意全部设定为"劣势"，并与相关联的其它类别的字符隐意进行重组，形成新的合成隐意，用以解析相关卦名和卦辞中的隐意内容。

例："庙（金文：🏛）"＝"广——房屋（隐喻内卦）"＋"苗——植物和农田（隐喻农耕经济）"＋"庙——阴间（隐喻劣势）"，合成隐意：本方综合实力中的经济因素处于劣势。

需要说明，本文所列"阴阳对应关系"，要从周文王时代人们对事物的认知程度来理解，而不能用现代人的知识来衡量，如："日"和"月"的阴阳对应关系，是建立在古人对太阳和月亮的认知基础上的。如："心"代表意识，也是依据古人认为"心"是思维的器官，因而，笔者将"心"与物质视作阴阳对应关系。

100

第八节 "象形"及"意似"字符与隐意设定

周文王经历的时代，正是中国文字造字方法形成系统规律的时代。在周文王设计的卦辞隐意密码中，隐约可见"六书"的痕迹。

六书是指最早的关于汉字构造的六种方式，即象形、指事，假借、转注、会意，形声。本节探索的［类别—隐意—共性］的设计密码与那个时代的造字方式具有相似性。

一、"象形"字符的密码逻辑

周文王除了用"性别"特征的字符来隐喻卦象的实线和虚线之外，还借用一类像符号形状的字和字符来暗示这组符号的概念。笔者把这类用"象形"手法做隐喻的字符称为［象形—符号—字符］。

"象形"是中国古代最原始的造字方法，这种方法是用文字的线条或笔画，把要表达物体的外形特征，具体地勾画出来。

经过隐意假设和验证的统计分析发现，《周易》卦名和卦辞里存在许多"象形"卦象实线"—"和虚线"--"的字和字符。笔者判断，这就是"象形"字符的密码逻辑——周文王借用"象形造字"的表达方式，通过形状像似符号的字符，来隐喻卦象的实线"—"和虚线"--"，进而暗示综合实力中的各项因素的优势和劣势。

二、［象形—实线—字符］的隐意设定

［象形—实线—字符］，是指《周易》卦名和卦辞里存在一类像似卦象中的实线"—"的字（包括字符含"实线'—'"之意的字）。这类字

设定［象形—实线—字符］的隐意为：卦象的实线'—'，即综合实力中的某项因素为优势。如："之（甲骨文：⛢）"字里的"—"字符的隐意：优势。

如："至（甲骨文：⛢）"字里的"—"字符的隐意：优势。

如："过（金文：⛢）"字里的"三条联线"字符的隐意：三项优势。

（以甲骨文、金文或小篆的构字要素为准）有：

之（甲骨文：⛢）、过（金文：⛢）、益（金文：⛢）、恒（甲骨文：⛢）、汔（小篆：⛢）、至（甲骨文：⛢）、室（小篆：⛢）、咥（小篆：⛢）、坤（战国：⛢）、簋（金文：⛢）、噬（小篆：⛢）、遗（小篆：⛢）、丰（金文：⛢），共13个字。

依据"象形造字"的表达方式而形成的"象形"字符密码逻辑，将上述单字中表示"符号'—'"字符的隐意全部设定为"卦象的实线'—'，即综合实力中的某项因素为优势"，并与相关联的其它类别的字符隐意进行重组，形成新的合成隐意，用以解析相关卦名和卦辞中的隐意内容。

例："之（甲骨文：⛢）"＝"脚步（隐喻本方的行动）"＋"实线'—'（隐喻优势）"，合成隐意：本方付诸行动，实现优势。

例："至（甲骨文：⛢）"＝"箭——兵器（隐喻军事）"＋"实线'—'（隐喻优势）"，合成隐意：军事优势。

例："过（金文：⛢）"＝"⛢——三条实线（隐喻三项优势）"＋"辵（隐喻本方走的道路）"，合成隐意：本方在向全面优势发展的进程中。

例："箃（金文： ）"="艸——植物（隐喻农耕经济）"+"巫（甲骨文：、金文：）字形——两条相交的实线（隐喻优势加优势）"，合成隐意：本方以经济为起点，采取"优势叠加"的发展模式。

三、［意似–虚线–字符］的隐意设定

［意似—虚线—字符］，是指《周易》卦名和卦辞里存在一类意似"缝隙"的字（包括字符含"缝隙"之意的字），借以隐喻卦象中的虚线"--"。这类字（以甲骨文、金文或小篆的构字要素为准）有：

八（金文：八）、兑（甲骨文：）、益（金文：）、尚（金文：）、虢（金文：），共5个字。

引申"象形造字"的表达方式而形成的"象形"字符密码逻辑，将上述单字中意似"符号'--'"字符的隐意全部设定为"卦象的虚线'--'，即综合实力中的某项因素为劣势"，并与相关联的其它类别的字符隐意进行重组，形成新的合成隐意，用以解析相关卦名和卦辞中的隐意内容。

例："兑（甲骨文：）"="兄——人称及排行为上（隐喻本方的上线军事因素）"+"八（隐喻虚线'--'）"，合成隐意：本方军事处于劣势。

例："虢（金文：）"="虎（隐喻对方）"+"缝隙（隐喻虚线）"，合成隐意：对方某项因素处于劣势。

設定［意似—虚线—字符］的隐意为：卦象的虚线'--'，即综合实力中的某项因素为劣势。如："八（金文：八）"字的隐意：劣势。

如："兑（甲骨文："字里的"--"字符的隐意：劣势。

如："虢（金文：）"字里的"缝隙"字符的隐意：劣势。

103

第九节 "指事"象素及部位与隐意设定

周文王借用中国古代"指事"造字的方法,设计出隐喻卦象中的象素(因素)数量及上线、中线和下线(不同的因素)的密码。

一、"指事"象素和部位的密码逻辑

中国古代的"指事"造字是在象形字的基础上增加或减少表意的标志,以表达一种抽象的含意。例如"刃"字是在"刀"的锋利处加上一点,以作标示。

《周易》卦辞中存在许多类似"指事"表述方式的字符,用以隐喻卦象的某项因素,如:"元"="人(隐喻本方)"+"上首标示(隐喻卦象的上线)",合成隐意:本方的上线军事因素。

经过各种隐意假设和验证的统计分析发现,含有"指事"意的字符与卦象的象素(因素)之间存在的密码逻辑:(1)指事"数量"的字符与卦象中的象素(因素)数量存在极大的相关性;(2)指事"部位"的字符与卦象的上、中、下线存在极大的相关性;(3)意示"部位"的字符也与卦象的上、中、下线存在极大的相关性。

二、[指事-数量-字符]的隐意设定

[指事—数量—字符],是指《周易》卦名和卦辞里存在一类表述"一个、两个、三个"数

量的字（包括字符含“数量”之意的字）。这类字（以甲骨文、金文或小篆的构字要素为准）有：

恤（小篆：）、二（甲骨文：）、再（甲骨文：）、蛊（甲骨文：）、丰（金文：）、巽（金文大篆：）、终（甲骨文：）、三（甲骨文：）、汔（小篆：）、临（金文：）、光（甲骨文：）、过（金文：），共12个字。

依据“指事”象素（因素）数量的密码逻辑，将上述单字中表示“数量”的指事字符的隐意全部设定为“卦象中的因素数量”，并与相关联的其它类别的字符隐意进行重组，形成新的合成隐意，用以解析相关卦名和卦辞中的隐意内容。

例：“恤（小篆：）”＝“血（甲骨文：）”为“皿——用具（隐喻内卦里的因素）”和“一个小圆圈符号（隐喻内卦里的一个因素）”＋“心（隐喻劣势）”，合成隐意：内卦中的某一项因素为劣势。

“勿恤”的隐意：不要让内卦里还存在任何一项劣势因素。

例：“蛊（甲骨文：）”＝“皿——与虫有关的用具（隐喻外卦的因素）”＋“虫（隐喻对方弱小）”＋“两个（隐喻两项因素）”，合成隐意：外卦有两个因素处于劣势。

例：“临（金文：）”＝“人形（隐喻本方）”＋“目（隐喻看见或实现）”＋“三个物件（隐喻卦象中的三个因素）”，合成隐意：本方必须重视综合实力的三个方面。

◀

设定［指事—数量—字符］的隐意为：卦象中的因素数量。如：“恤（小篆：）”字里的“一个小标识”字符的隐意：内卦中的一项因素。

如：“蛊（甲骨文：）”字里的“两个（虫）”字符的隐意：外卦里的两项因素。

如：“临（金文：）”字里的“三个物件”字符的隐意：卦象中的三个因素。

三、［指事–部位–字符］的隐意设定

［指事—部位—字符］，是指《周易》卦名和卦辞里存在一类用字符本身所处的位置来隐喻卦象的上线、中线和下线的字（包括字符含"所处某个位置"之意的字）。这类字（以甲骨文、金文或小篆的构字要素为准）有：

1. 字符含指事上部位置的字：上（甲骨文：二）、元（甲骨文：𠂒）、夫（甲骨文：夫）、百（甲骨文：𠂤）、兑（甲骨文：兑）、尚（金文：尚）、主（金文：主）、光（甲骨文：光）、先（甲骨文：先）、损（小篆：损）、升（金文：升）、嗑（小篆：嗑）、食（甲骨文：食）、涣（小篆：涣）、挠（小篆：挠）、宁（金文：宁），共15个字。

2. 字符含指事中部位置的字：中（甲古文：中）、济（金文：济）、东（甲骨文：东）、栋（小篆：栋）、童（金文：童）、艰（甲骨文：艰）、悔（小篆：悔）、忧——忧（小篆：忧）、亦（甲骨文：亦）、身（甲骨文：身）、乱（金文：乱）、宁（金文：宁），共12个字。

3. 字符含指事下部位置的字：下（甲骨文：一）、坤（战国：坤）、益（金文：益）、尾（甲骨文：尾）、后——毓（甲骨文：毓）、姤（小篆：姤）、後（甲骨文：後）、复（甲骨文：复）、忧——忧（小篆：忧）、履（甲骨文：履）、宁（金文：宁），共11个字。

4. 字符含指事上部和中部位置的字：益（金文：益）、坤（战国：坤），共2个字。

5. 字符含指事上部和下部位置的字：终（甲骨文：终），同（甲骨文：同）、乱（金文：乱），共3个字。

依据"指事"造字方法，引申"指事部位"字符与象素部位存在关联的密码逻辑，将上述单字中"指事部位"字符的隐意全部设定为"卦象中的上线、中线和下线因素"，并与相关联的其它类别的字符隐意进行重组，形成新的合成隐意，用以解析相关卦名和卦辞中的隐意内容。

例："夫（金文：木）"＝"夫——人称（隐喻本方）"＋"大（隐喻优势）"＋"上首标示（隐喻卦象的上线军事因素）"，合成隐意：本方军事因素为优势。

例："损（小篆：損）"＝"扌"＋"员（甲骨文：鼎）"＝"扌（隐喻本方采取措施）"＋"鼎——用具（隐喻内卦里的因素）"＋"鼎的上方一个原型符号（隐喻上线军事因素）"，合成隐意：针对内卦上线军事因素，本方必须采取的措施。

例："东（甲骨文：東）"＝"装物的袋子——用具（隐喻内卦里的因素）"且"袋子中部凸出（隐喻中线疆域因素）"＋"太阳升起的地方（隐喻优势）"，合成隐意：内卦的疆域因素处于优势状态。

例："悔（小篆：悔）"＝"每（甲骨文：每，金文：每）"为"女性人形（隐喻本方处于劣势）"和"胸前增添两'点'指事符号，突出胸前有双乳的特征（隐喻中线疆域因素）"＋"忄（隐喻使某因素为劣势）"，合成隐意：本方处于劣势的疆域因素，会使某项因素变成劣势。

例："益（金文：益）"＝"皿——用具（隐喻内卦里的因素）"＋"八（隐喻虚线或劣势）"＋"'一'（隐喻实线或优势）"，且"'八'在'皿（内卦）'的上方和中方位置（隐喻上线和中线）"，＋"'一'在其下方（隐喻下线）"，

◄
设定［指事—部位—字符］的隐意为：卦象中的上线、中线和下线因素。如："夫（金文：木"字里的"上首标识"字符的隐意：卦象的上线军事因素。

如："悔（小篆：悔）"字里的"胸前（中部）的两点标识"字符的隐意：卦象的中线疆域因素

如："尾（甲骨文：尾）"字里的"臀部（下方）接了一个尾巴"字符的隐意：卦象的下线经济因素。

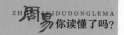

合成隐意：内卦呈上阴下阳情形。或：本方的综合实力状况——军事和疆域因素为劣势，只有经济因素为优势。

例："尾（甲骨文：）"＝"'人'字（隐喻优势）"＋"臀部接了一个尾巴（隐喻下线经济因素）"，合成隐意：卦象的下线为优势。或：经济方面为优势。

例："终（甲骨文：）"＝"绳子——用具（隐喻内卦里的相关联因素）"＋"两端符号（隐喻卦象的上线和下线）"，合成隐意：上线军事和下线经济因素相关联。

四、［意示–部位–字符］的隐意设定

［意示—部位—字符］，是指《周易》卦名和卦辞里存在一类用字意隐喻卦象中某个特定象素（因素）位置的字［包括字符含意"某个特定象素（因素）位置"的字］。这类字（以甲骨文、金文或小篆的构字要素为准）有：

1.意示头部位置的字：道（金文：）、顛（小篆：）、忧——憂（小篆：）、履（甲骨文：）、颐（金文：）、而（甲骨文：）、取（甲骨文：）、若（甲骨文：）、飞（战国文字：）、蒙（金文：）、解（甲骨文：）、兑（甲骨文：），共12个字。

2.意示中部位置的字：飞（战国文字：）、豚（金文：）、背（小篆：）、随（小篆：）、革（金文：），共5个字。

3.意示下部位置的字：遗（小篆：），共1个字。

依据"指事"造字方法，引申"意示部位"字符与象素部位存在关联的密码逻辑，将上述单字中"意示象素（因素）部位"字符的隐意全部设定为"卦象中的上线、中线和下线因素"，并与相关联的其它类别的字符隐意进行重组，形成新的合成隐意，用以解析相关卦名和卦辞中

的隐意内容。

例："顒（小篆：）"="禺——母猴（隐喻对方的某项因素是劣势）"+"页——头部（隐喻卦象上线军事因素）"，合成隐意：对方军事处于劣势。

例："兑（甲骨文：）"="兄——人称和排行为上（隐喻本方的上线军事因素）"+"八（隐喻虚线'--'）"，合成隐意：本方军事处于劣势。

例："若（甲骨文：）"="女子（隐喻本方劣势）"+"双手（隐喻本方全力以赴做某事）"+"梳头——意示上部（隐喻发展卦象的上线军事因素）"，合成隐意：即使本方的综合实力处于劣势，本方也要齐心协力想方设法发展军事。

例："豚（金文：）"="右手（隐喻本方采取措施）"+"豕（隐喻对方）"+"肉：从豕身上（中部）切割下来的肉——意示中部（隐喻外卦的中线因素）"，合成隐意：本方采取措施，分化切割对方的势力。

例："革（金文：）"="双手（隐喻本方齐心协力或全力以赴做某事）"+"平头铁铲（隐喻本方的军事）"+"兽皮——位于兽的身体部位（隐喻对方的疆域因素）"，合成隐意：本方要全力以赴通过本方的军事实力夺取对方的疆域。

◀

设定［意示—部位—字符］的隐意为：卦象中的上线、中线和下线因素。如："顒（小篆：）"字里的"页"字符的隐意：卦象的上线军事因素。

如："豚（金文：）"字里的"肉"字符的隐意：卦象的中线疆域因素。

如："遗（小篆：）"字里的"向下遗撒"字符的隐意：卦象下方的疆域和经济因素。

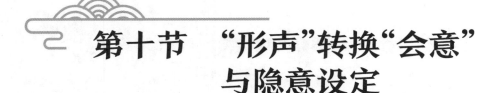

第十节 "形声"转换"会意"
与隐意设定

本节继续探索周文王设计《周易》卦辞隐意密码与那个时代的造字方式存在的关联性。

一、形声字与会意字都是合体字

汉字绝大部分都是由两个以上的偏旁构成的合体字。

有些合体字的偏旁只与字义发生联系，与字音没有关系，这样的字是会意字，例如："酒"字以酿酒的瓦瓶"酉"和液体"水"合起来，表达字义；"解"字的剖拆字义，是以用"刀"把"牛"和"角"分开来表达；"鸣"指鸟的叫声，于是用"口"和"鸟"组合而成。

有些合体字的偏旁，一部分与字义发生联系，一部分与字音发生联系，这样的字就是形声字，例如："迷"字中的"辶"偏旁表示道路意，"米"偏旁表示"mi"声，两个偏旁合在一起表达迷失意。

二、形声字和会意字在字体上很难区分

由于会意字和形声字都是合体字，在字体上很难区分，因而存在一种可能性：周文王利用这两种造字法的特点，巧妙地设置了卦名和卦辞隐意的密码——在形声字的掩盖下，将文字隐意用会意字的构字方式来表达。

只要将《周易》卦名和卦辞里的形声字转换成会意字，并按照［类别—隐意—共性］规律，认识合体字的字符隐意，便能破解该字的隐意密码和隐藏含义。

三、形声字转换成会意字的隐意设定

《周易》卦名和卦辞里存在很多形声字：

1. 甲骨文：往（ ）、归（ ）、妹（ ）、征（ ）、狐（ ）、昔（ ）、牲（ ）、尚（ ），共8个字；

2. 金文：庙（ ）、惕（ ）、壮（ ）、瓶（ ）、虢（ ）、节（ ）、济（ ）、睽（ ）、过（ ）、妄（ ）、信（ ）、萃（ ）、锡（ ）、所（ ）、维（ ）、童（ ），共16个字；

3. 小篆：泰（ ）、匪（ ）、涣（ ）、室（ ）、遁（ ）、悔（ ）、迷（ ）、汔（ ）、繘（ ）、赢（ ）、谦（ ）、渐（ ）、颠（ ）、震（ ）、哑（ ）、惊（ ）、苦（ ）、濡（ ）、损（ ）、曷（ ）、栋（ ）、挠（ ）、剥（ ）、噬（ ）、嗑（ ）、恤（ ）、接（ ）、随（ ）、豫（ ）、坎（ ）、渎（ ）、背（ ）、姤（ ）、乾（ ）、郊（ ）、号（ ）、蕃（ ），共37个字。

由于会意字和形声字都是合体字，在字体上很难区分，因而存在一种可能性：周文王利用这两种造字法的特点，巧妙地设置了卦名和卦辞隐意的密码——在形声字的掩盖下，将文字隐意用会意字的构字方式来表达。

依据上述"形声字掩藏会意隐意"的密码逻辑推测，将上述［1.2.3.］所列《周易》卦名和卦辞里的形声字全部设定为会意字，并将这个会意字的字符隐意进行组合，形成新的合成隐意，用以解析相关卦名和卦辞的隐意内容。

例："妹（甲骨文：𤯬）"为形声字，其中："女"表意，"未"表声。本义：兄弟姐妹的"妹"。（参考资料：左民安著《细说汉字》九州出版社2005年版211页"妹"）。"形声字"转换成"会意字"："妹"＝"女（隐喻本方某项因素为劣势）"＋"未——植物（隐喻经济因素）"，合成隐意：本方的经济处于劣势。

例："牲（金文：𤘧）"为形声字，其中："牛"表意：献给神的礼物，"生"表声。本义：用牛羊等动物祭祀。（参考资料：左民安著《细说汉字》九州出版社2005年版250页"牲"）。"形声字"转换成"会意字"："牲"＝"牛（隐喻对方）"＋"生——植物（隐喻经济）"，合成隐意：对方的经济因素。

例："节（金文：𥫗）"为形声字，其中"竹"表意；"即"表声。本义：竹节。［参考资料：汤可敬撰（东汉许慎著）《说文解字今释》岳麓书社2002年版617页"节"］。"形声字"转换成"会意字"："节"＝"即（隐喻本方享用内卦中的某项成果）"＋"竹——植物（隐喻农耕经济）"，合成隐意：本方享有内卦中的经济优势。

例："萃（金文：𦬼）"为形声字，其中："艹"表意，"卒"表声，本义：草木茂盛。［参考资料：汤可敬撰（东汉许慎著）《说文解字今释》岳麓书社2002年版125页"萃"］。"形声字"转换成"会意字"："萃"＝"艹——植物（隐喻经济）"＋"卒：差役奴隶的服装（隐喻为他人服务的经济）"，合成隐意：为求经济发展，要从为他人服务的经济做起。

▶

例："牲（金文：𤘧）"为形声字，其中："牛"表意：献给神的礼物，"生"表声。本义：用牛羊等动物祭祀。

"形声字"转换成"会意字"："牲"＝"牛（隐喻对方）"＋"生——植物（隐喻经济）"，合成隐意：对方的经济因素。

第三章
理想模式与警示底线

书名『周易』的隐意是：关于本方（周部落）如何以农耕经济发展为基础，进而摆脱综合实力劣势格局的论述。而『泰卦』和『否卦』则是《周易》『隐语兵书』中的本方与对方综合实力对比关系中极为重要的参数值，二者构成综合实力对比坐标图的纵轴上的两极。

第一节　书名"周易"隐意解析

但凡书名，总有某种特定含意，或提示全书内容，或标注作者志向，或表述时代背景，等等。夏朝的《连山》，取"象山之出云，连连不绝"之意，商朝的《归藏》，取"万物莫不归藏于其中"之意。周朝的《周易》，取何含意呢?

一、"周易"隐意解读

"周易"二字的隐意是：关于本方（周部落）如何以农耕经济发展为基础，进而摆脱综合实力劣势格局的论述。

"周易"作为书名，具有揭示时代背景、表达作者意图和概括全书内容的作用。

从《周易》成书的时代背景来看，周部落仅仅是殷商王朝的一个诸侯方国，他们的自身实力与殷商王朝相比，无论在军事、疆域和经济上都处于劣势地位，更何况此时著书立说的周文王已经成为商纣王的阶下囚。不难想象周部落当时的低下和所处的艰辛。

周文王正是在这样的背景下，用"周易"作书名，用隐语告诉周部落的后继者：《周易》是一部改变自身劣势格局推翻殷商王朝的秘笈。

二、书名"周"字的隐意解析

"周"字隐意解析

| 甲骨文 | 金文 | 小篆 | 楷书 |

周，甲骨文字形，像在划分好的农田里密植秧苗之形。姬周之先祖古公亶父率部落迁徙至岐山下之周原，乃称为周。周原因农业发展而得名。金文在甲骨文字形的下方添加"口"，遂有传扬义。（参考资料：徐中舒主编《甲骨文字典》四川辞书出版社2014年版94页"周"；北京语言大学出版社《汉字演变五百例》（李乐毅著）第二版477页"周"）。

依据金文字形及字源解说内容，分解"周"的构字要素：

"周（金文：𠰩）" = "部落之称" ＋ "农田和秧苗" ＋ "口"

按照推测并验证的［类别—隐意—共性］规律，解析上式三字符隐意："周"为部落之称，从属［人类—称谓—字符］，隐喻本方；"农田和秧苗"从属［农耕—经济—字符］和［植物—经济—字符］，隐喻农耕时代的经济；"口"表示人的言论，从属［人类—语言—字符］，隐喻本方做出的论述或判断。因而，"周"的字符隐意可表述为：

"周（金文：𠰩）" = "本方" ＋ "农耕经济" ＋ "本方论述"

综合上式组合要素的隐意信息，"周"的隐意可解读为：周文王关于本方发展农耕经济的论述。

三、书名"易"字的隐意解析

1."易"字的多种解释

"易"字解析，看似容易，实则不易。《周易》发扬光大三千年之久，各个时代的学术派别殚精竭虑对它进行解释和阐述，形成多种至今尚无定论的理论，仅从"易"的字形字源衍生出来的学说就不下二家。

日月之说，将"易"解释为日月重叠组合（小篆：易），

◄

"周" = "部落之称（隐喻本方）" ＋ "农田和秧苗（隐喻经济）" ＋ "口（隐喻本方论述）"，合成隐意：周文王关于本方发展农耕经济的论述。

体现"易以日月为象，以阴阳为道"的中国早期哲学理念。（参考资料：汤可敬撰（东汉许慎著）《说文解字今释》岳麓书社2002年版1309页"易"）

蜥蜴之说，将"易"解释为蜥蜴的象形（金文：𧿒）。通过蜥蜴有多变的神奇天赋，表达卜筮之中的种种变化。（参考资料：汤可敬撰（东汉许慎著）《说文解字今释》岳麓书社2002年版1309页"易"）

笔者在学习各家学说的过程中，在收获的基础上生出不少疑惑，出于好奇，开始尝试探索究竟，日积月累渐渐得到些许"易"的认知浅见。在此，愿与有兴趣者共同磋商。

2."易"字溯源：

《周易》问世的时代，应在公元前一千年左右的殷商晚期。那个时代产生的中国早期文字，常常用于龟甲占卜和青铜器标示，形成独特的甲骨文和金文字形文化。笔者在考古学家和古文字学家研究甲骨文和金文成果的基础上，借助现代传媒网络的便捷工具，从字形字源入手寻找"易"的含意，以达到尽可能接近《周易》成书时代的表述。

目前，查找到"易"的甲骨文和金文字形可分为繁简二系：

繁系：

简系：

甲骨文　　金文　　小篆　　楷书

易，会意字。"易"的繁系甲骨文字形，像双手持带有手柄的容器向另一没有手柄的容器倾注液体之形；繁系金文字形简化为容器和水（液体），含意仍为将容器里的水（液体）倾注出去。（参考资料：徐中舒主编《甲骨文字典》四川辞书出版社2014年版1063页"易"）

依据"易"的字形演变字源和字源解说内容，可将"易（金文繁系：；金文简系：）"的含意解释为：将容器里的水（液体）倒出去。

"易"的含意至简无华，缺乏深奥，在没有发现《周易》隐意之前，难以想象这是一部伟大作品的名字。

3. "易"的同源字——"匜"和"益"

在分析"易"字的过程中，有两个字——"匜"和"益"——很快进入笔者的视线，它们与"易"同音（yi），而且甲骨文金文字形也与"易"存在共性。

"匜"字溯源：

　　金文　　　　　　小篆　　　楷书

匜，金文字形，像一种有凹槽便于倒水或倒酒的容器。（资料来源：容庚编著《金文编》中华书局1985年版843-844页"匜"；汤可敬撰（东汉许慎著）《说文解字今释》岳麓书社2002年版1818页"匜"）

"匜"是中国古代贵族举行礼仪活动时浇水的用具，出现在西周中后期（约2700多年前），盛于东周。匜形椭长，前有流，后有鋬，多有四足。早期匜为青铜制，汉代以后出现匜金银器、匜漆器、匜玉器。

"匜"的实物照片：

（资料来源：匜—百度图片搜索）

从"匜"的实物形状来看，匜的作用是要让其中的水（液体）能够更为集中更为精准地从匜嘴倒出来。

"益"字溯源：

甲骨文　金文　小篆　楷体

益，甲骨文字形，像器皿中的水满溢出之状。金文字形，上部为"八"字形，像器皿中东西堆积如山的状态。（参考资料：徐中舒主编《甲骨文字典》四川辞书出版社2014年版536页"益"；容庚编著《金文编》中华书局1985年版344页"益"）

比较同音字"易"、"匜"、"益"，能够看出"匜"、"益"二字与"易"的字形明显存在同源关系，它们的字形含意存在共性——"容器"和"水"。因而，存在一种可能性：甲骨文和金文字形的"匜"和"益"是对"易"的细化解释，"匜"表示一尊有着特殊形状的盛水容器，"益"表示水从容器里流淌出来。

查证结果，"易"的含意就是"把容器里的水（液体）倒出去"。

其实，理解"易"的本义并非难事，仅从常用词组"容易"二字上就能看到"易"之本义的影子。有可能"容易"原本是一种方法，即将里面的东西（容）通过一种有引流口的特殊容器倒出来（易）。这个既简便又省事的方法逐渐成为形容词，表示做某事不费事。

4.换个角度看"周易"

当时，笔者理解不了"易"的"把容器里的水（液体）倒出去"含意与《周易》作品存在怎样的关联性。直至变换了多重视角看《周易》后，竟然发现卦辞存在隐藏含意，这时再回过头来审视"易"的象形字形，便有了恍然大悟的感觉，终于能够体会到作者使用"易"为书名的良苦用心。

"易"="容器（隐喻内卦因素）"+"倒出去的水（隐喻除去劣势）"，合成隐意：去除内卦中的劣势因素，或：改变本方综合实力的落后面貌。

"周易"的隐意：周文王关于本方如何以农耕经济为基础（周）摆脱自身综合实力劣势状况（易）的论述。

读懂"易"的隐意，不但要从作者撰写《周易》的时代背景来感悟、而且还要变换卦象排列结构进行对比分析，更为重要的，是要对卦辞字符进行归类统计，以便找到各类字符隐意密码的设置规律。完成这些复杂而系统的课题之时，"易"的隐意将会自然浮出水面。

5."易"字隐意解析

依据"易"的金文繁简系字形以及上述字源解说内容，分解"易"字组合要素，可得两个相关字符：

"易（金文繁系：𩰿）"＝"容器"＋"倒出去的水（液体）"。

按照推测并验证的［类别—隐意—共性］规律，解析上式二字符隐意："容器"为人类制造并使用的器物，从属［人类—用具—字符］，隐喻内卦，或本方的综合实力；"水（液体）"与"火"对应，"水（液体）"为阴性，"火"为阳性，"水（液体）"从属［阴阳—对应—字符］，隐喻劣势状况。"倒出去的水（液体）"则隐喻除去劣势。因而，"易"的字符隐意可表示为：

"易（金文繁系：𩰿）"＝"内卦或本方综合实力中的因素"＋"除去劣势状况"。

综合上式组字要素的隐意信息，"易"的隐意可解读为：将内卦中的劣势状况除去，或：改变本方综合实力的落后面貌。

6.书名"周易"的隐意

合成上文"周"、"易"二字的隐意解析，"周易"的隐意可解读为：周文王关于本方如何以农耕经济为基础（周）摆脱综合实力劣势状况（易）的论述。

注："易"字的隐意解析过程仅为一例。本书共有237字的隐意解析，相应有237个解析过程。由于本书篇幅和章节字数所限，不能一一展示所有的字的隐意解析过程，只能概括解析的结论，有可能造成难懂情形。敬请原谅。

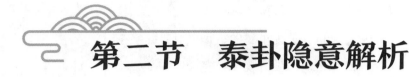

第二节　泰卦隐意解析

一、泰卦隐意解读

将泰卦的卦象""转换为象素表达式"☷☰"：

八卦符号	表示因素	外卦-对方	内卦-本方
上线	军事：	"--"劣势	"-"优势
中线	疆域：	"--"劣势	"-"优势
下线	经济：	"--"劣势	"-"优势

列表显示：本方综合实力（内卦）的三项最重要的指标（象素）均为优势，而对方综合实力（外卦）的三项最重要的指标（象素）均为劣势。

如果书名"周易"的隐意真是一部"改变自身劣势格局推翻殷商王朝的秘笈"，那么泰卦的卦象"☷☰"则是牢狱中的周文王，运用卦象的象素理念，给这部秘笈中的本方设定的"远大理想目标"。用卦辞的隐语可以解读为：对方处于全面劣势、本方处于全面优势的格局。（卦辞：小往大来。）

为了实现这一理想目标，周文王用"泰"的隐意发出心声：本方必须齐心协力，才能消除劣势因素，形成全面优势局面。（卦名：泰。）

在卦象作为"自然征兆"的理念下，乾卦

卦名：**泰**

卦象：

卦辞：　小往大来，吉亨？

"☰" 是最理想的卦象，代表着"天"与"天"的组合，因而《象》曰：天行健，君子以自强不息。

然而，把卦象当作敌我双方综合实力的对比模式，乾卦"☰"则不是最理想的目标，而是双方实力均衡对峙的一种形态。当然，如果双方存在着友好合作关系，"强强联合"则不失为一种很好的方式。

周文王胸藏翦商兴周大志，因而，卦象作为象素模式下的对方和本方，便成为势不两立的敌我关系。在这样的敌我关系模式下，泰卦卦象"☷☰"则成为整个64卦象中最为理想的追求模式。

君子针对周文王为本方设定的理想模式"☷☰"问卦：如何才能形成这样的优势格局？（卦辞：吉亨？）

这便是《周易》全书致力解答的内容，即本方在各种复杂的形势下，尤其在劣势的环境中，如何才能形成这样的理想优势格局。

二、卦名"泰"隐意解析

"泰"字隐意解析

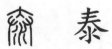

小篆　　楷体

泰，小篆文字形为形声字，"水"和"廾（小篆：㕚）"表意，像水在手中下灌；"大"表声。（参考资料：汤可敬撰（东汉许慎著）《说文解字今释》岳麓书社2002年版1595页"泰"）

尚未查找到甲骨文和金文字形。这就存在一种可能性："泰"是周文王用"廾（小篆：㕚）"、"水"和"大"三个要素组成的隐意会意字。

依据篆文字形及字源解说内容，分解"泰"的构字要素：

"泰（小篆：㤅）" = "廾（小篆：㕚）" + "水" + "大"

按照推测并验证的［类别—隐意—共性］规律，解析上式字符的隐

▶

"泰"="廾(隐喻本方齐心协力)"+"水(隐喻劣势)"+"大(隐喻优势)",合成隐意:本方齐心合力,改变劣势处境,形成优势局面。

"大"的隐意:优势。

"小"的隐意:劣势。

"往"="脚步背离(隐喻相背离的行为)"+"王(隐喻本方)",合成隐意:离开本方,去往对方。

意:"廾(小篆:)"从属[人类—双手—字符],隐喻本方齐心协力,或全力以赴;"水"与"火"相对,从属[阴阳—对应—字符],隐喻某项因素为劣势;"大"与"小"相对,从属[阴阳—对应—字符],隐喻某项因素为优势。因而,"泰"的字符隐意可表述为:

"泰(小篆:)"="本方齐心协力"+"劣势因素"+"优势因素"

综合上式组合要素的隐意信息,"泰"的隐意可解读为:本方齐心合力,改变劣势处境,形成优势局面。

三、卦辞"小往大来"隐意解析

1. "大"字隐意解析

甲骨文　　金文　　小篆　　楷体

大,甲骨文和金文字形,像一个张开手脚顶天立地的人的形象。"大"用肢体语言表示面积、容积等方面与"小"相对的概念。(参考资料:李乐毅著《汉字演变五百例》北京语言大学出版社2002年版51页"大")

依据甲骨文和金文字形及字源解说内容,解析"大"的隐意:"大"与"小"相对,从属[阴阳—对应—字符],按照推测并验证的[类别—隐意—共性]规律,该类字符隐喻阳性,优势。因而,"大"的隐意可解读为:优势。

2. "小"字隐意解析

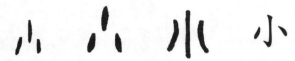

| 甲骨文 | 金文 | 小篆 | 楷体 |

小，甲骨文字形为"⺌"、"⺌"，用三点或四点以示细小之义。金文作"⺌"，承甲文而来。造字本义：细小。（参考资料：李乐毅著《汉字演变五百例》北京语言大学出版社2002年版377页"小"）

依据甲骨文和金文字形及字源解说内容，解析"小"的隐意："小"与"大"相对，从属［阴阳—对应—字符］，按照推测并验证的［类别—隐意—共性］规律，该类字符隐喻阴性，劣势。因而，"小"的隐意可解读为：劣势。

3. "往"字隐意解析

| 甲骨文 | 金文 | 小篆 | 楷体 |

往，甲骨文字形，上端"⺊（脚趾）"表示出发，前往，下端"王（王）"表声（wang）。造字本义：前往。金文的"往"加"彳"，强化朝某地"前行"的含义。（参考资料：左民安著《细说汉字》九州出版社2005年版140页"往"）

依据甲骨文字形及字源解说内容，分解"往"的构字要素：

"往（甲骨文：⺊）"="脚步背离"＋"王"

按照推测并验证的［类别—隐意—共性］规律，解析上式字符的隐意："脚步"表示人的行动，从属［人类—脚步—字符］，隐喻本方的行动，"脚步背离"则隐喻本方背离某个方向的行动；"王"为君王之称，从属［人类—称谓—字符］，隐喻本方。因而"往"的字符隐意可表述为：

"往（甲骨文：𡉚）" = "本方背离某个方向的行动" + "本方"

综合上式组字要素的隐意信息，"往"的隐意可解读为：相对本方而言，去往他方。当内卦与外卦分别隐喻本方与对方时，"往"则隐喻"离开本方，去往对方"。

4. "来"字隐意解析

甲骨文　金文　小篆　楷体（繁体）楷书

来，甲骨文字形，像有根、杆和叶的麦子的形状。造字本义：小麦。后假借作来去之来。（参考资料：左民安著《细说汉字》九州出版社 2005 年版 302 页"来"）

依据甲骨文和金文字形及字源解说内容，解析"来"的隐意："来"是表示走向与"往"相对应的字。因而，"来"的隐意可解读为：当内卦与外卦分别隐喻本方与对方时，"来"隐喻"离开对方，来到本方"。

5. 卦辞"小往大来"的隐意

劣势因素去向对方；优势因素来到本方。

四、卦辞"吉亨？"隐意解析

1. "吉"字隐意解析

甲骨文　金文　小篆　楷体

吉，源自远古人类对男性生殖器的崇拜。古人用男性图腾表示事物处于好的那一面，早期的甲骨文写作"𠱸"，上边是男性生殖器形状，下边"口"形，一种解说为祈祷之意，一种解说为祈祷所用的供桌。二字符会意：祈求吉祥。后字形逐渐变形，将上边直观的男性特征改为"士"。"士"即成年男人，也表示阳刚的那一面。（参考资料：徐中舒主编《甲骨文字典》四川辞书出版社 2014 年版 93 页"吉"）

依据甲骨文字形及字源解说内容，分解"吉"的构字要素：

"吉（甲骨文：𠱸）"＝"口（言论）"＋"男性图腾"

按照推测并验证的［类别—隐意—共性］规律，解析上式字符的隐意："口"表示人的言论，从属［人类—语言—字符］，隐喻本方做出的判断；"男性图腾"从属［人类—男性—字符］，隐喻内卦某因素为实线"—"，即或阳性，或优势。因而"吉"的字符隐意可表述为：

"吉（甲骨文：𠱸）"＝"本方判断"＋"优势"

综合上式组合要素的隐意信息，"吉"的隐意可解读为：本方确定某某情形为优势，或：本方确定某方案为尚佳之策。

◀

"来"的隐意：离开对方，来到本方。

"吉"="口（隐喻本方的言论）"+"男性图腾（隐喻优势）"，合成隐意：本方确定某某情形为优势，或：本方确定某方案为尚佳之策。

"亨"和"享"的隐意：针对内卦出现的各种不同的情况，以及内卦与外卦对比形成的复杂局面，寻求解决方案，或：问卦。

"吉亨?"的隐意：问卦（亨）：如何才能形成这样的优势局面（吉）？

2."亨"字隐意解析

甲骨文　　金文　　小篆　　楷书

"亨"和"享"在甲骨文和金文中是同一个字形，一说像盛食物的器皿，表示进献的意思。一说像屋宇之形，指庙中的大室。篆文将这个字形分化为两个字——"亨"和"享"。（资料来源：左民安著《细说汉字》九州出版社2005年版529页"亨"、530页"享"）

依据甲骨文和金文字形及字源解说内容，解析"'亨'和'享'"的隐意："（亨或享）"为进献食物的器皿，或庙中的大室，从属［人类—用具—字符］，或从属［人类—房屋—字符］，按照推测并验证的［类别—隐意—共性］规律，其隐喻内卦。而"进献食物"和"庙中大室"，都与祭祀有关，从本质上说，是在祈求神灵解答心中的疑惑之事。因而，"亨"和"享"的隐意可解读为：针对内卦出现的各种不同的情况，以及内卦与外卦对比形成的复杂局面，寻求解决方案，或：问卦。

3.卦辞"吉亨?"的隐意

问卦：如何才能形成这样的优势局面（吉亨）？

第三节　否卦隐意解析

卦名： **否**

卦象：

卦辞： 否之匪人，不利君子贞，大往小来。

一、否卦隐意解读

将否卦卦象"☷☰"转换为左右排列的象素表达式"☰☷"：

八卦符号	表示因素	外卦-对方	内卦-本方
上线	军事：	"—"优势	"--"劣势
中线	疆域：	"—"优势	"--"劣势
下线	经济：	"—"优势	"--"劣势

列表显示：对方（外卦）占据三项优势，而本方（内卦）全部因素均为劣势。

周文王通过否卦"卦象"的隐意，给"秘笈"中的本方设定了一个不能突破的底线——"☰☷"，他用卦辞的隐意强调：本方没有形成任何优势，而对方的综合实力已经具备优势，这是极为糟糕的本方综合实力局面，即优势去往对方而劣势聚集于本方的局面（卦辞：否之匪人，不利君子贞，大往小来。）

一旦走到这样的地步，本方再无翻盘的机会。否！这就是卦名"否"的隐意。

从象素表达式和卦辞隐意内容来看，否卦的卦象"☰☷"与泰卦的卦象"☷☰"正相反；否卦卦辞"大往小来"与泰卦卦辞"小往大来"也

正相反；泰卦卦象是本方追求的理想模式，否卦卦象则是本方绝对不可陷落的境地。

从本方与对方的敌我关系角度理解，否卦是64卦象中最为糟糕的格局。

二、卦名"否"隐意解析

"否"字隐意解析

金文　　　小篆　　　楷体

否，从金文到楷体，都是"不"和"口"的组合，其中："口"指说话；"不"表示对事情的否定。（参考资料：汤可敬撰（东汉许慎著）《说文解字今释》岳麓书社2002年版207页"否"）

依据金文字形及字源解说内容，分解"否"的组字要素：

"否（金文：🅂）"＝"口"＋"不"

按照推测并验证的［类别—隐意—共性］规律，解析上式字符隐意："口"表示言论，从属［人类—言论—字符］，隐喻本方的论述；"不"为否定词，表示对某件事情的否定。因而"否"的字符隐意可表述为：

"否（金文：🅂）"＝"本方论述"＋"否定"

综合上式组合要素的隐意信息，"否"的隐意可解读为：本方或周文王否定这样的格局。

三、卦辞"否之匪人"隐意解析

1. "否"的隐意

本方或周文王否定这样的格局。（参见本节上述解析内容）

2.“之”字隐意解析

甲骨文　　金文　　小篆　　楷书

之，甲骨文和金文字形，上面是一只脚，表示前往；下面是一横，表示出发的地方。（参考资料：左民安著《细说汉字》九州出版社2005年版336页“之”）

依据甲骨文和金文字形及字源解说内容，分解“之”的组字要素，可得二个相关字符：

“之（甲骨文：业）”＝“脚步”＋“实线‘—’”

按照推测并验证的［类别—隐意—共性］规律，解析上式字符的隐意：“之”为人的脚步，从属［人类—脚步—字符］，隐喻本方的行动；“实线‘—’”从属［象形—实线—字符］，在此隐喻卦象中的某项因素为实线‘–’，即优势。因而“之”的字符隐意可表述为：

“之（甲骨文：业）”＝“本方的行动”＋“优势”

综合上式组字要素的隐意信息，“之”的隐意可解读为：本方付诸行动，达到优势。

“否之”的隐意：本方的行动与优势背道而驰，或：本方没有形成任何优势。

3.“匪”字隐意解析

小篆　　楷体

匪，小篆字形为形声字，“匚”表意，“非”表声，本

◀

“否”＝“口（隐喻本方的言论）”＋“不（否定）”，合成隐意：本方或周文王否定这样的格局。

“之”＝“脚步（隐喻本方付诸行动）”＋“实线‘—’（隐喻优势）”，合成隐意：本方付诸行动，达到优势。

“否之”的隐意：本方的行动与优势背道而驰，或：本方没有形成任何优势。

义：竹筐类容器。（参考资料：汤可敬撰（东汉许慎著）《说文解字今释》岳麓书社2002年版1819页"匪"）

尚未查找到甲骨文和金文字形。这就存在一种可能性：周文王用"非"和"匚"两个字符组成隐意会意字。

依据小篆字形及字源解说内容，分解"匪"字的构成要素：

"匪（小篆：）" ＝ "非" ＋ "匚"

"匪"＝"非（隐喻对方）"＋"匚（隐喻卦象里的因素）"，合成隐意：外卦里的因素，或：对方综合实力中的某方面。

按照推测并验证的［类别—隐意—共性］规律，解析上式字符的隐意："非（甲骨文：𢁑，金文：𦫵）"为鸟儿展翅的象形（参考资料：左民安著《细说汉字》九州出版社2005年版487页"非"），从属［禽兽牲畜—字符］，隐喻对方；"匚（甲骨文：𠃊，金文：𠥓）"为盛物的器具（参考资料：左民安著《细说汉字》九州出版社2005年版79页"匚"），此处"匚"与"非"（鸟展翅）相关，从属［禽兽牲畜—用具—字符］，隐喻外卦里的因素。因而，"匪"的隐意可解读为：外卦里的因素，或：对方综合实力中的某方面。

"人"的隐意：本方为优势。或：本方某项因素为优势。

4."人"字隐意解析

甲骨文　　金文　　小篆　　　楷书

人，甲骨文和金文字形，都像人侧面直立之形，有头、

"匪人"的隐意：对方的综合实力（匪）已经具备优势（人）。

尽管"人"隐喻"本方的优势"，但因"匪"为"对方"的缘故，则"人"在此变成隐喻"对方的优势"。

手、肩、身和腿，非常形象的象形字。本义：可以直立行走的"人"。（参考资料：左民安著《细说汉字》九州出版社2005年版13页"人"）

依据甲骨文和金文字形及字源解说内容，解析"人"的隐意：按照推测并验证的［类别—隐意—共性］规律，"人"是人类的总称，从属［人类—称谓—字符］，隐喻本方；且"人（甲骨文：⁊）"与"人的反像（甲骨文：ᚠ），即反写的'人'"在字形上存在对应关系，从属［阴阳—对应—字符］，隐喻阳性、优势状态。因而，"人"的隐意可解读为：本方为优势。或：本方某项因素为优势。

"匪人"的隐意：对方的综合实力（匪）已经具备优势（人）。

尽管"人"隐喻"本方的优势"，但因"匪"为"对方"的缘故，则"人"在此变成隐喻"对方的优势"。

5. 卦辞"否之匪人"的隐意

本方没有（否）形成任何优势（之），而对方的综合实力（匪）已经具备优势（人）。

四、卦辞"不利君子贞"隐意解析

1."不"字的含意

甲骨文　　金文　　小篆　　楷书

> ◀
>
> "利"的隐意：优势因素，优势格局。
>
> "不利"的隐意：劣势因素，没有优势的格局。
>
> "君子"的隐意：本方。
>
> ▼

不，甲骨文和金文字形，像花萼足之形，本义：柎。假借表示"相反"意。（参考资料：左民安著《细说汉字》九州出版社2005年版4页"不"）

2. "利"字隐意解析

彩 粉 粉 利

甲骨文　金文　小篆　　楷体

利，甲骨文和金文的字形，由"禾"和"刀"构成，表示用刀收割农作物。刀旁或增添禾穗，表示振落的庄稼籽实。造字本义：用快刀收割庄稼。引申：利用、顺利、有利于，等等。（参考资料：左民安著《细说汉字》九州出版社2005年版68页"利"）

依据甲骨文和金文字形及字源解说内容，分解"利"的组成要素：

"利（甲骨文：彩）"＝"禾"＋"刀"

按照推测并验证的［类别—隐意—共性］规律，上式字符隐意应该归类为经济（禾）和军事（刀）。但是，"利"字在卦辞里是个很特殊的字，"利"与"不利"在卦辞中反复出现，多达56次。"利"与"不利"本身构成了互为对立的概念，因而，"利"和"不利"从属于［阴阳—对应—字符］，"利"表示优势，相反，"不利"则表示劣势。

因而，"利"的隐意可解读为：优势因素，优势格局。

"不利"的隐意可解读为：劣势因素，没有优势的格局。

3. "君"字的含意

君 君 君 君

甲骨文　金文　小篆　　楷书

君，从甲骨文到楷书的字形，由"尹"和"口"组成。尹，像手握权杖，表示掌握权势的人；口，表示发号施令的人。造字本义：握有统治权力又能发号施令的人。(参考资料：李乐毅著《汉字演变五百例》北京语言大学出版社2002年版180页"君")

4. "子"字隐意解析

子 子 子 子

甲骨文　　金文　　小篆　　楷体

子，甲骨文和金文字形，像婴儿。造字本义：儿女。(参考资料：左民安著《细说汉字》九州出版社2005年版86页"子")

依据甲骨文和金文字形及字源解说内容，解析"子"的隐意："子（金文：子）"="儿女"。按照推测并验证的［类别—隐意—共性］规律，"子"为人的儿女，从属［人类—称谓—字符］，隐喻本方。因而，"子"的隐意可解读为：本方。

"君子"则表示君王之子。"君子"为［人类—称谓—字符］，隐喻本方。

在此，有必要解读否卦辞中出现的"君子"二字的隐意。

"君子"本义表示君王之子，在《周易》卦辞中"人称"的［隐意共性］为"本方"，因而"君子"的隐意可看作"本方"，具体来说，还可把"君子"视为"本方掌管国事的王子"。

周文王在写《周易》卦辞时，已是80多岁的老人。他被商纣王囚禁在羑里长达七年之久。那段时期，周文王的大儿

◀

周文王在卦辞里所提"君子"，应指掌管国事的儿子，《周易》64卦的卦辞里处处可见周文王与"君子"研讨卦象、分析军情的内容。

《周易》卦辞"亨"的隐意为问卦，可更具体地视作"君子的问卦"。

子伯邑考（姬考）代理掌管国事。伯邑考被商纣王杀害后，二嫡子姬发接管国事。

周文王在卦辞里所提"君子"，应指掌管国事的儿子，《周易》64卦的卦辞里处处可见周文王与"君子"研讨卦象、分析军情的内容。

《周易》卦辞"亨"的隐意为问卦，可更具体地视作"君子的问卦"。

5."贞"字隐意解析

甲骨文　　金文　　小篆　　楷书（繁体）　　楷书

贞，甲骨文和金文字形，像鼎具的上方加个"卜"，表示用火在神鼎上祭拜占卜，查看神迹。（参考资料：左民安著《细说汉字》九州出版社2005年版73页"贞"）

依据金文字形及字源解说内容，分解"贞"的组字要素：

"贞（金文：）" = "卜" + "鼎"

按照推测并验证的［类别—隐意—共性］规律，解析上式字符的隐意："卜"名为"占卜"，实为周文王和君子对本方和对方的象素进行分析和研究；"鼎"为容器之物，从属［人类—用具—字符］，隐喻"内卦"。因而"贞"的相关字符

侧栏：

"贞" = "卜（隐喻研究分析）" + "鼎（隐喻内卦）"，合成隐意：占卜得到的内卦情况，或：经过研究分析获得本方综合实力的比较状况。简称：本方综合实力的情形。

"不利君子贞"的隐意：没有任何优势的（不利）本方（君子）综合实力状况（贞）。

"大往小来"的隐意：优势（大）去往对方（往），劣势（小）来到本方（来）。

隐意可表示为：

"贞（金文：🐾）"＝"分析当前局势"＋"内卦"

综合上式组字要素的隐意信息，"贞"的隐意可解读为：占卜得到的内卦情况，或：经过研究分析获得本方综合实力的比较状况。简称：本方综合实力的情形。

6. 卦辞"不利君子贞"的隐意

没有任何优势（不利）的本方（君子）综合实力状况（贞）。

五、卦辞"大往小来"的解读

否卦辞中的"大往小来"正好与泰卦辞中的"小往大来"相反。因此，可参见泰卦中的字意论述。"大往"表示优势去往对方，"小来"表示劣势因素进入内卦。（参见本章第二节［泰卦隐意解析］中"小往大来"的论述）

第四节　64卦象的坐标两极

　　"泰卦"和"否卦"是64卦象坐标的两级。

一、64卦象的转换模式

　　按照八卦符号的排列顺序，合成《周易》64卦象的分布图标。

　　上卦排列顺序（横向）：

　　下卦排列顺序（纵向）：

　　这种组合构成《周易》书籍里常见的64卦象排列表：

泰	大壮	需	夬	大畜	大有	小畜	乾
升	恒	井	大过	蛊	鼎	巽	姤
明夷	丰	即济	革	贲	离	家人	同人
谦	小过	蹇	咸	艮	旅	渐	遁
临	归妹	节	兑	损	睽	中孚	履

师	解	坎	困	蒙	未济	涣	讼

复	震	屯	随	颐	噬嗑	益	无妄

坤	豫	比	萃	剥	晋	观	否

为了便于对比分析敌我双方综合实力状况，现将上表中的上下重叠排列的64卦象全部转换为左右排列的［象素］表达式：

泰	大壮	需	夬	大畜	大有	小畜	乾

升	恒	井	大过	蛊	鼎	巽	姤

明夷	丰	既济	革	贲	离	家人	同人

谦	小过	蹇	咸	艮	旅	渐	遁

临	归妹	节	兑	损	睽	中孚	履

师	解	坎	困	蒙	未济	涣	讼

复	震	屯	随	颐	噬嗑	益	无妄

坤	豫	比	萃	剥	晋	观	否

依据"泰卦"和"否卦"的卦辞隐意，可把所列［象素］表达式图表按顺时针旋转45度，得到纵坐标轴以"泰卦"为顶端、以"否卦"为底端的［综合实力对比状况分布图］：

泰

升　大壮

明夷　恒　需

谦　丰　井　夬

临　小过　既济　大过　大畜

师　归妹　蹇　革　蛊　大有

复　解　节　咸　贲　鼎　小畜

坤　震　坎　兑　艮　离　巽　乾

豫　屯　困　损　旅　家人　姤

比　随　蒙　睽　渐　同人

萃　颐　未济　中孚　遁

剥　噬嗑　涣　履

晋　益　讼

观　无妄

否

二、[综合实力对比状况分布图] 的含意

1. "泰卦"和"否卦"是纵向坐标轴线的两极

当本方与对方成为敌我关系时,"泰卦"和"否卦"是本方与对方综合实力对比关系中极为重要的参数值,二者构成综合实力对比坐标图的纵轴上的两极。

"泰卦"位于纵坐标的顶端,表示"泰卦"是64卦象中对本方最为有利的卦象;"否卦"处在纵坐标的底部,表示"否卦"是64卦象中对本方最不利的卦象。

"泰卦"的卦辞"小往大来"与"否卦"的卦辞"大往小来"也相应存在着对应关系。

2. "坤卦"和"乾卦"是横向坐标轴线的两端

坤☷、震☳、坎☵、兑☱、艮☶、离☲、巽☴、乾☰,表示本方与对方的综合实力的对比状况达到平衡的八种情况。

当本方与对方成为敌我关系时,它们构成[综合实力对比状况分布图]的横向坐标轴。其中:"坤卦"为双方综合实力的三项重要因素均为劣势的平衡状态;"乾卦"为双方综合实力中的各项因素均为优势的平衡状态。

3. 横向坐标上方的卦象含意

当本方与对方成为敌我关系时,在[综合实力对比状况分布图]横向坐标轴线上方的卦象,表示本方的综合实力强

当本方与对方成为敌我关系时,"泰卦"和"否卦"是本方与对方综合实力对比关系中极为重要的参数值,二者构成综合实力对比坐标图的纵轴上的两极。

"泰卦"位于纵坐标的顶端,表示"泰卦"是64卦象中对本方最为有利的卦象;"否卦"处在纵坐标的底部,表示"否卦"是64卦象中对本方最不利的卦象。

当本方与对方成为敌我关系时,在[综合实力对比状况分布图]横向坐标轴线下方的所有卦象,表示本方的综合实力弱于对方。在这个区域里的卦象,从横向坐标向下排列,越是接近"否卦"的卦象,表明本方的综合实力与对方相比,差距越来越大。

于对方。在这个区域里的卦象,从横向坐标向上排列,越是接近"泰卦"的卦象,表明本方的综合实力越加强盛于对方。

4. 横向坐标下方的卦象含意

当本方与对方成为敌我关系时,在[综合实力对比状况分布图]横向坐标轴线下方的所有卦象,表示本方的综合实力弱于对方。在这个区域里的卦象,从横向坐标向下排列,越是接近"否卦"的卦象,表明本方的综合实力与对方相比,差距越来越大。例如"无妄卦"要比"姤"卦的情形糟糕许多,又如"观卦"要比"豫卦"糟糕许多。

通过这种直观的图像形式,有助于读者在随后的章节里更加清楚地理解象素模式下的卦象隐意,更能吃透《周易》卦辞隐意的"兵书"含意。

例如:"既济卦"与"未济卦"的卦名隐意存在着相对的含意,它们的卦象在[综合实力对比状况分布图]也正好处于对应的位置。

例如:"需卦☵☰"在[综合实力对比状况分布图]横向坐标轴线的上方,其卦辞为"利涉大川";而"讼卦☰☵"的坐标位置与它相对应,在[综合实力对比状况分布图]横向坐标轴线的下方,其卦辞为"不利涉大川"。

第四章

打铁必须自身硬

本章通过涣卦、讼卦、履卦和中孚卦的隐意解析，探讨『强军』、『形成本方综合实力的优势格局（利贞）』和『战胜综合实力超强的对方（涉大川）』之间的内在关系。

周文王的理念是：（1）对方的军事优势是威胁、干扰、阻碍本方形成综合实力优势的绊脚石。只有本方的军事实力能与对方抗衡，才能保障本方综合实力的发展。（2）在本方综合实力处于相对劣势情况下，尤其本方军事处于劣势情况下，本方不具备战胜实力强大的对方的基础。这时本方要用已有的优势自我助力发展各个方面，尤其本方军事军事处于弱势，虽然会有各种策略能够瓦解对方的联盟，削弱对方的实力，但一定要牢记，最终战胜对方，必须倚仗本方综合实力的优势格局。因而，一定要形成本方综合实力的优势。

第一节　涣卦隐意解析

卦名：涣

卦象：

卦辞： 亨：王假有庙，利涉大川？利贞。

一、涣卦隐意解读

卦名"涣"的隐意为：针对当前外卦的状况，本方要齐心协力完善自身的综合实力，尤其要将本方军事形成优势。（卦名：涣。）

周文王在此提出"强军"，与涣卦卦象所显示的局势相关。

将涣卦卦象"☴☵"转换为左右排列的象素表达式"☴☵"：

八卦符号	表示因素	外卦-对方	内卦-本方
上线	军事：	"—"优势	"--"劣势
中线	疆域：	"—"优势	"—"优势
下线	经济：	"--"劣势	"--"劣势

从涣卦的象素表达式中可以清晰地看到，在上线的军事因素上显现出"敌强我弱"的特征。针对这样的军事不利形势，周文王用"涣"字的隐意指出本方应该采取的对策——齐心协力完善自身实力，打造本方军事优势。

君子观察涣卦的卦象"☴☵"，内卦的上线军事因素和下线经济因素均为劣势，于是针对周文王提出的"齐心协力打造本方军事优势"的策略，问卦（卦辞隐语）：本方全力以赴发展军事，并针对自身的经济劣势而采取措施，目的是要形成优势格局，战胜综合实力具有优势的对方吗？（卦辞：亨：王假有庙，利涉大川？）

很显然，君子的问卦内容透露出本方强军的终极目的，是要形成优势格局，战胜实力强大的对方。

周文王回答（卦辞隐语）：首先要形成本方综合实力的优势格局。（卦辞：利贞。）

从涣卦卦辞解答的内容里能够体会到三个含意：

1. 周文王的回答没有否定君子提出的问题，说明周文王心里所想的强军目的就是要战胜实力强大的对方。

2. 涣卦卦象显示的敌我双方实力对比局势，当前本方尚不具备战胜对方的实力，即使本方齐心协力将军事转变为优势，也不具备战胜对方的条件；

3. 因而，周文王制定的战略策略是：要战胜实力强大的对方，首先要形成本方综合实力的优势。

这就是"打铁必须自身硬"的道理。

二、卦名"涣"隐意解析

"涣"字隐意解析

小篆　　　楷体

涣，小篆字形为形声字，"水"表意，"奂"表声，本义：水流分散。（参考资料：汤可敬撰（东汉许慎著）《说文解字今释》岳麓书社2002年版1536页"涣"）

尚未找到"涣"的甲骨文和金文字形。这就存在一种可能的情况：周文王将"氵"和"奂"组合成隐意会意字。

依据篆文字形及字源解说内容，分解"涣"的组字要素：

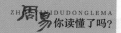

"涣（小篆：）"＝"氵"＋"奂"

按照推测并验证的［类别—隐意—共性］规律，解析上式字符隐意："氵"为川河，从属［禽兽—川河—字符］，在此隐喻外卦；而"奂（篆体：）"＝"双手"＋"宀"＋"房屋上的'人'字形"（参考资料：汤可敬撰（东汉许慎著）《说文解字今释》岳麓书社2002年版375页"奂"），其中："双手"从属［人类—双手—字符］，隐喻本方齐心协力做某事；"宀"为人的居所，从属［人类—房屋—字符］，隐喻内卦；"人（甲骨文：）"与"人的反像（甲骨文：），即反写的'人'"在字形上存在对应关系，从属［阴阳—对应—字符］，隐喻阳性、优势状态。且"人"字在"居所"的上方，从属［指事—部位—字符］，隐喻卦象的上线军事。因而"涣"的字符隐意可表示为：

"涣（小篆：）"＝"针对外卦情况"＋"本方齐心协力"＋"发展本方综合实力"＋"优势"＋"军事"

综合上式组字要素的隐意信息，"涣"的隐意可解读为：针对外卦的状况，本方要齐心协力完善自身的综合实力，尤其要将本方军事形成优势。

三、卦辞"亨：王假有庙，利涉大川？"隐意解析

1."亨"的隐意

针对内卦出现的各种不同的情况，以及内卦与外卦对比形成的复杂局面，寻求解决方案，或：问卦。（参见第三章第二节［泰卦隐意解析］中"亨"的论述）

2."王"字隐意解析

甲骨文　　　金文　　　小篆　　　楷书

144

王，甲骨文和金文字形，像带手柄的宽刃巨斧的形状。造字本义：最大的战斧。假借战场上所向无敌的统帅，即古代的最高统治者（在秦汉帝王改称为皇帝以前的朝代）。（参考资料：左民安著《细说汉字》九州出版社2005年版276页"王"）

依据甲骨文和金文字形及字源解说内容，按照推测并验证的［类别—隐意—共性］规律，解析"王"的隐意："王"是古代的人称，从属［人类—称谓—字符］，隐喻本方；且"王"以斧钺象征武力，从属［兵器—军事—字符］，隐喻军事。因而，"王"的隐喻可解读为：本方的军事。

3. "假"字隐意解析

假 假

小篆　　楷体

（资料来源：汤可敬撰（东汉许慎著）《说文解字今释》岳麓书社2002年版268页"假"）

假，"假"的本字是"叚"（参考资料：容庚编著《金文编》中华书局1985年版192页"叚"）。叚（金文：🖑），像两手交付某物（'厂'表示石器）。本义：借。（参考资料：汤可敬撰（东汉许慎著）《说文解字今释》岳麓书社2002年版417页"叚"、［参证］）

依据金文字形"🖑"及字源解说内容，分解"假（叚）"的组字要素：

"假——叚（金文：🖑）"＝"两只手"＋"厂"

按照推测并验证的［类别—隐意—共性］规律，解析上式字符的隐意："两只手"从属［人类—双手—字符］，隐喻本方齐心协力，或本方全力以赴；"厂"的甲骨文与"石"同

"涣"＝"氵（隐喻外卦）"＋"奂（隐喻本方齐心协力，内卦，上线军事因素，优势）"，合成隐意：针对外卦的状况，本方要齐心协力完善自身的综合实力，尤其要将本方军事形成优势。

"王"的隐喻：本方的军事。

"假"＝"两只手（隐喻本方全力以赴）"＋"厂（隐喻内卦中的某项因素）"，合成隐意：本方全力以赴发展内卦中的某项因素。

"王假"的隐意：本方全力以赴发展本方军事。

字，意为石器（参考资料：徐中舒主编《甲骨文字典》四川辞书出版社2014年版1031页"厂"［解字］、1033页"石"［解字］），"石器"为人类早期制作的工具，从属［人类—用具—字符］，隐喻内卦里的因素，或本方综合实力中的某个方面。因而"假——叚"的字符隐意可表示为：

"假——叚（金文：𠬝）"="本方全力以赴"+"内卦里的因素"

综合上式组字要素的隐意信息，"假"的隐意可解读为：本方全力以赴发展内卦中的某项因素。

"王假"的隐意：本方全力以赴发展本方军事。

4.""有""字隐意解析

甲骨文　　金文　　小篆　　楷书

有，甲骨文字形，像一只右手形。因为这只右手后来发展为"又"，也用作左右的"右"；故而便以"手"形及借其"you"音以表示"有"意。（参考资料：徐中舒主编《甲骨文字典》四川辞书出版社2014年版279页"𠂇"［解字］［释义］）

依据甲骨文字形及商代卜辞里常用字形，解析"有"的隐意："有（甲骨文：𠂇）"="右手"。按照推测并验证的［类别—隐意—共性］规律，"右手"从属［人类—右手—字符］，隐喻"本方拥有，掌控，采取措施"等意。因而，"有"的隐意可解读为：本方拥有，本方采取措施。

5.""庙""字隐意解析

金文　　篆文　　楷体

庙，金文字形中，"广"指房舍；"广"里的""是会意字，由三个元素组成，水、日、小草，意为：水边的土地上的小苗在阳光的照耀下生长，即是"苗"，表声。本义：祭祀祖先的地方。（参考资料：汤可敬撰（东汉许慎著）《说文解字今释》岳麓书社2002年版1274页"廟（庙）"、［参证］）

依据金文字形及字源解说内容，分解"庙"的组字要素：

"庙（金文：）" = "广" + "苗"

按照推测并验证的［类别—隐意—共性］规律，解析上式字符隐意："广"指房舍，从属［人类—房屋—字符］，隐喻内卦；"苗"为田地里生长的植物幼苗，"苗" = "田" + "艹"，从属［农耕—经济—字符］和［植物—经济—字符］，二者均隐喻经济因素。"庙"除了上述字符隐意外，还有祭祀阴间场所的本义，在《周易》卦辞里，"庙"与"庭"对应，从属［阴阳—对应—字符］，隐喻阴性、劣势状态。因而"庙"的字符隐意可表示为：

"庙（金文：）" = "内卦" + "经济" + "劣势"

综合上式组字要素的隐意信息，"庙"的隐意可解读为：内卦的经济因素为劣势。

"有庙"的隐意：本方针对自身的经济劣势状况而采取的措施。

6. "利"字的隐意

优势因素，优势格局。（参见第三章第三节［否卦隐意解析］中"利"的论述）

7. "涉"字隐意解析

甲骨文　　金文　　小篆　　楷书

（右侧栏）

"有"的隐意：本方拥有，本方采取措施。

"庙（金文：）" = "广（隐喻内卦）" + "苗（隐喻经济因素）+ 庙（隐喻劣势）"，合成隐意：内卦的经济因素为劣势。

"有庙"的隐意：本方针对自身的经济劣势状况而采取的措施。

涉，甲骨文和金文的字形，是在河的两岸各有一只脚（止），表示过河。造字本义：淌水过河。（参考资料：左民安著《细说汉字》九州出版社2005年版352页"涉"）

"涉（甲骨文：𣥾）"="河流（隐喻外卦）"+"跨过河的脚步（隐喻本方超越外卦的行动）"，合成隐意：本方越过外卦，或本方超越对方的综合实力。从军事角度理解为：本方征伐外卦取得胜利。

依据甲骨文和金文字形及字源解说内容，分解"涉"的组字要素：

"涉（甲骨文：𣥾）"="脚步"+"河流"+"脚步"

按照推测并验证的［类别—隐意—共性］规律，解析上式字符的隐意："河流"为禽兽出没觅食之地，从属［禽兽—川河—字符］，隐喻外卦；"脚步"从属［人类—脚步—字符］，隐喻本方的动作或行为，脚步在河流的两岸，隐喻本方跨越外卦。因而"涉"的字符隐意可表述为：

"涉（甲骨文：𣥾）"="本方越过"+"外卦"

综合上式组字要素的隐意信息，"涉"的隐意可解读为：本方越过外卦，或本方超越对方的综合实力。从军事角度理解为：本方征伐外卦取得胜利。

"川"的隐意：外卦。

8. "大"字的隐意

优势。（参见第三章第二节［泰卦隐意解析］中"大"的论述）

9. "川"字隐意解析

| 甲骨文 | 金文 | 小篆 | 楷书 |

"利涉大川"的隐意：形成某种优势格局（利），战胜（涉）综合实力具有优势的对方（大川）。

川，甲骨文字形，像两岸之间有水流过。造字本义：河流、水道。（参考资料：左民安著《细说汉字》九州出版社2005年版172页"川"）

依据甲骨文字形及字源解说内容，解析"川"的隐意：

"川"为河流，是禽兽出没觅食的地方，从属［禽兽—川河—字符］，按照推测并验证的［类别—隐意—共性］规律，该字符隐喻外卦。

"大川"的隐意：对方的综合实力具有优势。

"涉大川"的隐意：本方征服综合实力具有优势的对方。

"利涉大川"的隐意：形成某种优势格局（利），战胜（涉）综合实力具有优势的对方（大川）。

10. 卦辞"亨：王假有庙，利涉大川？"的隐意

君子根据卦名"涣"的隐意内容问卦（亨）：本方全力以赴发展本方的军事（王假），并针对自身的经济劣势而采取措施（有庙），这样做的目的是要形成优势格局（利），战胜（涉）综合实力具有优势的对方（大川）吗？

四、卦辞"利贞"隐意解析

1. "利"的隐意

优势因素，优势格局。（参见第三章第三节［否卦隐意解析］中"利"的论述）

2. "贞"的隐意

占卜得到的内卦情况，或：经过研究分析获得本方综合实力的比较状况。简称：本方综合实力的情形。（参见第三章第三节［否卦隐意解析］中"贞"的论述）

3. 卦辞"利贞"的隐意

形成本方综合实力的优势格局。

这是周文王对君子问卦的解答。

第二节　讼卦隐意解析

卦名：讼

卦象：

卦辞：有孚窒惕，中吉终凶，利见大人，不利涉大川。

一、讼卦隐意解读

卦名"讼"的隐意：周文王针对当前的卦象所做的论述（卦名：讼）。

在解释周文王论述内容前，有必要看一看讼卦的卦象显示的情形。

将讼卦卦象"☰☵"转换为左右排列的象素表达式"☰☵"：

八卦符号	表示因素	外卦-对方	内卦-本方
上线	军事：	"－"优势	"－－"劣势
中线	疆域：	"－"优势	"－"优势
下线	经济：	"－"优势	"－－"劣势

象素表显示：讼卦的内卦与涣卦的内卦完全一样"☵"，都是只有疆域优势，而军事和经济因素都处于劣势；再将讼卦的外卦"☰"和涣卦的外卦"☴"相比，它们的共同点是对方的军事实力都相当强劲，不同点是讼卦的外卦又增加了一项经济优势。概括来说，讼卦卦象的特征与涣卦十分相似，都是军事上呈现敌强我弱的格局。因而，笔者把"讼卦隐意"看作是对"涣卦隐意"的进一步解释。

面对军事上敌强我弱的格局（卦象），周文

王特别强调（卦辞隐语）：（1）对方的军事优势会对本方增强综合实力构成巨大威胁和隐患；（2）本方所要采取的措施，必须能够抵御来自对方的军事挑衅和进犯。（卦辞：有孚窒惕。）

上述卦辞隐意说明：本方综合实力的优势格局，是保家卫国必须具备的前提条件，而本方只有形成抗衡对方军事的实力，才能增强本方的综合实力。

这句辞的隐意，可以看作是对涣卦辞中提出强军的具体解释。

接着，周文王具体分析当前形势（卦辞隐语）：此卦显示，本方只有疆域因素存在优势，而相关联的军事和经济因素都处于劣势。（卦辞：中吉终凶。）

从讼卦的卦象"☰☵"来看，内卦的情况"☵"与卦辞"中吉终凶"的隐意完全吻合。由此可知这句辞是对内卦（本方）情况的描述。

周文王进而制定相应的"优势叠加"对策（卦辞隐语）：在没有可依托的优势去战胜实力超强的对方时，最好的方式是用本方已经取得的优势，通过自我助力的方式，去发展完善自身的实力。（卦辞：不利涉大川，利见大人。）

二、卦名"讼"隐意解析

"讼"字隐意解析

金文　　篆文　　楷体

讼，金文字形为会意字，由"言"和"公"组合而成，其中："言"表示诉辩，"公"表示公正。本义：辩诉。（参考资料：汤可敬撰（东汉许慎著）《说文解字今释》岳麓书社2002年版356页"讼"、［参证］）

依据金文字形及字源解说内容，分解"讼"的组字要素：

"讼（金文：𥫱）" = "言" + "公"

按照推测并验证的［类别—隐意—共性］规律，解析上式字符的隐意：

"言"为人类说出的话语，从属［人类—语言—字符］，隐喻本方的论述。

"公"在卜辞里借为王公之公（参考资料：徐中舒主编《甲骨文字典》四川辞书出版社2014年版71页"公"［解字］），因而，"公"从属［人类—称谓—字符］，隐喻本方。

"公"是周文王隐喻自己。在商纣王即位时，西伯侯姬昌（后称周文王）72岁，他在商朝上下已有很高的威望，同九侯、鄂侯并称三公。（参考资料：秦泉主编《周易大全》外文出版社2012年版295页）因而，"公"是周文王对自己的隐喻。

由此"讼"的组字要素隐意可表述为：

"讼（金文：𥫱）" = "本方的论述" + "周文王本人"

综合上式组合要素的隐意信息，"讼"的隐意可解读为：周文王论述。

三、卦辞"有孚窒惕"隐意解析

1. "有"的隐意

本方拥有，本方采取措施。（参见本章第一节［涣卦隐意解析］中"有"的论述）

2. "孚"字隐意解析

甲骨文　　金文　　小篆　　楷体

孚，甲骨文作"🕉"，由"又（右手）"和"子（幼儿）"二字符构成，会俘获之义。金文作"🕉"，由"又"变为"爪"。（参考资料：左民安著《细说汉字》九州出版社2005年版273页"孚"）

依据金文字形及字源解说内容，分解"孚"的组字要素：

"孚（金文：🕉）"="爪"＋"子"

按照推测并验证的［类别—隐意—共性］规律，解析上式字符的隐意："爪"为禽兽的脚爪（参考资料：汤可敬撰（东汉许慎著）《说文解字今释》岳麓书社2002年版405页"爪"［参证］），从属［角爪—军事—字符］，隐喻对方采取的军事攻势；"子"为人的后代或幼儿，从属［人类—称谓—字符］，隐喻本方。因而"孚"的字符隐意可表述为：

"孚（金文：🕉）"="对方采取的军事攻势"＋"本方"。

综合上式组字要素的隐意信息，"孚"的隐意可解读为：对方挑衅、掠夺、进犯本方。

"有孚"的隐意：本方采取措施，抵御来自对方的挑衅和进犯。或：本方针对来自对方的军事威胁而采取的措施。

3."窒"字隐意解析

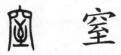

小篆　　　　楷书

窒，小篆字形为形声字，"穴"表意，"至"表声。本义：阻塞，不通。（参考资料：汤可敬撰（东汉许慎著）《说文解字今释》岳麓书社2002年版1009页"窒"）

◀

"讼"="公（隐喻周文王）"+"言（隐喻本方的论述）"，合成隐意：周文王论述。

"孚"="爪（隐喻对方的军事攻势）"+"子（隐喻本方）"，合成隐意：对方挑衅、掠夺、进犯本方。

"有孚"的隐意：本方采取措施（有），抵御来自对方的挑衅和进犯（孚）。或：本方针对来自对方的军事威胁而采取的措施。

尚未查找到"窒"的甲骨文和金文字形。这就存在一种可能性："窒"是周文王用"穴"和"至"组成的隐意会意字。

依据篆文字形及字源解说内容，分解"窒"的组字要素：

"窒（小篆：窒）"＝"穴"＋"至"

按照推测并验证的［类别—隐意—共性］规律，解析上式字符的隐意："穴"为禽兽的居所，从属［禽兽—巢穴—字符］，隐喻外卦；"至（甲骨文：𝌆 ）"＝"箭（矢）"＋"一"，像远处射来的箭落到地上（参考资料：李乐毅著《汉字演变五百例》北京语言大学出版社2002年版473页"至"），其中："箭"与"穴"有关，从属［禽兽兵器—军事—字符］，隐喻对方的军事；"—"为［象形—实线—字符］，在此隐喻卦象中的某项因素为实线"－"，即优势。因而，"窒"的组字要素隐意可表述为：

"窒（小篆：窒）"＝"外卦"＋"对方的军事"＋"优势"

综合上式组合要素的隐意信息，"窒"的隐意可解读为：外卦中的军事因素为优势，或：对方综合实力中的军事方面处于优势状态。

4."惕"字隐意解析

惕，金文字形为形声字，"心"表意，"易"表声。本义：恭敬。（参考资料：左民安著《细说汉字》九州出版社2005年版220页"惕"）

依据金文字形及字源解说内容，分解"惕"的组字要素：

"惕（金文： ）"＝"易"＋"心"

按照推测并验证的［类别—隐意—共性］规律，解析上式字符的隐意："易（金文繁系： ；金文简系： ）"的含意：将容器里的液体倒出去（参考资料：徐中舒主编《甲骨文字典》四川辞书出版社2014年版1063页"易"），其中："容器"从属［人类—用具—字符］，隐喻内卦里的因素；"水"从属［阴阳—对应—字符］，即"水"与"火"对应，隐喻劣势；而"心"的古字形"♡"，像人或鸟兽的心脏，本意即心脏。古人认为心是思维的器官，因此把思想、感情都说做"心"（参考资料：左民安著《细说汉字》九州出版社2005年版217页"心"）。由此，"惕"里的"心"代表意识，它与物质相对而言，属于［阴阳—对应—字符］，隐喻劣势。因而，"惕"的组字要素可表示为：

"惕（金文：⚚）"="内卦里的因素"+"消除劣势"+"劣势"

综合上式组合要素的隐意信息，"惕"的隐意可解读为：在消除内卦里的劣势因素过程中，本方处于劣势状态。

5.卦辞"有孚窒惕"的隐意

本方所要采取的措施（有），必须针对来自对方的军事挑衅和进犯（孚），因为，对方的军事优势（窒），对本方增强综合实力构成巨大威胁和隐患（惕）。

四、卦辞"中吉终凶"隐意解析

1."中"字隐意解析

甲骨文　金文　小篆　楷书

中，甲骨文和金文的字形，都是在旗帜的中间的位置上标注一个记号，以指中间的位置。（参考资料：左民安著《细说汉字》九州出版社2005年版174页"中"）

◀

"窒"="穴（隐喻外卦）"+"至（隐喻军事，优势）"，合成隐意：外卦中的军事因素为优势，或：对方综合实力中的军事方面处于优势状态。

"惕"="易（隐喻内卦，去除劣势）"+"心（隐喻劣势）"，合成隐意：在消除内卦里的劣势因素过程中，本方处于劣势状态。

"窒惕"的隐意：对方的军事优势（窒），对本方增强综合实力构成巨大威胁和隐患（惕）。

依据甲骨文金文字形及字源解说内容，分解"中"的组字要素：

"中（甲骨文：）"＝"旗帜"＋"中部标记"

按照推测并验证的［类别—隐意—共性］规律，解析上式字符的隐意："旗帜"为人类使用的物件，从属［人类—用具—字符］，隐喻内卦的某项因素，或本方综合实力中的某个方面；"中部标记"从属［指事—部位—字符］，隐喻象素的中线，而中线隐喻疆域。因而，"中"的字符隐意可表述为：

"中（甲骨文：）"＝"内卦或本方的综合实力"＋"中线疆域因素"

综合上式组字要素的隐意信息，"中"的隐意可解读为：内卦的中线因素，或：本方综合实力中的疆域因素。

> "中"的隐意：内卦的中线因素，或：本方综合实力中的疆域因素。

2. "吉"的隐意

本方确定某某情形为优势，或：本方确定某方案为尚佳之策。（参见第三章第二节［泰卦隐意解析］中"吉"的论述）

"中吉"隐意：本方确定本方综合实力中的中线疆域因素为优势。

> "中吉"的隐意：本方确定本方综合实力中的中线疆域因素为优势。

3. "终"字隐意解析

甲骨文	金文	小篆	楷书（繁体）	楷书

终，甲骨文和金文字形，像一段丝或一段绳子的两头都打上了结（两头的两个圆圈）。造字本义："两头"或"两端"。（参考资料：汤可敬撰（东汉许慎著）《说文解字今释》岳麓书社2002年版1852页"终"［参证］）

> "终"＝"绳子（隐喻内卦相关联的）"＋"两端打结的符号（隐喻卦象的上线和下线）"，合成隐意：内卦存在关联性的上线军事和下线经济因素。

> "凶"的隐意：劣势状态。
> "终凶"的隐意：内卦相关联的上线军事和下线经济因素（终）均为劣势（凶）。

依据甲骨文和金文字形及字源解说内容，分解"终"的组字要素，可得二个相关字符：

"终（甲骨文：）"＝"绳子"＋"两端打结的符号"

按照推测并验证的［类别—隐意—共性］规律，解析上式字符的隐意："绳子"为人使用的工具，从属［人类—用具—字符］，隐喻内卦里的相关联因素；"两端打结的符号"从属［指事—数量—字符］和［指事—部位—字符］，隐喻两个因素，分别是八卦符号的上线和下线，而象素的上线隐喻军事，下线隐喻经济。因而"终"的字符隐意可表示为：

"终（甲骨文：）"＝"内卦里的相关因素"＋"上线军事因素和下线经济因素"

综合上式组字要素的隐意信息，"终"的隐意可解读为：内卦存在关联性的上线军事和下线经济因素。

4. "凶"字隐意解析

甲骨文　　小篆　　楷体

凶，本义：险恶之地。（参考资料：汤可敬撰（东汉许慎著）《说文解字今释》岳麓书社2002年版980页"凶"）

依据篆文字形及字源解说内容，解析"凶"的隐意："凶"与"吉"对应，从属［阴阳—对应—字符］，按照推测并验证的［类别—隐意—共性］规律，该类字符隐喻劣势状态。

"终凶"隐意：内卦相关联的上线军事和下线经济因素均为劣势。

5. 卦辞"中吉终凶"的隐意

虽然内卦的中线疆域因素尚有优势，但相关联的上线军事和下线经济因素均为劣势状态。

▶

"见"="人形（隐喻
本方）"+"目（隐喻看见
或实现）"，合成隐意：本
方看见某种情况，或：本
方实现某项目标。

"利见"的隐意：根据
当前优势状况（利），实现
某个目标（见）。

五、卦辞"利见大人"隐意解析

1."利"的隐意

优势因素，优势格局。（参见第三章第三节［否卦隐意解析］中"利"的论述）

2."见"字隐意解析

𝕊 𝕊 見 見 见

甲骨文　金文　小篆　楷书（繁体）　楷书

见，甲骨文和金文的字形，在人字形的上方画了一个眼睛，突出看的动作特征。造字本义：看见，见到。（参考资料：徐中舒主编《甲骨文字典》四川辞书出版社2014年版977页"见"、［释义］）

依据甲骨文字形及字源解说内容，分解"见"的组字要素：

"见（甲骨文：𝕊）"="人形"＋"目"

按照推测并验证的［类别—隐意—共性］规律，解析上式字符的隐意："人形"从属［人类—身形—字符］，隐喻本方；"目"为人的动作，从属［人类—眼睛—字符］，隐喻看到，实现。因而"见"的字符隐意可表述为：

"见（甲骨文：𝕊）"="本方"＋"看见，实现"

综合上式组合要素的隐意信息，"见"的隐意可解读为：本方看见某种情况，或：本方实现某项目标。

3."大人"的隐意解析

"大人"，虽然"大"和"人"二字都是隐喻"优势"的符号，（参见第三章第二节［泰卦隐意解析］中"大"的论

158

述；参见第三章第三节［否卦隐意解析］中"人"的论述），但二字合在一起则表示另一层含意。"大人"是一个表示"人称"的词组，是古时对王公贵族的称谓（参考资料：大人（汉语汉字）—百度百科），按照推测并验证的［类别—隐意—共性］规律，从属［人类—称谓—字符］，该类字符隐喻本方。因而，辞组"大人"可表述为：

"大人"＝"大人（本方）"＋"大（优势）"＋"人（优势）"

综合上式组合要素的隐意信息，"大人"的隐意可解读为：本方借助一项优势发展另一项优势。或：本方的"优势叠加"发展模式。

4.卦辞"利见大人"的隐意

根据当前优势状况（利），实现（见）用一个已经形成的优势因素（大）发展另一项因素，使其也形成优势（人）的目标。或：根据当前优势状况，实现本方的"优势叠加"发展模式。

六、卦辞"不利涉大川"隐意解析

"不利涉大川"是"利涉大川"之反意。根据"利涉大川"的隐意：形成优势格局（利），战胜（涉）实力超强（大）的对方（川）（参见本章第一节［涣卦隐意解析］中"利涉大川"的论述），可以推断"不利涉大川"的隐意：此卦不具备优势（不利），去战胜（涉）实力超强（大）的对方（川）。

"大人"＝"大人（隐喻本方）"＋"大（隐喻优势）"＋"人（隐喻优势）"，合成隐意：本方借助一项优势发展另一项优势。或：本方的"优势叠加"发展模式。

"利见大人"的隐意：根据当前优势状况（利），实现（见）用一个已经形成的优势因素（大）发展另一项因素，使其也形成优势（人）的目标。

"不利涉大川"的隐意：此卦不具备优势（不利），去战胜（涉）实力超强（大）的对方（川）。

159

第三节　履卦隐意解析

卦名：**履**

卦象：

卦辞：履虎尾，不咥
人，亨？

一、履卦隐意解读

履卦卦名的隐意：本方军事和经济的发展进
程（卦名：履）。

这是怎样的状况呢？参见以下履卦卦象隐意：

将履卦卦象""转换为左右排列的象素表
达式"　"：

八卦符号	表示因素	外卦-对方	内卦-本方
上线	军事：	"－"优势	"－－"劣势
中线	疆域：	"－"优势	"－"优势
下线	经济：	"－"优势	"－"优势

象素表显示，本方在履卦"　"中的优势
因素要比讼卦"　"的情形前进了一步——在
讼卦疆域优势的基础上，本方通过"优势叠
加"，又形成了经济方面的优势。但在军事上毫
无建树，仍然处于被动挨打的劣势状态。

面对这种状态，君子问卦（卦辞隐语）：本
方军事和经济的发展进程，与对方相比较，只有
经济方面在疆域优势的基础上取得了优势，但却
始终没有形成具有征战能力的军事优势，这时，
本方应该采取怎样的策略应对军事实力强劲的对
方呢？（卦辞：履虎尾，不咥人，亨？）

二、卦名"履"隐意解析

"履"字隐意解析

甲骨文　　金文　　篆文　　楷体

履，《说文》：履，足所衣也。……古文履，从页从足。（参考资料：汤可敬撰（东汉许慎著）《说文解字今释》岳麓书社2002年版1162页"履"；百度汉字：履字形演变 字源演变）

依据甲骨文字形及字源解说内容，分解"履"的组字要素：

"履（甲骨文： ）" = "人身形" + "页（头部）" + "下方的脚步"

按照推测并验证的［类别—隐意—共性］规律，解析上式字符的隐意："人身形"从属［人类—身形—字符］，隐喻本方；"页"为头部，意为身体的上部，从属［意示—部位—字符］，隐喻卦象的上线军事因素；"脚步"从属［人类—脚步—字符］，隐喻本方的行为，且"脚步"在"人身形"的下方，从属［指事—部位—字符］，隐喻卦象的下线经济因素。因而，"履"的字符隐意可表示为：

"履（甲骨文： ）" = "本方" + "卦象的上线军事" + "本方的行为" + "卦象的下线经济"

综合上式组字要素的隐意信息，"履"的隐意可解读为：本方军事和经济发展进程。

三、卦辞"履虎尾，不咥人"隐意解析

1. "履"的隐意

本方军事和经济的发展进程。（参见本节上文中"履"的论述）

▶

本方军事和经济的发展进程，与对方相比较，只有经济方面在疆域优势的基础上取得了优势，但却始终没有形成具有征战能力的军事优势，这时，本方应该采取怎样的策略应对军事实力强劲的对方呢？

"履"="人身形（隐喻本方）"+"页（隐喻上线军事因素）"+"下方的脚步（隐喻下线经济方面的行动）"，合成隐意：本方军事和经济发展进程。

161

2. "虎"字隐意解析

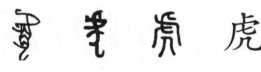

甲骨文　　金文　　小篆　　楷书

"虎"的隐意：对方的军事实力超强。

虎，甲骨文和金文字形，像一只头朝上尾朝下的野兽。它张着大嘴，露出锋利的牙齿，伸展爪子，身上还有条纹，突出了老虎的特征。造字本义：老虎。（参考资料：左民安著《细说汉字》九州出版社2005年版552页"虎"）

依据甲骨文和金文字形及字源解说内容，解析"虎"的隐意："虎"为兽类，从属［禽兽牲畜—字符］，隐喻对方；且虎为兽中之王，隐喻对方的军事实力超强。因而，"虎"的隐意可解读为：对方的军事实力超强。

3. "尾"字隐意解析

甲骨文　　　小篆　　　楷书

"尾"＝"'人'字形（隐喻优势）"＋"臀部（下方）接了一个尾巴（隐喻下线经济因素）"，合成隐意：卦象的下线为优势。或：经济方面为优势。

尾，甲骨文字形，像一个人在臀部接了一个尾巴状的饰物，这是远古的人们在跳舞和庆典时模仿动物的装束。造字本义：动物的尾巴。引申：后部，随后。（参考资料：李乐毅著《汉字演变五百例》北京语言大学出版社2002年版346页"尾"）

依据甲骨文字形及字源解说内容，分解"尾"的组字要素：

"尾（甲骨文：𡰴）"＝"'人'字形"＋"臀部接了一个尾巴"

"咥"＝"口（隐喻本方吞噬）"＋"至（隐喻军事，优势）"，合成隐意：本方具有征战能力的军事。

按照推测并验证的［类别—隐意—共性］规律，解析上式字符的隐意："人（甲骨文：＄）"与"人的反像（甲骨文：＄），即反写的'人'"在字形上存在对应关系，从属［阴阳—对应—字符］，隐喻阳性、优势状态；"臀部接了一个尾巴"从属［指事—部位—字符］，隐喻卦象的下线因素。因而，"尾"的字符隐意可表示为：

"尾（甲骨文：＄）"＝"优势"＋"下线因素"

综合上式组字要素的隐意信息，"尾"的隐意可解读为：卦象的下线为优势。或：经济方面为优势。

"履虎尾"的隐意：本方军事和经济的发展进程（履），与凶猛的对方相比（虎），只有经济形成了优势（尾）。

4."不"的含意

"不"假借表示"相反"意。（参见第三章第三节［否卦隐意解析］中"不"的论述）

5."咥"字隐意解析

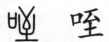

小篆　　楷体

（资料来源：汤可敬撰（东汉许慎著）《说文解字今释》岳麓书社2002年版190页"咥"）

咥，篆文字形，由"口"和"至"组合而成，其中："口"表示吃，"至"表示到达，本义：咬。（参考资料：商务印书馆《新华词典》第三版214页"咥"）

"咥"是陕西关中、河西走廊一带的方言土音，是吃的一种方式，从字面意思看，吃至极致为之咥。

依据篆文字形及字源解说内容，分解"咥"的组字要素：

"咥（小篆：＄）"＝"口"＋"至"

按照推测并验证的［类别—隐意—共性］规律，解析上式字符的隐意："口"表示"吃"意，从属［人类—张嘴—字符］，隐喻本方吞噬；

"至（甲骨文：🔻）"＝"箭（矢）"＋"一"，像远处射来的箭落到地上，（参考资料：李乐毅著《汉字演变五百例》北京语言大学出版社2002年版473页"至"），其中："箭"从属［兵器—军事—字符］，隐喻本方的军事；"一"为［象形—实线—字符］，在此隐喻卦象中的某项因素为实线"–"，即优势。因而"咥"的字符隐意可表示为：

"咥（小篆：🔻）"＝"本方吞噬"＋"本方的军事"＋"优势"

综合上式组字要素的隐意信息，"咥"的隐意可解读为：本方具有征战能力的军事。

6."人"的隐意

本方为优势。或：本方某项因素为优势。（参见第三章第三节［否卦隐意解析］中"人"的论述）

"不咥人"的隐意：本方没有（不）形成具有征战能力的军事（咥）优势（人）。

7.卦辞"履虎尾，不咥人"的隐意

本方在军事和经济方面的发展状况（履），与凶猛的对方（虎）相比较，只在经济方面取得了优势（尾），却始终没有（不）形成具有征战能力的军事（咥）优势（人）。

四、卦辞"亨？"隐意解析

"亨"的隐意

针对内卦出现的各种不同的情况，以及内卦与外卦对比形成的复杂局面，寻求解决方案，或：问卦。（参见第三章第二节［泰卦隐意解析］中"亨"的论述）

面对履卦显示的军事不利状态，君子问卦求解，希望能够找到破敌之策。这就是履卦辞中"亨"的隐意。

然而，履卦中并没有出现周文王的解答内容。所以，只能在其它卦辞中寻找答案。

第四节 中孚卦隐意解析

卦名：**中孚**

卦象：

卦辞：豚鱼吉，利涉大川，利贞。

一、中孚卦隐意解读

中孚卦名隐意：在本方疆域方面受到来自对方的挑衅和进犯时（卦名：中孚），应该采取怎样的对策呢？

在解析制定的对策前，有必要先分析敌我双方综合实力的对阵形势。将中孚卦的卦象"☴☱"转换为象素表达式"☴☱"：

八卦符号	表示因素	外卦-对方	内卦-本方
上线	军事：	"—"优势	"--"劣势
中线	疆域：	"—"优势	"—"优势
下线	经济：	"--"劣势	"—"优势

列表显示，敌我双方综合实力的对比情况为：在疆域方面，本方（内卦）与对方（外卦）均拥有优势，呈现对抗局面。尽管内卦在下线经济上出现阳性，但外卦在上线军事上仍然占据绝对优势。

在履卦中，君子提出一个问题：在本方军事处于劣势情况下，本方应该采取什么措施应对实力强大的对方。

周文王通过中孚卦卦象特征的分析，清醒地意识到，在对方军事实力强大的情况下，本方不能以卵击石，不能用劣势的军力与对方硬拼，而要采取巧妙的办法。

因而，周文王指出（卦象隐意）：当对方的军事实力占据绝对优势时（☵☶），在本方疆域方面受到来自对方的挑衅和进犯时，（卦辞隐语）：本方应该采取分化瓦解方式，促使对方统治下的各路诸侯分崩离析，进而使对方的势力范围变成劣势，这是当前形势下的尚佳之策。（卦辞：豚鱼吉。）

显然，中孚卦"豚鱼吉"的隐意是履卦提出问题的答案。

然而，周文王谈完当前应对策略后，话锋一转，再次强调"打铁必须自身硬"的道理，他指出（卦辞隐语）：但要形成优势格局，最终战胜综合实力具有优势的对方，还必须形成本方综合实力的优势格局。（卦辞：利涉大川，利贞。）

可见，周文王非常重视本方综合实力的优势。此时，不能因为有了削弱对方诸侯势力的策略而忽略了本方综合实力的发展和完善。

二、卦名"中孚"隐意解析

1."中"的隐意

内卦的中线因素，或：本方综合实力中的疆域因素。（参见本章第二节［讼卦隐意解析］中"中"的论述）

2."孚"的隐意

对方挑衅、掠夺、进犯本方。（参见本章第二节［讼卦隐意解析］中"孚"的论述）

3.卦名"中孚"的隐意

在本方疆域方面（中）受到来自对方的挑衅和进犯（孚）时……，言外之意，这时应该采取怎样的措施？

▶

"中孚"的隐意：在本方疆域方面（中）受到来自对方的挑衅和进犯（孚）时……，言外之意，这时应该采取怎样的措施？

"豚"="右手（隐喻本方采取措施）"+"豕（隐喻对方）"+"割下来的肉（隐喻分化瓦解对方的势力）"，合成隐意：本方采取措施，分化切割对方的势力。

"鱼"的隐意：使对方的环境变成劣势。

三、卦辞"豚鱼吉"隐意解析

1."豚"字隐意解析

甲骨文　　金文　　小篆　　楷书

"豚"的甲骨文，左边像肉，右边像猪，表示猪身上的肉。金文又在右边加一只手，表示将割取的猪肉用于祭祀。（参考资料：李乐毅著《汉字演变五百例》北京语言大学出版社2002年版336页"豚"）

依据金文字形及字源解说内容，分解"豚"的组字要素：

"豚（金文：𧱤）"＝"手"＋"豕"＋"肉"

按照推测并验证的［类别—隐意—共性］规律，解析上式字符的隐意："手"为人的右手，从属［人类—右手—字符］，隐喻本方采取措施；"豕"为牲畜，从属［禽兽牲畜—字符］，隐喻对方；"肉"从属［意示—部位—字符］，隐喻外卦的中线因素，从豕身上割下来的"肉"，则隐喻分化瓦解对方的各路诸侯。因而"豚"的字符隐意可表述为：

"豚（金文：𧱤）"＝"本方采取措施"＋"对方"＋"对方统治下的各路诸侯"

综合上式组字要素的隐意信息，"豚"的隐意可解读为：本方采取措施，分化切割对方的势力。

2."鱼"字隐意解析

甲骨文　　金文　　小篆　　楷书（繁体）　　楷书

鱼，甲骨文和金文字形，像鱼的象形。造字本义：水里的鱼。（参考资料：左民安著《细说汉字》九州出版社2005年版537页"鱼"）

依据甲骨文和金文字形及字源解说内容，按照推测并验证的［类别—

167

隐意—共性〕规律，解析"鱼"的隐意："鱼"为水中
（"水"与"火"对应）生存的动物，从属〔禽兽牲畜—字
符〕和〔阴阳—对应—字符〕，隐喻对方处于"阴"的环
境。因而，"鱼"的隐意可解读为：使对方的环境变成劣势。

3."吉"的隐意

本方确定某某情形为优势，或：本方确定某方案为尚
佳之策。（参见第三章第二节〔泰卦隐意解析〕中"吉"
的论述）

4.卦辞"豚鱼吉"的隐意

本方采取分化瓦解方式，促使对方统治下的各路诸侯分
崩离析（豚），进而使对方的势力范围变成劣势（鱼），这是
当前形势下的尚佳之策（吉）。

► "豚鱼吉"的隐意：本方采取分化瓦解方式，促使对方统治下的各路诸侯分崩离析(豚)，进而使对方的势力范围变成劣势(鱼)，这是当前形势下的尚佳之策(吉)。

四、卦辞"利涉大川"的隐意

形成优势格局（利），战胜（涉）综合实力具有优势的对
方（大川）。（参见本章第一节〔涣卦隐意解析〕中"利涉大
川"的论述）

五、卦辞"利贞"的隐意

形成本方综合实力的优势格局。（参见本章第一节〔涣卦
隐意解析〕中"利贞"的论述）

第五章

自身硬的概念与标准

什么样的卦象称得上『本方综合实力的优势格局（利贞）』？

周文王的理念是：（1）没有军事优势的综合实力，不能称为优势格局，即使对方军事处于劣势，甚至对方全线处于劣势；（2）仅有军事优势的综合实力，也不能称为优势格局，这样的军事优势仅仅能起防御作用；（3）虽然本方综合实力最重要的三项指标都具备优势，也不能称其为优势格局；（4）只有本方综合实力各项指标均为优势，而且超越对方的综合实力，才能称之为真正的综合实力优势格局。

这就是周文王『自身硬』的理念。

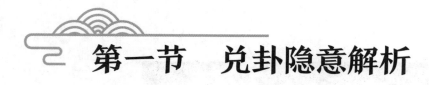

第一节　兑卦隐意解析

一、兑卦隐意解读

兑卦的卦辞仅有三个字"（卦辞：亨：利贞？）"

这句辞的隐意解读为：君子问卦：此卦象属于本方综合实力的优势格局吗？

判断兑卦的卦象是否属于本方综合实力的优势格局，需要将兑卦的卦象"☱"转换为象素表达式"☱"，并加以观察和分析。

八卦符号	表示因素	外卦-对方	内卦-本方
上线	军事：	"– –"劣势	"– –"劣势
中线	疆域：	"—"优势	"—"优势
下线	经济：	"—"优势	"—"优势

君子从兑卦的卦象上看到，对方军事处于劣势，不再会对本方构成威胁。在这种情况下，虽然本方的军事也是弱势，但在三项重大指标中已经取得两项优势"☱"，他想知道这种情况是否属于"本方综合实力的优势格局"，于是，问卦（卦辞隐语）：此卦象属于本方综合实力的优势格局吗？（卦辞：亨：利贞？）

周文王回答君子的问题只用了一个字"兑"，隐意为：本方军事仍处于劣势状态。（卦名：兑。）

卦名：**兑**

卦象：

卦辞：亨：利贞？

从这句解答辞里，能体会到"本方综合实力的优势格局"的含意之一：在本方军事处于劣势的情况下，即使本方其它两项指标都是优势，也不能称其为"优势格局"。

可见军事优势在"综合实力优势"中的分量。

二、卦名"兑"隐意解析

"兑"字隐意解析

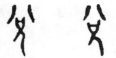

甲骨文　　　金文　　　小篆　　　楷书

（资料来源：李乐毅著《汉字演变五百例》北京语言大学出版社2002年版72页"兑"）

兑，甲骨文和金文字形为会意字，从"八"从"兄"。《说文》：兑，说也。（参考资料：徐中舒主编《甲骨文字典》四川辞书出版社2014年版959页"兑"）

依据甲骨文和金文字形及字源解说内容，分解"兑"的组字要素：

"兑（甲骨文：夕）"＝"八"＋"兄"

按照推测并验证的［类别—隐意—共性］规律，解析上式字符的隐意："八"从属［意似—虚线—字符］，隐喻某某象素为虚线"--"，且"八"在字符的上部位置，从属［指事—部位—字符］，隐喻卦象的上线；而"兄"从属［人类—称谓—字符］，隐喻本方，且"兄"为兄长，在同辈之间排行为

◀

周文王回答君子的问题只用了一个字"兑"，隐意为：本方军事仍处于劣势状态。（卦名：兑。）

从这句解答辞里，能体会到"本方综合实力的优势格局"的含意之一：在本方军事处于劣势的情况下，即使本方其它两项指标都是优势，也不能称其为"优势格局"。

可见军事优势在"综合实力优势"中的分量。

▶

"兑"="八（隐喻劣势）"+"兄（隐喻本方，上线军事）"，合成隐意：本方军事处于劣势状态。

上，从属［意示—部位—字符］，也隐喻卦象的三个因素中的上线。因而"兑"的字符隐意可表示为：

"兑（甲骨文：𠑹）"="劣势"＋"本方"＋"象素的上线，或军事"

综合上式组字要素的隐意信息，"兑"的隐意可解读为：本方军事处于劣势状态。

三、卦辞"亨：利贞?"隐意解析

1."亨"的隐意

针对内卦出现的各种不同的情况，以及内卦与外卦对比形成的复杂局面，寻求解决方案，或：问卦。（参见第三章第二节［泰卦隐意解析］中"亨"字论述）

"亨：利贞?"的隐意：问卦（亨）：此卦象属于本方综合实力为优势的格局吗（利贞）？

2."利贞"的隐意

形成本方综合实力的优势格局。（参见第四章第一节［涣卦隐意解析］中"利贞"的论述）

这是君子的问卦，因而，"利贞"为问话，标点符号应为"?"，内容相应调整为问句：此卦象属于本方综合实力为优势的格局吗？

第二节　临卦隐意解析

卦名：临

卦象：

卦辞：元亨：利贞？至于八月，有凶。

一、临卦隐意解读

临卦辞的开篇，仍然是君子的问卦：此卦属于本方综合实力的优势格局吧？（卦辞：元亨：利贞？）

搞清当前形势是否属于本方综合实力的优势格局，仍然要将上下排列结构的临卦卦象"䷒"转换成左右排列结构的象素表达式"䷒"：

八卦符号	表示因素	外卦-对方	内卦-本方
上线	军事：	"--"劣势	"--"劣势
中线	疆域：	"--"劣势	"—"优势
下线	经济：	"--"劣势	"—"优势

临卦的卦象比兑卦更为理想，内卦（本方综合实力）没有发生变化"☱"，军事仍然处于劣势，其它两个方面为优势；而对方三个主要方面都是劣势"☷"。这种优劣对比关系一目了然，是一个本方占据绝对优势的格局。

于是，卦辞隐语里出现了君子针对本方军事现状的问卦：此卦属于本方综合实力的优势格局吧？（卦辞：元亨：利贞？）

周文王没有回答临卦的卦象是否属于"本方综合实力的优势格局"，而是尖锐地指出（卦辞隐语）：本该具备优势的本方军事，却始终在劣势状态中徘徊，这会形成"劣势叠加效应"，导致其它优势因素成为劣势。因此，本方必须针对当前的军事劣势状况采取措施。（卦辞：至于八月，有凶。）

周文王教导君子，不能因为取得了两个方面的优势而沾沾自喜，他用了"临"字作为卦名，"临"的甲骨文字形为"![临]"，恰到好处地表达了他的思想（隐意）：一定要重视综合实力的全面发展。

上述卦辞隐语，显现出周文王对军事的重视程度：军事是综合实力中非常关键的因素，如果军事在劣势环境中踟蹰不前，会导致其它方面的优势成为劣势。这就是"劣势叠加效应"。

二、卦名"临"隐意解析

"临"字隐意解析

金文　　　小篆　　　楷书（繁体）　　　楷书

临，金文字形，像一个人俯身瞪大眼睛看着一堆物品的样子。造字本义：从上往下俯视。（参考资料：汤可敬撰（东汉许慎著）《说文解字今释》岳麓书社 2002 年版 1125 页"临"）

依据金文字形及字源解说内容，分解"临"的组字要素：

"临（金文：![临]）" = "人的身形" + "眼睛" + "三个物件"

按照推测并验证的［类别—隐意—共性］规律，解析上

> 周文王教导君子，不能因为取得了两个方面的优势而沾沾自喜，他用了"临"字作为卦名，"临"的甲骨文字形为"![临]"，恰到好处地表达了他的思想（隐意）：一定要重视综合实力的全面发展。

式字符的隐意："人的身形"从属［人类—身形—字符］，隐喻本方；"眼睛"为人的动作，从属［人类—眼睛—字符］，隐喻看到，实现；"三个物件"从属［指事—数量—字符］，隐喻卦象中的三个因素。因而"临"的字符隐意可表述为：

"临（金文：）" = "本方" + "重视" + "卦象的三个因素"

综合上式组字要素的隐意信息，"临"的隐意可解读为：本方必须重视综合实力的三个方面。

三、卦辞"元亨：利贞?"隐意解析

1. "元"字隐意解析

甲骨文　　金文　　小篆　　楷书

元，甲骨文和金文字形，像人的侧形，在顶部位置，或增加横画，或画一圆，均强调人的头部。本义：人的颠首位置。（参考资料：左民安著《细说汉字》九州出版社2005年版37页"元"）

依据甲骨文和金文字形及字源解说内容，分解"元"的组字要素：

"元（甲骨文：）" = "人的身形" + "头部位置"

按照推测并验证的［类别—隐意—共性］规律，解析上式字符的隐意："人的身形"从属［人类—身形—字符］，隐

◀

　　"临"="人的身形（隐喻本方）"+"眼睛（隐喻本方重视）"+"三个物件（隐喻卦象的三项因素）"，合成隐意：本方必须重视综合实力的三个方面。

　　"元"="人的身形（隐喻本方）"+"头部位置（隐喻上线军事因素）"，合成隐意：本方的军事。

喻本方;"头部位置"从属［指事—部位—字符］,隐喻卦象的上线军事因素。因而"元"的字符隐意可表述为:

"元(甲骨文:)"="本方"+"军事"

综合上式组字要素的隐意信息,"元"的隐意可解读为:本方的军事。

2."亨"的隐意

针对内卦出现的各种不同的情况,以及内卦与外卦对比形成的复杂局面,寻求解决方案,或:问卦。(参见第三章第二节［泰卦隐意解析］中"亨"字论述)

"元亨"的隐意:君子针对本方的军事情况问卦。

3."利贞"的隐意

形成本方综合实力的优势格局。(参见第四章第一节［涣卦隐意解析］中"利贞"的论述)

4.卦辞"元亨:利贞?"的隐意

针对本卦中的本方军事情况(元),君子问卦(亨):此卦属于本方综合实力的优势格局(利贞)吗?

或:针对本卦中的本方军事情况(元),君子问卦(亨):如何才能形成本方综合实力的优势格局(利贞)?

四、卦辞"至于八月,有凶"隐意解析

1."至"字隐意解析

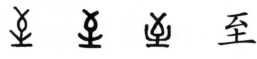

甲骨文　　金文　　小篆　　楷书

至,甲骨文和金文字形,像远处射来的箭落到地上。造字本义:到达。(参考资料:李乐毅著《汉字演变五百例》北京语言大学出版社2002年版473页"至")

依据甲骨文和金文字形及字源解说内容，分解"至"的组字要素：

"至（甲骨文：）"＝"箭"＋"—"

按照推测并验证的［类别—隐意—共性］规律，解析上式字符的隐意："箭"为冷兵器时代的武器，从属［兵器—军事—字符］，隐喻本方的军事；"—"为［象形—实线—字符］，隐喻卦象中的某项因素为实线"－"，即优势。因而"至"的字符隐意表述为：

"至（甲骨文：）"＝"本方的军事"＋"优势"

综合上式组字要素的隐意信息，"至"的隐意可解读为：本方的军事优势。

2. "于"字的含意

甲骨文　　金文　　小篆　　楷书

于，较早的甲骨文字形，是在"干"的旁边有一条迂曲的线，表示所在。（参考资料：徐中舒主编《甲骨文字典》四川辞书出版社2014年版510页"于"）

3. "八"字隐意解析

甲骨文　　金文　　小篆　　楷书

八，甲骨文和金文字形，都是两笔相背，像分别相背之形，即《说文解字》："八，别也。像分别相背之形"。"八"是"八"、"捌"、"分"、"掰"等字的初文。造字本义：相背分开。后借为数词，表示七加一后所得的数目。（参考资料：

"元亨"的隐意：君子针对本方的军事情况问卦。

"元亨：利贞？"的隐意：针对本卦中的本方军事情况（元），问卦（亨）：此卦属于本方综合实力的优势格局（利贞）吗？或：如何才能形成本方综合实力的优势格局（利贞）？

"至（甲骨文：）"＝"箭（隐喻本方的军事）"＋"—（隐喻优势）"，合成隐意：本方的军事优势。

177

左民安著《细说汉字》九州出版社2005年版44页"八"）

依据甲骨文和金文字形及字源解说内容，解析"八"的隐意："八（甲骨文：八）"＝"分开的符号"，按照推测并验证的［类别—隐意—共性］规律，"八"从属［意似—虚线—字符］，隐喻卦象中的虚线"--"符号，即劣势。因而，"八"的隐意可解读为：卦象的某项因素为虚线"--"，即阴性、劣势。

4．"月"字隐意解析

| 甲骨文 | 金文 | 小篆 | 楷书 |

月，甲骨文和金文字形，像悬挂在夜空的月亮。造字本义：月亮。（参考资料：左民安著《细说汉字》九州出版社2005年版239页"月"）

依据甲骨文和金文字形及字源解说内容，解析"月"的隐意："月（金文：）"＝"月亮"。按照推测并验证的［类别—隐意—共性］规律，"月亮"和"太阳"存在着阴阳对应关系（古人认为），故而"月"从属［阴阳—对应—字符］，隐喻"阴性，劣势"。因而，"月"的隐意可解读为：处于劣势的状态。

"八月"的隐意："八月"＝"劣势"＋"劣势"，即劣势叠加，或劣势发生连锁反应。与"大人"（优势叠加）正相反。

"至于八月"的隐意：本该具备优势的本方军事（至），却徘徊在（于）劣势状态（八），将会导致其它因素成为劣势（月）。

5. "有"的隐意

本方拥有，本方采取措施。（参见第四章第一节［涣卦隐意解析］中"有"的论述）

6. "凶"的隐意

劣势状态。（参见第四章第二节［讼卦隐意解析］中"凶"的论述）

"有凶"的隐意：本方采取措施——针对劣势。或：本方针对劣势采取措施。

7. 卦辞"至于八月，有凶"的隐意

这是周文王解答君子的问卦，他没有回答临卦的卦象是否属于"利贞"，而是尖锐地指出：本该具备优势的军事（至），却徘徊在（于）劣势状态（八），将会导致其它因素成为劣势（月）。因此，本方必须针对这项劣势因素采取措施（有凶）。

◀

"八月"＝"八（隐喻劣势）"＋"月（隐喻劣势）"，合成隐意：劣势叠加，或劣势发生连锁反应。

"至于八月"的隐意：本该具备优势的本方军事（至），却徘徊在（于）劣势状态（八），将会导致其它因素成为劣势（月）。

"有凶"的隐意：本方采取措施（有）——针对劣势（凶）。或：本方针对劣势采取措施。

第三节 遁卦隐意解析

卦名：**遁**

卦象：

卦辞：亨：小利贞？

一、遁卦隐意解读

遁卦辞还是君子的问卦（卦辞隐语）：本方尚存劣势因素，这种局面属于本方综合实力的优势格局吗？（卦辞：亨：小利贞？）

回答君子的问题，仍要将上下排列结构的遁卦卦象"☰☶"转换成左右排列结构的象素表达式"☰☶"：

八卦符号	表示因素	外卦-对方	内卦-本方
上线	军事：	"–"优势	"–"优势
中线	疆域：	"–"优势	"--"劣势
下线	经济：	"–"优势	"--"劣势

象素表显示，遁卦的卦象与前几个遇到的卦象大为不同，内卦首次在上线呈现阳性，意味着本方的军事实力获得了优势，可与对方抗衡了。

于是，可理解君子问卦的深层含意（卦辞隐语）：虽然本方尚存劣势因素，但本方的军事已经形成优势，可与对方抗衡了，这种局面属于本方综合实力的优势格局吗？（卦辞：亨：小利贞？）

周文王通过卦名"遁"的隐意，解答君子的

问卦。他指出：本方仅仅获得了军事上的优势，但综合实力与对方相差很大 "▤▤"，这样的发展军事之路只能用来防御。（卦象：▤▤；卦名：遁。）

言外之意：仅有军事优势，仍不能称为"综合实力的优势格局"。

二、卦名"遁"的隐意解析

"遁"字隐意解析

小篆　　楷体

遁，小篆字形为形声字，"辵"表意，"盾"表声。本义：迁移，逃遁。（参考资料：汤可敬撰（东汉许慎著）《说文解字今释》岳麓书社2002年版250页"遁"）

尚未查找到甲骨文和金文字形。这就存在一种可能性："遁"是周文王用"辵"和"盾"组合而成的隐意会意字。

依据小篆字形及字源解说内容，分解"遁"的组字要素：

"遁（小篆：䡅）" = "盾" + "辵"

按照推测并验证的［类别—隐意—共性］规律，解析上式字符的隐意："盾"是一种武器，一种防守的武器（参考资料：李乐毅著《汉字演变五百例》北京语言大学出版社2002年版73页"盾"），从属［兵器—军事—字符］，隐喻本方的军事防御；"辵（甲骨文：𣥂）"字形 = （行）+

（止），（参考资料：徐中舒主编《甲骨文字典》四川辞书出版社2014年版149页"辵"），其中，"行"为道路；"止"为脚，从属［人类—脚步—字符］，隐喻本方付诸行动，则"辵"隐喻本方走的路。因而"遁"的字符隐意可表示为：

"遁（小篆：𧳟）"="本方的军事防御"＋"本方走的路"

综合上式组字要素的隐意信息，"遁"的隐意可解读为：本方走的这条路，是只能用于防御的军事。

三、卦辞"亨：小利贞?"隐意解析

1. "亨"字的隐意

针对内卦出现的各种不同的情况，以及内卦与外卦对比形成的复杂局面，寻求解决方案，或：问卦。（参见第三章第二节［泰卦隐意解析］中"亨"的论述）

2. "小"字的隐意

劣势。（参见第三章第二节［泰卦隐意解析］中"小"的论述）

3. "利贞"的隐意

形成本方综合实力的优势格局。（参见第四章第一节［涣卦隐意解析］中"利贞"的论述）

4. 卦辞"亨：小利贞?"的隐意

君子问卦（亨）：本方尚存劣势因素（小），这种局面属于本方综合实力的优势格局吗（利贞）?

（左侧旁注）

▶

"遁"="辵（隐意本方走的路）"+"盾（隐喻军事防御）"，合成隐意：本方走的这条路，是只能用于防御的军事。

"亨：小利贞?"的隐意：君子问卦（亨）：本方尚存劣势因素（小），这种局面属于本方综合实力的优势格局吗（利贞）?

第四节 家人卦隐意解析

卦名：**家人**

卦象：

卦辞：利女贞。

一、家人卦隐意解读

将家人卦的卦象"䷤"转换为象素表达式"䷤"：

八卦符号	表示因素	外卦-对方	内卦-本方
上线	军事：	"—"优势	"—"优势
中线	疆域：	"—"优势	"--"劣势
下线	经济：	"--"劣势	"—"优势

"象素"表显示，内卦（本方）形成两项优势特征"䷤"，明显要比遁卦"䷠"只有一项优势更有实力，而且对方实力进一步减弱，由遁卦的三线全阳变成了只有两项优势。

这种情形是否属于本方综合实力的优势格局呢？

周文王做出的判断是（卦辞和卦名隐语）：用本方综合实力的优势格局的标准来衡量，自身仍然存在差距（卦辞：利女贞）。而且，对方的优势还较强大（卦名：家人）。

能够听出弦外之音，虽然本方拥有军事优势和经济优势，但仍然存在疆域劣势，这样的状况不具备本方综合实力优势格局的条件，更何况对方还有两项优势。

二、卦名"家人"隐意解析

1."家"字隐意解析

甲骨文　　金文　　小篆　　楷书

家，甲骨文和金文字形，像房子里圈养一只猪。造字本义：室内。后引申：家庭。（参考资料：左民安著《细说汉字》九州出版社2005年版119页"家"）

依据甲骨文和金文字形及字源解说内容，分解"家"的组字要素：

"家（甲骨文：）"＝"宀"＋"豕"

按照推测并验证的［类别—隐意—共性］规律，解析上式字符的隐意："豕"为牲畜，从属［禽兽牲畜—字符］，隐喻对方；"宀"为房屋的符号，而"宀"（房子）里面住着"豕"，从属［牲畜—房屋—字符］，隐喻外卦。因而，"家"的字符隐意可表述为：

"家（甲骨文：）"＝"对方"＋"外卦"

综合上式组字要素的隐意信息，"家"的隐意可解读为：对方的卦象，即外卦。或：对方的综合实力。

2."人"的隐意

本方为优势。或：本方某项因素为优势。（参见第三章第三节［否卦隐意解析］中"人"的论述）

3.卦名"家人"的隐意

对方的综合实力（家）尚有优势（人）。

尽管"人"隐喻"本方的优势"，但因"家"特指"对方"的缘故，则"人"在此变成隐喻"对方的优势"。

（左侧旁注）

"家"＝"豕（隐喻对方）"＋"宀（隐喻卦象）"，合成隐意：对方的卦象，即外卦。或：对方的综合实力。

"家人"的隐意：对方的综合实力（家）尚有优势（人）。

尽管"人"隐喻"本方的优势"，但因"家"特指"对方"的缘故，则"人"在此变成隐喻"对方的优势"。

三、卦辞"利女贞"隐意解析

1. "利贞"的隐意

形成本方综合实力的优势格局。（参见第四章第一节 ［涣卦隐意解析］ 中 "利贞" 的论述）

2. "女"字隐意解析

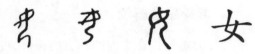

甲骨文　　　金文　　　小篆　　　楷书

女，甲骨文和金文字形，像一个跪坐的女子，双手温文地放在胸前。（参考资料：左民安著《细说汉字》九州出版社2005年版207页 "女"）

依据甲骨文和金文字形及字源解说内容，解析 "女" 的隐意："女（甲骨文：）" ＝ "女子"，按照推测并验证的 ［类别—隐意—共性］ 规律，从属 ［人类—女性—字符］，隐意本方处于劣势，或本方的某项因素为劣势。

3. 卦辞"利女贞"的隐意

本方综合实力的优势格局中还存在劣势因素。或：按照综合实力优势格局的标准来衡量，本方还存在劣势因素。

"女" 的隐意：本方处于劣势，或本方的某项因素为劣势。

"利女贞" 的隐意：本方综合实力的优势格局中还存在劣势因素。或：按照综合实力优势格局的标准来衡量，本方还存在劣势因素。

第五节　革卦隐意解析

卦名：**革**

卦象：

卦辞：巳日乃孚，元亨：利贞？悔亡。

一、革卦隐意解读

革卦辞的隐意：在本方的军事尚未形成优势的情况下，疆域和经济方面会受到来自对方的骚扰和进犯，根据当前本方军事情况，君子问卦道：这种情形属于本方综合实力的优势格局吗？（卦辞：巳日乃孚，元亨：利贞？）

解答君子的问题，需要针对革卦的卦象进行考察分析。将上下排列结构的革卦卦象"☰☱"转换成左右排列结构的象素表达式"☱☰"：

八卦符号	表示因素	外卦-对方	内卦-本方
上线	军事：	"--"劣势	"—"优势
中线	疆域：	"—"优势	"--"劣势
下线	经济：	"—"优势	"—"优势

"象素"表显示，革卦的内卦（本方）与家人卦的内卦完全一样"☱"，军事和经济都已经具备优势；而革卦的外卦（对方）"☱"与家人卦的外卦"☴"相比，却发生了重大的变化，虽然对方仍然具备两项优势，但具有威胁的军事因素已经变成劣势。此卦显示本方的军事处于绝对优势，难怪君子会发出"此卦属于本方综合实力的优势格局吗"的问话。

周文王没有直接回答君子的问题，而是尖锐地指出（卦辞隐语）：本方处于劣势的疆域因素，会削弱本方的军事因素，使其变成劣势（卦辞：悔亡）。

很显然，周文王不认同这样的局面属于"本方综合实力的优势格局"，因为，尽管本方的军事和经济都取得了优势，只要疆域因素还处于劣势，就不能算作"本方综合实力的优势格局"。

面对这样的局势，周文王通过卦名"革"的隐意，提出下一步的发展路线（卦名隐语）：本方全力以赴通过军事实力夺取对方的疆域（卦名：革）。

这项指令的隐意是：利用当前本方军事的绝对优势，开疆拓土，改变本方疆域劣势，早日形成本方三线全阳的局面。

二、卦名"革"的隐意解析

"革"字隐意解析

甲骨文　　金文　　小篆　　楷体

（资料来源：汤可敬撰（东汉许慎著）《说文解字今释》岳麓书社2002年版386页"革"[参证]）

革，金文字形，两侧像两只相对形状的手，中部像一把平头铁铲，造字本义：用平头铲刀剥兽皮。（参考资料：左民安著《细说汉字》九州出版社2005年版558页"革"）

依据金文字形及字源解说内容，分解"革"的组字要素：

"革（金文：単）"＝"双手"＋"平头铁铲"＋"兽皮"

按照推测并验证的［类别—隐意—共性］规律，解析上式字符的隐意："双手"从属［人类—双手—字符］，隐喻本方齐心协力做某事；"平头铁铲"为剥兽皮的利器，从属［猎具—军事—字符］，隐喻本方的军

187

事;"兽皮"是禽兽身体的组成部分,从属［禽兽牲畜—字符］和［意示—部位—字符］,隐喻对方的中线疆域因素,因而"革"的字符隐意可表述为:

"革(金文:)"="本方齐心协力做某事"＋"本方的军事"＋"对方的疆域"

综合上式组字要素的隐意信息,"革"的隐意可解读为:本方要全力以赴发动军事行动夺取对方的疆域。

三、卦辞"巳日乃孚"隐意解析

1."巳"字隐意解析

| 甲骨文 | 金文 | 小篆 | 楷书 |

巳,甲骨文和金文字形,像在母腹中的"胎儿"形状。本义是胎儿。《通讯定声》:"未生在腹为'巳'"引申指后嗣。(参考资料:汤可敬撰(东汉许慎著)《说文解字今释》岳麓书社 2002 年版 2141 页"巳"、［参证］)

依据甲骨文和金文字形及字源解说内容,解析"巳"的隐意:"巳(金文:)"="胎儿","胎儿"为没有出生的人,按照推测并验证的［类别—隐意—共性］规律,从属［人类—称谓—字符］,隐喻本方某项因素正在发育,或:本方某项因素尚不成熟。

2."日"字隐意解析

| 甲骨文 | 金文 | 篆文 | 楷书 |

日,甲骨文和金文字形,外像太阳的边缘,内像精光。造字本义:

太阳。（参考资料：左民安著《细说汉字》九州出版社2005年版322页"日"）

依据甲骨文和金文字形及字源解说内容，解析"日"的隐意："日（金文：☉）"="太阳"。按照推测并验证的［类别—隐意—共性］规律，"太阳"与"月"相对应，从属［阴阳—对应—字符］，是最明显表示"阳性"的字符，即或优势的状态。

"巳日"的隐意：在本方某项因素尚未形成优势的情况下。

结合下文"元亨"的隐意为针对本方军事因素问卦，因而，此处的"巳"所指某项因素既是"本方的军事因素"。

3."乃"字隐意解析

甲骨文　金文　小篆　楷体

乃，甲骨文和金文字形，像绳子状。所像含意不明。"乃"字在上古主要用于第二人称代词或副词。（参考资料：李乐毅著《汉字演变五百例》北京语言大学出版社2002年版230页"乃"）

依据甲骨文和金文构字要素及字源解说内容，解析"乃"的隐意："乃"为绳子形状，这是上古时代结绳记事的符号，按照推测并验证的［类别—隐意—共性］规律，从属［人类—用具—字符］，隐喻内卦中相互联系的因素。因而，"乃"的隐意可解读为：内卦的相关联的因素。

4."孚"的隐意

对方挑衅、掠夺、进犯本方。（参见第四章第二节［讼卦隐意解析］中"孚"的论述）

"革"="双手（隐喻本方全力以赴）"+"平头铁铲（隐喻本方的军事）"+"兽皮（隐喻对方的疆域因素）"，合成隐意：本方要全力以赴发动军事行动夺取对方的疆域。

"巳"="胎儿（隐喻本方，不成熟）"，其隐喻：本方某项因素正在发育，或：本方某项因素尚不成熟。

"日"="太阳（隐喻优势）"，其隐意：优势的状态。

"乃"="绳子（隐喻内卦的关联因素）"，其隐意：内卦的相关联的因素。

189

▶

"巳日乃孚"的隐意：在本方军事因素尚未形成优势的情况下（巳日），本方相关的疆域和经济方面（乃）会受到来自对方的骚扰和进犯（孚）。

"悔"="每（隐喻本方，劣势，疆域）"+"忄（隐喻劣势）"，合成隐意：本方处于劣势的疆域因素，会削弱某项因素。

5. 卦辞"巳日乃孚"的隐意

在本方军事因素尚未形成优势的情况下（巳日），内卦相关方面（乃）会受到来自对方的骚扰和进犯（孚），或：在本方军事尚未形成优势的情况下，本方相关的疆域和经济方面会受到来自对方的骚扰和进犯。

四、卦辞"元亨：利贞？"的隐意

针对本卦中的本方军事情况（元），君子问卦（亨）：此卦属于本方综合实力的优势格局（利贞）吗？

或：针对本卦中的本方军事情况（元），君子问卦（亨）：如何才能形成本方综合实力的优势格局（利贞）？

（参见本章第二节［临卦隐意解析］中"元亨：利贞？"的论述）

五、卦辞"悔亡"隐意解析

1. "悔"字隐意解析

小篆　　　楷书

悔，小篆字形为形声字，"忄"表意，"每"表声，本义：悔恨。（参考资料：汤可敬撰（东汉许慎著）《说文解字今释》岳麓书社2002年版1471页"悔"）

尚未查找到甲骨文和金文字形。这就存在一种可能性："悔"是周文王用"忄"和"每"组合而成的隐意会意字。

依据小篆字形及字源解说内容，分解"悔"的组字要素：

"悔（小篆：𢛮）"＝"每"＋"忄"

按照推测并验证的［类别—隐意—共性］规律，解析上式字符的隐意："每（甲骨文：𤯓，金文：𣫰）"字形，像一个跪坐的女子，头上插有饰物；金文字形在女子的胸前增添两"点"指事符号，突出胸前有双乳的特征（参考资料：左民安著《细说汉字》九州出版社2005年版426页"每"）。这个特征有两层含意："胸前增添两'点'"为指事符号，从属［指事—部位—字符］，隐喻卦象的中线疆域因素；"女子的乳房"从属［人类—女性—字符］，隐喻本方某项因素为虚线"--"，或阴性，或劣势；而"忄"即"心"，本意为心脏。古人认为心是思维的器官，因此把思想、感情都说做"心"（参考资料：左民安著《细说汉字》九州出版社2005年版217页"心"）。该字符代表意识，它与物质形成对应关系，从属［阴阳—对应—字符］，隐喻"阴性"，在卦辞里暗示某象素处于劣势，或：使得某项因素变成劣势。因而"悔"的字符隐意可表述为：

"悔（小篆：𢛮）"＝"本方某项因素为劣势"＋"疆域"＋"某象素处于劣势，或：使得某项因素变成劣势"

综合上式组字要素的隐意信息，"悔"的隐意可解读为：本方处于劣势的疆域因素，会削弱某项因素。

2. "亡"字隐意解析

甲骨文　金文　小篆　楷体

亡，甲骨文"亡"字为指事字，从刀，刀刃处施短竖，表示刀被折

"亡"="折断的刀刃(隐喻本方的军事,劣势)",其隐意:本方的军事处于劣势。

"悔亡"的隐意:本方处于劣势的疆域因素会削弱(悔)本方的军事因素,使其也变成劣势(亡)。

断,成了无用的东西。引申为"灭亡"、"逃亡"。(参考资料:李乐毅著《汉字演变五百例》北京语言大学出版社2002年版340页"亡")

依据甲骨文和金文字形及字源解说内容,解析"亡"的隐意:"亡(甲骨文: 𠂆)"="折断的刀刃"。按照推测并验证的[类别—隐意—共性]规律,"刀"为兵器,从属[兵器—军事—字符],隐喻本方的军事。而"折断"则表示劣势。因而,"亡"的隐意可解读为:本方的军事处于劣势。

3. 卦辞"悔亡"的隐意

本方处于劣势的疆域因素会削弱本方的军事因素,使其也变成劣势。

第六节　蛊卦隐意解析

卦名： 蛊

卦象：

卦辞： 元亨：利涉大川？
先甲三日，后甲三日。

一、蛊卦隐意解读

蛊卦辞的开篇，仍是君子问卦（卦辞隐语）：本方是否已经具备优势格局，能够战胜综合实力具有优势的对方？（卦辞：元亨：利涉大川？）

从问卦的辞句中能够看出君子信心爆棚。原因何在？笔者在蛊卦的象素表达式中找到了答案。

将上下排列结构的蛊卦卦象"☶☴"转换为左右排列的象素表达式"☴☶"：

八卦符号	表示因素	外卦-对方	内卦-本方
上线	军事：	"—"优势	"—"优势
中线	疆域：	"--"劣势	"—"优势
下线	经济：	"--"劣势	"--"劣势

从蛊卦的卦象来看，本方形势一片大好，不但军事具备优势，且内卦有两项优势，而外卦（对方）只有一个上线军事因素为优势。故而卦名"蛊"的隐意为"对方的综合实力中有两项弱势因素"。（卦名：蛊。）

"象素"对比情况说明，本方的综合实力已经超越对方。

再结合蛊卦的内卦"☴"来看，内卦的军事

因素已经形成优势，因而，蛊卦辞中的"元亨"可译为：君子针对本方军事处于优势情形问卦。

周文王没有直接回答君子提出"本方是否已经具备优势，战胜综合实力仍然具有优势的对方"的问题，而是指出（卦辞隐语）：无论本方走强军之路，还是走经济发展之路，都要形成本方综合实力全面优势的格局。（卦辞：先甲三日，后甲三日。）

显然，周文王对综合实力优势格局的要求非常严格，他认为：在综合实力三项最重要的指标里，只有两项因素形成优势，包括军事优势，还不够"综合实力优势格局"的标准，君子必须继续努力，形成三线全优的格局。

这句辞从第二个层级解释了"利贞"的含意，本方除了军事优势外，还必须形成三线全优的格局，才能形成具备战胜强敌的实力。

二、卦名"蛊"的隐意解析

"蛊"字隐意解析

| 甲骨文 | 小篆 | 楷书（繁体） | 楷书 |

蛊，甲骨文字形，像器皿中有虫的形状。（参考资料：左民安著《细说汉字》九州出版社2005年版408页"蛊"）

依据甲骨文字形及字源解说内容，分解"蛊"的组字要素，可得二个相关字符：

"蛊（甲骨文：⚇）"＝"皿"＋"两虫"。

按照推测并验证的［类别—隐意—共性］规律，解析上式字符的隐意："皿"为器皿，本器皿特指与"两虫"有关，

> 周文王对综合实力优势格局的要求非常严格，他认为：在综合实力三项最重要的指标里，只有两项因素形成优势，包括军事优势，还不够"综合实力优势格局"的标准，君子必须继续努力，形成三线全优的格局。

从属［禽兽牲畜—用具—字符］，隐喻外卦里的因素；"虫"从属［禽兽牲畜—字符］，隐喻对方弱小；"两个"从属［指事—数量—字符］，隐喻两个因素。因而"蛊"的字符隐意可表示为：

"蛊（甲骨文：）"="外卦里的因素"＋"两个因素"＋"对方弱势"

综合上式组字要素的隐意信息，"蛊"的隐意可解读为：对方综合实力中有两个方面处于弱势。

"蛊"="两虫（隐喻对方，两因素，劣势）"＋"皿（隐喻外卦）"，合成隐意：对方综合实力中有两个方面处于弱势。

三、卦辞"元亨：利涉大川?"隐意解析

1."元亨"的隐意

君子针对本方的军事情况问卦。（参见本章第二节［临卦隐意解析］中"元亨"的论述）

2."利涉大川"的隐意

形成优势格局（利），战胜（涉）综合实力具有优势（大）的对方（川）。（参见第四章第一节［涣卦隐意解析］中"利涉大川"的论述）

3.卦辞"元亨：利涉大川?"的隐意

君子针对本方军事优势情况问卦：此卦形成的优势格局，能够战胜综合实力具有优势的对方吗?

"元亨：利涉大川?"的隐意：君子针对本方军事优势情况问卦（元亨）：此卦形成的优势格局（利），能够战胜（涉）综合实力具有优势的对方吗（大川）?

四、卦辞"先甲三日，后甲三日"隐意解析

1."先"字隐意解析

甲骨文　　金文　　小篆　　楷书

先，甲骨文和金文字形为指事字，用"脚趾"在"人"前。表示：在前面、领先。（参考资料：左民安著《细说汉字》九州出版社2005年版38页"先"）

依据甲骨文和金文字形及字源解说内容，分解"先"的组字要素：

"先（甲骨文：<!--glyph-->）"＝"人体形状"＋"在上方的脚步"

按照推测并验证的［类别—隐意—共性］规律，解析上式字符的隐意："人体形状"从属［人类—身形—字符］，隐喻本方；"脚步"从属［人类—脚步—字符］，隐喻本方的行动；且"脚步"在文字的上方，从属［指事—部位—字符］，隐喻本方综合实力中的上线军事因素。因而"先"的字符隐意可表示为：

"先（甲骨文：<!--glyph-->）"＝"本方"＋"发展本方综合实力中的上线军事的行动"

综合上式组字要素的隐意信息，"先"的隐意可解读为：本方发展军事的行动。

2."後"字隐意解析

| 甲骨文 | 金文 | 小篆 | 楷书（繁体） | 楷书 |

後，甲骨文字形，像"止（脚趾）"被"幺（绳子）"拴住了，因而落在后边。金文在左边增加"彳"，表示道路，造字本义：在时空上与"先"、"前"相对应的状态，之后。（参考资料：左民安著《细说汉字》九州出版社2005年版138页"後"）

依据金文字形及字源解说内容，分解"後"的组字要素：

"後（金文：<!--glyph-->）"＝"在下方的脚步"＋"绳子"＋"道路"

按照推测并验证的［类别—隐意—共性］规律，解析上式三字符的隐意："脚步"从属［人类—脚步—字符］，隐喻本方的行动；且"脚步"在文字的下方，从属［指事—部位—字符］，隐喻本方综合实力的下线经济因素；"绳子"从属［人类—用具—字符］，隐喻内卦里的相关因素；"道路"为本方选择的发展路线。因而"後"的字符隐意可表示为：

"後（金文：）"="本方发展综合实力中的下线经济因素"＋"内卦里的相关因素"＋"路线"

综合上式组字要素的隐意信息，"後"的隐意可解读为：本方走发展经济带动内卦其它相关方面发展之路。

3."甲"字隐意解析

| 甲骨文 | 金文 | 小篆 | 楷体 |

甲，甲骨文和金文字形为象形字，像起保护作用的外壳，如：甲壳、龟甲、铠甲。甲为天干名，位于天干的第一位。（参考资料：景德、崇圣编著《汉字寻根300例》山东美术出版社2005年版40页"甲"）

依据甲骨文和金文字形及字源解说内容，解析"甲"的隐意："甲"最初为植物的硬壳，殷商时代龟的甲骨成为占卜的重要工具，故从属［人类—用具—字符］，隐喻内卦里的因素，或本方综合实力中的某个方面。

4."三"字隐意解析

| 甲骨文 | 金文 | 小篆 | 楷书 |

三，甲骨文和金文字形为指事字，由三个横划或三个点会合构成。造字本义：数词，即二加一为三。（参考资料：李

◀

"先"="人形（隐喻本方）"＋"在上方的脚步（隐喻上线军事因素，行动）"，合成隐意：本方发展军事的行动。

"後"="在下方的脚步（隐喻本方的行动，下线经济因素，）"＋"绳子（隐喻内卦关联方面）"＋"道路"，合成隐意：本方走发展经济带动内卦其它相关方面发展之路。

"甲"="龟甲（隐喻内卦里的因素）"，其隐意：本方综合实力中的某个方面。

▶

乐毅著《汉字演变五百例》北京语言大学出版社2002年版284页"三"）

依据甲骨文和金文字形及字源解说内容，解析"三"的隐意："三"字从属［指事—数量—字符］，隐喻卦象中的三个因素。或：综合实力的三项最重要的指标。

5. "日"的隐意

"日"是最明显表示"阳性"的字符，用在描述卦象的因素上，则表示优势的状态。（参见本章第五节［革卦隐意解析］中"日"的论述）

6. 卦辞"先甲三日，后甲三日"的隐意

"甲三日"的隐意：内卦里的三项因素都是"阳性，或优势"。

"先甲三日"的隐意：本方发展军事，还需形成三线全阳的卦象。

"后甲三日"的隐意：本方发展经济，也需形成三线全优的格局。

卦辞"先甲三日，后甲三日"是周文王的解答。他没有直接回答君子提出"本方是否已经具备优势，战胜对方"的问题，而是指出：无论本方发展军事，还发展经济，都要继续努力形成本方综合实力全面优势的格局。

"三"的隐意：卦象中的三个因素。或：综合实力的三项最重要的指标。

"三日"的隐意：三项因素均为优势。

"先甲三日"的隐意：本方发展军事（先），还需形成综合实力（甲）三个方面（三）均为优势的局面（日）。

"後甲三日"的隐意：本方发展经济（後），也需形成综合实力（甲）三个方面（三）均为优势的局面（日）。

第七节　同人卦隐意解析

卦名：同人

卦象：

卦辞： 同人于野，亨：利涉大川？利君子贞。

一、同人卦隐意解读

卦名"同人"的隐意是：整合本方综合实力中的军事和经济优势。

本方为什么要采取这项整合措施呢？道理藏在同人卦的卦象中。

将同人卦的卦象"☲"转换为象素表达式"☲"：

八卦符号	表示因素	外卦-对方	内卦-本方
上线	军事：	"–"优势	"–"优势
中线	疆域：	"–"优势	"--"劣势
下线	经济：	"–"优势	"–"优势

象素列表显示，敌我双方的综合实力对比情况为：本方（内卦）在军事和经济方面都获得优势，能与对方（外卦）在这两方面的优势相抗衡。只是在代表土地资源的中线因素上，本方尚处于劣势。

此时，君子已经明白仅有军事和经济优势，还不具备综合实力的优势格局。于是，他制定了一个用本方军事优势和经济优势形成合力的方案，目的是致力拓展农耕经济赖以生存和发展的疆域范围。（卦辞：同人于野。）

从同人卦的内卦"☲"来看，该方案一旦成为现实，本方的综合实力将会形成三线全优的局面。君子很想知道这样的优势局面到底有多大的威力。于是，问卦（卦辞隐语）：实施这个方案，能够形成优势格局，战胜综合实力超强的对方吗？（卦辞：亨：利涉大川？）

周文王解答：这个方案仅仅能够形成本方的综合实力优势。（卦辞：利君子贞）。

这句解答辞里隐藏着另一层含意：即使本方形成三线全阳的卦象，仍然不具备战胜对方的实力。因为，在同人卦的情形下，对方的综合实力已经形成三线全优的局面"☰"。

二、卦名"同人"隐意解析

1."同"字隐意解析

| 甲骨文 | 金文 | 小篆 | 楷体 |

（资料来源：李乐毅著《汉字演变五百例》北京语言大学出版社2002年版331页"同"）

同，甲骨文字形，下边的"口"为容器口；上边的"⊓"为容器罩，二字符会意：合会。（参考资料：汤可敬撰（东汉许慎著）《说文解字今释》岳麓书社2002年版1034页"同"）

依据甲骨文字形及字源解说内容，分解"同"的组字要素：

"同（甲骨文：⊟）"＝"罩"＋"器物"

按照推测并验证的［类别—隐意—共性］规律，解析上式两个字符的隐意：上式两个要素都是人类用具，从属［人类—用具—字符］，隐喻内卦里的因素；再从上"罩"下"口"的字形来理解，又从属［指事

—部位—字符］，隐喻象素的上线和下线。因而，"同"的隐意可解读为：内卦的上线和下线。

2．"人"的隐意

本方为优势。或：本方某项因素为优势。（参见第三章第三节［否卦隐意解析］中"人"的论述）

3．卦名"同人"的隐意

将本方的上线军事和下线经济（同）优势（人）加以整合，形成合力。

三、卦辞"同人于野"隐意解析

1．"同人"的隐意

将本方的上线军事和下线经济优势加以整合，形成合力。（参见上文"同人"的论述）

2．"于"的含意

造字本义：迂回。（参见本章第二节［临卦隐意解析］中"于"的论述）

3．"野"字隐意解析

𣎴 𡐦 野 野

甲骨文　　金文　　小篆　　楷书

野，甲骨文和金文字形，是由土及地上的树木所组成。造字本义：城邑之外的广阔地域。（参考资料：左民安著《细说汉字》九州出版社2005年版159页"野"）

依据甲骨文和金文字形及字源解说内容，分解"野"的组字要素：

"野（金文：𣎴）" = "林" + "土"

▲

"同 = "罩（隐喻内卦的上线军事因素）" + "器物（隐喻内卦的下线经济因素）"，合成隐意：内卦的军事和经济。

"同人"的隐意：将本方的军事和经济（同）优势（人）加以整合，形成合力。

"野" = "林（隐喻经济）" + "土（隐喻疆域）"，合成隐意：农耕经济赖以生存和发展的疆域因素。

按照推测并验证的［类别—隐意—共性］规律，解析上式两个字符的隐意："林"为植物，从属［植物—经济—字符］，隐喻农耕经济；"土"为地域，从属［土地—疆域—字符］，隐喻疆域。因而"野"的字符隐意可表述为：

"野（金文：𫟰）"＝"农耕经济"＋"疆域因素"

综合上式组字要素的隐意信息，"野"的隐意可解读为：农耕经济赖以生存和发展的疆域因素。

4.卦辞"同人于野"的隐意

将本方军事和经济优势加以整合（同人），形成合力，致力拓展农耕经济赖以生存和发展的疆域范围（于野）。

四、卦辞"亨：利涉大川?"隐意解析

1."亨"的隐意

针对内卦出现的各种不同的情况，以及内卦与外卦对比形成的复杂局面，寻求解决方案，或：问卦。（参见第三章第二节［泰卦隐意解析］中"亨"的论述）

2."利涉大川"的隐意

形成优势格局（利），战胜（涉）综合实力具有优势的对方（大川）。（参见第四章第一节［涣卦隐意解析］中"利涉大川"的论述）

在同人的卦辞中，"利涉大川"是君子问卦求解的内容，所以，此时的卦辞是一句问话，标点符号改成"?"

3.卦辞"亨：利涉大川?"的隐意

君子问卦（亨）：实施这个方案，能够形成优势格局（利），战胜（涉）实力超强的对方（大川）吗?

旁注：

"同人于野"的隐意：将本方军事和经济优势加以整合（同人），形成合力，致力拓展农耕经济赖以生存和发展的疆域范围（于野）。

"亨：利涉大川?"的隐意：问卦（亨）：实施这个方案，能够形成优势格局（利），战胜（涉）实力超强的对方（大川）吗?

五、卦辞"利君子贞"隐意解析

1. "利贞"的隐意

形成本方综合实力的优势格局。（参见第四章第一节［涣卦隐意解析］中"利贞"的论述）

2. "君子"的隐意

"君子"为［人类—称谓—字符］，隐喻本方。（参见第三章第二节［否卦隐意解析］中"君子"的论述）

3. 卦辞"利君子贞"的隐意

"利君子贞"＝"利贞"＋"君子"＝"形成本方综合实力的优势格局"＋"本方"。可理解为，周文王强调仅仅能够形成本方综合实力的优势。

"利君子贞"是周文王对君子问卦求解的答复。这句辞是将来时态，是对君子制定的这个措施产生未来结果的预期。

◀

> "利君子贞"＝"利贞（隐喻本方综合实力的优势格局）"＋"君子（隐喻本方）"，合成隐意：仅仅能够形成本方综合实力的优势。

第八节　大壮卦隐意解析

卦名：**大壮**

卦象：

卦辞：利贞。

一、大壮卦隐意解读

大壮卦的卦辞仅有两个字："利贞"，隐意可译为：此卦才是本方综合实力的优势格局。

那么，大壮卦的卦象是如何体现出"本方综合实力优势格局"的含意呢？这要从卦象的象素视角来观察。

将大壮卦的卦象"⚎"转换为象素表达式"⚎"：

八卦符号	表示因素	外卦-对方	内卦-本方
上线	军事：	"--"劣势	"-"优势
中线	疆域：	"--"劣势	"-"优势
下线	经济：	"-"优势	"-"优势

象素表格显示，内卦三线全阳，表示本方三个方面都处于优势；而外卦（对方）只有经济方面存在优势，其它两个方面都是劣势。

周文王用大壮的卦象"⚎"来表示"利贞"的内涵，他用卦名"大壮"（卦名隐语）告诉君子，"利贞"的含意是：不但内卦本身必须具备全面优势，而且与外卦相比，也必须具备优势。（卦名：大壮。）

二、卦名"大壮"隐意解析

1. "大"的隐意

优势。(参见第三章第二节 [泰卦隐意解析] 中"大"的论述)

2. "壮"字隐意解析

金文　　小篆　　楷体

壮，金文字形为形声字。其字形左边为床（爿），代表字音；右边为"士"，代表字意。本义：强大。(参考资料：汤可敬撰（东汉许慎著）《说文解字今释》岳麓书社2002年版59页"壮"、[参证])

依据金文字形及字源解说内容，分解"壮"的组字要素：

"壮（金文：爿）"＝"爿"＋"士"

按照推测并验证的 [类别—隐意—共性] 规律，解析上式字符的隐意："爿"为供人睡觉的床，从属 [人类—用具—字符]，隐喻内卦里的因素；"士"代表男性（参考资料：左民安著《细说汉字》九州出版社2005年版106页"士"），从

周文王用大壮的卦象"☳☰"、卦名和卦辞来表述本方综合实力优势格局（利贞）的内涵是：不但内卦本身必须具备全面优势，而且与外卦相比，也必须具备优势（大壮）。

请留下你的足迹：

205

属［人类—男性—字符］，隐喻实线"—"，即优势。因而"壮"的字符隐意可表述为：

"壮（金文：㽞）"＝"内卦里的因素"＋"优势"

综合上式组字要素的隐意信息，"壮"的隐意可解读为：本方综合实力中的某个方面处于优势。

3. 卦名"大壮"的隐意

不但内卦本身具备优势（壮），而且与外卦相比，也具备优势（大）。或：内卦的优势处于优势。

三、卦辞"利贞"的隐意

形成本方综合实力的优势格局。（参见第四章第一节［涣卦隐意解析］中"利贞"的论述）

"壮"＝"㐅（隐喻内卦的因素）"＋"士（隐喻优势）"，合成隐意：本方综合实力中的某个方面处于优势。

"大壮"的隐意：不但内卦本身具备优势（壮），而且与外卦相比，也具备优势（大）。或：内卦的优势处于优势。

第六章 综合国力的内在关系

如何形成本方综合实力的优势格局？在选择不同的发展模式之前，首先要厘清综合实力（卦象）中军事、疆域和经济三要素（象素）之间的关系。本节专选相关的坤卦、复卦、比卦、井卦、谦卦和渐卦的卦象和卦辞隐意内容，展示周文王论述卦象三要素的内在关系。

1.强军，首先要发展经济，形成财力，助力军事发展；当形成本方军事优势后，一定不要忘记发展疆域和经济，因为，只有将这两项因素也形成优势，才能支撑军事优势，才能实现本方超越对方的优势格局。一旦经济长期处于劣势，即使军事已经形成优势，也会丧失殆尽。

2.走出国门对外交往，能够促进经济发展，而当本方形成经济优势时，就有可能通过"互通有无、优势互补"的合作方式，发展本方的军事，进而实现超越对方的优势格局。

3.军事对经济具有促进作用，疆域优势是经济赖以生存和发展的土壤。

本章重点探讨卦象各个要素之间的关系，在此基础上，论述农耕经济在综合实力中的重要性。

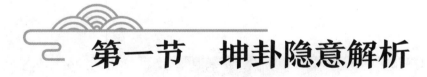

第一节　坤卦隐意解析

卦名：**坤**

卦象：

卦辞：元亨：利牝马之贞？君子有攸往，先迷后得主，利西南得朋，东北丧朋。安贞吉。

一、坤卦隐意解读

将上下排列结构的坤卦卦象"▤"转换为左右排列的象素表达式"▦"：

八卦符号	表示因素	外卦-对方	内卦-本方
上线	军事：	"--"劣势	"--"劣势
中线	疆域：	"--"劣势	"--"劣势
下线	经济：	"--"劣势	"--"劣势

象素表格显示，本方（内卦）和对方（外卦）的综合实力情况完全相同，三方面因素都处于劣势。

坤卦卦象是两个弱小的国家建立联盟的象征。周文王以同盟成员同在零起点的情势下，借用"神祇"表达他对联盟如何形成综合实力优势格局的辩证思想：在联盟方"优势全无▦"的状态下，以发展经济为起点，进而形成优势，对疆域、军事优势十分重要。

君子问道：在联盟方的军事处于劣势情况（▦）下，如何才能形成本方综合实力的优势格局？即联盟共同的敌方处于全面劣势，而联盟付诸行动形成优势。（卦辞：元亨：利牝马之贞？）

周文王的解答是：联盟内部一定要采取"互

通有无、优势互补"的合作方式。（卦辞：君子有攸往。）

在后边的第八章和第九章中，将介绍周文王不惜笔墨对这种"优势互补"合作方式的论述。"优势互补"方式在卦辞中出现14次，可见周文王对它的重视程度。

随即，周文王阐述发展经济是发展军事的基础重要性：联盟方要以发展经济为基点，发展本方军事，因为，只有本方发展经济，才能增加财力，从而形成军事优势。（卦辞：先迷后得主。）

而后，他又论述联盟方与敌方实力对比关系对联盟方发展经济的影响：联盟方只有在实力上胜于对手，才能在发展经济的道路上获得巨大的财力。（卦辞：利西南得朋。）

继而，他指出疆域因素对经济发展发挥着极为重要的影响力：本方疆域优势的变化，会影响本方农耕经济优势和财富积累。（卦辞：东北丧朋。）

最后，周文王强调：掌握上述各个要素之间的依存关系，同盟方就能从劣势局面转变为综合实力的优势状态。（卦辞：安贞吉。）

二、卦名"坤"隐意解析

"坤"字隐意解析

战国　　小篆　　楷体

（资料来源：汤可敬撰（东汉许慎著）《说文解字今释》岳麓书社2002年版1951页"坤"；百度汉字：「坤」字形演变 字源演变）

坤，此字始见于战国文字。战国文字"坤"从立、申声。这种"立"与"申"组合为"坤"的字形在六书通里也有例字："𡥀"、"𡊆"。（资料来源：百度字形查询"坤"）

▶

"坤"＝"申（隐喻神祇）"＋"立（隐喻经济优势，军事和疆域优势）"，合成隐意：神祇：经济优势对疆域、军事优势十分重要。

"牝"＝"兽畜（隐喻对方）"＋"雌性（隐喻劣势）"，合成隐意：对方的外卦的某项因素处于劣势。

因而，"坤"的隐意解析将以目前能够查找到的最早的组合字形为样本"🚶（战国文字）"。

依据战国文字字形及字源解说内容，分解"坤"的组字要素：

"坤（战国文字：🚶）"＝"申"＋"立"

按照推测并验证的［类别—隐意—共性］规律，解析上式字符隐意："申（甲骨文：🔗、金文：🔗）"字形，像闪电时云层间出现的曲折的电光，古人认为闪电是神的显现，所以常以"申"称呼"神"（参考资料：汤可敬撰（东汉许慎著）《说文解字今释》岳麓书社2002年版2144页"申"、［参证］）；"立（甲骨文：🔗、金文：🔗）"字形，像一人（大）正面立地（一）之形，为"大"和"—"的组合（参考资料：汤可敬撰（东汉许慎著）《说文解字今释》岳麓书社2002年版1431页"立"、［参证］），其中："—"在"立"字的下方位置，从属［指事—部位—字符］，隐喻卦象的下线经济因素；且"—"字符从属［象形—实线—字符］，隐喻卦象中某项因素为实线"－"，即优势；"大"字位于"立"字的中部和上部，从属［指事—部位—字符］，隐喻卦象中的中线疆域因素和上线军事因素；且"大"与"小"对应，从属［阴阳—对应—字符］，隐喻"阳性"、优势。因而"坤"的字符隐意可表示为：

"坤（战国文字：🚶）"＝"神"＋"经济优势"＋"疆域和军事优势"

综合上式组字要素的隐意信息，"坤"的隐意可解读为：神祇；经济优势对疆域、军事优势十分重要。

三、卦辞"元亨：利牝马之贞？"隐意解析

1. "元亨"的隐意

君子针对本方的军事情况问卦。（参见第五章第二节［临卦隐意解析］中"元亨"的论述）

2. "利贞"的隐意

形成本方综合实力的优势格局。（参见第四章第一节［涣卦隐意解析］中"利贞"的论述）

结合前句辞"元亨"，可知"利贞"是君子问卦的内容，这是一句问话，可译为：根据当前本方军事情况，如何才能形成内卦的优势格局？

3. "牝"字隐意解析

甲骨文　　甲骨文　　小篆　　楷体

牝，甲骨文字形，右边的"匕"是个雌性符号，左边为不同的兽畜象形。两个元素组成会意字。造字本义：雌性的动物。（参考资料：徐中舒主编《甲骨文字典》四川辞书出版社2014年版80页"牝"）

依据甲骨文字形及字源解说内容，分解"牝"的组字要素：

"牝（甲骨文：🐂）"＝"兽畜"＋"雌性"

按照推测并验证的［类别—隐意—共性］规律，解析上式字符隐意："兽畜"从属［禽兽牲畜—字符］，隐喻对方；"匕（甲骨文：🔗，金文：

）"在卜辞里用作先祖的配偶（参考资料：徐中舒主编《甲骨文字典》四川辞书出版社2014年版913页"匕"［解字］［释义］），从属［人类—女性—字符］，隐喻本方或外卦的某项因素为劣势。当"匕"被"兽畜（隐喻对方）"修饰时，则隐喻对方的劣势。因而"牝"的字符隐意可表示为：

"牝（甲骨文：）"＝"对方"＋"外卦的某项因素处于劣势"

综合上式组字要素的隐意信息，"牝"的隐意可解读为：对方的外卦的某项因素处于劣势。

4."马"字隐意解析

甲骨文　　金文　　小篆　　楷书（繁体）　楷书

马，甲骨文和金文字形，都是马的形象，长长的脸部和鬃毛，突出了马的特征。造字本义：马。（参考资料：左民安著《细说汉字》九州出版社2005年版93页"马"）

依据甲骨文和金文字形及字源解说内容，解析"马"的隐意："马"为牲畜，从属［禽兽牲畜—字符］，隐喻对方。

"牝马"的隐意：外卦的劣势因素涉及到整个对方。

5."之"字的隐意

本方付诸行动，达到优势。（参见第三章第三节［否卦隐意解析］中"之"的论述）

▶

"马"的隐意：对方。

"牝马"的隐意：外卦的劣势因素涉及到整个对方。

"元亨：利牝马之贞？"的隐意：根据当前本方军事状况的问卦（元亨）：如何才能形成本方综合实力的优势格局（利贞）？即对方处于全面劣势（牝马），本方付诸行动形成优势（之）。

"攸"＝"右手（隐喻本方采取措施）"＋"拐杖（隐喻借助内卦里的因素）"＋"人字（隐喻优势）"，合成隐意：本方的措施是：借助内卦某项优势因素。

6. 卦辞"元亨：利牝马之贞?"的隐意

根据当前本方军事状况的问卦（元亨）：如何才能形成本方综合实力的优势格局（利贞）？即对方处于全面劣势（牝马），本方付诸行动形成优势（之）。

四、卦辞"君子有攸往"隐意解析

1. "君子"的隐意

本方。（参见第三章第三节［否卦隐意解析］中"君子"的论述）

2. "有"的隐意

本方拥有，本方采取措施。（参见第四章第一节［涣卦隐意解析］中"有"的论述）

3. "攸"字隐意解析

| 甲骨文 | 金文 | 小篆 | 楷书 |

攸，甲骨文字形，从"人"从"攴"，金文基本承续甲骨文字形。有的金文字形，中间加"氵（河）"。《说文解字》：攸，行水也。从攴，从人，水省。（参考资料：徐中舒主编《甲骨文字典》四川辞书出版社2014年版336页）

依据甲骨文字形及字源解说内容，分解"攸"的组字要素：

"攸（甲骨文：𠈌）"="右手"＋"拐杖"＋"人字"

按照推测并验证的［类别—隐意—共性］规律，解析上式字符的隐意："右手"从属［人类—右手—字符］，隐喻本方采取措施；"拐杖"为人类的用具，从属［人类—

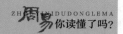

用具—字符］，隐喻卦象中的某项因素，"持杖"则隐喻借助某项因素；"人"是人类的总称，从属［人类—称谓—字符］，隐喻本方；且"人（甲骨文：𝟀）"与"人的反像（甲骨文：𝟀），即反写的'人'"在字形上存在对应关系，从属［阴阳—对应—字符］，隐喻阳性、优势状态。因而"攸"的字符隐意可表示为：

"攸（甲骨文：𝟀）"="本方采取措施"＋"借助内卦某项因素"＋"本方优势"

综合上式组字要素的隐意信息，"攸"的隐意可解读为：本方的措施是：借助内卦某项优势因素。或：本方借助本方某项优势因素的方法。

4."往"的隐意

相对本方而言，去往他方。当内卦与外卦分别暗示本方与对方时，"往"则隐喻"离开本方，去往对方"。（参见第三章第一节［泰卦隐意解析］中"往"的论述）

"攸往"的隐意：本方借助对方某项优势因素的方法。

"有攸往"的隐意：本方采取（有）借助对方某项优势因素的方法（攸往）。而"借助对方的优势"是要付出一定的代价的，即用本方的优势因素作为条件，换取对方的优势，因而，"有攸往"的隐意可解读为：本方采取与对方"互通有无、优势互补"的合作方式。

5.卦辞"君子有攸往"的隐意

本方采取与对方"互通有无、优势互补"的合作方式。

五、卦辞"先迷后得主"隐意解析

1."先"的隐意

本方发展军事的行动。（参见第五章第六节［蛊卦隐意解析］中"先"的论述）

2. "迷"字隐意解析

迷　迷

小篆　　楷书

迷，小篆字形为形声字，"辵"表意，"米"表声。本义：迷惑。（资料来源：汤可敬撰（东汉许慎著）《说文解字今释》岳麓书社2002年版255页"迷"）

尚未查找到"迷"的甲骨文和金文字形。这就存在一种可能性：周文王用"辵"和"米"组成隐意会意字。

依据小篆字形及字源解说内容，分解"迷"的组字要素：

"迷（小篆：䢔）"="辶"+"米"

按照推测并验证的［类别—隐意—共性］规律，解析上式字符的隐意："辵（甲骨文：𣥂）"字形＝（行）＋（止），（参考资料：汤可敬撰（东汉许慎著）《说文解字今释》岳麓书社2002年版240页"辵"［参证］），其中，"行"为道路；"止"为脚，从属［人类—脚步—字符］，隐喻本方付诸行动，则"辵"隐喻本方走的路；"米"为稻米，从属［植物—经济—字符］，隐喻农耕经济。因而"迷"的字符隐意可表示为：

"迷（小篆：䢔）"="本方行走的道路"+"农耕经济"

综合上式组字要素的隐意信息，"迷"的隐意可解读为：本方走发展农耕经济之路。

"先迷"的隐意：强军还需走发展农耕经济之路。

3. "後"的隐意

本方走发展经济带动内卦其它相关方面发展之路。（参见第四章第六节［蛊卦隐意解析］中"後"的论述）

"有攸往"的隐意：本方采取（有）借助对方某项优势因素的方法（攸往）。或：本方采取与对方"互通有无、优势互补"的合作方式。

"迷"="辶（隐喻本方走的路）"+"米（隐喻农耕经济）"，合成隐意：本方走发展农耕经济之路。

"先迷"的隐意：强军（先）还需走发展农耕经济之路（迷）。

4. "得" 字隐意解析

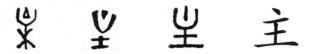

甲骨文　　金文　　小篆　　楷体

得,甲骨文和金文字形,由 "彳(道路)"、"右手(抓住)" 和 "贝(钱财)" 组成会意字,表示通过某种方式得到某种宝物。(参考资料:左民安著《细说汉字》九州出版社2005年版141页 "得")

依据甲骨文和金文字形及字源解说内容,分解 "得" 的组字要素:

"得(甲骨文:徥)" = "右手" + "贝" + "彳"

按照推测并验证的 [类别—隐意—共性] 规律,解析上式字符隐意:"右手" 为人手的动作,从属 [人类—右手—字符],隐喻本方采取的措施或方式;"贝" 为古时货币,从属 [财富—经济—字符],隐喻财源财力;"彳" 为道路。因而 "得" 的字符隐意可表示为:

"得(甲骨文:徥)" = "本方采取的方式" + "财富" + "道路"。

综合上式组字要素的隐意信息,"得" 的隐意可解读为:本方获取财力之路。

5. "主" 字隐意解析

甲骨文　　金文　　小篆　　楷书

主,甲骨文字形,像灯柱上面燃烧的火焰。造字本义:灯心。(参考资料:左民安著《细说汉字》九州出版社2005年版224页 "主")

依据甲骨文字形及字源解说内容,分解 "主" 的组字要素:

"主(甲骨文:𧮫)" = "灯柱" + "火焰"

按照推测并验证的 [类别—隐意—共性] 规律,解析上式字符隐意："灯柱"从属［人类—用具—字符］，隐喻内卦里的因素；"火焰"从属［阴阳—对应—字符］，隐喻阳性、优势；且"火焰"在灯柱的上方，从属［指事—部位—字符］，隐喻卦象的上线。而卦象的上线代表军事因素。因而"主"的字符隐意可表示为：

"主（甲骨文：𝟁）"＝"内卦里的因素"＋"军事"＋"优势"

综合上式组字要素的隐意信息，"主"的隐意可解读为：本方综合实力中的军事优势。

"後得主"的隐意：本方发展经济（後），增加财力（得），从而形成本方综合实力中的军事优势（主）。

6. 卦辞"先迷後得主"的隐意

强军还需走发展农耕经济之路（先迷），因为，只有本方发展经济（後），才能增加财力（得），从而形成军事优势（主）。

六、卦辞"利西南得朋"隐意解析

1. "利"的隐意

优势因素，优势格局。（参见第三章第三节［否卦隐意解析］中"利"的论述）

2. "西"字隐意解析

| 甲骨文 | 金文 | 小篆 | 楷书 |

西，甲骨文和金文字形，像挂在树上的"鸟巢"。造字本义：鸟的栖息处。《说文解字》："西，鸟在巢上也。"

"得"＝"右手（隐喻本方采取措施）"＋"贝（隐喻财富经济）"＋"彳（道路）"，合成隐意：本方获取财力之路。

"主"＝"灯柱（隐喻内卦的因素）"＋"火焰（隐喻上线军事因素，优势）"，合成隐意：本方综合实力中的军事优势。

"後得主"的隐意：本方发展经济（後），增加财力（得），从而形成本方综合实力中的军事优势（主）。

　　"西"是"栖"的初文。鸟儿回巢栖息时，正是太阳西坠之际，因此人们就借"西"来表示"日落的西方"，这就是"西"由"鸟在巢中栖息"转借为表示方位词的"西"的缘由。（参考资料：汤可敬撰（东汉许慎著）《说文解字今释》岳麓书社2002年版1659页"西"、[参证]）

　　依据甲骨文和金文字形及字源解说内容，分解"西"的组字要素：

　　"西（金文：⊗）"＝"鸟巢"＋"日落"

　　按照推测并验证的［类别—隐意—共性］规律，解析"西"的隐意：（1）"西"的本义为鸟巢，从属［禽兽—巢穴—字符］，隐喻外卦；（2）被人们借用表示"日落"，从属［阴阳—对应—字符］，隐喻优势下降。因而，"西"的隐意可解读为：外卦优势下降。

　　3."南"字隐意解析

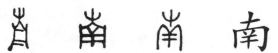

　　甲骨文　　　金文　　　小篆　　　楷书

　　南，甲骨文和金文字形为象形字，像钟形。造字本义：一种钟形乐器。假借方向的"南"。（参考资料：李乐毅著《汉字演变五百例》北京语言大学出版社2002年版231页"南"）

　　依据甲骨文和金文字形及字源解说内容，解析"南"的隐意：按照推测并验证的［类别—隐意—共性］规律，"南（甲骨文：𤇾）"为一种钟形乐器，从属［人类—用具—字符］，隐喻内卦里的因素。因而，"南"的隐意可解读为：内卦里的因素，或：本方综合实力中的某个方面。

　　"利西南"的隐意：具有优势的格局是（利），外卦的优势弱（西）于内卦（南）。或：形成本方综合实力超越对方综合实力的优势格局。

　　4."得"的隐意

　　本方获取财力之路。（参见本节上述"得"的论述）

5. "朋"字隐意解析

甲骨文	金文	小篆	楷书

朋，甲骨文和金文字形，像两串贝串系在同一根绳子上，形成更大的一挂贝串。古代货币单位，以五贝为一系，两系为一朋。造字本义：系在一起的两挂贝串。（参考资料：左民安著《细说汉字》九州出版社2005年版240页"朋"）

依据甲骨文和金文字形及字源解说内容，解析"朋"的隐意：按照推测并验证的［类别—隐意—共性］规律，"朋"为10个"贝"，"贝"为古代的钱币，从属［财富—经济—字符］，隐喻巨大的财力。

6. 卦辞"利西南得朋"的隐意

形成本方综合实力超越对方综合实力的优势格局（利西南），有助于本方在发展经济的道路上获得巨大的财力（得朋）。

七、卦辞"东北丧朋"隐意解析

1. "东"字隐意解析

甲骨文	金文	小篆	楷书（繁体）	楷书

东，甲骨文和金文字形，像一个两头扎紧口的袋子。这种口袋非常灵活，物品多了就可以作大的口袋，少了可以作小的口袋，装好物品后两端再行封口，方便牲畜载驮或身背。古时候在晋西一代广泛应用。后来假借为太阳升起的方

"西"="鸟巢（隐喻外卦）"+"日落（隐喻优势下降）"，合成隐意：外卦优势下降。

"南"="钟形乐器（内卦里的因素）"，其隐意：本方综合实力中的某个方面。

"朋"="10个贝（隐喻财富经济）"，其隐意：巨大的财力。

"东"="装物的袋子（隐喻内卦的中线疆域因素）"+"太阳升起的地方（隐喻优势）"，合成隐意：内卦的疆域因素处于优势状态。

向。（参考资料：左民安著《细说汉字》九州出版社2005年版295页"东"）

依据甲骨文和金文字形及字源解说内容，分解"东"的组字要素：

"东（甲骨文：🌢）"＝"装物的袋子"＋"太阳升起的地方"

按照推测并验证的［类别—隐意—共性］规律，解析"东"的隐意：（1）"东"是一个装物的袋子，从属［人类—用具—字符］，隐喻内卦里的某项因素；（2）"东"这种袋子的形状和特征，突出用"中部"装物，从属［指事—部位—字符］，隐喻象素的中线，即疆域因素；（3）"东"假借为太阳升起的地方，从属［阴阳—对应—字符］，东与西相对应，隐喻阳性，即或优势状态。因而"东"的隐意可表述为：

"东（甲骨文：🌢）"＝"内卦的疆域因素"＋"优势"

综合上式字符隐意信息，"东"的隐意可解读为：内卦的疆域因素处于优势状态。

2."北"字隐意解析

甲骨文	金文	小篆	楷书
𠘨	�억	𦫼	北

北，甲骨文、金文、篆文都像两人背对背站立的样子，所以表示相互背离。（参考资料：左民安著《细说汉字》九州出版社2005年版21页"北"）

依据甲骨文和金文字形及字源解说内容，分解"北"的组字要素：

"北（甲骨文：𠘨）"＝"'人'字形"＋"反'人'字形"

（侧栏注释）

"北"＝"'人'字形（隐喻优势）"＋"反'人'字形（隐喻劣势）"，合成隐意：优势与劣势的转换。

"衷"＝"树上的成果"，其隐意：经济成果。

"安"＝"宀（隐喻内卦）"＋"女（隐喻本方的劣势）"，合成隐意：本方的综合实力处于劣势局面。

按照推测并验证的［类别—隐意—共性］规律，解析上式字符隐意："人（甲骨文：ʔ）"与"反像'人'（甲骨文：ʃ），即反写的'人'"在字形上存在对应关系，从属［阴阳—对应—字符］，"人"隐喻阳性、优势；"反像'人'"隐喻阴性、劣势。因而"北"的字符隐意可表示为：

"北（甲骨文：ʃ）"="优势"＋"劣势"。

综合上式组字要素的隐意信息，"北"的隐意可解读为：优势与劣势的转换。

"东北"的隐意：本方疆域优势（东）发生阴阳变化（北）。

3. "丧"字隐意解析

（甲骨文　金文　小篆　楷书（繁体）　楷书）

（资料来源：汤可敬撰（东汉许慎著）《说文解字今释》岳麓书社2002年版215页"丧"［参证］）

丧，甲骨文字形为指事字，在"桑"字里添加了许多"口"，本义为采桑，假借为丧亡之丧。（参考资料：徐中舒主编《甲骨文字典》四川辞书出版社2014年版123页"丧"）

依据甲骨文字形及字源解说内容，解析"丧"的隐意："丧（甲骨文：❀）"为树上的成果，按照推测并验证的［类别—隐意—共性］规律，从属［植物—经济—字符］，隐喻经济成果。

4. "朋"的隐意

巨大的财力。（参见本节上述"朋"的论述）

5. 卦辞"东北丧朋"的隐意

本方的疆域优势（东）直接影响（北）本方的农耕经济成就（丧）和财富积累（朋）。

221

八、卦辞"安贞吉"隐意解析

1. "安"字隐意解析

   安

　甲骨文　　金文　　　小篆　　　楷书

安，甲骨文和金文字形，像一个女子坐在家中的图形，表示女子坐在家里比较安全。（参考资料：左民安著《细说汉字》九州出版社2005年版110页"安"）

依据甲骨文和金文字形及字源解说内容，分解"安"的组字要素：

"安（甲骨文：）"＝"宀"＋"女"

按照推测并验证的［类别—隐意—共性］规律，解析上式字符隐意："宀"从属［人类—房屋—字符］，隐喻内卦，表示本方综合实力处于某种情形；而"女"从属［人类—性别—字符］，隐喻本方处于劣势，或本方的劣势因素。因而"安"的字符隐意可表述为：

"安（甲骨文：）"＝"内卦"＋"劣势"

综合上式组字要素的隐意信息，"安"的隐意可解读为：本方的综合实力处于劣势局面。

2. "贞"的隐意

占卜得到的内卦情况，或：经过研究分析获得本方综合实力的比较状况。简称：本方综合实力的情形。（参见第三章第三节［否卦隐意解析］中"贞"的论述）

3. "吉"的隐意

本方确定某某情形为优势，或：本方确定某方案为尚佳之策。（参见第三章第二节［泰卦隐意解析］中"吉"的论述）

4. 卦辞"安贞吉"的隐意

上述措施，会使本方从劣势局面（安）转变为本方的综合实力（贞）处于优势的状态（吉）。

第二节 复卦隐意解析

卦名：复

卦象：

卦辞：亨：出入无疾？朋来无咎，反复其道，七日来复，利有攸往。

一、复卦隐意解读

将上下排列结构的复卦卦象"䷗"转换成左右排列结构的象素表达式"䷗"：

八卦符号	表示因素	外卦-对方	内卦-本方
上线	军事：	"--"劣势	"--"劣势
中线	疆域：	"--"劣势	"--"劣势
下线	经济：	"--"劣势	"—"优势

象素表格显示，在外卦（对方）三阴情况下，内卦（本方）取得了下线经济优势的成绩。周文王用"复"概括了这个卦象显现的本方发展之路（卦名隐语）：走出门户对外交往发展经济的思路（卦名：复）。

君子不理解发展经济的重要性，仅仅看到这项政策能为本方带来财富，却看不到这项策略与军事优势存在的关联性。于是，他问卦（卦辞隐语）说：本方走出门户对外交往，并不能形成本方军事优势吧（卦辞：亨：出入无疾）？

周文王通过阐述发展经济与强军之间的辩证关系，解答君子的疑惑（卦辞隐语）：这个策略能为本方带来经济繁荣，从而可使本方立于不败之地（卦辞：朋来无咎）。根据当前形势，本方采取走出门户对外交往发展经济之策略，目的就是要走强军之路（卦辞：反复其道）。因为，本方实现军事优势，需要通过本方走出门户对外交往发展经济来实现（卦辞：七日来复），即通过与对方展开"优势互补"的合作，进而实现强军之目标（卦辞：利有攸往）。

二、卦名"复"的隐意解析

"复"字隐意解析

甲骨文　　金文　　小篆　　楷书（繁体）　　楷书

复，甲骨和金文字形，像一处上下各有出入口的居室或院落，在其下方有一个表示出入行走的脚步。"复"和"復"音同意似，《说文》复，行故道也。《说文》復，往来也。（参考资料：左民安著《细说汉字》九州出版社2005年版129页"复"；汤可敬撰（东汉许慎著）《说文解字今释》岳麓书社2002年版264页"復"［参证］）

依据甲骨文和金文字形及字源解说内容，分解"复"的组字要素：

"复（甲骨文：　）"＝"居所"＋"居所下方的脚步"

按照推测及验证的［类别—隐意—共性］规律，解析上式字符隐意："居所"为人生活居住之处所，从属［人类—房

▶

"复"＝"居所（隐喻内卦）"＋"居所下方的脚步（隐喻本方出门的行为，经济）"，合成隐意：本方走出门户对外交往发展经济。

"出"＝"居所（隐喻内卦）"＋"脚步（隐喻本方出门的行为）"，合成隐意：走出门户对外交往。

屋—字符］，隐喻内卦或本方的综合实力；"脚步"为人类的脚步，从属［人类—脚步—字符］，隐喻本方走出门户对外交往的行动，且"脚步"在居所的下方，从属［指事—部位—字符］，隐喻本方综合实力中的下线经济因素。因而"复"的字符隐意可表述为：

"复（甲骨文：𢕚）"="内卦或本方的综合实力"+"本方走出门户对外交往的行动"+"卦象中的下线经济因素"

综合上式组字要素的隐意信息，"复"的隐意可解读为：本方走出门户对外交往发展经济。

三、卦辞"亨：出入无疾？"隐意解析

1."亨"的隐意

针对内卦出现的各种不同的情况，以及内卦与外卦对比形成的复杂局面，寻求解决方案，或：问卦。（参见第三章第二节［泰卦隐意解析］中"亨"的论述）

2."出"字隐意解析

甲骨文　　金文　　小篆　　楷书

出，甲骨文和金文字形，像一只脚（止）从掘地而居的半穴居住所（"宀"字的倒形或侧形）向外迈出的样子。造字本义：离去出门。（参考资料：左民安著《细说汉字》九州出版社2005年版336页"出"）

依据甲骨文和金文字形及字源解说内容，分解"出"的组字要素：

"出（金文：）"="居所"＋"脚步"

按照推测及验证的［类别—隐意—共性］规律，解析上式字符隐意："居所"为人生活居住之处所，从属［人类—房屋—字符］，隐喻内卦；"脚步"从属［人类—脚步—字符］，隐喻本方的行动，在此表示走出门户。因而"出"的字符隐意可表述为：

"出（金文：）"="内卦"＋"本方走出门户"

综合上式组字要素的隐意信息，"出"的隐意可解读为：走出门户对外交往。

3."入"字隐意解析

入 人 内 入

甲骨文　金文　小篆　楷体

入，甲骨文字形，像个尖头器具，尖头器具容易进入。本义：进来，进去。（资料来源：李乐毅著《汉字演变五百例》北京语言大学出版社2002年版281页"入"）

依据甲骨文和金文字形及字源解说内容，解析"入"的隐意："入"与"出"的含意相对应，因而，"入"的隐意可解读为：进入内卦。

4."无"字隐意解析

舞 舞 舞 無 无

甲骨文　金文　小篆　楷体　简体

"无"字繁体字形为"無"，是"舞"的初文。在甲骨文和金文中，其字形很像人持舞具而舞的样子，本义为跳舞。后来"無"假借为"没有"之意，而表示"跳舞"之意时则用"舞"替代。（参考资料：李乐毅著《汉字演变五百例》北京语言大学出版社2002年版354页"无"）

依据甲骨文和金文字形及字源解说内容，解析"无"的隐意：（1）"无（甲骨文：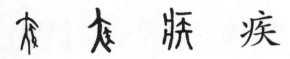）"字形很像人持舞具而舞的样子，按照推测及验证的［类别—隐意—共性］规律，从属［人类—身形—字符］，隐喻本方；（2）"無"假借为"没有"之意。因而，"无"的隐意可解读为：本方没有。

5. "疾"字隐意解析

甲骨文	金文	小篆	楷书

疾，甲骨文和金文字形，由"大（人）"和"矢"组成会意字，像人中箭的样子。（参考资料：左民安著《细说汉字》九州出版社2005年版368页"疾"）

依据甲骨文字形及字源解说内容，分解"疾"的组字要素：

"疾（甲骨文：）"＝"大"＋"箭"

按照推测及验证的［类别—隐意—共性］规律，解析上式字符隐意："大"与"小"对应，从属［阴阳—对应—字符］，隐喻优势；"箭"是冷兵器时代的武器，从属［兵器—军事—字符］，隐喻本方军事。因而"疾"的字符隐意可表述为：

"疾（甲骨文：）"＝"优势"＋"本方军事"

综合上式组字要素的隐意信息，"疾"的隐意可解读为：本方的军事优势。

6. 卦辞"亨：出入无疾?"的隐意

君子问卦（亨）：走出门户对外交往（出入），并不能形成本方的军事优势吧（无疾）?

"入"的隐意：进入内卦。

"无"的隐意可解读为：本方没有。

"疾"＝"大（隐喻优势）"＋"箭（隐喻本方的军事）"，合成隐意：本方的军事优势。

"亨：出入无疾?"的隐意：君子问卦（亨）：走出门户对外交往（出入），并不能形成本方的军事优势吧（无疾）?

四、卦辞"朋来无咎"隐意解析

1."朋"的隐意

财力，经济繁荣。（参见本章第一节［坤卦隐意解析］中"朋"的论述）

2."来"的隐意

当内卦与外卦分别暗示本方与对方时，"来"隐喻"离开对方，来到本方"。（参见第三章第二节［泰卦隐意解析］中"来"的论述）

3."无"的隐意

本方没有。（参见本节上文"无"的论述）

4."咎"字隐意解析

甲骨文　金文　小篆　楷体

咎，甲骨文字形，从"人"从"脚（止）"，二字符分离。所像不明。（参考资料：徐中舒主编《甲骨文字典》四川辞书出版社2014年版896页"咎"）

依据甲骨文和金文字形及字源解说内容，分解"咎"的组字要素：

"咎（甲骨文：𠂤）"＝"脚步与某某相分离"＋"人"

按照推测并验证的［类别—隐意—共性］规律，解析上

（左侧旁注）

"咎"＝"脚步与某某相分离（隐喻本方行为与某某相分离）"＋"人（隐喻优势）"，合成隐意：本方行为与优势相分离，或：本方情况不妙。

"无咎"的隐意：本方行为不会变差，或：本方行为没问题，没毛病，或：本方立于不败之地。

"反"＝"厂（隐喻内卦里的因素）"＋"右手（隐喻本方采取措施）"，合成隐意：本方根据自身综合实力的情况而采取的措施。

式字符的隐意："脚步"为人的脚步，从属［人类—脚步—字符］，隐喻本方的行为，"脚步与某某相分离"则隐喻本方的行为与某某分离；"人（甲骨文：ㄔ）"与"人的反像（甲骨文：ㄔ），即反写的'人'"在字形上存在对应关系，从属［阴阳—对应—字符］，隐喻阳性、优势状态。因而"咎"的字符隐意可表示为：

"咎（甲骨文：ㄅㄔ）"＝"本方的行为与某某相分离"＋"优势"

综合上式组字要素的隐意信息，"咎"的隐意可解读为：本方行为与优势相分离，或：本方情况不妙。

"无咎"的隐意：本方行为不会变差，或：本方行为没问题，没毛病，或：本方立于不败之地。

5. 卦辞"朋来无咎"的隐意

这项政策能为本方带来经济繁荣（朋来），而使本方立于不败之地（无咎）。

五、卦辞"反复其道"隐意解析

1. "反"字隐意解析

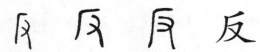

甲骨文　金文　小篆　楷书

反，甲骨文和金文字形，像一只手正向着"厂"（崖）边攀登的样子，是"攀"的初文，造字本义：攀登。后假借相反，返回。（参考资料：左民安著《细说汉字》九州出版社2005年版51页"反"）

依据甲骨文和金文字形及字源解说内容，分解"反"的组字要素：

"反（金文：反）"＝"厂"＋"右手"

按照推测及验证的［类别—隐意—共性］规律，解析上式字符隐意："厂"的甲骨文与"石"同字，意为石器（参考资料：徐中舒主编《甲骨文字典》四川辞书出版社2014年版1031页"厂"［解字］、1033页"石"［解字］），"石器"为人类早期制作的工具，从属［人类—用具—字符］，隐喻内卦里的因素，或本方综合实力中的某个方面；"右手"从属［人类—右手—字符］，隐喻本方采取的措施。因而"反"的字符隐意可表述为：

"反（金文：反）"＝"内卦里的因素"＋"本方采取的措施"

综合上式组字要素的隐意信息，"反"的隐意可解读为：本方根据自身综合实力的情况而采取的措施。

2．"复"的隐意

本方走出门户对外交往发展经济。（参见本节上文"复"的论述）

"反复"的隐意：本方根据自身情况采取的措施是：走出门户对外交往发展经济。

3．"其"字的含意

甲骨文　　金文　　小篆　　楷体

其，甲骨文和金文字形，像一个簸箕的形状，字的上端是簸箕的前面，中间交叉的笔画表示用枝条编织。造字本义：簸箕。"其"是"箕"的古字，后假借为代词。（参考资料：汤可敬撰（东汉许慎著）《说文解字今释》岳麓书社2002年版642页"箕"［参证］）

"其"常被周文王用来代指对方，或某事。此处"其"代指"反

"复"之措施。

4. "道"字隐意解析

徝　䢥　道

金文　　小篆　　楷书

道，金文字形，从"行"从"首"从"止"，表示行走所向的方向。造字本义：引导。（参考资料：左民安著《细说汉字》九州出版社2005年版509页"道"）

依据金文字形及字源解说内容，分解"道"的组字要素：

"道（金文：徝）" = "行" + "页" + "止"

按照推测及验证的［类别—隐意—共性］规律，解析上式字符的隐意："行"为道路；"页"意为头部，从属［意示—部位—字符］，隐喻卦象的上线军事因素；"止"为脚，从属［人类—脚步—字符］，隐喻本方付诸行动。因而"道"的字符隐意可表述为：

"道（金文：徝）" = "道路" + "上线军事" + "本方付诸行动"

综合上式组字要素的隐意信息，"道"的隐意可解读为：本方走发展军事之路。

5. 卦辞"反复其道"的隐意

根据当前形势，本方采取的措施（反）是走出门户对外交往发展经济（复），目的就是要走强军之路（其道）。

"其"常被周文王用来代指对方，或某事。

"道"="行（道路）"+"页（隐喻上线军事因素）"+"止（本方的行为）"，合成隐意：本方走发展军事之路。

"反复其道"的隐意：根据当前形势，本方采取的措施（反）是走出门户对外交往发展经济（复），目的就是要走强军之路（其道）。

六、卦辞"七日来复"隐意解析

1. "七"字隐意解析

甲骨文　　　金文　　　小篆　　　楷书

七,甲骨文和金文字形,为一"横"一"竖"的指事字。横画表示被切割的物体,直笔表示切断。造字本义:切开。"七"是"切"字的初文。后假借为表示数字的"七"。(参考资料:汤可敬撰(东汉许慎著)《说文解字今释》岳麓书社2002年版2111页"七"[参证])

依据甲骨文和金文字形及字源解说内容,解析"七"的隐意:"七"的本义为"用刀切物",按照推测及验证的[类别—隐意—共性]规律,"刀"从属[兵器—军事—字符],因而"七"的隐意可解读为:军事。

2. "日"的隐意

"日"是最明显表示"阳性"的字符,用在描述卦象的因素上,则表示实线"—",即或优势的状态。(参见第五章第五节[革卦隐意解析]中"日"的论述)

"七日"的隐意:军事(七)优势(日)。

3. "来"字的隐意

当内卦与外卦分别暗示本方与对方时,"来"隐喻"离开对方,来到本方"。(参见第三章第二节[泰卦隐意解析]中"来"的论述)

4. "复"的隐意

本方走出门户对外交往发展经济。(参见本节上文"复"的论述)

5. 卦辞"七日来复"的隐意

军事优势（七日）在本方形成（来），则需要本方走出门户对外交往发展经济（复）。

七、卦辞"利有攸往"隐意解析

1. "利"的隐意

优势因素，优势格局。（参见第三章第三节［否卦隐意解析］中"利"的论述）

2. "有攸往"的隐意

本方采取借助对方某项优势的方法。

而"借助对方的优势"是要付出一定的代价的，即用本方的优势因素作为条件，换取对方的优势，因而，"有攸往"的隐意可解读为：本方采取与对方"互通有无、优势互补"的合作方式。（参见本章第一节［坤卦辞解］中"有攸往"的论述）

3. 卦辞"利有攸往"的隐意

本方只有形成某种优势（利），才能使本方与对方采取"互通有无、优势互补"的合作方式（有攸往）。

结合上下辞句来看，"利有攸往"是对"七日来复"的解释，强调走出门户对外交往，就是开展"互通有无、优势互补"的合作来形成经济优势，进而达到强军之目的。

◀

"七"＝"用刀切物"，隐意：军事。

"七日"的隐意：军事（七）优势（日）。

"七日来复"的隐意：军事优势（七日）在本方形成（来），则需要本方走出门户对外交往发展经济（复）。

233

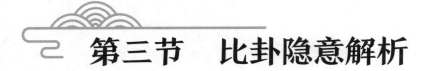

第三节　比卦隐意解析

卦名：**比**

卦象：

卦辞：吉原筮，元永贞，无咎。不宁方来，后夫凶。

一、比卦隐意解读

比卦重点论述经济和军事的不同作用，以及它们之间的辩证关系。

将上下排列结构的比卦卦象"☵☷"转换为左右排列的象素表达式"☵☷"：

八卦符号	表示因素	外卦-对方	内卦-本方
上线	军事：	"--"劣势	"--"劣势
中线	疆域：	"—"优势	"--"劣势
下线	经济：	"--"劣势	"--"劣势

周文王针对象素表格显示的内卦（本方）三线全阴、外卦（对方）中线为阳的逆境局面，再谈全面劣势中发展经济和军事的重要性以及两者之间的关系。

首先，周文王指出经济和军事在综合实力中所发挥的功能和作用是不同的：将本方的综合实力中的各个方面由劣势局面转变为优势格局，就要以经济为基点，采取"优势叠加"的发展模式（卦辞：吉原筮）；而针对外卦具有的优势情况，制定内卦的军事发展布局，可使本方立于不败之地（卦辞：元永贞，无咎）。

接着，周文王再次阐述军事和经济的辩证关

系：改变本方综合实力中的军事劣势状况，有助于本方的经济发展（卦辞：不宁方来）；同时，他又强调经济优势格局是支撑军事优势的基础：一旦本方综合实力成为劣势，尤其经济因素变成劣势，终会导致军事优势丧失殆尽（卦辞：后夫凶）。

因此，周文王强调，在发展经济和军事的问题上，二者不可偏废，必须平衡发展。一旦某项因素出现劣势状况，将会导致另一项因素的连锁反应。这就是卦名"比"的隐意——"劣势叠加"。

二、卦名"比"的隐意解析

"比"字隐意解析

甲骨文　　金文　　小篆　　楷书

（资料来源：左民安著《细说汉字》九州出版社 2005 年版 19 页"比"）

比，甲骨文和金文字形，由两个"匕"组合成字。在卜辞里亦用比为妣。（参考资料：徐中舒主编《甲骨文字典》四川辞书出版社 2014 年版 920 页"比"［解字］）

依据甲骨文和金文字形及字源解说内容，分解"比"的组字要素：

"比（甲骨文：）"＝"匕"＋"匕"

按照推测并验证的［类别—隐意—共性］规律，解析上式字符的隐意："匕"为女性符号，从属［人类—女性—字符］，隐喻内卦的象素为虚线"- -"，或阴性，或劣势。因而"比"的字符隐意可表述为：

"比（甲骨文：）"＝"劣势"＋"劣势"

综合上式组字要素的隐意信息，"比"的隐意可解读为：两项劣势。

或：劣势叠加。

三、卦辞"吉原筮"隐意解析

1."吉"的隐意

本方确定某某情形为优势，或：本方确定某方案为尚佳之策。（参见第三章第二节［泰卦隐意解析］中"吉"的论述）

2."原"字隐意解析

原　　　原　　　原原　　原

金文　　　小篆　　楷书（繁体）　楷书

原，金文字形，像在"厂"（山厓）下的石缝中所流出的泉水，以会意水流源头。"原"是"源"的初文，造字本义：水源。（参考资料：左民安著《细说汉字》九州出版社2005年版78页"原"）

依据金文字形及字源解说内容，分解"原"的组字要素：

"原（金文：　）"="厂（崖）"+"泉"

按照推测并验证的［类别—隐意—共性］规律，解析上式字符的隐意："厂"的甲骨文与"石"同字，意为石器（参考资料：徐中舒主编《甲骨文字典》四川辞书出版社2014年版1031页"厂"［解字］、1033页"石"［解字］），"石器"为人类早期制作的工具，从属［人类—用具—字符］，隐喻内卦里的因素，或本方综合实力中的某个方面。"泉"为山泉之水，从属［阴阳—对应—字符］，隐喻阴性、劣势。因而"原"的字符隐意可表示为：

"原（金文：　）"="内卦里的因素"+"劣势"

综合上式组字要素的隐意信息，"原"的隐意可解读为：本方综合实力中的某个方面为劣势状态。

3."筮"字隐意解析

筮　　　筮　　筮

金文　　　小篆　　楷体

筮，金文和小篆字形，由"艹（草）或竹"和"巫"组成会意字，表示巫师所用之草。（参考资料：汤可敬撰（东汉许慎著）《说文解字今释》岳麓书社2002年版621页"筮"）

依据金文字形及字源解说内容，分解"筮"的组合要素：

"筮（金文：𥏫）"＝"艹"＋"巫"

按照推测并验证的［类别—隐意—共性］规律，解析上式字符隐意："艹"为植物，从属［植物—经济—字符］，隐喻农耕经济；"巫（甲骨文：𢁹、金文：𢁸）"字形，像两条横竖重叠摆放的玉器，为古代巫师占卜的灵器（参考资料：汤可敬撰（东汉许慎著）《说文解字今释》岳麓书社2002年版648页"巫"［参证］），这两条横竖重叠摆放的实线"—"，从属［象形—实线—字符］，在此隐喻双"–"——"优势、优势"，即"优势叠加"的发展模式。因而"筮"的字符隐意可表示为：

"筮（金文：𥏫）"＝"经济"＋"优势叠加"

综合上式组字要素的隐意信息，"筮"的隐意可解读为：以经济为基点的"优势叠加"模式。

4.卦辞"吉原筮"隐意

将本方的综合实力中的各个方面由劣势局面转变为优势格局（吉原），要以经济为基点，采取"优势叠加"的发展模式（筮）。

四、卦辞"元永贞，无咎"隐意解析

1."元"的隐意

本方的军事。（参见第五章第二节［临卦隐意解析］中"元"的论述）

▲
◀

"比"＝"匕（隐喻劣势）"＋"匕（隐喻劣势）"，合成隐意：两项劣势。或：劣势叠加。

"原"＝"厂（隐喻内卦的因素）"＋"泉（隐喻劣势）"，合成隐意：本方综合实力中的某个方面为劣势状态。

"筮"＝"艹（隐喻农耕经济）"＋"巫（隐喻优势叠加）"，合成隐意：以经济为基点的"优势叠加"模式。

"永"＝"河流（隐喻外卦）"＋"'人'字（隐喻优势）"，合成隐意：外卦为优势。

▼

237

2. "永"字隐意解析

甲骨文　　金文　　小篆　　楷体

永，甲骨文和金文字形，像人在水中游泳。造字本义：游泳。（参考资料：汤可敬撰（东汉许慎著）《说文解字今释》岳麓书社2002年版1608页"永"［参证］）

依据甲骨文和金文字形及字源解说内容，分解"永"的组字要素：

"永（甲骨文：）" = "河流" + "'人'字"

按照推测并验证的［类别—隐意—共性］规律，解析上式字符隐意："河流"从属［禽兽—川河—字符］，隐喻外卦；"人（甲骨文：）"与"人的反像（甲骨文：），即反写的'人'"在字形上存在对应关系，从属［阴阳—对应—字符］，隐喻阳性、优势状态。因而"永"的字符隐意可表述为：

"永（甲骨文：）" = "外卦" + "优势"

综合上式组字要素的隐意信息，"永"的隐意可解读为：外卦为优势。

3. "贞"的隐意

占卜得到的内卦情况，或：经过研究分析获得本方综合实力的比较状况。简称：本方综合实力的情形。（参见第三章第三节［否卦隐意解析］中"贞"的论述）

4. "无咎"的隐意

本方行为不会变差，或：本方行为没问题，没毛病。或：本方利于不败之地。（参见本章第二节［复卦隐意解析］中"无咎"的论述）

5. 卦辞"元永贞，无咎"的隐意

发展本方军事是针对外卦的优势情形（元永）而制定的内卦发展格局（贞）。这项策略可使本方立于不败之地（无咎）。

五、卦辞"不宁方来，后夫凶"隐意解析

1. "不"的含意

"不"假借表示"相反"意。（参见第三章第三节［否卦隐意解析］中"不"的论述）

2. "宁"字隐意解析

甲骨文　金文　篆文　楷体　合并简体

宁（寧），甲骨文和金文字形，像一间房子中间有一张桌子，上面放着盛食物的器皿。有的金文又加进一个"心"字，表示"安心"、"安宁"的意思。造字本义：生活安定。（参考资料：左民安著《细说汉字》九州出版社2005年版108页"宁"）

依据金文字形及字源解说内容，分解"宁（寧）"的组字要素：

"宁（金文：寧）"＝"宀"＋"心"＋"皿"＋"桌子"

按照推测并验证的［类别—隐意—共性］规律，解析上式字符的隐意："宀"为房屋，从属［人类—房屋—字符］，隐喻内卦或本方的综合实力；"心"的本意为心脏。古人认为心是思维的器官，因此把思想、感情都说做"心"（参考资料：左民安著《细说汉字》九州出版社2005年版217页"心"）。由此，"寧"里的"心"代表意识，它与物质相对而言，属于

"宁"="宀（隐喻外卦）"+"上方的'心'（隐喻上线军事因素，劣势）"+"皿（隐喻内卦因素）"+"桌子（隐喻内卦因素）"，合成隐意：本方综合实力中的军事因素为劣势。

"方"="翻土之农具"，隐意：经济因素。

"后：毓"="女（隐喻本方处于劣势）"+"下方的'子'（隐喻本方，下线经济因素）"+"水（隐喻劣势）"，合成隐意：本方处于劣势，尤其本方的经济因素处于劣势。

"夫"="成人（隐喻本方）"+"大（隐喻优势）"+"上方的符号'一'（隐喻上线军事因素）"，合成隐意：本方军事因素为优势。

[阴阳—对应—字符]，隐喻劣势；且"心"字符位于"心、皿、桌子"三字符的上方，从属[指事—部位—字符]，隐喻卦象的上线军事因素，因而"心"在此处隐喻上线军事因素处于劣势；而"皿"和"桌子"字符位于"心、皿、桌子"三字符的中部和下部，从属[人类—用具—字符]和[指事—部位—字符]，隐喻内卦里的中线和下线因素，但没有表述二者的阴阳状态。因而"宁（宁）"的字符隐意可表述为：

"宁（金文：宀）"="内卦"+"上线军事因素为劣势"

综合上式组字要素的隐意信息，"宁"的隐意可解读为：本方综合实力中的军事因素为劣势。

3."方"字隐意解析

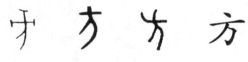

| 甲骨文 | 金文 | 小篆 | 楷书 |

"方"字释义颇多，诸说具可引证，迄无定论，其中一说为"耒耜"，像古时翻土之农具形。（参考资料：汤可敬撰（东汉许慎著）《说文解字今释》岳麓书社2002年版1166页"方"[参证]）

依据甲骨文和金文字形及字源解说内容，解析"方"的隐意："方"为古时翻土之农具，按照推测并验证的[类别—隐意—共性]规律，该字从属[农耕—经济—字符]，隐喻农耕时代的经济。因而，"方"的隐意可解读为：经济因素。

4."来"的隐意

当内卦与外卦分别暗示本方与对方时，"来"隐喻"离开

对方，来到本方"。（参见第三章第二节［泰卦隐意解析］中"来"的论述）

5. "后"字隐意解析

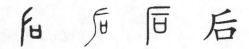

甲骨文　　金文　　小篆　　楷体

（资料来源：景德、崇圣编著《汉字寻根300例》山东美术出版社2005年版11页"后"）

后，卜辞里用"毓"为"后"，"毓（甲骨文：🐛）"字形，像女子产子之形，子旁或有数小点乃羊水，本义：母系社会的氏族酋长，乃一族之始祖母。（参考资料：徐中舒主编《甲骨文字典》四川辞书出版社2014年版997页"后"［解字］、1581页"育（毓）"［解字］）

依据甲骨文和金文的字源解说内容，分解"后（毓）"的组字要素：

"后：毓（甲骨文：🐛）" = "女" + "子" + "水"

按照推测并验证的［类别—隐意—共性］规律，解析上式字符隐意："后：毓"为人的称谓，从属［人类—称谓—字符］和［人类—女性—字符］，隐喻本方处于劣势；"子"为人的称谓，从属［人类—称谓—字符］，隐喻本方；且"子"在"女"的下方，从属［指事—部位—字符］，隐喻象素的下线经济因素；"水"与"火"对应，从属［阴阳—对应—字符］，隐喻某项因素为劣势。因而"后：毓"的字符隐意可表述为：

"后：毓（甲骨文：🐛）" = "本方处于劣势" + "本方的下线经济因素" + "劣势"

综合上式组字要素的隐意信息，"后：毓"的隐意可解读为：本方处于劣势，尤其本方的经济因素处于劣势。

6. "夫"字隐意解析

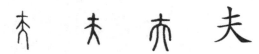

甲骨文　　金文　　小篆　　　楷书

夫，甲骨文和金文字形，像在"大（成人）"的头部加一横指事符号，代表发簪。意为男子进入成年开始束发，并用发簪固定。造字本义：成年男子。（参考资料：左民安著《细说汉字》九州出版社2005版165页"夫"）

依据甲骨文和金文字形及字源解说内容，分解"夫"的组字要素：

"夫（甲骨文：木）" = "成人" + "大" + "一"

按照推测并验证的［类别—隐意—共性］规律，解析上式字符的隐意："成人"从属［人类—称谓—字符］，隐喻本方；"大"与"小"对应，从属［阴阳—对应—字符］，隐喻阳性，优势状态，"一"符号在"成人"的头部位置，从属［指事—部位—字符］，隐喻象素的上线。因而"夫"的隐意可表示为：

"夫（甲骨文：木）" = "本方" + "优势" + "上线或军事"

综合上式组字要素的隐意信息，"夫"的隐意可解读为：内卦的上线为"阳性"，或：本方军事因素为优势。

7. "凶"的隐意

"凶"，与"吉"相对应，是表述卦象或象素处于不好的、险恶的、劣势的状态。（参见第四章第二节［讼卦隐意解析］中"凶"的论述）

8. 卦辞"不宁方来，后夫凶"的隐意

改变本方综合实力中的军事劣势状况（不宁），有助于本方的经济发展（方来）。然而，本方综合实力处于劣势，尤其经济因素变成劣势（后），终会导致军事优势（夫）丧失殆尽（凶）。

第四节　井卦隐意解析

卦名：井

卦象：

卦辞：改邑不改井，无丧无得。往来井井。汔至亦未繘，井羸其瓶，凶。

一、井卦隐意解读

周文王通过井卦卦象的隐意，阐述本方在大好的局面下只顾开疆拓土而忽视经济发展（卦辞：改邑不改井），将会产生怎样的后患。

将上下排列结构的井卦卦象"☵☴"转换为左右排列的象素表达式"☴☵"：

八卦符号	表示因素	外卦-对方	内卦-本方
上线	军事：	"--"劣势	"–"优势
中线	疆域：	"–"优势	"–"优势
下线	经济：	"--"劣势	"--"劣势

"象素"表显示，外卦（对方）仅有疆域优势，内卦（本方）却有军事和疆域两项优势，显然，在双方综合实力对比中，本方处于相当有利的局面。

但在这样的大好局面下，周文王敏锐地看到了不利于本方的隐患，这就是本方的经济问题。（卦名：井。）

周文王指出（卦辞隐语）：本方借助自身已经形成的军事优势（☴☵），只顾开疆拓土，却忽视了经济发展，造成本方始终没有形成经济成就，从而导致本方没有财富积累（卦辞：改邑不改井，无丧无得）。

这种不重视经济的发展模式，会给本方带来严重的后果。

周文王举例（卦辞隐语）：假如对方与本方对待经济发展的态度截然相反，将会形成两种完全不同的经济发展趋势（卦辞：往来井井）。

一旦对方的经济取得优势，而且通过经济优势实现了军事优势，对方的综合实力就形成了全面优势的格局（卦辞：汔）。

而此时，如果本方在经济上仍然毫无建树，本方似乎仍然具备军事优势和疆域优势（卦辞：至亦），然而，本方的经济繁荣直接关系到本方的军事战斗力（卦辞：未繘），本方经济出现问题将会导致当前不具进攻性的对方变成具备进攻性的对方，从这个角度来理解，对方的综合实力占据了两项优势（卦辞：井羸其瓶）。

言外之意：对方的军事优势在经济优势的支撑下更具战斗力，要比本方军事更具优势。因而，对方的综合实力有两项超越本方的优势——经济和军事。

所以，不重视经济发展的后果是：本方的综合实力将会处于极其危险的劣势地位（卦辞：凶）。

二、卦名"井"的隐意解析

"井"字隐意解析

井	井	井	井
甲骨文	金文	小篆	楷书

井，甲骨文和金文字形，像水井周围的栏杆。造字本义：从地面往下挖成的能取水的深洞。先秦"井"字又指一种土地制度——井田制。（参考资料：汤可敬撰（东汉许慎著）《说文解字今释》岳麓书社2002年版684页"井"［参证］）

依据甲骨文和金文字形及字源解说内容，解析"井"的隐意："井"的含意之一为一种土地制度，是指殷商时期用于农耕的分割成"井"字形的田地。按照推测并验证的［类别—隐意—共性］规律，

"井"从属［农耕—经济—字符］。因而，"井"的隐意可解读为：农耕经济。

◀

"井"="井田制"，隐意：农耕经济。

三、卦辞"改邑不改井"隐意解析

1."改"字隐意解析

甲骨文　　金文　　小篆　　楷书

改，甲骨文和金文字形，由"巳"和"攴"组合为字。字形像一个孩子跪着，旁边有一只手拿着棍子打他。造字本义：改变、纠正。（参考资料：左民安著《细说汉字》九州出版社2005年版317页"改"）

依据甲骨文和金文字形及字源解说内容，分解"改"的组字要素：

"改（金文：𢼂）"="巳"＋"右手"＋"棍杖"

按照推测并验证的［类别—隐意—共性］规律，解析上式字符的隐意："巳"表示胎儿或后嗣，从属［人类—称谓—字符］，隐喻本方某项因素尚未成熟；"右手"从属［人类—右手—字符］，隐喻本方采取的措施，"棍杖"从属［人类—用具—字符］，隐喻内卦里的某项因素，"持杖"则隐喻借助内卦里的某项因素。因而"改"的字符隐意可表述为：

"改（金文：𢼂）"="本方某项因素尚未成熟"＋"本方采取的措施"＋"借助内卦里的某项因素"

综合上式组字要素的隐意信息，"改"的隐意可解读为：本方借助内卦里的某项因素，针对自身尚未成熟的因素而采取的措施。

"改"="巳（隐喻本方尚未形成优势的因素）"＋"右手（隐喻本方采取措施）"＋"棍杖（隐喻内卦里的因素）"，合成隐意：本方借助内卦里的某项因素，针对自身尚未成熟的因素而采取的措施。

245

2. "邑"字隐意解析

$$\text{甲骨文} \quad \text{金文} \quad \text{小篆} \quad \text{楷书}$$

甲骨文　　金文　　小篆　　　楷书

　　邑，甲骨文字形，上方的方框表示封地，下边跪着的人表示臣民。二个字符会意：有土地有臣民的方国。（资料来源：左民安著《细说汉字》九州出版社 2005 年版 525 页"邑"）

　　依据甲骨文和金文字形及字源解说内容，分解"邑"的组字要素：

　　"邑（甲骨文： ）"＝"人身形"＋"口"

　　按照推测并验证的［类别—隐意—共性］规律，解析上式字符的隐意："人身形"从属［人类—身形—字符］，隐喻本方；"口"为封地，从属［城邑—疆域—字符］，隐喻疆域因素。因而"邑"的字符隐意可表述为：

　　"邑（甲骨文： ）"＝"本方"＋"疆域因素"

　　综合上式组字要素的隐意信息，"邑"的隐意可解读为：本方的疆域因素。

　　"改邑"的隐意：本方借助自身某项优势因素，针对自身尚未形成优势的疆域因素不断采取措施。

3.“不”字的隐意

“不”假借表示“相反”意。（参见第三章第三节［否卦隐意解析］中“不”的论述）

4.“井”字的隐意

经济。（参见上文中“井”的论述）

“不改井”的隐意：本方没有借助自身的某种优势，针对自身尚未形成优势的经济因素而采取措施。

5.卦辞“改邑不改井”的隐意

本方借助自身的某项优势，只对自身尚未形成优势的疆域因素不断采取措施，使其形成优势（改邑），却没有针对处于劣势的经济因素采取任何措施（不改井）。

四、卦辞“无丧无得”隐意解析

1.“无”字的隐意

本方没有。（参见本章第二节［复卦隐意解析］中“无”的论述）

2.“丧”的隐意

经济成果。（参见本章第一节［坤卦隐意解析］中“丧”的论述）

3.“得”的隐意

本方获取财力之路。（参见本章第一节［坤卦隐意解析］中“得”的论述）

4.卦辞“无丧无得”的隐意

本方没有（无）取得经济成就（丧），就没有（无）财富积累（得）。

◀

“不改井”的隐意：本方没有借助自身的某种优势，针对自身尚未形成优势的经济因素而采取措施。

“无丧无得”的隐意：本方没有（无）取得经济成就（丧），就没有（无）财富积累（得）。

五、卦辞"往来井井"隐意解析

1. "往"的隐意

相对本方而言，去往他方。当内卦与外卦分别暗示本方与对方时，"往"则隐喻"离开本方，去往对方"。（参见第三章第二节［泰卦隐意解析］中"往"的论述）

2. "来"的隐意

当内卦与外卦分别暗示本方与对方时，"来"隐喻"离开对方，来到本方"。（参见第三章第二节［泰卦隐意解析］中"来"的论述）

3. "井"的隐意

经济。（参见上文中"井"的论述）

"井井"的隐意：经济和经济，即两种经济发展格局。

4. 卦辞"往来井井"的隐意

对方发展经济与本方发展经济形成两种格局。

结合前面"改邑不改井"的卦辞隐意，可进一步解读"往来井井"的隐意为：对方与本方对待经济发展的态度截然相反，形成两种不同的经济格局。本方在经济上毫无建树，而对方则会取得经济方面的成就。

六、卦辞"汔至亦未繘"隐意解析

1. "汔"字隐意解析

小篆　　楷体

（左侧边注）

"井井"的隐意：两种经济发展格局。

"往来井井"的隐意：对方发展经济与本方发展经济形成两种格局。

"汔"="氵（隐喻外卦）"+"气（隐喻三项因素均为优势）"，合成隐意：外卦形成综合实力全面优势的局面。

248

汔，小篆字形为形声字，"水"表意，"气"表声。本义：水干涸。
（参考资料：汤可敬撰（东汉许慎著）《说文解字今释》岳麓书社2002年版
1576页"汔"）

尚未查找到甲骨文和金文的字形。这就存在一种可能性：周文王用
"氵"和"气"两个字符合成会意隐意字。

注：甲骨文、金文中，"乞"与"气"同字，均为象形字。（参考资
料：左民安著《细说汉字》九州出版社2005年版217页"乞"）

依据小篆字形及字源解说内容，分解"汔"的组字要素：

"汔（小篆：𣲾）"="氵"+"气"

按照推测并验证的［类别—隐意—共性］规律，解析上式字符的隐
意："氵"为川河，从属［禽兽—川河—字符］，隐喻外卦；"气（甲骨
文：三）"字形，用三横来表示云气层叠之形（资料来源：左民安著
《细说汉字》九州出版社2005年版12页"气"），从属［指事—数量—字
符］，隐喻卦象的三项因素；且"云气"与"雨"存在对应关系，从属
［阴阳—对应—字符］，隐喻优势。因而，"汔"的字符隐意可表述为：

"汔（小篆：𣲾）"="外卦"+"三项因素"+"优势"

综合上式组字要素的隐意信息，"汔"的隐意可解读为：外卦形成综
合实力全面优势的局面。

2."至"的隐意

本方的军事优势。（参见第五章第二节［临卦隐意解析］中"至"的
论述）

3. "亦"字隐意解析

甲骨文　　金文　　小篆　　楷体

亦，甲骨文和金文字形，像伸展两臂的人形（大），在其两腋处添加两点指事符号，强调腋下。"亦"应是"腋"的本字。后来"亦"被假借作副词，相当于现代汉语的"也"。（参考资料：左民安著《细说汉字》九州出版社2005年版167页"亦"）

依据甲骨文和金文字形及字源解说内容，分解"亦"的组字要素：

"亦（甲骨文：　）"＝"大"＋"腋下两指事符号"

按照推测并验证的［类别—隐意—共性］规律，解析上式字符的隐意："大"与"小"对应，从属［阴阳—对应—字符］，隐喻优势；"腋下两点指事符号"，强调人体的中部位置，从属［指事—部位—字符］，隐喻卦象的中线疆域因素。因而"亦"的字符隐意可表示为：

"亦（甲骨文：　）"＝"优势"＋"中线疆域因素"

综合上式组字要素的隐意信息，"亦"的隐意可解读为：中线疆域因素为优势。

4. "未"字隐意解析

![未字字形演变]

甲骨文　　金文　　小篆　　楷书

"亦"＝"大（隐喻优势）"＋"腋下两点指事符号（隐喻中线疆域因素）"，合成隐意：疆域因素为优势。

"未"＝"枝繁叶茂的树"，隐意：经济繁荣。

"缟"＝"糸（隐喻内卦相关联因素）"＋"乔（隐喻具有战斗力的本方军事）"，合成隐意：本方形成具有战斗力的军力与内卦里的某因素息息相关。

未，甲骨文和金文的字形，像一棵树长出许多枝叶的形状，本义：茂盛。（参考资料：汤可敬撰（东汉许慎著）《说文解字今释》岳麓书社2002年版2143页"未"［参证］）

依据甲骨文和金文字形及字源解说内容，解析"未"的隐意："未"为枝叶茂盛的树，按照推测并验证的［类别—隐意—共性］，规律，可以归类于［植物—经济—字符］，隐喻农耕时代的经济。因而，"未"的隐意可解读为：经济繁荣。

5."繘"字隐意解析

繘　繘

小篆　　楷体

繘，小篆字形为形声字，"糸"表意，"矞"表声。本义：汲水用的绳索。（参考资料：汤可敬撰（东汉许慎著）《说文解字今释》岳麓书社2002年版1880页"繘"）

尚未查找到甲骨文和金文字形。这就存在一种可能性："繘"是周文王将"糸"和"矞"二个字符组合成新的隐意会意字。

依据小篆字形及字源解说的内容，分解"繘"的组字要素：

"繘（小篆：繘）"＝"糸"＋"矞"

按照推测并验证的［类别—隐意—共性］规律，解析上式字符的隐意："糸（甲骨文：𢆶，金文：𢆶）"字形，一端像丝束的绪，一端像丝束的头，中间是丝绞（参考资料：汤可敬撰（东汉许慎著）《说文解字今释》岳麓书社2002年版1839页"糸"），从属［人类—用具—字符］，隐喻内卦中相关联的因素；"矞（小篆：矞）"字形，为以矛刺穿物体

▶

"泛至亦未繘"的隐意：一旦对方形成综合实力全面优势的格局(泛)，本方似乎仍然具备军事优势（至）和疆域优势（亦），但经济繁荣（未）直接关系到本方军事的战斗力(繘)。

"羸"="羊(隐喻不具攻击性的对方)"＋"嬴(隐喻具有攻击性的对方)"，合成隐意：对方从不具攻击性变成具有攻击性。

（参考资料：汤可敬撰（东汉许慎著）《说文解字今释》岳麓书社2002年版310页"矞"），从属［兵器—军事—字符］，隐喻具有战斗力的本方军事。因而"繘"的字符隐意可表述为：

"繘（小篆：繘）"="内卦中相关联的因素"＋"具有战斗力的本方军事"

综合上式组字要素的隐意信息，"繘"的隐意可解读为：本方形成具有战斗力的军力与内卦里的某因素息息相关。

6.卦辞"泛至亦未繘"的隐意

一旦对方形成综合实力全面优势的格局（泛），从表象上看，似乎本方仍然具备军事优势（至）和疆域优势（亦），但实际上，经济繁荣（未）直接关系到本方军事的战斗力（繘）。

七、卦辞"井羸其瓶，凶"隐意解析

1."井"的隐意

本方的经济。（参见上文中"井"的论述）

2."羸"字隐意解析

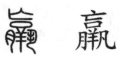

小篆　　　　楷体

羸（读音 léi），小篆字形为形声字，"羊"表意，"嬴"表声。本义：瘦羊。（参考资料：汤可敬撰（东汉许慎著）《说文解字今释》岳麓书社2002年版510页"羸"）

尚未查找到甲骨文和金文字形，这就存在一种可能性："羸"是周文王用"羊"和"羸"组成的隐意会意字。

依据小篆字形字源解说内容，分解"羸"的组字要素：

"羸（小篆：𧸠）"＝"羊"＋"羸"

按照推测并验证的［类别—隐意—共性］规律，解析上式字符的隐意："羊"为食草类动物，从属［禽兽牲畜—字符］，隐喻对方不具攻击性；"羸"为兽类象形字（参考资料：汤可敬撰（东汉许慎著）《说文解字今释》岳麓书社2002年版587页"羸"），从属［禽兽牲畜—字符］，隐喻具有攻击性的对方。因而"羸"的字符隐意可表述为：

"羸（小篆：𧸠）"＝"不具攻击性的对方"＋"具有攻击性的对方"

综合上式组字要素的隐意信息，"羸"的隐意可解读为：没有攻击性的对方变成具有攻击性的对方。

3."其"的含意

簸箕。假借代词。"其"常被周文王用来代指对方。（参见本节第二节［复卦隐意解析］中"其"的论述）

4."瓶"字隐意解析

𤭯　瓶　瓶　瓶

金文　　小篆　　楷书（繁体）　楷书

瓶，金文字形为形声字，"瓦，或：缶"表意，"并"表声意。本义：一种容器。（参考资料：容庚编著《金文编》中华书局1985年版368页"瓶"）

依据金文字形及字源解说内容，分解"瓶"的组字要素：

"瓶（金文：𤭯）"＝"缶"＋"并"

按照推测并验证的［类别—隐意—共性］规律，解析上式字符的隐意：

"瓶"="缶（隐喻内卦里的因素）"+"并（隐喻两项优势）"，合成隐意：本方综合实力中有两项因素处于优势。

"其瓶"的隐意：对方综合实力中有两项因素处于优势。

"井赢其瓶，凶"的隐意：本方的经济问题（井）造成没有攻击性的对方变成具有攻击性的对方（赢），使得对方的综合实力中有两项优势（其瓶），本方的综合实力将会处于劣势地位（凶）。

"缶"为汲水器物，从属［人类—用具—字符］，隐喻内卦里的因素；"并（甲骨文：🏮）"由两个"人"字合并组成（参考资料：汤可敬撰（东汉许慎著）《说文解字今释》岳麓书社2002年版1118页"并"［参证］），而"人（甲骨文：𠂉）"与"人的反像（甲骨文：𠂊），即反写的'人'"在字形上存在对应关系，从属［阴阳—对应—字符］，隐喻阳性、优势状态。因而"瓶"的字符隐意可表述为：

"瓶（金文：🏮）"="内卦里的因素"＋"两项优势"

综合上式组字要素的隐意信息，"瓶"的隐意可解读为：本方综合实力中有两项因素处于优势。

"其瓶"的隐意：在"瓶"的前面添加特指对方的"其"，于是，本句辞的隐意则变为：对方综合实力中有两项因素处于优势。

5."凶"的隐意

劣势状态。（参见第四章第二节［讼卦隐意解析］中"凶"的论述）

6.卦辞"井赢其瓶，凶"的隐意

本方的经济问题（井）造成没有攻击性的对方变成具有攻击性的对方（赢），从这个角度来理解，对方的综合实力中有两项优势（其瓶），本方的综合实力将会处于劣势地位（凶）。

第五节 谦卦隐意解析

卦名:  谦

卦象:

卦辞: 亨? 君子有终。

一、谦卦隐意解读

谦卦卦名隐意: 周文王强调: 本方必须采取措施, 发展经济(卦名: 谦)。君子不明白其中道理, 向周文王请教: 为什么?(卦辞: 亨?)

结合谦卦卦象和卦辞, 解析其中道理。

将上下排列结构的谦卦卦象"☷☶"转换为左右排列的象素表达式"☶☷":

八卦符号	表示因素	外卦-对方	内卦-本方
上线	军事:	"--"劣势	"–"优势
中线	疆域:	"--"劣势	"--"劣势
下线	经济:	"--"劣势	"--"劣势

象素表格显示, 外卦(对方)三线全阴; 内卦(本方)只有代表军事的上线呈现阳线。

从谦卦的卦象"☶☷"上看, 本方在军事上处于优势, 而其它两个方面却都居于劣势。周文王虽然非常重视军事, 但更懂得军事与其它因素之间存在相辅相成的关系, 尤其经济是军事的重要支柱。当前仅有军事优势的情形, 不但不具备本方综合实力优势格局的条件, 而且没有经济的支撑, 也无法维持军事优势的持续。

所以, 周文王用非常精炼的语言解答这个道理（卦辞隐语）：因为本方的军事和经济存在着极大的关联性，所以必须兼备发展，不可偏颇（卦辞：君子有终）。

二、卦名"谦"隐意解析

"谦"字隐意解析

譧　謙　谦

　　小篆　　楷书（繁体）　　楷书

谦，小篆字形为形声字，"言"表意，"兼"表声。本义：恭敬。（参考资料：汤可敬撰（东汉许慎著）《说文解字今释》岳麓书社2002年版332页"谦"）

尚未查找到甲骨文和金文的"谦"，这就存在一种可能性："谦"是周文王将"言"和"兼"组合成隐意会意字。

依据小篆字形及字源解说内容，分解"谦"的组字要素：

"谦（小篆：譧）"＝"言"＋"兼"

按照推测并验证的［类别—隐意—共性］规律，解析上式字符的隐意："言"为人的语言，从属［人类—语言—字符］，隐喻本方的论述；"兼（金文：兼）"字形，像手中握着两株禾（参考资料：左民安著《细说汉字》九州出版社

"谦"="言（隐喻本方的论述）"＋"兼（隐喻本方采取措施，发展经济）"，合成隐意：周文王强调：本方必须采取措施，发展经济。

"君子有终"的隐意：本方（君子）一定要采取有效措施（有），兼备发展军事和经济，因为两者存在着相互依存的关联性（终）。

2005年版384页"兼")。其中："手握"为人的右手动作，从属［人类—右手—字符］，隐喻本方采取措施；"两株禾"为农作物，从属［植物—经济—字符］，隐喻农耕经济，同时"两株禾"在此强调经济发展。因而"谦"的隐意可表述为：

"谦（小篆：𧞤）"="本方的论述"＋"本方采取措施"＋"经济发展"

综合上式组字要素的隐意信息，"谦"的隐意可解读为：周文王强调：本方必须采取措施，发展经济。

三、卦辞"亨？"的隐意

针对内卦出现的各种不同的情况，以及内卦与外卦对比形成的复杂局面，寻求解决方案，或：问卦。（参见第三章第二节［泰卦隐意解析］中"亨"字论述）

四、卦辞"君子有终"隐意解析

1. "君子"的隐意

"君子"为［人类—称谓—字符］，隐喻本方。（参见第三章第三节［否卦隐意解析］中"君子"的论述）

2. "有" 的隐意

本方拥有，本方采取措施。（参见第四章第一节 ［涣卦隐意解析］ 中 "有" 的论述）

3. "终" 的隐意

内卦相关联的上线军事和下线经济因素。（参见第四章第二节 ［讼卦隐意解析］ 中 "终" 的论述）

4. 卦辞 "君子有终" 的隐意

周文王解答：本方一定要采取有效措施，兼备发展军事和经济，因为两者存在着相互依存的关联性。

第六节 渐卦隐意解析

卦名：

卦象：

卦辞：女归吉，利贞。

一、渐卦隐意解读

将上下排列结构的渐卦的卦象"䷴"转换为左右排列的象素表达式"☰☲":

八卦符号	表示因素	外卦-对方	内卦-本方
上线	军事：	"－"优势	"－"优势
中线	疆域：	"－"优势	"－－"劣势
下线	经济：	"－－"劣势	"－－"劣势

"象素"表显示，内卦（本方）在军事方面拥有优势，与外卦（对方）形成实力相当的对峙。但在疆域和经济方面，本方全部都是劣势，而对方拥有疆域优势。总体上看，外卦的优势大于内卦。

在这种敌强我弱的局势下，周文王指出（卦名隐语）：虽然内卦在军事方面能与外卦抗衡了（卦名：渐）。又指出（卦辞隐语）：但还要将本方处于劣势的疆域和经济因素转变成优势，才能形成本方综合实力的优势格局（卦辞：女归吉，利贞）。

即是说，本方仅仅在军事上能与对方抗衡是不够的，还必须形成疆域和经济优势，才能实现超越对方的优势格局。

二、卦名"渐"隐意解析

"渐"字隐意解析

渐　渐

小篆　　　楷体

渐，小篆字形，"水"表意，"斩"表声。本义：水名。（参考资料：汤可敬撰（东汉许慎著）《说文解字今释》岳麓书社2002年版1504页"渐"）

尚未查找到甲骨文和金文的字形，这就存在一种可能性："渐"是周文王将"氵"和"斩"合成的隐意会意字。

依据小篆字形及字源解说内容，分解"渐"的组字要素：

"渐（小篆：渐）"＝"氵"＋"斩"

按照推测并验证的［类别—隐意—共性］规律，解析上式字符的隐意："氵"为河流字符，从属［禽兽—川河—字符］，隐喻外卦；"斩"由"车"和"斤"组合成字（参考资料：汤可敬撰（东汉许慎著）《说文解字今释》岳麓书社2002年版2083页"斩"），其中："车"为人类使用的交通工具，从属［人类—用具—字符］，隐喻内卦里的因素；"斤"的本义为斧头，从属［兵器—军事—字符］，隐喻本方的军事因素。因而"渐"的字符隐意可表述为：

"渐（小篆：渐）"＝"外卦"＋"内卦里的因素"＋"本方的军事"

综合上式组字要素的隐意信息，"渐"的隐意可解读为：内卦的军事因素能与外卦抗衡。

三、卦辞"女归吉，利贞"隐意解析

1."女"的隐意

本方处于劣势，或本方的某项因素为劣势。（参见第五章第四节［家人卦隐意解析］中"女"的论述）

2."归"字隐意解析

甲骨文　金文　小篆　楷书（繁体）楷书

归，甲骨文字形为形声字，"帚（妇省女）"表意，"𠂤"表声。本义：女子出嫁。（参考资料：汤可敬撰（东汉许慎著）《说文解字今释》岳麓书社2002年版233页"归"、［参证］）

依据甲骨文字形及字源解说内容，分解"归"的组字要素：

"归（甲骨文：）"＝"𠂤"＋"帚"

按照推测并验证的［类别—隐意—共性］规律，解析上式字符的隐意："𠂤（甲骨文：）"为小土山（参考资料：汤可敬撰（东汉许慎著）《说文解字今释》岳麓书社2002年版2084页"𠂤"［参证］），从属［山丘—疆域—字符］，隐喻卦象中的疆域因素；"帚（甲骨文：、金文：）"字形，像扎成捆的植物（参考资料：汤可敬撰（东汉许慎著）《说文解字今释》岳麓书社2002年版1054页"帚"［参证］），从属［植物—经济—字符］，隐喻卦象中的经济因素。因而"归"的字符隐意可表示为：

"归（甲骨文：）"＝"疆域"＋"经济"

综合上式组字要素的隐意信息，"归"的隐意可解读为：疆域与经济。

「漸」＝「氵（隐喻外卦）」＋「斩（隐喻内卦，军事）」，合成隐意：内卦的军事因素能与外卦抗衡。

"归"＝"𠂤（隐喻疆域因素）"＋"帚（隐喻经济因素）"，合成隐意：疆域与经济。

"女归吉,利贞"的隐意:只有将本方处于劣势（女）的疆域和经济因素（归）转变成优势（吉），才能形成本方综合实力的优势格局（利贞）。

3."吉"的隐意

本方确定某某情形为优势，或：本方确定某方案为尚佳之策。（参见第三章第二节［泰卦隐意解析］中"吉"的论述）

4."利贞"的隐意

本方综合实力的优势格局。（参见第四章第一节［涣卦隐意解析］中"利贞"的论述）

5.卦辞"女归吉，利贞"的隐意

只有将本方处于劣势（女）的疆域和经济因素（归）转变成优势（吉），才能形成本方综合实力的优势格局（利贞）。

第七章
军事军事还是军事

《周易》作为『兵书』，自然会用重笔强调军事因素的重要性。本章专选观卦、震卦、师卦、节卦、归妹卦、未济卦和鼎卦的隐意内容，阐述军事在综合实力中的作用。

第一节　观卦隐意解析

卦名：观

卦象：

卦辞：盥而不荐，有孚顒若。

一、观卦隐意解读

观卦名的隐意为：本方处境相当危险，已经成为对方猎捕的对象。（卦名：观。）

若要真正理解这种危险的境地，还要通过观卦卦象所显示的敌我双方综合实力对比状况来认识。

将上下排列结构的观卦卦象"☷☴"转换为左右排列的象素表达式"☵☳"：

八卦符号	表示因素	外卦-对方	内卦-本方
上线	军事：	"–"优势	"--"劣势
中线	疆域：	"–"优势	"--"劣势
下线	经济：	"--"劣势	"--"劣势

"象素"表显示：内卦（本方）处于全线劣势中，而外卦（对方）已经发展到上线和中线都是阳线的程度，只剩最下方的底线还是阴线。这意味着对方再向前迈进一步，就会进入全盛的局面。这是周文王绝对不允许本方落入的境地。

面对这种不利的局势，周文王巧用卦辞隐语指出：本方必须竭尽全力改变自身综合实力中的各项因素全部处于劣势的状况，只有形成本方的军事优势，才不会使本方的经济成为对方吞噬的食物。（卦辞：盥而不荐。）

本方必须采取措施，抵御来自对方的挑衅和进犯，要使对方处于劣势，尤其军事，即使在本方综合实力处于劣势环境下，本方也要齐心协力想方设法发展军事。（卦辞：有孚颙若。）

上述卦辞隐意概括了发展军事最为重要的两个方面：（1）只有强军才能保护本方利益不受侵犯；（2）若要打垮具有军事优势的对方，唯一的出路是强军。

二、卦名"观"隐意解析

"观"字隐意解析

甲骨文　金文　小篆　楷体

观，甲骨文字形为象形字，像一种眼睛大而明亮的猛禽。卜辞用雚为觀。（参考资料：左民安著《细说汉字》九州出版社2005年版416页"观"、480页"雚"；徐中舒主编《甲骨文字典》四川辞书出版社2014年版979页"觀"［解字］）

依据甲骨文字形及字源解说内容，解析"观"的隐意："观"在卜辞里用作"雚"，而"雚（甲骨文：、金文：）"为一种猛禽（参考资料：左民安著《细说汉字》九州出版社2005年版480页"雚"），按照推测并验证的［类别—隐意—共性］规律，从属［禽兽牲畜—字符］，隐喻对方。由于"雚"的特征在于"大而明亮的眼睛"，因而，卦名"观"的隐意可解读为：对方在密切注视。

"观"的隐意是对观卦卦象状况的直观描述——此卦显示，本方处于相当危险的境地，已经成为对方猎捕的对象。

▶

观卦的卦辞隐意概括了发展军事最为重要的两个方面：（1）只有强军才能保护本方利益不受侵犯；（2）若要打垮具有军事优势的对方，唯一的出路是强军。

"观"="雚"，隐意：对方在密切注视。

"观"的隐意是对观卦卦象状况的直观描述——此卦显示，本方处于相当危险的境地，已经成为对方猎捕的对象。

三、卦辞"盥而不荐"隐意解析

1. "盥"字隐意解析

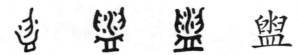

甲骨文　　　金文　　　小篆　　　楷书

盥，甲骨文字形，像一只手伸进水盆洗手。金文字形则将水盆中的符号改写为"水"和"双手"。本义：洗手。（参考资料：左民安著《细说汉字》九州出版社2005年版407页"盥"）

依据金文字形及字源解说内容，分解"盥"的组字要素：

"盥（金文：）" = "双手" + "皿" + "水"

按照推测并验证的［类别—隐意—共性］规律，解析上式字符的隐意："双手"为人的两只手，从属［人类—双手—字符］，隐喻本方尽全力做某事；"皿"为容器，从属［人类—用具—字符］，隐喻内卦里的因素；"水"与"火"相对，从属［阴阳—对应—字符］，隐喻"阴性，劣势"。因而"盥"的字符隐意可表示为：

"盥（金文：）" = "本方尽全力做某事" + "内卦里的因素" + "劣势"

综合上式组字要素的隐意信息，"盥"的隐意可解读为：本方竭尽全力改变自身综合实力中的各项因素处于劣势的状况。

2. "而"字隐意解析

甲骨文　　　金文　　　小篆　　　楷体

而，甲骨文和金文字形，像下巴下方长着茂密的长须。《说文》：而，颊毛也。"而"的造字本义"胡须"与后来表达意完全不同。（参考资料：左民安著《细说汉字》九州出版社2005年版432页"而"）

　　依据甲骨文和金文字形及字源解说内容，解析"而"的隐意："而（甲骨文：）"="胡须"。按照推测并验证的〔类别—隐意—共性〕规律，"胡须"为男性特征，从属〔人类—男性—字符〕，隐喻卦象的实线"–"，即或阳性，或优势；同时，"胡须"为"颊毛也"，意指所处的位置在人的脸部，从属〔意示—部位—字符〕，隐喻卦象的上线军事因素。因而，"而"的隐意可解读为：本方的军事优势。

　　3."不"的含意

　　"不"假借表示"相反"意。（参见第三章第三节〔否卦隐意解析〕中"不"的论述）

　　4."荐"字隐意解析

荐

小篆　　楷体

（资料来源：汤可敬撰（东汉许慎著）《说文解字今释》岳麓书社2002年版133页"荐"）

　　古时常有"荐"和"薦"互相假借，《汉字简化方案》用"荐"合并"薦"。所以存在一种可能性：卦辞中使用的"荐"是"薦"。

　　"薦"字隐意解析

薦

金文　　说文　　楷体

"盥"="双手（隐喻本方齐心协力）"+"皿（隐喻内卦）"+"水（隐喻劣势）"，合成隐意：本方竭尽全力改变自身综合实力中的各项因素处于劣势的状况。

"而"="胡须"，隐意：本方的军事优势。

薦，金文字形，由"艹"和"廌"组成会意字。本义：食草兽吃的草。（参考资料：左民安著《细说汉字》九州出版社2005年版477页"薦（荐）"）

依据金文字形及字源解说内容，分解"薦"的组字要素：

"薦（金文：🖼）"="廌"＋"草"

按照推测并验证的［类别—隐意—共性］规律，解析上式字符的隐意："廌"为传说中的体大如牛的独角兽，从属［禽兽牲畜—字符］，隐喻对方；"草"为生长的植物，从属［植物—经济—字符］，隐喻经济成为某某的食物。因而"薦"的字符隐意可表示为：

"薦（金文：🖼）"="对方"＋"经济成为某某的食物"

综合上式组字要素的隐意信息，"薦"的隐意可解读为：经济成为对方吞噬的食物。

5. 卦辞"盥而不荐"的隐意

本方必须齐心协力改变内卦的劣势局面（盥），尤其要形成军事优势（而），才不会（不）使经济成为对方吞噬的食物（薦）。

四、卦辞"有孚顒若"隐意解析

1. "有孚"的隐意

根据当前形势，本方所要采取的措施（有），必须针对来自对方的挑衅和进犯（孚）。（参见第四章第二节［讼卦隐意解析］中"有孚"的论述）

边栏注释：

▶

"薦"="廌（隐喻对方）"＋"草（隐喻经济，对方的食物）"，合成隐意：经济成为对方吞噬的食物。

"盥而不荐"的隐意：本方必须齐心协力改变内卦的劣势局面（盥），尤其要形成军事优势（而），才不会（不）使经济成为对方吞噬的食物（薦）。

"顒"="禺（隐喻对方处于劣势）"＋"页（隐喻上线军事）"，合成隐意：对方处于劣势，尤其军事。

2. "顒"字隐意解析

顒　顒

　　　小篆　　　　楷体

　　顒，小篆字形为形声字，"页"表意，"禺"表声。本义：大头。（参考资料：汤可敬撰（东汉许慎著）《说文解字今释》岳麓书社2002年版1204页"顒"）

　　尚未查找到甲骨文和金文字形，这就存在一种可能性：周文王用"禺"和"页"组成隐意会意字。

　　依据小篆字形及字源解说内容，分解"顒"的组字要素：

　　"顒（小篆：顒）" = "　　（禺）" + "页"

　　按照推测并验证的［类别—隐意—共性］规律，解析上式字符隐意："禺（金文：　）"为中国古代传说中的一种猴，母猴属，头似鬼（参考资料：汤可敬撰（东汉许慎著）《说文解字今释》岳麓书社2002年版1251页"禺"），从属［禽兽牲畜—雌性—字符］，隐喻对方处于劣势；"页"意为人的头部（参考资料：李乐毅著《汉字演变五百例》北京语言大学出版社2002年版406页"页"），从属［意示—部位—字符］，隐喻上线军事因素。因而"顒"的字符隐意可表示为：

　　"顒（小篆：顒）" = "对方处于劣势" + "上线军事"

　　综合上式组字要素的隐意信息，"顒"的隐意可解读为：对方处于劣势，尤其军事。

3. "若"字隐意解析

甲骨文　　　金文　　　小篆　　　楷体

若，甲骨文字形，像一个跪着的女子用两手梳理头发，会意为顺畅、顺从的顺。金文字形在甲骨文字形的下方加一口字，表示用口答应，会意按照发话人的口令去做，仍是顺从义。（参考资料：李乐毅著《汉字演变五百例》北京语言大学出版社2002年版282页"若"）

依据甲骨文字形及字源解说内容，分解"若"的组字要素：

"若（甲骨文：♀）"＝"女子"＋"双手"＋"梳头"

按照推测并验证的［类别—隐意—共性］规律，解析上式字符的隐意："女子"从属［人类—女性—字符］，隐喻本方的卦象为虚线"--"，即或"阴性、劣势的状态"；"双手"从属［人类—双手—字符］，隐喻本方齐心协力或全力以赴做某事；"梳头"中的"头"意为身体的上部，从属［意示—部位—字符］，隐喻卦象上线军事因素，所以，"梳头"隐喻发展军事。因而"若"的字符隐意可表述为：

"若（甲骨文：♀）"＝"本方综合实力为劣势"＋"本方齐心协力做某事"＋"发展军事"

综合上式组字要素的隐意信息，"若"的隐意可解读为：即使本方的综合实力处于劣势，本方也要齐心协力想方设法发展军事。

4. 卦辞"有孚顒若"的隐意

本方要采取措施，抵御来自对方的挑衅和进犯（有孚），要使对方的军事处于劣势（顒），即使在本方综合实力处于劣势环境下，本方也要齐心协力想方设法发展军事力量（若）。

"若"＝"女子（隐喻本方处于劣势）"＋"双手（隐喻本方齐心协力）"＋"梳头（隐喻本方发展军事）"，合成隐意：即使本方的综合实力处于劣势，本方也要齐心协力想方设法发展军事。

"有孚顒若"的隐意：本方要采取措施，抵御来自对方的挑衅和进犯（有孚），要使对方的军事处于劣势（顒），即使在本方综合实力处于劣势环境下，本方也要齐心协力想方设法发展军事力量（若）。

第二节　震卦隐意解析

卦名：震

卦象：

卦辞：亨：震来虩虩(xi)，笑言哑哑？震惊百里，不丧匕鬯(chang)。

一、震卦隐意解读

君子遇到这样的情况：虽然对方有两项因素处于劣势，但对方的本性充满了野蛮的进攻性，它蛮横，混不讲理，为了保持它的经济优势，而不断对本方刚刚取得的经济优势进行打压。而此时，本方只有经济优势，疆域和军事方面都处于劣势。面对这种情况，君子应该怎么办呢？（卦辞：亨：震来虩虩，笑言哑哑？）

上述情况正是震卦卦象所显示的内容。

将上下排列结构的震卦卦象"䷲"转换为左右排列的象素表达式"☳☳"：

八卦符号	表示因素	外卦-对方	内卦-本方
上线	军事：	"--"劣势	"--"劣势
中线	疆域：	"--"劣势	"--"劣势
下线	经济：	"—"优势	"—"优势

象素表格显示，内卦（本方）与外卦（对方）的情形相同，双方都在经济方面取得了优势，而在军事和疆域方面都还处于劣势。

在这种情形下，周文王的解答（卦辞隐语）非常明确：本方针对受到打压的经济而应采取的措施，必须借助自身某种因素，警告或回击一小撼敌对势力的进犯，以震慑对方整体，这个因素就是形成惠及经济和疆域等方面的军事优势。（卦辞：震惊百里。）

只有这样，才不会使本方当前的经济业绩变成劣势，才能保持住本方已经取得的各项成果。（卦辞：不丧匕鬯。）

从中可以看出周文王的军事理念：即使对方军事处于劣势，本方也要走强军之路。

二、卦名"震"隐意解析

"震"字隐意解析

　小篆　　　　楷书

震，小篆字形为形声字，"雨"表意，"辰"表声。本义：霹雳。（参考资料：汤可敬撰（东汉许慎著）《说文解字今释》岳麓书社2002年版1617页"震"）

尚未查找到甲骨文和金文的字形。这就存在一种可能性：周文王用"雨"和"辰"组成会意隐意字。

依据小篆字形及字源解说内容，分解"震"的组字要素：

"震（小篆：震）"＝"雨"＋"辰"

按照推测并验证的［类别—隐意—共性］规律，解析上式字符的隐意："雨"与"云"对应，从属［阴阳—对应—字符］，隐喻阴性，或使某项因素成为劣势；"辰（甲骨文：　，金文：　）"，像蚌镰缚于手指的形状。商代农民用蜃壳（蛤蚌贝壳）制作镰刀，即在蜃壳背部穿孔扎绳缚在拇指上，用来掐断禾穗。蜃壳本应呈圆弧形，因甲骨文是用刀刻笔画的，转折不便，故作方折。如同甲骨文刻"日"字成方不成圆一样。金文不仅将蜃壳画圆，且加"手"或"趾"表示动词（参考资料：徐中舒主编《甲骨文字典》四川辞书出版社2014年版1589页

"辰"［解字］）。因而，"辰"＝"蚌壳制作的农用镰刀"＋"右手"，其中："右手"从属［人类—右手—字符］，隐喻本方采取的措施；"蚌壳制作的镰刀"为农具，从属［农耕—经济—字符］，隐喻经济。因而"震"的字符隐意可表示为：

"震（小篆：震）"＝"使某项因素成为劣势"＋"本方采取措施"＋"经济"

综合上式组字要素的隐意信息，"震"的隐意可解读为：本方针对受到打压的经济而应采取的措施。

三、卦辞"亨：震来虩虩，笑言哑哑？"隐意解析

1. "亨"的隐意

针对内卦出现的各种不同的情况，以及内卦与外卦对比形成的复杂局面，寻求解决方案，或：问卦。（参见第三章第二节［泰卦隐意解析］中"亨"的论述）

2. "震"的隐意

本方针对受到打压的经济而应采取的措施。（参见上文"震"的论述）

3. "来"的隐意

当内卦与外卦分别暗示本方与对方时，"来"隐喻"离开对方，来到本方"。（参见第三章第二节［泰卦隐意解析］中"来"的论述）

"震来"的隐意：本方针对来自对方的经济打压而应采取的措施。

4. "虩"字隐意解析

金文　　小篆　　楷体

◄

"震"＝"雨（隐喻使某某为劣势）"＋"辰（隐喻本方采取措施，经济）"，合成隐意：本方针对受到打压的经济而应采取的措施。

"震来"的隐意：本方针对来自对方的经济打压而应采取的措施。

"虤"="隙（隐喻'－－'或劣势）"＋"虎（隐喻对方）"，合成隐意：虽然对方的某项因素为劣势，但却凶猛霸道。

"虤虤"的隐意：虽然对方存在两项劣势，却依然凶猛。

（资料来源：容庚编著《金文编》中华书局1985年版335页"虤"）

虤，金文字形为形声字，"虎"表意，"虍"表声。本义：蝇虎。（参考资料：汤可敬撰（东汉许慎著）《说文解字今释》岳麓书社2002年版671页"虤"）

依据金文字形及字源解说内容，分解"虤"的组字要素：

"虤（金文：虤）"="虍"（隙）＋"虎"

按照推测并验证的［类别—隐意—共性］规律，解析上式字符的隐意："隙（甲骨文：虍"）本义为墙的裂缝（参考资料：左民安著《细说汉字》九州出版社2005年版545页"隙"），即缝隙，从属［意似—虚线—字符］，在此隐喻卦象的某项因素为虚线"－－"；"虎"为野兽，从属［禽兽—字符］，隐喻凶猛的对方。因而"虤"的字符隐意可表示为：

"虤（金文：虤）"="虚线，或劣势"＋"对方凶猛霸道"。

综合上式组字要素的隐意信息，"虤"的隐意可解读为：虽然对方的某项因素为劣势，但却凶猛霸道。

"虤虤"的隐意：虽然对方存在两项劣势，却依然凶猛。

5."笑"字隐意解析

小篆　　　楷体

笑，小篆字形，由"竹、夭"会意：当竹林遇风，竹身会夭屈像人发笑时的样子。注：未知其审。（参考资料：清代陈昌治刻本《说文解字》笑；宗福邦、陈世铙、萧海波主编《故训汇纂》商务印书馆2007年版3111页"笑"）

尚未查找到甲骨文和金文的字形。这就存在一种可能性："笑"是周文王用"竹"和"夭"组成的隐意会意字。

依据小篆字形及字源解说内容，分解"笑"的组字要素：

"笑（小篆：𥬠）"＝"竹"＋"夭"

按照推测并验证的［类别—隐意—共性］规律，解析上式字符的隐意："竹"为植物类，从属［植物—经济—字符］，隐喻农耕经济；"夭（甲骨文：𠃜；金文：𠀟）"字形，像一个人弯曲两臂的样子（参考资料：左民安著《细说汉字》九州出版社2005年版165页"夭"），从属［人类—身形—字符］，隐喻本方。因而"笑"的字符隐意可表述为：

"笑（小篆：𥬠）"＝"农耕经济"＋"本方"

综合上式组字要素的隐意信息，"笑"的隐意可解读为：本方的经济因素。

6."言"字隐意解析

甲骨文　　金文　　小篆　　楷书

言，甲古文和金文字形，上部像箫管之类乐器的嘴子，其下部的"口"表示用嘴巴吹，造字本意：大箫。后来"言"的本意消失，而引申为"说"。（参考资料：左民安著《细说汉字》九州出版社2005年版491页"言"）

"笑"="竹（隐喻经济）"+"夭（隐喻本方）"，合成隐意：本方的经济因素。

275

"言" = "乐器（隐喻内卦的因素）" + "人嘴吹乐器之声（隐喻优势）"，合成隐意：本方综合实力中的某个方面存在优势。

依据甲骨文和金文字形及字源解说内容，分解"言"的组字要素：

"言（金文：𢍰）" = "乐器" + "人嘴吹乐器"

按照推测并验证的［类别—隐意—共性］规律，解析上式字符的隐意："乐器"为人类的用品，从属［人类—用具—字符］，隐喻内卦或本方综合实力中的某个方面；"人嘴吹乐器"表示发出好听的声音，而"发出好听的声音"与"哑（发出难听的声音）"相对应，从属［阴阳—对应—字符］，"发出好听的声音"隐喻"阳"，即优势状态，"发出难听的声音"则隐喻"阴"，即劣势状态。因而"言"的字符隐意可表述为：

"言（金文：𢍰）" = "内卦或本方综合实力中的某个方面" + "优势"

综合上式组字要素的隐意信息，"言"的隐意可解读为：本方综合实力中的某个方面存在优势。

"笑言"的隐意：本方的经济因素在综合实力中为优势。或：本方的经济因素为优势。

"笑言"的隐意：本方的经济因素（笑）在综合实力中为优势（言）。或：本方的经济因素为优势。

7. "哑"字隐意解析

小篆　　　楷体（繁体）　　　楷书

哑，小篆字形为形声字，"口"表意，"亚"表声。（参考资料：汤可敬撰（东汉许慎著）《说文解字今释》岳麓书社2002年版190页"哑"）

尚未查找到甲骨文和金文的字形，这就存在一种可能性："哑"是周文王用"口"和"亚"组合成隐意会意字。

依据小篆字形及字源解说内容，分解"哑"的组字要素：

"哑（小篆：𤷓）"＝"口"＋"亚"

按照推测并验证的［类别—隐意—共性］规律，解析上式字符的隐意："口"为人的嘴巴，从属［人类—嘴巴—字符］，在此隐喻本方发出的声音；"亚（甲骨文：✛）"表示"丑陋"意（参考资料：汤可敬撰（东汉许慎著）《说文解字今释》岳麓书社 2002 年版 2109 页"亚"）。因而"哑"的字符隐意可表示为：

"哑（小篆：𤷓）"＝"本方的言论"＋"丑陋"

综合上式组字要素的隐意信息，"哑"的隐意可解读为："发出的声音很难听"。因而"哑"与"言"相对应，从属［阴阳—对应—字符］，"言"能发出正常的声音，表示"阳"的状态，"哑"不能发出正常的声音，则隐喻"阴"的状态，或本方某项因素处于劣势。

"哑哑"的隐意：本方综合实力中存在两项劣势因素。

8. 卦辞"亨：震来虩虩，笑言哑哑?"的隐意

君子问卦（亨）：本方应该采取怎样的措施，应对目前经济受到来自对方的打压（震来）？此卦情形是：虽然对方的两项因素处于劣势，但对方凶残野蛮极具进攻性（虩虩），而本方仅有经济因素（笑）处于优势（言），另外两项因素处于劣势（哑哑）。

四、卦辞"震惊百里，不丧匕鬯"隐意解析

1."震"的隐意

本方针对受到打压的经济而应采取的措施。（参见本节上文"震"的论述）

▶

"哑"＝"不能发出正常的声音"，隐意："阴"的状态，或本方某项因素处于劣势。

"哑哑"的隐意：两项劣势因素。

"笑言哑哑"的隐意：本方仅有经济因素（笑）处于优势（言），另外两项因素处于劣势（哑哑）。

▶

"惊"="敬（隐喻本方警告，借助某项因素采取措施，对方）"+"马（对方）"，合成隐意：本方必须借助自身某种因素，警告或回击一小撮敌对势力的进犯，起到震慑对方整体的作用。

"震惊"的隐意：本方针对受到打压的经济而应采取措施（震），必须借助自身某种因素，警告或回击一小撮敌对势力的进犯，以震慑对方整体（惊）。

"百"="一（隐喻上线军事因素）"+"白（隐喻优势）"，合成隐意：军事优势。

2. "惊"字隐意解析

鬻　惊

小篆　　楷体

惊，小篆字形为形声字，"马"表意，"敬"表声。本义：马受惊。（参考资料：汤可敬撰（东汉许慎著）《说文解字今释》岳麓书社2002年版1327页"驚"）

尚未查找到甲骨文和金文字形，这就存在一种可能性："惊"是周文王用"敬"和"马"组成的隐意会意字。

依据小篆字形及字源解说内容，分解"惊"的组字要素：

"惊（小篆：鬻）"="敬（金文：𦐇）"+"马"

按照推测并验证的［类别—隐意—共性］规律，解析上式字符的隐意："敬（金文：𦐇）"="犭"+"口"+"攴"（资料来源：汤可敬撰（东汉许慎著）《说文解字今释》岳麓书社2002年版1246页"敬"、［参证］），其中："犭"为犬类动物，从属［禽兽牲畜—字符］，隐喻对方；"口"为喊叫，从属［人类—语言—字符］，隐喻本方言论，即警告；"攴"为手持棍杖打，其中："手"从属［人类—右手—字符］，隐喻本方采取的各种措施；"棍杖"从属［人类—用具—字符］，隐喻内卦中的某项因素，"持杖"则隐意本方借助自身某项因素；"马"为动物，从属［禽兽牲畜—字符］，在此隐喻对方。因而"惊"的字符隐意可表示为：

"惊（小篆：鬻）"="对方的小股势力"+"本方警

告"＋"本方采取措施"＋"借助自身某项因素"＋"对方"

综合上式组字要素的隐意信息，"惊"的隐意可解读为：本方必须借助自身某种因素，警告或回击一小撮敌对势力的进犯，起到震慑对方整体的作用。

3. "百"字隐意解析

甲骨文　　　金文　　　小篆　　　楷书

百，甲骨文和金文字形，是在"白"字上添一横，就分化出发音从"白"的"百"字。"白"的象形字像烛火。（参考资料：汤可敬撰（东汉许慎著）《说文解字今释》岳麓书社2002年版483页"百"、[参证]）

依据甲骨文和金文字形及字源解说内容，分解"百"的组字要素：

"百（甲骨文：）"＝"一"＋"白"

按照推测并验证的［类别—隐意—共性］规律，解析上式字符的隐意："一"字符在"百"字的上端，从属［指事—部位—字符］，隐喻卦象上线军事因素；"白"字源于烛火的形状（参考资料：李乐毅著《汉字演变五百例》北京语言大学出版社2002年版3页"白"），它具有火的属性，从属［阴阳—对应—字符］，隐喻阳性，优势。因而"百"的字符隐意可表示为：

"百（甲骨文：）"＝"上线军事"＋"优势"

综合上式组字要素的隐意信息，"百"的隐意可解读为：军事优势。

4. "里"字隐意解析

金文　　　小篆　　　楷书

里，金文字形，由"田"和"土"组成会意字，因为有了田和土地，才能种植五谷杂粮和瓜果蔬菜，人才能得以生存，所以古人依田而居，这儿指人们居住的地方或指庐舍，充分反映了农耕社会初期人们依田而居的生活状况。造字本义：人所生活的地方。《周礼》：五家为邻，五邻为里。又如故里。（参考资料：左民安著《细说汉字》九州出版社2005年版156页"里"）

依据金文字形及字源解说内容，分解"里"的组字要素：

"里（金文：里）"＝"田"＋"土"

按照推测并验证的［类别—隐意—共性］规律，解析上式字符的隐意："田"为耕作的农田，从属［农耕—经济—字符］，隐喻经济；"土"为土地，从属［土地—疆域—字符］，隐喻疆域。因而"里"的字符隐意可表示为：

"里（金文：里）"＝"经济"＋"疆域"

综合上式组字要素的隐意信息，"里"的隐意可解读为：经济因素和疆域因素。

"震惊百里"的隐意：本方针对受到打压的经济而应采取措施（震），必须借助自身某种因素，警告或回击一小撮敌对势力的进犯，以震慑对方整体（惊），这个因素就是能够惠及经济和疆域等方面的军事优势（百里）。

5."不"字的含意

"不"假借表示"相反"意。（参见第三章第三节［否卦隐意解析］中"不"的论述）

6."丧"的隐意

经济成果。（参见第六章第一节［坤卦隐意解析］中"丧"的论述）

旁注：

"里"＝"田（隐喻经济）"＋"土（隐喻疆域）"，合成隐意：经济因素和疆域因素。

"震惊百里"的隐意：本方针对受到打压的经济而应采取措施（震），必须借助自身某种因素，警告或回击一小撮敌对势力的进犯，以震慑对方整体（惊），这个因素就是能够惠及经济和疆域等方面的军事优势（百里）。

7. "匕"字隐意解析

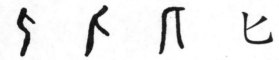

甲骨文　　金文　　小篆　　楷书

（资料来源：左民安著《细说汉字》九州出版社2005年版13页"匕"）

匕，甲骨文和金文字形，像人鞠躬或匍匐之侧形，本义：妣，卜辞用作先祖的配偶。（参考资料：徐中舒主编《甲骨文字典》四川辞书出版社2014年版913页"匕"［解字］［释义］）

依据甲骨文和金文字形及字源解说内容，解析"匕"的隐意："匕"为人类女性符号，按照推测并验证的［类别—隐意—共性］规律，从属［人类—女性—字符］，隐喻内卦的象素为虚线"--"，或阴性，或劣势。由此，"匕"的隐意可解读为：本方处于劣势，或：本方某项因素为劣势。

8. "鬯"字隐意解析

甲骨文　　金文　　小篆　　楷体

鬯，甲骨文字形，状似盛东西的器皿，金文字形只是在器面上多了些美化的饰点。造字本义：古时重大活动节日宴饮用的郁金草酿黑黍而成的酒。（参考资料：左民安著《细说汉字》九州出版社2005年版565页"鬯"）

依据甲骨文和金文字形及字源解说内容，分解"鬯"的要素：

[侧栏]

"匕"="女性符号"，隐意：本方处于劣势，或：本方某项因素为劣势。

"鬯"="器皿（隐喻内卦的因素）"+"郁金草酿黑黍而成的酒（隐喻成果）"，合成隐意：本方成果存在。

"鬯（甲骨文：Ⴘ）"＝"器皿"＋"郁金草酿黑黍而成的酒"

按照推测并验证的［类别—隐意—共性］规律，解析上式要素的隐意："器皿"为人使用的物件，从属［人类—用具—字符］，隐喻内卦；其内盛装的"郁金草酿黑黍而成的酒"在此隐喻"成果"。因而，"鬯"的隐意可解读为：本方成果存在。

"不丧匕鬯"的隐意：不会使（不）本方经济业绩（丧）变成劣势（匕），而使本方综合实力中已经形成优势的方面得以持续（鬯）。

9. 卦辞"震惊百里，不丧匕鬯"的隐意

周文王解答：本方针对受到打压的经济而应采取的措施（震），必须借助某种因素，警告或回击一小撮敌对势力的进犯，以震慑对方整体（惊），这个因素就是形成惠及经济和疆域等方面的军事优势（百里）。

只有这样，才不会使（不）本方当前唯一的经济优势（丧）变成劣势（匕），而使本方综合实力中已经形成优势的方面得以持续（鬯）。

▶

"不丧匕鬯"的隐意：不会使（不）本方经济业绩（丧）变成劣势（匕），而使本方综合实力中已经形成优势的方面得以持续（鬯）。

第三节 师卦隐意解析

卦名：

卦象：

卦辞：贞丈人吉，无咎。

一、师卦隐意解读

将上下排列结构的师卦的卦象"☷☵"转换为左右排列的象素表达式"☷☵"：

八卦符号	表示因素	外卦-对方	内卦-本方
上线	军事：	"--"劣势	"--"劣势
中线	疆域：	"--"劣势	"—"优势
下线	经济：	"--"劣势	"--"劣势

从卦象的情况来看，在外卦（对方）三线全部处于劣势的情况下，内卦（本方）取得了中线疆域因素的优势。这是一个相对有利的开端。

在这样的格局下，周文王指出（卦辞隐语）：本方的综合实力，只有取得军事优势，才能形成真正的优势格局，而利于不败之地。（卦辞：贞丈人吉，无咎。）

他用"师"为卦名，诠释了军队保卫疆域的重要性。

二、卦名"师"隐意解析

"师"字隐意解析

𠂤 𠂤 師 師 师

甲骨文 金文 小篆 楷书(繁体) 楷书

师，甲骨文和金文字形，由"𠂤"和"帀"组成会意字。本义：将土山围住。引申：军队。（参考资料：汤可敬撰（东汉许慎著）《说文解字今释》岳麓书社2002年版829页"师"）

依据甲骨文和金文字形及字源解说内容，分解"师"的组字要素：

"师（甲骨文：𢈰）"="𠂤"＋"帀"

按照推测并验证的［类别—隐意—共性］规律，解析上式字符的隐意："𠂤（甲骨文：𠂤）"为小土山（参考资料：汤可敬撰（东汉许慎著）《说文解字今释》岳麓书社2002年版2084页"𠂤"［参证］)，从属［山丘—疆域—字符］，隐喻象素中的疆域因素；"帀"为"围住"，是一项军事行动，从属［兵器（术语）--军事--字符］，隐喻本方的军事。因而"师"的字符隐意可表述为：

"师（甲骨文：𢈰）"="疆域因素"＋"本方的军事"

综合上式组字要素的隐意信息，"师"的隐意可解读为：本方的军事和疆域。

三、卦辞"贞丈人吉，无咎"隐意解析

1."贞"的隐意

占卜得到的内卦情况，或：经过研究分析获得本方综合实力的比较状况。简称：本方综合实力的情形。（参见第三章第三节［否卦隐意解析］中"贞"字论述）

2. "丈"字隐意解析

小篆　　　楷体

丈，小篆字形，从又持十。（参考资料：汤可敬撰（东汉许慎著）《说文解字今释》岳麓书社2002年版313页"丈"）

尚未查找到甲骨文和金文字形。这就存在一种可能性："丈"是周文王用"十"和"又"组合成隐意会意字。

依据小篆字形及字源解说内容，分解"丈"的组字要素：

"丈（小篆：𠀉）"＝"十"＋"右手"

按照推测并验证的［类别—隐意—共性］规律，解析上式字符的隐意：甲骨文和金文字形"十"是"七"字的初文，"七"为用刀切物（参考资料：岳麓书社《说文解字今释》第一版2111页"七"［参证］），从属［兵器—军事—字符］，隐喻本方的军事；"右手"为人的右手，从属［人类—右手—字符］，隐喻本方采取的措施。因而"丈"的字符隐意可表述为：

"丈（小篆：𠀉）"＝"本方的军事"＋"本方采取的措施"

综合上式组字要素的隐意信息，"丈"的隐意可解读为：本方针对自身军事方面而采取的措施。

"丈"＝"十（隐喻本方的军事）"＋"右手（隐喻本方采取措施）"，合成隐意：本方针对自身军事方面而采取的措施。

"丈人"的隐意:本方针对军事而采取措施（丈），使其成为优势（人）。

"贞丈人吉"的隐意:本方的综合实力（贞），只有取得军事优势（丈人），才能形成真正的优势格局（吉）。

3. "人"的隐意

本方为优势。或：本方某项因素为优势。（参见第三章第三节［否卦隐意解析］中"人"的论述）

"丈人"的隐意：本方针对军事而采取措施，使其成为优势。

4. "吉"的隐意

本方确定某某情形为优势，或：本方确定某方案为尚佳之策。（参见第三章第二节［泰卦隐意解析］中"吉"的论述）

5. 卦辞"贞丈人吉"的隐意

本方的综合实力（贞），只有取得军事优势（丈人），才能形成真正的优势格局（吉）。

6. "无咎"的隐意

本方行为不会变差，或：本方行为没问题，没毛病，或：本方立于不败之地。（参见第六章第二节［复卦隐意解析］中"无咎"的论述）

第四节　节卦隐意解析

卦名： 节

卦象：

卦辞： 亨：苦节？不可贞。

一、节卦隐意解读

节卦的卦名隐意：本方能够独享经济成果吗？

若要对这个问题做出正确判断，还要从［象素］视角看卦象。

将节卦的卦象"☵☱"转换为左右排列的象素表达式"☵☱"：

八卦符号	表示因素	外卦-对方	内卦-本方
上线	军事：	"--"劣势	"--"劣势
中线	疆域：	"-"优势	"-"优势
下线	经济：	"--"劣势	"-"优势

"象素"表显示，内卦（本方）与外卦（对方）相比较，双方的上线军事因素都处于劣势，同时，双方的中线疆域因素又都处于优势。而在下线的经济因素上，本方比对方强盛。

应该说，这是一个乐观的局势。虽然本方的军事因素处于劣势，不能起到打击对方任何方面的作用，但君子抱有幻想，觉得劣势的军事至少还可以起到保卫本方经济的作用，于是，君子问卦道（卦辞隐语）：虽然本方军事因素处于劣势（☵☱），但就军事保卫经济而言，应能起到保护本方独享经济优势的作用吧？（卦辞：

亨：苦节？）

周文王却不认为可以高枕无忧。虽然节卦中的疆域因素为优势，但对方的疆域因素也是优势，所以，本方的疆域因素仍不具备绝对优势。从这样的角度来看，节卦只有一项因素为优势——经济。

周文王的解答是（卦辞隐语）：这样的想法不具可行性，这是根据目前本方的综合实力状况而得出的结论。（卦辞：不可贞。）

因为，当本方军事处于劣势时，没有什么办法能够保护本方的经济优势。换句话来表述：只有形成本方的军事优势，才能保护本方已经取得的经济成果。

二、卦名"节"隐意解析

"节"字隐意解析

| 金文 | 小篆 | 楷书（繁体） | 楷书 |

节，金文字形为形声字，"竹"表意，"即"表声。本义：竹节。（参考资料：景德、崇圣编著《汉字寻根300例》山东美术出版社2005年版16页"节"）

依据金文字形及字源解说内容，分解"节"的组字要素：

"节（金文：𥳑）" = "即" + "竹"

按照推测并验证的［类别—隐意—共性］规律，解析上式字符的隐意："即（金文：𨛜）" = "器皿与食物" + "人形与张嘴"（参考资料：左民安著《细说汉字》九州出版社2005年版497页"即"），其中："器皿"从属［人类—用具—

"节" = "即（隐喻本方享用，成果）" + "竹（隐喻经济）"，合成隐意：本方享有内卦中的经济优势。

"苦" = "艸（隐喻经济）" + "古（隐喻本方的言论，军事）"，合成隐意：单就军事保卫经济而言。

字符]，隐喻内卦里的因素，"食物"隐喻成果，则"器皿与食物"隐喻内卦的成果；"人形与张嘴"从属［人类—张嘴—字符］，隐喻本方吞噬或享用；"竹"为生长的植物，从属［植物—经济—字符］，隐喻农耕经济。因而"节"的字符隐意可表示为：

"节（金文：𥶡）"="本方享用"＋"内卦的成果"＋"经济"

综合上式组字要素的隐意信息，"节"的隐意可解读为：本方享有内卦中的经济成果。

三、卦辞"亨：苦节?"隐意解析

1."亨"的隐意

针对内卦出现的各种不同的情况，以及内卦与外卦对比形成的复杂局面，寻求解决方案，或：问卦。（参见第三章第二节［泰卦隐意解析］中"亨"的论述）

2."苦"字隐意解析

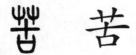

小篆　　　　楷书

苦，小篆字形为形声字，"艸"表意，"古"表声。本义：一种草药。（参考资料：汤可敬撰（东汉许慎著）《说文解字今释》岳麓书社2002年版80页"苦"）

尚未查找到甲骨文和金文的字形。这就存在一种可能性："苦"是周文王用"艸"和"古"合成的隐意会意字。

依据篆文字形及字源解说内容，分解"苦"的组字要素：

"苦（小篆：𦯧）"="艸"＋"古"

按照推测并验证的［类别—隐意—共性］规律，解析上式字符的隐意："古（甲骨文：𠯑、金文：𠥪）"="十"＋"口"（资料来源：左民安著《细说汉字》九州出版社2005年版175页"古"),其中:"十"的甲骨文和金文字形是"七"字的初文,"七"为用刀切物(参考资料:汤可敬撰(东汉许慎著)《说文解字今释》岳麓书社2002年版2111页"七"[参证]),从属[兵器—军事—字符],隐喻军事;"口"为人的语言,从属[人类--言语--字符],隐喻本方的表述;而"艸"表示生长的植物,从属[植物—经济—字符],隐喻农耕经济。因而"苦"的字符隐意可表示为:

"苦(小篆:𦯶)"="本方述说"+"军事"+"经济"

综合上式组字要素的隐意信息,"苦"的隐意可解读为:单就军事保卫经济而言。

3."节"的隐意

本方享有内卦中的经济优势。(参见本节上文"节"的论述)

4.卦辞"亨:苦节?"的隐意

问卦:单就本方的军事保卫经济而言,应该能够起到保卫本方经济成果的作用吧?

四、卦辞"不可贞"隐意解析

1."不"的含意

"不"假借表示"相反"意。(参见第三章第三节[否卦 隐意解析]中"不"的论述)

2."可"字隐意解析

甲骨文　　金文　　篆体　　楷体

(资料来源:汤可敬撰(东汉许慎著)《说文解字今释》岳麓书社2002年版654页"可";百度汉字:「可」字形演变 字源演变)

可，甲骨文和金文字形，由"丂"和"口"组合成字，丂似竽（乐器），口为发声，表示和着音乐唱歌。造字本义：古代男女以吹竽唱歌方式求偶。引申义为形容词：令人舒服的，适合的；动词：欣赏，接受，允许，同意等。

依据甲骨文和金文字形及资源解说内容，分解"可"的组字要素：

"可（甲骨文：𠀎）"＝"丂"＋"口"

按照推测并验证的［类别—隐意—共性］规律，解析上式字符隐意："口"表示言论，从属［人类—言论—字符］，隐喻本方的决策；"丂"似竽（乐器），从属［人类—用具—字符］，隐喻内卦里的因素处于合适的状态。因而"可"的字符隐意可表述为：

"可（甲骨文：𠀎）"＝"本方的决策"＋"内卦里的因素处于合适的状态"

综合上式组合要素的隐意信息，"可"的隐意可解读为：本方的决策合适于内卦里的因素，或：本方的决策是可行的。

3."贞"的隐意

占卜得到的内卦情况，或：经过研究分析获得本方综合实力的比较状况。简称：本方综合实力的情形。（参见第三章第三节［否卦隐意解析］中"贞"字论述）

4.卦辞"不可贞"的隐意

这个想法不具可行性（不可），这是根据目前本方的综合实力状况而得出的结论（贞）。

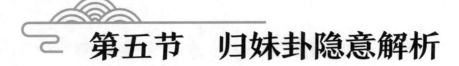

第五节　归妹卦隐意解析

卦名：**归妹**

卦象：

卦辞：征凶，无攸利。

一、归妹卦隐意解读

将归妹卦的卦象"　"转换为象素表达式"　"：

八卦符号	表示因素	外卦-对方	内卦-本方
上线	军事：	"--"劣势	"--"劣势
中线	疆域：	"--"劣势	"—"优势
下线	经济：	"—"优势	"—"优势

"象素"表显示，内卦（本方）有两项因素处于优势——疆域和经济，而外卦只有一项优势——经济。似乎是一个不错的卦象。

但是，周文王在卦辞里却说（卦辞隐语）：在本方迈向内卦全优目标的道路上，仍然存在劣势因素，使得本方没有可以倚仗的优势，实现超越对方的优势格局。（卦辞：征凶，无攸利。）

从归妹卦的卦象上看，内卦"　"已经形成了两项优势，只有军事因素处于劣势，因而，卦辞提及"没有可以倚仗的优势"指的就是军事因素。即是说，本方没有军事优势，就不能实现超越对方的优势格局。

另外，归妹卦名与卦辞似乎存在着悖论。卦名"归妹"的隐意为：就疆域和经济而言，虽然本方经济繁荣，但却处于劣势（卦名：归妹）。

而从归妹卦☵☱的卦象上看，明明本方的经济显示为实线，表示处于优势状态，可是，卦名为什么却说本方的经济处于劣势呢？

比较本方与对方的综合实力后，可以得出结论：如果仅仅从内卦的卦象来看，本方经济的确处于优势。但从本方与对方的比较卦象☵☱来看，对方经济也处于优势，因而，本方经济没有优势可言。而本方的疆域因素——无论从内卦的卦象来看，还是从宏观的比较卦象来看——都处于优势。所以，周文王指出：虽然本方疆域和经济看似都处于优势，但疆域因素真的处于优势，而经济因素却没有优势。

以这样的视角来看，归妹卦的内卦情形为：只有疆域因素称得上优势，而军事和经济因素都不够优势标准。因而，周文王认为此卦与理想目标相差甚远。

启示：分析本方的综合实力，不但要看自身各项因素的优劣状况，还要横向比较对方的各项因素，只有本方优势超过对方的劣势时，本方的这项因素才能够称得上优势。

二、卦名"归妹"隐意解析

1. "归"的隐意

疆域与经济。（参见第五章第六节［渐卦隐意解析］中"归"的论述）

2. "妹"字隐意解析

甲骨文　　金文　　小篆　　楷体

妹，甲骨文和金文字形为形声字，"女"表意，"未"表声。本义：兄弟姐妹的"妹"。（参考资料：左民安著《细说汉字》九州出版社2005年版211页"妹"）

依据甲骨文和金文字形及字源解说内容，分解"妹"的组字要素：

"妹（甲骨文：𤯀）"＝"兄弟姊妹的妹"＋"未"＋"女"

按照推测并验证的［类别—隐意—共性］规律，解析上式字符的隐意："兄弟姊妹的妹"为人称，从属［人类—称谓—字符］，隐喻本方；"未"为茂盛的树木，从属［植物—经济—字符］，隐喻卦象中的经济因素为繁荣情形；"女"从属［人类—女性—字符］，隐喻本方处于劣势，或本方某项因素处于劣势。因而"妹"的字符隐意可表示为：

"妹（甲骨文：𤯀）"＝"本方"＋"经济繁荣"＋"本方某项因素为劣势"

综合上式组字要素的隐意信息，"妹"的隐意可解读为：虽然本方经济繁荣，但却处于劣势。

3. 卦名"归妹"的隐意

就疆域和经济而言（归），虽然本方经济繁荣，但却处于劣势（妹）。

三、卦辞"征凶，无攸利"隐意解析

1. "征"字隐意解析

得	征	証	徵	延
甲骨文	金文	小篆	楷书（繁体）	楷书（繁体）

征，甲骨文和金文字形为形声兼会意字，"彳"表意：道路；"正"表声，也表意：朝目标行走。本义：行走。（参考资料：汤可敬撰（东汉许慎著）《说文解字今释》岳麓书社2002年版242页"征"、［参证］）

依据甲骨文和金文字形及字源解说内容，分解"征"的构字要素：

"征（甲骨文：得）"＝"脚步"＋"目标"＋"道路"

按照推测并验证的［类别—隐意—共性］规律，解析上式字符的隐意："脚步"从属［人类—脚步—字符］，隐喻本方的行动；"目标"隐喻本方力求达到综合实力中的各项因素均为优势的目标（注：以泰卦的卦象为追求的理想目标☰☷）；"道路"则表示本方行走的道路。因而，"征"的要素隐意可表示为：

"征（甲骨文：得）"＝"本方的行动"＋"内卦全优目标"＋"本方行走的道路"

综合上式组字要素的隐意信息，"征"的隐意可解读为：在本方迈向内卦全优目标的道路上。

2. "凶"的隐意

"凶"，与"吉"相对应，是表述卦象或象素处于不好的、险恶的、劣势的状态。（参见第四章第二节［讼卦隐意解析］中"凶"的论述）

"征凶"的隐意：在本方迈向内卦全优目标的道路上（征），存在着劣势因素（凶）。

◀

　　"征"＝"脚步（隐喻本方的行动）"＋"目标（隐喻内卦三因素均为优势）"＋"道路"，合成隐意：在本方迈向内卦全优目标的道路上。

　　"征凶"的隐意：在本方迈向内卦全优目标的道路上（征），仍然存在劣势因素（凶）。

▶

"征凶,无攸利"的隐
意:在本方迈向内卦全优
目标的道路上(征),仍然
存在劣势因素(凶),使得
本方没有(无)可以倚仗
的优势(攸)去实现超越
对方的优势格局(利)。

3. "无"的隐意

本方没有。(参见第六章第二节［复卦隐意解析］中
"无"的论述)

4. "攸"的隐意

本方的措施是:借助本方某项优势因素。或:本方借助
本方某项优势因素的方法。(参见第六章第一节［坤卦隐意解
析］中"攸"的论述)

5. "利"的隐意

优势因素,优势格局。(参见第三章第三节［否卦隐意解
析］中"利"的论述)

"无攸利"的隐意:本方并不具备可以借助的优势因
素,去实现某种优势。

6. 卦辞"征凶,无攸利"的隐意

在本方迈向内卦全优目标的道路上(征),仍然存在劣势
因素(凶),使得本方没有(无)可以倚仗的优势(攸)去实
现超越对方的优势格局(利)。

第六节 未济卦隐意解析

卦名： 未济

卦象：

卦辞： 亨：小狐汔济，濡其尾？无攸利。

一、未济卦隐意解读

将未济卦的卦象"☲☵"转换为象素表达式"☲☵"：

八卦符号	表示因素	外卦-对方	内卦-本方
上线	军事：	"–"优势	"--"劣势
中线	疆域：	"--"劣势	"–"优势
下线	经济：	"–"优势	"--"劣势

上表显示，敌我双方综合实力对比情况为：虽然本方拥有了中线因素的优势，但对方占据上线军事方面和下线经济方面的绝对优势。

君子面对此卦，应该意识到形势的严峻，只要对方再将中线疆域因素转变成优势，对方的综合实力就会成为全优局面。这是周文王在否卦辞中告诫本方不可陷落的底线。

于是，君子想出一个应对的办法，这就是"未济"的隐意：采取制约经济的手段，间接阻止对方的疆域扩张。（卦名：未济。）

并问卦求解这个方法是否可行（卦辞隐语）：问卦：如何削弱对方的军事实力，使其变成劣势？当前对方正在谋求形成外卦全面优势的局面，现在仅有外卦中线的劣势因素。在这种情形下，可以用打垮对方的经济优势来遏制对方吗?（卦辞：亨：小狐汔济，濡其尾?）

周文王的解答（卦辞隐语）是：本方并不具备可以借助的优势因素，去实现削弱对方经济的策略。（卦辞：无有利。）

从周文王的解答中能够接收到两方面的策略信息：

1. 此卦情形"☲☵"显示，打击对方的经济是一项非常重要的措施，因为，本方的上线军事处于劣势，无法匹敌对方的军事优势，所以，只能选择打击对方的经济为突破口。而经济是支撑军事的基础，只要把对方的经济搞垮，对方的军事实力肯定受到遏制，自然难以通过军事开疆拓土了，从而达到不让对方形成三线全优的局面。

2. 但是，此卦"☲☵"显示本方军事处于劣势。在没有军事优势做支撑的情形下，本方无法遏制对方在其它领域的迅猛发展。

未济卦从另一个角度说明军事优势的重要性。本方形成军事优势，不但是最终战胜对方的资本，而且是局部遏制对方某项因素形成优势的重要手段。

二、卦名"未济"隐意解析

1. "未"的隐意

经济因素。（参见第五章第四节［井卦隐意解析］中"未"的论述）

2. "济"字隐意解析

| 金文 | 小篆 | 楷书（繁体） | 楷书 |

（侧栏文字）

经济是支撑军事的基础，只要把对方的经济搞垮，对方的军事实力肯定受到遏制，自然难以通过军事开疆拓土了，从而达到不让对方形成三线全优的局面。

在没有军事优势做支撑的情形下，本方无法遏制对方在其它领域的迅猛发展。

（资料来源：容庚编著《金文编》中华书局1985年版732页"濟"）

济，金文字形为形声字，"氵"表意，""一说为"齐"表声。本义：河流的名称。（参考资料：汤可敬撰（东汉许慎著）《说文解字今释》岳麓书社2002年版1524页"济"）

依据金文字形及字源解说内容，分解"济"的组字要素：

"济（金文：）"＝"氵"＋"（齐）"

按照推测并验证的［类别—隐意—共性］规律，解析上式字符的隐意："氵"为川河，从属［禽兽—川河—字符］，隐喻外卦；"齐（金文：）"字符（资料来源：汤可敬撰（东汉许慎著）《说文解字今释》岳麓书社2002年版941页"齐"［参证］）的形状明显凸出中间部位，从属［部位—象素—字符］，隐喻卦象的中线疆域因素。因而"济"的字符隐意可表示为：

"济（金文：）"＝"外卦"＋"中线疆域因素"

综合上式组字要素的隐意信息，"济"的隐意可解读为：外卦的中线疆域因素。

3. 卦名"未济"的隐意

经济（未）与外卦疆域（济）之间的关系。

三、卦辞"亨：小狐汔济，濡其尾？"隐意解析

1."亨"的隐意

针对内卦出现的各种不同的情况，以及内卦与外卦对比形成的复杂局面，寻求解决方案，或：问卦。（参见第三章第二节［泰卦隐意解析］中"亨"的论述）

◀

"济"＝"氵（隐喻外卦）"＋"齐（隐喻中线疆域因素）"，合成隐意：外卦的中线疆域因素。

"未济"的隐意：经济（未）与外卦疆域（济）之间的关系。

请留下你的足迹：

"狐"="犬（隐喻对方）"+"亡（隐喻军事劣势）"，合成隐意：对方的军事处于劣势。

2. "小"的隐意

劣势。（参见第三章第二节［泰卦隐意解析］中"小"的论述）

3. "狐"字隐意解析

甲骨文　　　小篆　　　楷书

狐，甲骨文字形为形声字，"犬"表意，"亡"表声。本义：狐狸。（参考资料：汤可敬撰（东汉许慎著）《说文解字今释》岳麓书社2002年版1361页"狐"［参证］）

依据甲骨文字形及字源解说内容，分解"狐"的组字要素：

"狐（甲骨文：𤝔）"="犬"＋"亡"

"小狐"的隐意：削弱（小）对方的军事实力，使其变成劣势（狐）。

按照推测并验证的［类别—隐意—共性］规律，解析上式字符的隐意："犬"为禽兽类，从属［禽兽牲畜—字符］，隐喻对方；"亡（甲骨文：𠃊）"为刀刃折断（参考资料：李乐毅著《汉字演变五百例》北京语言大学出版社2002年版340页"亡"），此处"亡"与"犬"有关，从属［禽兽兵器—军事—字符］，隐喻对方的军事，"折断"则隐喻劣势。因而"狐"的字符隐意可表述为：

"狐（甲骨文：𤝔）"="对方"＋"对方的军事劣势"

综合上式组字要素的隐意信息，"狐"的隐意可解读为：对方的军事处于劣势。

"小狐"的隐意：削弱（小）对方的军事实力，使其变成劣势（狐）。

"亨：小狐？"的隐意：君子问卦（亨）：如何才能削弱（小）对方的军事实力，使其变成劣势（狐）？

4."汔"的隐意

外卦形成综合实力全面优势的局面。（参见第六章第四节［井卦隐意解析］中"汔"的论述）

5."济"的隐意

外卦的中线疆域因素。（参见本节上述"济"的论述）

从未济的卦象☲☵上看，外卦只有中线为虚线"--"，其它两线均为实线"–"，换言之，外卦仅有疆域劣势。

"汔济"的隐意：对方正在谋求形成外卦全面优势的局面（汔），突出问题是外卦中线疆域的劣势因素（济）。

6."濡"字隐意解析

濡　濡

小篆　　楷体

濡，小篆字形为形声字，"水"表意，"需"表声。本义：水名。（参考资料：汤可敬撰（东汉许慎著）《说文解字今释》岳麓书社2002年版1525页"濡"）

尚未查找到甲骨文和金文字形，这就存在一种可能性："濡"是周文王将"氵"和"需"组合而成的会意字。

"亨：小狐？"的隐意：君子问卦（亨）：如何才能削弱（小）对方的军事实力，使其变成劣势（小狐）？

"汔济"的隐意：对方正在谋求形成外卦全面优势的局面（汔），突出问题是外卦中线疆域的劣势因素（济）。

"濡"="氵（隐喻外卦）"+"需（隐喻使优势成为劣势）"，合成隐意：将外卦由优势变成劣势。或：削弱外卦的优势。

依据小篆字形及字源解说内容，分解"濡"的组字要素：

"濡（小篆：𤃷）"="氵"+"需"

按照推测并验证的［类别—隐意—共性］规律，解析上式字符的隐意："氵"为川河，从属［禽兽—川河—字符］，隐喻外卦；"需（甲骨文：𤆍）"字形由"水（淋湿）"和"大（人体）"组合而成（参考资料：徐中舒主编《甲骨文字典》四川辞书出版社2014年版1248页"需"、878页"儒"［解字］），其中："水（淋湿）"与"火"对应，从属［阴阳—对应—字符］，隐喻"使某项因素变成阴性"，即变成劣势；"大"与"小"对应，从属［阴阳—对应—字符］，隐喻"阳性"，即优势。因而"濡"的字符隐意可表示为：

"濡其尾"的隐意：削弱对方的优势（濡），就要针对对方的经济优势（其尾）。

"濡（小篆：𤃷）"="外卦"+"使某项因素成为劣势"+"优势"

综合上式组字要素的隐意信息，"濡"的隐意可解读为：将外卦由优势变成劣势。或：削弱外卦的优势。

7."其"的含意

"其"是"箕"的古字，后假借为第三人称。（参见第六章第二节［复卦隐意解析］中"其"的论述）。"其"常被周文王用来代指对方。

8."尾"的隐意

卦象的下线为优势。或：经济方面为优势。（参见第四章第三节［履卦隐意解析］中"尾"的论述）

"濡其尾"的隐意：削弱对方的优势（濡），就要针对对方的经济优势（其尾）。

9.卦辞"亨：小狐？汔济，濡其尾？"的隐意

问卦（亨）：如何削弱对方的军事实力，使其变成劣势（小狐）？当前对方正在谋求形成外卦全面优势的局面（汔），突出问题是外卦中线疆域的劣势因素（济）。在这种情形下，削弱对方优势的对策（濡）是对方（其）的经济优势（尾）吗？

四、卦辞"无攸利"的隐意

本方并不具备可以借助的优势因素，去实现某种优势。（参见本章第五节［归妹卦隐意解析］中"无攸利"的论述）

"亨：小狐？汔济，濡其尾？"的隐意：问卦（亨）：如何削弱对方的军事实力，使其变成劣势（小狐）？当前对方正在谋求形成外卦全面优势的局面（汔），突出问题是外卦中线疆域的劣势因素（济）。在这种情形下，削弱对方优势的对策（濡）是对方（其）的经济优势（尾）吗？

第七节　鼎卦隐意解析

卦名： 鼎

卦象：

卦辞： 元吉，亨？

一、鼎卦隐意解读

君子针对鼎卦情形问卦（卦辞隐语）：此卦显示，本方军事已经形成优势，如何看待？（卦辞：元吉，亨？）

将上下排列结构的鼎卦的卦象"䷱"转换为左右排列的象素表达式"☲☴"：

八卦符号	表示因素	外卦-对方	内卦-本方
上线	军事：	"–"优势	"–"优势
中线	疆域：	"--"劣势	"–"优势
下线	经济：	"–"优势	"--"劣势

"象素"表显示，内卦（本方）和外卦（对方）在军事上势均力敌，都是优势；其它方面双方各有千秋，本方在疆域方面居于优势，对方在经济方面拥有优势。

周文王用卦名"鼎"字的隐意解答了君子的问题。（卦名：鼎。）

"鼎"，何意？

"鼎"在殷商时代，不仅是烹饪器具，而且是宗庙祭祀用的一种礼器和国家政权的象征。《史记·封禅书》："禹收九牧之金，铸九鼎。皆尝亨鬺上帝鬼神。遭圣则兴，鼎迁于夏商。周德衰，宋之社亡，鼎乃沦没，伏而不见。"

相传，夏朝初年，夏王大禹划分天下为九州，令九州贡献青铜，铸造九鼎。《左传》记载，有九州图镌刻于九鼎之身，象征天下九州尽归夏朝。如此雄心豪迈的气魄使得"九鼎"成为夏朝的镇国之宝。

商汤灭夏，将象征天下最高权力的九鼎迁往商汤，同样，姬发在打败商纣王后，又把九鼎迁往周国。

以上关于"鼎"的史料和传说，足以感受到一个"鼎"字的分量。周文王正是借用"鼎"的分量，说明本方形成军事优势之重要。

二、卦名"鼎"的隐意解析

"鼎"字隐意解析

甲骨文　　　金文　　　小篆　　　楷书

鼎，甲骨文和金文字形，像古代的一种烹饪器具，其形状上面像缸，有圆形的，有方形的，有两侧有耳的；下面为足。通常情况下圆鼎是三足，方鼎是四足。文字简化为二足。造字本义：古代的一种煮食物的器具。也是宗庙里祭祀用的一种礼器，还是国家政权的象征。（参考资料：左民安著《细说汉字》九州出版社2005年版571页"鼎"）

依据甲骨文和金文字形及字源解说内容，解析"鼎"的隐意："鼎"为人类使用的器具，按照推测并验证的［类别—隐意—共性］规律，从属［人类—用具—字符］，隐喻内卦的重要因素。

　　"鼎"在殷商时代，不仅是烹饪器具，而且是宗庙祭祀用的一种礼器和国家政权的象征。

　　相传，夏朝初年，夏王大禹划分天下为九州，令九州贡献青铜，铸造九鼎。《左传》记载，有九州图镌刻于九鼎之身，象征天下九州尽归夏朝。

　　卦名"鼎"的含意：本方综合实力中最重要的因素。

卦名"鼎"的含意：周文王回答：军事优势是本方综合实力中不可或缺的重要因素。

三、卦辞"元吉，亨?"隐意解析

1."元"的隐意

本方的军事。（参见第五章第二节［临卦隐意解析］中"元"的论述）

> "元吉"的隐意：本方军事（元）形成优势（吉）。

2."吉"的隐意

本方确定某某情形为优势，或：本方确定某方案为尚佳之策。（参见第三章第二节［泰卦隐意解析］中"吉"的论述）

"元吉"的隐意：本方军事（元）形成优势（吉）。

3."亨"的隐意

针对内卦出现的各种不同的情况，以及内卦与外卦对比形成的复杂局面，寻求解决方案，或：问卦。（参见第三章第二节［泰卦隐意解析］中"亨"字论述）

4.卦辞"元吉，亨?"的隐意

> "元吉，亨?"的隐意：关于本方军事优势的问卦。或：本方形成军事优势，意义何在?

关于本方军事优势的问卦。或：本方形成军事优势，意义何在?

第八章

优势互补与强军之道

周文王在《周易》卦辞里论述了多种强军的方式，其中最重要的方式之一是与对方合作。本节专选相关的益卦、睽卦、损卦和大过卦的卦象和卦辞隐意内容，展现通过『互通有无、优势互补』的合作，进而发展本方军事和综合实力的策略。

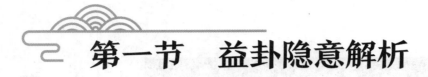

第一节　益卦隐意解析

一、益卦隐意解读

"优势互补"的合作方式，是本方由弱变强的一大"法宝"。周文王借用益卦的隐意将这一理念更加明确地揭示出来。

将益卦的卦象""转换成左右排列的"象素"表达式""：

八卦符号	表示因素	外卦-对方	内卦-本方
上线	军事：	"–"优势	"--"劣势
中线	疆域：	"–"优势	"--"劣势
下线	经济：	"--"劣势	"–"优势

卦名：**益**

卦象：

卦辞：利有攸往，利涉大川

"象素"显示，虽然对方（外卦）优势明显强于本方（内卦），但可以看到这个卦象存在着明显的"互补关系"。在经济上，本方形成优势，可弥补对方的劣势；而在军事和疆域方面，本方处于劣势，正需要借助对方的优势完善自身。

周文王指出（卦名和卦辞隐语）：虽然本方仅有经济优势，在总体上处于劣势状态""，但可以通过自身仅有的经济优势与对方进行"互通有无、优势互补"的合作，进而形成全面优势格局，最终战胜综合实力具有优势的对方。(卦名:益;卦辞:利有攸往,利涉大川。)

这句卦辞是周文王针对卦名"益"的情况下提出的策略。即虽然本方总体处于落后态势,但双方存在优势互补关系,因而,以本方唯一的经济优势为支点,运用"互通有无"方式,撬动本方其它方面的发展。

益卦中的卦名"益"和卦辞"利有攸往"与"利涉大川"之间的关联性为:"益"是情形,"利有攸往"是采取的方式,"利涉大川"是要达到的效果,所以,全文的隐意是:在本方总体上处于劣势的情况下,本方通过自身的经济优势(利)与对方进行"互通有无、优势互补"的合作(有攸往),进而形成优势格局(利),战胜(涉)综合实力具有优势的对方(大川)。

二、卦名"益"的隐意解析

"益"字隐意解析

甲骨文　　金文　　小篆　　楷体

益,甲骨文字形,像器皿中的水满溢出之状。金文字形,上部为"八"字形,像器皿中东西堆积如山的状态。(参考资料:徐中舒主编《甲骨文字典》四川辞书出版社2014年版536页"益";容庚编著《金文编》中华书局1985年版344页"益")

"优势互补"的合作方式,是本方由弱变强的一大"法宝"。

虽然本方总体处于落后态势,但双方存在优势互补关系,因而,以本方唯一的经济优势为支点,运用"互通有无"方式,撬动本方其它方面的发展。

依据金文字形及字源解说内容，分解"益"的组字要素：

"益（金文：）" = "八" + "一" + "皿"

按照推测及验证的［类别—隐意—共性］规律，解析上式字符隐意："皿"为容器，从属［人类—用具—字符］，隐喻内卦里的因素；"八"字从属［意似—虚线—字符］，隐喻虚线"--"，即劣势，且"八"在"皿（内卦）"的上方和中部，从属［指事—部位—字符］，隐喻上线因素和中线因素为劣势；"一"字符从属［象形—实线—字符］，隐喻实线"–"，即优势，且"一"在内卦里（皿）的下方位置，从属［指事—部位—字符］，隐喻下线因素。因而"益"的字符隐意可表示为：

> "益"="皿（隐喻内卦里的因素）"+"八（隐喻劣势，上线和中线）"+"一（隐喻优势，下线）"，合成隐意：内卦呈现上阴下阳情形。

"益（金文：）" = "内卦里的因素" + "上线和中线因素为劣势" + "下线因素为优势"

综合上式组字要素的隐意信息，"益"的隐意可解读为：内卦呈现上阴下阳情形。或：本方的综合实力状况——军事和疆域因素为劣势，只有经济因素为优势。

三、卦辞"利有攸往"的隐意

只有形成某种优势（利），才能使本方与对方采取"互通有无、优势互补"的合作方式（有攸往）。（参见第六章第一节［坤卦隐意解析］中"有攸往"、第二节［复卦隐意解析］中"利有攸往"的论述）

四、卦辞"利涉大川"的隐意

> "利有攸往，利涉大川"的隐意：本方通过自身仅有的优势（利）与对方进行"互通有无、优势互补"的合作（有攸往），进而形成全面优势格局（利），战胜（涉）综合实力具有优势的对方（大川）。

形成优势格局（利），战胜（涉）综合实力具有优势的对方（大川）。（参见第四章第一节［涣卦隐意解析］中"利涉大川"的论述）

第二节 睽卦隐意解析

卦名：睽

卦象：

卦辞：小事吉。

一、睽卦隐意解读

将睽卦的卦象"☲☱"转换为左右排列的象素表达式"☱☲"：

八卦符号	表示因素	外卦-对方	内卦-本方
上线	军事：	"一"优势	"--"劣势
中线	疆域：	"--"劣势	"一"优势
下线	经济：	"一"优势	"一"优势

"象素"表显示，睽卦的卦象结构仍有一定的"优势互补"关系，虽然在经济上，双方都具备优势，不具互补性，但在上线军事和中线疆域因素上，本方与对方各有所长，各有所短，需要取长补短。

这种具有互补关系的卦象，有助于本方发展军事。

周文王指出（卦辞和卦名隐语）：要使本方军事由当前的劣势状况转变成优势（卦辞：小事吉），采取的措施是在军事上实现"优势交换"。（卦名：睽。）

卦名"睽"是卦辞"小事吉"的具体方案，可通解为：本方针对自身军事劣势状况而采取措施，使其成为优势，具体方案是实现优势交换，即用本方的疆域和经济优势向对方换取军事优势。

经典案例：周文王在被商纣王释放的时候，立即把洛水以西的土地献给商纣王，以答谢纣王对他的赦免。商纣王被姬昌表现的"忠心"所迷惑，为了让姬昌为他卖命，纣王赏赐给他象征权力的弓箭和大斧，让他重辖西部各路诸侯，并有权征伐其他的诸侯。

二、卦名"睽"隐意解析

"睽"字隐意解析

金文　　　小篆　　　楷书

睽，金文字形为形声会意字，"双目"表意，"癸"表声，亦表意。本义：张大眼睛注视，如"众目睽睽"。（参考资料：左民安著《细说汉字》九州出版社2005年版421页"睽"）

依据金文字形及字源解说内容，分解"睽"的组字要素：

"睽（金文：　　　）"＝"双目"＋"癸（甲骨文：　　　）"

按照推测及验证的［类别—隐意—共性］规律，解析上式字符隐意："双目"为人的两只眼睛，从属［人类—眼睛—字符］，隐喻本方看到，或本方实现。"癸（甲骨文：　　　）"字形像双矢交叉摆放之形状（资料来源：徐中舒主编《甲骨文字典》四川辞书出版社2014年版1567页"癸"［解字］），其中："矢"为兵器，从属［兵器—军事—字符］，隐喻本方的军事；"交叉摆放之形状"隐喻交换。因而"睽"的字符隐意可表示为：

"睽（金文：）"＝"本方实现"＋"本方军事"＋"交换"

综合上式组字要素的隐意信息，"睽"的隐意可解读为：本方要实现军事上的交换。

三、卦辞"小事吉"隐意解析

1."小"的隐意

"小"与"大"相对，从属［阴阳—对应—字符］，按照推测并验证的［类别—隐意—共性］规律，该类字符隐喻劣势。（参见第三章第二节［泰卦隐意解析］中"小"的论述）

2."事"字隐意解析

甲骨文　　金文　　小篆　　楷书

事，甲骨文和金文字形，像手持上端有网杈的捕猎器具，表示从事打猎。本义：捕猎。后泛指做事。（参考资料：左民安著《细说汉字》九州出版社2005年版56页"事"）

依据甲骨文和金文字形及字源解说内容，分解"事"的组字要素：

"事（甲骨文：）"＝"右手"＋"猎具"

"睽"＝"双目（隐喻看见或实现）"＋"癸（隐喻军事，交换）"，合成隐意：本方要实现军事上的交换。

"事"＝"右手（隐喻本方采取措施）"＋"猎具（隐喻本方的军事）"，合成隐意：本方针对自身的军事状况而采取的措施。或：本方采取军事措施。

▶

"小事吉"的隐意：本方针对自身的军事状况处于劣势而采取措施（小事），使其形成优势（吉）。

按照推测及验证的［类别—隐意—共性］规律，解析上式字符隐意："右手"从属［人类—右手—字符］，隐喻本方采取措施；"猎具"为捕猎的工具，从属［猎具—军事—字符］，隐喻本方的军事。因而"事"的字符隐意可表示为：

"事（甲骨文：𤔲）" = "本方采取措施" + "本方的军事"

综合上式组字要素的隐意信息，"事"的隐意可解读为：本方针对自身的军事状况而采取的措施。或：本方采取军事措施。

3. "吉"的隐意

本方确定某某情形为优势，或：本方确定某某方案为尚佳之策。（参见第三章第二节［泰卦隐意解析］中"吉"的论述）

4. 卦辞"小事吉"的隐意

本方针对自身的军事状况处于劣势而采取措施（小事），使其形成优势（吉）。

第三节　损卦隐意解析

卦名：**损**

卦象：

卦辞：有孚，元吉，无咎。可贞：利有攸往，曷之用二簋。可用享？

一、损卦隐意解读

损卦的卦名隐意是：针对本方军事情形而采取的措施（卦名：损）。这个题目给出两个问题：（1）本方军事情况怎样？即为什么要采取措施？（2）本方要采取什么措施？这两个问题可以从卦象的象素分析中找到答案。

将损卦的卦象"☶☱"转换为左右排列的象素表达式"☶☱"：

八卦符号	表示因素	外卦-对方	内卦-本方
上线	军事：	"–"优势	"--"劣势
中线	疆域：	"--"劣势	"–"优势
下线	经济：	"--"劣势	"–"优势

从损卦的卦象"☶☱"上看，对方在军事方面处于优势，而本方的军事却处于劣势。卦象显示，本方处于军事被动局面。

因而，周文王指出针对当前军事状况而采取措施的重要性（卦辞隐语）：本方必须针对来自对方的挑衅和进犯而采取措施。只有本方军事处于优势，才能立于不败之地。（卦辞：有孚，元吉，无咎。）

即在对方处于军事优势的情形下"☶☱"，

本方只有实现军事优势，才能确保不出问题。

接着，周文王提出扭转军事被动局面的方案（卦辞隐语）：根据目前本方的综合实力状况而制定的可行办法是：通过本方已经具备的某种优势，采取与对方"互通有无、优势互补"的合作方式，实现强军目标。（卦辞：可贞：利有攸往。）

观察损卦卦象"☶☱"，的确存在"优势互补"的特征，对方所拥有的优势，本方却处于劣势；而本方拥有的优势，对方也处于劣势。因而，周文王提出了"优势互补"的方案。

（卦辞隐语）：周文王论述，如何通过本方已经取得的优势来转变处于劣势的本方军事，使其达到优势状态：经过分析研究本方综合实力中的各个方面，得出可以施行的方案是：用本方已经实现优势的两项因素作为换取另一项因素的条件。（卦辞：曷之用二簋。）

这两项优势因素正是卦象"☶☱"显示的本方疆域和经济因素。

这项策略体现了周文王"舍"与"得"的辩证思想。

君子听到周文王提出的方案而做出的第一反应是惊讶，是出乎意料，他难以接受牺牲本方两个方面的优势来换取军事上的一个优势，他发出惊讶的问话（卦辞隐语）：这样的方案可行吗？（卦辞：可用享？）

二、卦名"损"的隐意解析

"损"字隐意解析

損　損　损

小篆　　楷书（繁体）　　楷书

损，小篆字形为形声字，"手"表意，"员"表声。（参考资料：汤可敬撰（东汉许慎著）《说文解字今释》岳麓书社 2002 年版 1718 页"损"）

尚未查找到甲骨文和金文字形，这就存在一种可能性：周文王用

“扌”和“员”组合成隐意会意字。

依据小篆字形及字源解说内容，分解“损”的组字要素：

“损（小篆：）”＝“扌”＋“员”

按照推测及验证的［类别—隐意—共性］规律，解析上式字符隐意：“扌”从属［人类—右手—字符］，隐喻本方采取措施；“员（甲骨文：，金文：）”＝“鼎”＋“上方一个圆形符号”（资料来源：李乐毅著《汉字演变五百例》北京语言大学出版社2002年版449页“员”），其中：“鼎”从属［人类—用具—字符］，隐喻内卦里的因素；鼎的“上方一个圆形符号”，从属［指事—部位—字符］，隐喻卦象的上线军事。因而“损”的字符隐意可表述为：

“损（小篆：）”＝“本方采取措施”＋“内卦里的因素”＋“上线军事因素”

综合上式组字要素的隐意信息，“损”的隐意可解读为：针对内卦上线军事因素，本方必须采取的措施。

三、卦辞“有孚，元吉，无咎”隐意解析

这句辞是周文王对卦名“损”的具体解释，即在损卦象的情形下，本方应该采取的策略。

1.“有孚”的隐意

本方采取措施，抵御来自对方的挑衅和进犯。或：本方针对来自对方的军事威胁而采取的措施。（参见第四章第二节［讼卦隐意解析］中“有孚”的论述）

2.“元吉”的隐意

本方军事形成优势。（参见第七章第七节［鼎卦隐意解析］中“元吉”的论述）

> 如何通过本方已经取得的优势来转变处于劣势的本方军事，使其达到优势状态：经过分析研究本方综合实力中的各个方面，得出可以施行的方案是：用本方已经实现优势的两项因素作为换取另一项因素的条件。
>
> 这两项优势因素正是卦象“䷨”显示的本方疆域和经济因素。

> “损”=“扌（隐喻本方采取措施）”+“员（隐喻内卦上线军事因素）”，合成隐意：针对内卦上线军事因素，本方必须采取的措施。

3.“无咎”的隐意

本方行为不会变差，或：本方行为没问题，没毛病，或：本方立于不败之地。（参见第六章第二节［复卦隐意解析］中“无咎”的论述）

4.卦辞“有孚，元吉，无咎”的隐意

本方必须针对来自对方的挑衅和进犯而采取措施（有孚）。只有本方军事（元）处于优势（吉），才能立于不败之地（无咎）。

四、卦辞“可贞，利有攸往”隐意解析

1.“可”的隐意

本方的决策合适于内卦里的因素，或：本方的决策是可行的。（参见第七章第四节［节卦隐意解析］中“可”的论述）

2.“贞”的隐意

占卜得到的内卦情况，或：经过研究分析获得本方综合实力的比较状况。简称：本方综合实力的情形。（参见第三章第三节［否卦隐意解析］中“贞”字论述）

3.卦辞“可贞”的隐意

根据目前本方的综合实力状况而制定的可行办法。

4.“利有攸往”的隐意

本方只有具备某种优势（利），才能采取与对方“互通有无、优势互补”的合作方式（有攸往）。（参见第六章第一节［坤卦隐意解析］中“有攸往”、第二节［复卦隐意解析］中“利有攸往”的论述）

5.卦辞“可贞，利有攸往”的隐意

根据目前本方的综合实力状况而制定的可行办法是（可贞）：通过本方已经具备的某种优势（利），采取与对方“互

“有孚，元吉，无咎”的隐意：本方必须针对来自对方的挑衅和进犯而采取措施(有孚)。只有本方军事(元)处于优势(吉)，才能立于不败之地(无咎)。

“可贞”的隐意：根据目前本方的综合实力状况而制定的可行办法。

通有无、优势互补"的合作方式（有攸往），实现强军目标（注：结合上下辞句添加）。

五、卦辞"曷之用二簋"隐意解析

1. "曷"字隐意解析

小篆　　　楷体

曷，小篆字形为形声字，"曰"表意，"匃（gai）"表声。（参考资料：汤可敬撰（东汉许慎著）《说文解字今释》岳麓书社2002年版650页"曷"）

尚未查找到"曷"的甲骨文和金文，这就存在一种可能性：周文王用"曰"和"匃"组合成隐意会意字。

依据小篆字形及字源解说内容，分解"曷"的组字要素：

"曷（小篆：曷）"＝"曰"＋"匃"

按照推测及验证的［类别—隐意—共性］规律，解析上式字符的隐意："曰"为口里发出来的声音（参考资料：李乐毅著《汉字演变五百例》北京语言大学出版社2002年版450页"曰"），从属［人类—语言—字符］，隐喻本方的论述；"匃（甲骨文：）"字形为"人（甲骨文：）"和"亡（甲骨文：）"的组合（参考资料：徐中舒主编《甲骨文字典》四川辞书出版社2014年版1387页"匃"［解字］），其中："人"是人类的总称，从属［人类—称谓—字符］，隐喻本方；且"人（甲骨文：）"与"人的反像（甲骨文：）"，即反写的'人'"在字形上存在对应关系，从属［阴阳

▲

"曷"＝"曰（隐喻本方的论述）"＋"匃（隐喻本方优势，军事劣势）"，合成隐意：本方论述如何通过本方已经取得的优势来改变处于劣势的军事。

"曷之"的隐意：本方论述如何通过本方已经取得的优势来转变处于劣势的军事(曷)，使其达到优势状态(之)。

▼

一对应—字符]，隐喻阳性、优势状态；"亡（甲骨文：𠁡）"为刀刃折断（参考资料：李乐毅著《汉字演变五百例》北京语言大学出版社2002年版340页"亡"），从属［兵器—军事—字符］，隐喻本方的军事处于劣势。因而"曷"的字符隐意可表述为：

"曷（小篆：𣉚）"＝"本方论述"＋"本方优势"＋"本方军事劣势"

综合上式组字要素的隐意信息，"曷"的隐意可解读为：本方论述如何通过本方已经取得的优势来改变处于劣势的军事。

2."之"的隐意

本方付诸行动，达到优势。（参见第三章第三节［否卦隐意解析］中"之"的论述）

"曷之"的隐意：本方论述如何通过本方已经取得的优势来转变处于劣势的军事，使其达到优势状态。

3."用"字隐意解析

甲骨文　　　金文　　　《说文》　　　楷书

用，甲骨文和金文字形为象形字，从"卜"从"𦥑（骨版）"，表示骨版上已有卜兆。（参考资料：徐中舒主编《甲骨文字典》四川辞书出版社2014年版354页"用"、［解字］）

依据甲骨文和金文字形及字源解说内容，分解"用"的组字要素：

"用（金文：𦥑）"＝"骨版"＋"卜"

按照推测并验证的［类别—隐意—共性］规律，解析上式字符的隐意："骨版"为占卜用具，从属［人类—用具—字符］，隐喻内卦里的因素；"卜"为预测的方式，隐喻分析研究得出的结论。因而"用"的字符隐意可表示为：

"用（金文：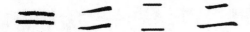）" = "内卦里的因素" + "分析研究得出可以施行使用的方案"

综合上式组字要素的隐意信息，"用"的隐意可解读为：分析研究内卦里的各项因素，得出可以施行使用的方案。或：分析研究本方综合实力中的各个方面，得出可以施行使用的方案。

4."二"字隐意解析

甲骨文　　金文　　小篆　　楷体

二，甲骨文和金文字形为指事字，表示数字的二。（参考资料：汤可敬撰（东汉许慎著）《说文解字今释》岳麓书社2002年版1947页"二"、［参证］）

依据甲骨文和金文字形及字源解说内容，解析"二"的隐意："二"字从属［指事—数量—字符］，隐喻卦象中的二个因素。或：综合实力的二项重要的指标。

5."簋"字隐意解析

甲古文　　金文　　小篆　　楷体

（资料来源：汤可敬撰（东汉许慎著）《说文解字今释》岳麓书社2002年版628页"簋"［参证］）

簋，甲骨文和金文字形，像手持勺匕从食器中取食物之形。造字本义：古代盛食物的容器。（参考资料：徐中舒主编《甲骨文字典》四川辞书出版社2014年版485页"簋"［解字］）

"用"="骨版（隐喻内卦的因素）"+"卜（制定可行方案）"，合成隐意：分析研究内卦里的各项因素，制定可以施行使用的方案。

"二"的隐意：卦象中的二个因素。或：综合实力的二项重要的指标。

"簋"="器皿（隐喻内卦的因素）"+"食物（隐喻取得的成果）"+"右手（隐喻本方采取措施）"+"勺子（隐喻内卦里的另一项因素）"，合成隐意：内卦里已经形成优势的因素，换取内卦里的另一项因素。

依据金文字形及字源解说内容，分解"簋"的组字要素：

"簋（金文：）"＝"器皿"＋"食物"＋"右手"＋"勺子"

按照推测并验证的［类别—隐意—共性］规律，解析上式字符的隐意："器皿"从属［人类—用具—字符］，隐喻内卦里的因素；"食物"隐喻取得的成果；"右手"从属［人类—右手—字符］，隐喻本方采取措施；"勺子"从属［人类—用具—字符］，隐喻内卦中的因素。因而"簋"的字符隐意可表述为：

"簋（金文：）"＝"内卦里的因素"＋"优势"＋"本方采取措施"＋"内卦里的因素"

综合上式组字要素的隐意信息，"簋"的隐意可解读为：内卦里已经形成优势的因素，换取内卦里的另一项因素。

卦辞"用二簋"的隐意：分析研究本方综合实力中的各个方面，得出可以施行的方案是：用内卦里的两个方面的优势，换取内卦里的另一项因素。

6. 卦辞"曷之用二簋"的隐意

周文王论述，如何通过本方已经取得的优势来转变处于劣势的军事（曷），使其达到优势状态（之）：经过分析研究本方综合实力中的各个方面，得出可以施行的方案（用）是：用本方已经实现优势的两项因素作为换取另一项因素的条件（二簋）。

六、卦辞"可用享"的隐意

1. "可"的隐意

本方认为本方的某种决策是合适的或可行的。（参见第七章第四节［节卦隐意解析］中"可"的论述）

在此句辞中，"可"的语言成分中暗含君子的发问。

2. "用"的隐意

分析研究内卦里的各项因素，得出可以施行使用的方案。或：分析研究本方综合实力中的各个方面，得出可以施行使用的方案。（参见本节中"用"的论述）

在此句辞中，"用"是上一句辞"用二簋"的简语。

3. "享"的隐意

针对内卦出现的各种不同的情况，以及内卦与外卦对比形成的复杂局面，寻求解决方案，或：问卦。（参见第三章第二节［泰卦隐意解析］中"亨"和"享"字论述）

4. 卦辞"可用享"的隐意

根据以上逐字分析，卦辞"可用享"的隐意是：君子听到周文王的方案——竟是要用自身两个方面的优势做代价，来换取军事上的一个优势，他发出惊讶的问话：这样的方案合适吗？

◀

"用二簋"的隐意：分析研究本方综合实力中的各个方面，得出可以施行的方案是：用内卦里的两个方面的优势，换取内卦里的另一项因素。

"可用享"的隐意是：君子听到周文王的方案——竟是要用自身两个方面的优势做代价，来换取军事上的一个优势，他发出惊讶的问话：这样的方案合适吗？

第四节　大过卦隐意解析

卦名：**大过**

卦象：

卦辞：栋挠，利有攸往，亨？

注：清代阮元《十三经注疏.周易正义》"桡"作"挠"。

（参考资料：秦泉主编《周易大全》外文出版社2012年版129页"大过"）

一、大过卦隐意解读

将大过卦的卦象"☱☴"转换为象素表达式"☱☴"：

八卦符号	表示因素	外卦-对方	内卦-本方
上线	军事：	"‑‑"劣势	"‑"优势
中线	疆域：	"‑"优势	"‑"优势
下线	经济：	"‑"优势	"‑‑"劣势

从大过卦的卦象"☱☴"上看，内卦（本方）唯有经济处于劣势，而疆域和军事因素都处于优势；而外卦（对方）唯有军事处于劣势，疆域和经济因素都处于优势。显然，这是一个优势互补关系的卦象。

但是，君子明白采取这种互补合作方式，会使对方的军事由劣势变成优势。这是本方非常忌讳的事情。

针对大过卦象"☱☴"，君子面临两种方式的选择，一种方式是用自身已经形成的优势因素来改变其中的劣势因素，因为（卦辞隐语）经济与本方蒸蒸日上的疆域因素密切相关（卦辞：栋），当前内卦的疆域和军事因素均为优势状态"☴"，因而（卦辞隐语）能够以自身的军事和疆域实力为手段（卦辞：挠）；另一种方式是（卦辞隐语）通过与对方开展"优势互补"的合作方式，来改变当前本方经济劣势的状况（卦辞：利有攸往。）

君子拿不定主意应该采用哪种方式，于是，问卦求解。（卦辞：亨？）

二、卦名"大过"隐意解析

1."大"的隐意

优势。（参见第三章第二节［泰卦隐意解析］中"大"的论述）

2."过"字隐意解析

过，金文字形为形声字，"ㄅ（骨）"表声，"止"表意。本义：经过。（参考资料：左民安著《细说汉字》九州出版社2005年版503页"过"）

依据金文字形及字源解说内容，分解"过"的组字要素：

"过（金文：ㄅ）"＝"骨（甲骨文：ㄅ）"＋"止"

按照推测及验证的［类别—隐意—共性］规律，解析上式字符的隐意："骨（甲骨文：ㄅ）"（资料来源：；左民安著《细说汉字》九州出版社2005年版470页"骨"）从属［指事—数量—字符］和［象形—实线—字符］，隐喻卦象的三个关联因素都处于实线"–"（优势）状态；"止"为脚，从属［人类—脚步—字符］，隐喻本方付诸行动。因而"过"的字符隐意可表示为：

"过（金文：ㄅ）"＝"三个因素都为优势"＋"本方付诸行动"

综合上式组字要素的隐意信息，"过"的隐意可解读为：本方在向全面优势方向发展。

3.卦名"大过"的隐意

在本方拥有较多优势的基础上（大），向全面优势目标发展（过）。

三、卦辞"栋桡，利有攸往，亨?"隐意解析

1."栋"字隐意解析

橚　棟　栋

小篆　　楷书（繁体）　　楷书

栋，小篆字形为形声字，"木"表意，"东"表声。（参考资料：汤可敬撰（东汉许慎著）《说文解字今释》岳麓书社 2002 年版 780 页"栋"）

尚未查找到甲骨文和金文的字形。这就存在一种可能性："栋"是周文王用"木"和"东"两个字符组成的隐意会意字。

依据小篆字形及字源解说内容，分解"栋"的组字要素：

"栋（小篆：橚）"="木"+"东"

按照推测及验证的［类别—隐意—共性］规律，解析上式字符的隐意："木"为生长的树木，从属［植物—经济—字符］，隐喻农耕时代的经济；"东"有三层含意：（1）"东"是一个装物的袋子，从属［人类—用具—字符］，隐喻内卦里的因素；（2）"东"这种袋子的形状和特征，突出用"中部"装物，从属［指事—部位—字符］，隐喻卦象中的中线疆域因素；（3）"东"假借为太阳升起的地方，从属［阴阳—对应—字符］，隐喻阳性，优势。因而"栋"的字符隐意可表述为：

"栋（小篆：橚）"="经济"+"内卦里的因素"+"疆域"+"优势"

综合上式组字要素的隐意信息，"栋"的隐意可解读为：经济因素与本方蒸蒸日上的疆域因素相关。

2. "挠"字溯源：

撓　挠　挠

小篆　　楷书（繁体）　　楷书

挠，小篆字形为形声字，"扌"表意，"尧"表声，本义：搅动。（资料来源：汤可敬撰（东汉许慎著）《说文解字今释》岳麓书社2002年版1709页"挠"）

尚未查找到甲骨文和金文的字形。这就存在一种可能性："挠"是周文王用"扌"和"尧"两个字符组成的隐意会意字。

依据小篆字形及字源解说内容，分解"挠"的组字要素：

"挠（小篆：撓）"＝"扌"＋"尧"

按照推测及验证的［类别—隐意—共性］规律，解析上式字符的隐意："扌"从属［人类—右手—字符］，隐喻本方采取措施；"尧（甲骨文：𡕓）"字形，下边是一个跪姿的人形，上边是两个土堆，即表示山丘之人。"尧"是古帝陶唐氏的号。因其生于叫做"尧"的黄土高原上而得名。故"尧"又表示高地（参考资料：左民安著《细说汉字》九州出版社2005年版40页"尧"），其中："跪姿的人形"从属［人类—身形—字符］，隐喻本方；"上边两个土堆"从属［指事—部位—字符］，隐喻卦象的上线军事；且"两个土堆"从属［山丘—疆域—字符］，隐喻疆域因素。因而"挠"的字符隐意可表述为：

"挠（小篆：撓）"＝"本方采取措施"＋"本方"＋"军事"＋"疆域"

综合上式组字要素的隐意信息，"挠"的隐意可解读为：

"过"＝"止（隐喻本方的行为）"＋"骨（隐喻三项因素均为优势）"，合成隐意：本方在向全面优势方向发展。

"大过"的隐意：在本方拥有较多优势的基础上（大），向全面优势目标发展（过）。

"栋"＝"木（隐喻经济因素）"＋"东（隐喻中线疆域因素，优势）"，合成隐意：经济因素与本方蒸蒸日上的疆域因素相关。

"挠"＝"扌（隐喻本方采取措施）"＋"尧（隐喻本方，上线军事因素，疆域因素）"，合成隐意：本方以自身的军事和疆域实力为手段。

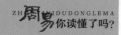

本方以自身的军事和疆域实力为手段。

3. 卦辞"栋挠"的隐意

经济因素与本方蒸蒸日上的疆域因素直接相关（栋），而大过卦"▐▐▐"的内卦已经形成本方军事和疆域优势，因而本方能够以自身的军事和疆域实力为手段（挠）。

4. "利有攸往"的隐意

只有形成某种优势（利），才能使本方与对方采取"互通有无、优势互补"的合作方式（有攸往）。（参见第六章第一节［坤卦隐意解析］中"有攸往"、第二节［复卦隐意解析］中"利有攸往"的论述）

5. "亨"的隐意

针对内卦出现的各种不同的情况，以及内卦与外卦对比形成的复杂局面，寻求解决方案，或：问卦。（参见第三章第二节［泰卦隐意解析］中"亨"的论述）

6. 卦辞"栋挠，利有攸往，亨?"的隐意

针对大过卦象"▐▐▐"，君子面临两种方式的选择。

君子知道，经济与本方蒸蒸日上的疆域因素密切相关（栋），当前内卦的疆域和军事因素均为优势状态"▐▐"，因而能够以自身的军事和疆域实力为手段（挠）；

同时，大过卦象是一个优势互补的形态，本方与对方开展"互通有无"的合作，有助于改变当前本方经济劣势的状况（利有攸往）

君子拿不定主意应该采用哪种方式，于是，问卦求解（亨?）。

在大过卦辞中，没有看到周文王的解答。只能带着这个问题在其它卦辞里寻找答案。这便有了下一章的内容——"优势互补"的合作方式应该具备的前提条件。

第九章

互补合作的前提

「优势互补」的合作方式不是万能的灵丹妙药，它存在一定的局限性。本章着力分析采用「优势互补」合作方式来完善自身的劣势因素，有几个值得注意的前提条件：（1）当本方没有任何优势因素时，等于没有与对方合作的资本；（2）当对方没有任何劣势因素，等于对方不需要本方的优势；（3）当双方的优势和劣势完全相同时，双方没有「互补合作」的需求；（4）当双方互有优势和劣势时，还要观察优势和劣势因素是否重叠。如果优势因素重叠，合作将毫无意义；（5）即使卦象存在互补关系，还要考虑其它发展因素进行决策。

第一节　剥卦隐意解析

卦名：**剥**

卦象：

卦辞：不利有攸往。

一、剥卦隐意解读

将剥卦的卦象"▆▆"转换为左右排列的象素表达式"▆▆▆"：

八卦符号	表示因素	外卦-对方	内卦-本方
上线	军事：	"–"优势	"--"劣势
中线	疆域：	"--"劣势	"--"劣势
下线	经济：	"--"劣势	"--"劣势

剥卦的"象素"表显示，只有外卦的上线军事因素呈现"阳"的状态。因而，卦名"剥"是周文王对本方发出警告（卦名隐语）：对方已经形成军事优势，而本方的综合实力却处于劣势，尤其军事。这样的对阵格局，对本方造成巨大的威胁。（卦名：剥。）

在剥卦"▆▆▆"的情形下，本方不仅受到对方的军事威胁，而且没有任何优势能与对方进行"互补合作"。（卦辞：不利有攸往。）

"互通有无、优势互补"的合作方式，要求本方必须具备某种对方需要的优势，才能形成交往，进而借助对方的优势，来改变本方的劣势因素。如果本方没有任何对方所需要的优势因素，本方也难以借助对方的优势来改善自身的劣势情况。

"剥卦"说明，"互通有无，优势互补"的合作发展方式不是"万能"的，而是有前提条件的。在本方没有任何优势的前提下"▤▤▤"，"合作互补"的发展模式难以发挥作用。

二、卦名"剥"的隐意解析

"剥"字隐意解析

剢　　剥

篆文　　楷体

剥，篆文字形为形声字，"刀"表意，"录"表声兼表意。本义：割裂。（参考资料：汤可敬撰（东汉许慎著）《说文解字今释》岳麓书社2002年版595页"剥"）

尚未查找到甲骨文和金文字形，这就存在一种可能性：周文王用"录"和"刀"组合成隐意会意字。

依据篆文字形及字源解说内容，分解"剥"的组字要素：

"剥（小篆：剢）"＝"录"＋"刀"

按照推测及验证的［类别—隐意—共性］规律，解析上式字符的隐意："录（甲骨文：⬚，金文：⬚）"＝"辘轳"＋"装水的袋子"＋"水"（资料来源：左民安著《细说汉字》九州出版社2005年版348页"录"），其中："辘轳"和"装水的袋子"都是人们使用的器物，从属［人类—用具—字符］，隐喻内卦里的因素，或本方综合实力中的某个方面；

"水"与"火"相对应，从属［阴阳—对应—字符］，隐喻阴性，或劣势状态；"刀"为冷兵器时代的武器，从属［兵器—军事—字符］，隐喻军事。因而"剥"的字符隐意可表述为：

"剥（小篆：㡡）"＝"内卦里的多项因素"＋"劣势"＋"本方的军事"

综合上式组字要素的隐意信息，"剥"的隐意可解读为：本方的综合实力里的多项因素处于劣势，尤其军事。

三、卦辞"不利有攸往"隐意解析

1."不利"的隐意

劣势因素，没有优势的格局。（参见第三章第三节［否卦隐意解析］中"不利"的论述）

2."有攸往"的隐意

本方采取与对方"互通有无、优势互补"的合作方式。（参见第六章第一节［坤卦隐意解析］中"有攸往"的论述）

3.卦辞"不利有攸往"的隐意

本方不具备任何优势因素，能够与对方开展"互通有无，优势互补"的合作方式。

▶

"剥"＝"录（隐喻内卦，多项因素，劣势）"＋"刀（隐喻军事）"，合成隐意：本方的综合实力里的多项因素处于劣势，尤其军事。

"不利有攸往"的隐意：本方不具备任何优势因素（不利），能够与对方开展"互通有无，优势互补"的合作方式（有攸往）。

第二节　无妄卦隐意解析

卦名：  无妄

卦象：

卦辞：元亨：利贞？其匪正，有眚，不利有攸往。

一、无妄卦隐意解读

无妄卦的卦象隐意，阐述另一种不适合运用"合作互补"发展模式的情况。

将无妄卦的卦象"⚏"转换为象素表达式"⚏"：

八卦符号	表示因素	外卦-对方	内卦-本方
上线	军事：	"–"优势	"--"劣势
中线	疆域：	"–"优势	"--"劣势
下线	经济：	"–"优势	"–"优势

象素表显示，在内卦（本方）出现了一个下线经济因素的优势时，对方已经把综合实力最重要的三个方面的因素都变成优势了。

君子针对这一情形问卦（卦辞隐语）：根据当前本方军事情况，如何才能形成本方综合实力的优势格局？（卦辞：元亨：利贞？）

周文王指出（卦辞隐语）：虽然本方采取措施，实现了经济方面的优势"⚏"，但对方综合实力已经形成全面优势的格局，使得本方没有任何优势因素，能够与对方开展"互通有无、优势互补"的合作。（卦辞：其匪正，有眚，不利有攸往。）

因为，在无妄卦中，对方全部的因素都处于优势，不需要本方的任何优势给予补充。此时，即使本方发展了一个阳线，也无法形成互补的格局。所以，当对方处于全面优势的时候，也是不具备"优势互补"的条件的。

随即，周文王解答君子提出的"元亨：利贞？"问题（卦名隐语）：在本方不具备"优势互补"合作条件的情况下，加上军事处于劣势的因素，使得本方综合实力难以摆脱劣势状态。（卦名：无妄。）

二、卦名"无妄"隐意解析

1."无"的隐意

本方没有。（参见第六章第二节［复卦隐意解析］中"无"的论述）

2."妄"字隐意解析

金文　　篆文　　楷体

妄，金文字形为形声字，"女"表意，"亡"表声。本义：荒乱。（参考资料：汤可敬撰（东汉许慎著）《说文解字今释》岳麓书社2002年版1779页"妄"、［参证］）

依据金文字形及字源解说内容，分解"妄"的组字要素："妄（金文：）" = "亡" + "女"

按照推测并验证的［类别—隐意—共性］规律，解析上式字符的隐意："亡（甲骨文：）"为刀刃折断（参考资料：李乐毅著《汉字演变五百例》北京语言大学出版社2002年版340页"亡"），"刀"从属［兵器—军事—字符］，隐喻本方的军事，"折断"隐喻劣势；"女"从属［人类—女性—字符］，隐意本方处于劣势，或：本方的劣势因素。因而"妄"的字符隐意可表述为：

"妄（金文：𡚾）"＝"本方的军事处于劣势"＋"本方处于劣势"。

综合上式组字要素的隐意信息，"妄"的隐意可解读为：本方军事处于劣势而使本方综合实力难以摆脱劣势局面。

3. 卦名"无妄"的隐意

本方不具备做某事的条件（无），本方军事处于劣势而使本方综合实力难以摆脱劣势局面（妄）。

三、卦辞"元亨：利贞?"的隐意

针对本卦中的本方军事情况（元），君子问卦（亨）：此卦属于本方综合实力的优势格局（利贞）吗?

或：针对本卦中的本方军事情况（元），君子问卦（亨）：如何才能形成本方综合实力的优势格局（利贞)?

（参见第五章第二节［临卦隐意解析］中"元亨：利贞?"的论述）

四、卦辞"其匪正"隐意解析

1. "其"的含意

"其"是"箕"的古字，后假借为代词。（参见第六章第二节［复卦隐意解析］中"其"的论述）

2. "匪"的隐意

外卦里的因素，或：对方综合实力中的某项因素。（参见三章第三节［否卦隐意解析］中"匪"的论述）

3. "正"字隐意解析

甲骨文　　　金文　　　小篆　　　楷书

正，甲骨文和金文字形，上端为一个目标的符号，下端为一个正对目标的"脚"，本义：正对目标行进。（参考资料：李乐毅著《汉字演变五百例》北京语言大学出版社2002年版467页"正"）

依据甲骨文和金文字形及字源解说内容，分解"正"的构字要素：

"正（甲骨文：♀）"＝"脚步"＋"目标"

按照推测并验证的［类别—隐意—共性］规律，解析上式字符隐意："脚步"从属［人类—脚步—字符］，隐喻本方的行动；"目标"隐喻本方力求达到综合实力中的各项因素均为优势的目标（注：以泰卦的卦象为追求的理想目标☷）。因而"正"的字符隐意可表示为：

"正（甲骨文：♀）"＝"本方的行动"＋"内卦全优目标"

综合上式组字要素的隐意信息，"正"的隐意可解读为：本方向综合实力全优目标迈进。

4. 卦辞"其匪正"的隐意

对方（其）的外卦里的因素（匪）已经形成本方所要达到的综合因素全优之目标（正），或：对方综合实力已经形成全面优势。

五、卦辞"有眚，不利有攸往"隐意解析

1. "有"的隐意

本方拥有，本方采取措施。（参见四章第一节［涣卦隐意解析］中"有"的论述）

2. "眚"字隐意解析

| 甲骨文 | 金文 | 篆文 | 楷体 |

眚，甲骨文和金文字形为形声会意字，"目"表意，"屮（生）"表声，兼表意。本义：视察。（参考资料：徐中舒主编《甲骨文字典》四

川辞书出版社2014年版376页"省"［解字］）

依据甲骨文和金文字形及字源解说内容，分解"眚"的组字要素：

"眚（甲骨文：𤯦）"="屮"＋"目"

按照推测并验证的［类别—隐意—共性］规律，解析上式字符的隐意："屮"为生长的植物，从属［植物—经济—字符］，隐喻农耕时代的经济；"目"从属［人类—眼睛—字符］，隐喻本方看到，在此引申"显现，实现"。因而"眚"的字符隐意可表示为：

"眚（甲骨文：𤯦）"="经济"＋"本方实现"

综合上式组字要素的隐意信息，"眚"的隐意可解读为：本方发展经济成绩显著。

"有眚"的隐意：本方采取措施（有），实现了经济发展（眚）。

3."不利有攸往"的隐意

本方不具备任何优势因素，能够采取与对方"互通有无、优势互补"的合作方式。（参见本章第一节［剥卦隐意解析］中"不利有攸往"的论述）

4.卦辞"有眚，不利有攸往"的隐意

虽然本方经济成就显著（有眚），但此卦显示，本方不具备任何优势因素（不利），能够采取借助对方优势的措施（有攸往）。

◀

"正"="脚步（隐喻本方的行动）"＋"目标（隐喻内卦三个方面均为优势）"，合成隐意：本方向综合实力全优目标迈进。

"其匪正"的隐意：对方（其）的外卦里的因素（匪）已经形成本方所要达到的综合因素全优之目标（正），或：对方综合实力已经形成全面优势。

"眚"="屮（隐喻经济）"＋"目（隐喻本方实现）"，合成隐意：本方发展经济成绩显著。

"有眚"的隐意：本方采取措施（有），实现了经济发展（眚）。

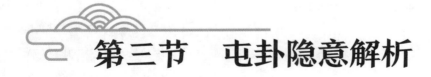

第三节 屯卦隐意解析

卦名：屯

卦象：

卦辞：元亨：利贞？勿用
有攸往，利建侯。

一、屯卦隐意解读

针对本卦中的本方军事情况（元），君子问卦（亨）：如何才能形成本方综合实力的优势格局（利贞）？

将屯卦的卦象"☵☳"转换为左右排列的象素表达式"☵☳"：

八卦符号	表示因素	外卦-对方	内卦-本方
上线	军事：	"--"劣势	"--"劣势
中线	疆域：	"—"优势	"--"劣势
下线	经济：	"--"劣势	"—"优势

象素表格显示，这是一个"优势互补"的卦象，在疆域方面，外卦（对方）的优势，可以弥补内卦（本方）的劣势；而在经济方面，对方的劣势也需要本方的优势来弥补。

但周文王却指出（卦辞隐语）：经过分析研究本方综合实力中的各个方面，得出的方案是：不要采用与对方"互通有无、优势互补"的合作方式。（卦辞：勿用有攸往。）

这是为什么呢？从屯卦的卦象"☵☳"上看，明明是一个互补型的卦象，为什么周文王偏偏指出不要采用优势互补的方式呢？

因为，周文王看到一项更好的发展机会。尽管屯卦具有齿合特征"▤▤"，适合"优势互补"，但还要看到，不但对方军事处于弱势状态，而且支持军事的经济也处于劣势。这为本方发展军事，抢占制高点提供了绝佳的机会。

因此，周文王指出（卦辞隐语）：根据当前形势下的有利时机，本方发展的道路是：针对内卦中的军事因素而采取措施。（卦辞：利建侯。）

屯卦启示：即使卦象适合"优势互补"合作，但也不要拘泥程式，一定要具体情况具体分析，制定更有利本方发展的方略。

二、卦名"屯"的隐意解析

"屯"字隐意解析

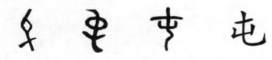

甲骨文　　金文　　小篆　　　楷书

屯，甲骨文和金文字形，像待放的花苞和叶片之形。（参考资料：徐中舒主编《甲骨文字典》四川辞书出版社2014年版45页"屯"［解字］）

依据甲骨文和金文字形及字源解说内容，解析"屯"的隐意："屯"像待放的花苞和叶片之形。按照推测及验证的［类别—隐意—共性］规律，该字从属［植物—经济—字符］，隐喻农耕时代的经济。因而"屯"的隐意可解读为：经济得到发展。

三、卦辞"元亨：利贞?"的隐意

针对本卦中的本方军事情况（元），君子问卦（亨）：此卦属于本方综合实力的优势格局（利贞）吗?

◀

即使卦象适合"优势互补"合作，但也不要拘泥程式，一定要具体情况具体分析，制定更有利本方发展的方略。

"屯"="植物的花苞和叶片"，隐意：经济得到发展。

或：针对本卦中的本方军事情况（元），君子问卦（亨）：如何才能形成本方综合实力的优势格局（利贞）？

（参见第五章第二节［临卦隐意解析］中"元亨：利贞？"的论述）

四、卦辞"勿用有攸往"隐意解析

1."勿"字的含意

甲骨文　　　金文　　　小篆　　　楷书

勿，甲骨文字形，由"刀"和"三个点"构成。"三个点"表示刀削东西落下的物屑，而物屑是不要的东西，所以"勿"字的本意当"不要"讲。后假借为表示劝阻、禁止，做否定词。（参考资料：左民安著《细说汉字》九州出版社2005年版64页"勿"）

2."用"的隐意

分析研究内卦里的各项因素，得出可以施行使用的方案。或：分析研究本方综合实力中的各个方面，得出可以施行使用的方案。（参见第八章第三节［损卦隐意解析］中"用"的论述）

"勿用"的隐意：经过分析研究本方综合实力中的各个方面，得出的方案是：不要采用某项措施。

3."有攸往"的隐意

本方采取借助对方优势的方式。而"借助对方的优势"

左侧栏：

► "勿用"的隐意：经过分析研究本方综合实力中的各个方面，得出的方案是：不要采用某项措施。

"勿用有攸往"的隐意：本方不要采用"互通有无、优势互补"的合作方式。

是要付出一定的代价的，即用本方的优势因素作为条件，换取对方的优势，因而，"有攸往"的隐意可解读为：本方采取与对方"互通有无、优势互补"的合作方式。（参见第六章第一节［坤卦隐意解析］中"有攸往"的论述）

4.卦辞"勿用有攸往"的隐意

本方不要采用"互通有无、优势互补"的合作方式。

五、卦辞"利建侯"隐意解析

1."利"的隐意

优势因素，优势格局。（参见第三章第三节［否卦隐意解析］中"利"的论述）

2."建"字隐意解析

金文　　小篆　　楷体

建，金文字形，由"聿"和"辵"组成会意字。本意：建立朝廷法律。（参考资料：汤可敬撰（东汉许慎著）《说文解字今释》岳麓书社2002年版272页"建"、［参证］）

依据金文字形及字源解说内容，分解"建"的组字要素：

"建（金文：）"＝"聿"＋"辵"

按照推测及验证的［类别—隐意—共性］规律，解析上述字符的隐意："聿（甲骨文：、金文：）"字形，像手持笔形（参考资料：汤可敬撰（东汉许慎著）《说文解字今释》岳麓书社2002年版421页"聿"［参

证］），其中："手"从属［人类—右手—字符］，隐喻本方采取的措施；"笔"为人使用的工具，从属［人类—用具—字符］，隐喻内卦中的某项因素；"辵（甲骨文：𣎴）"字形＝（行）＋（止），（参考资料：汤可敬撰（东汉许慎著）《说文解字今释》岳麓书社2002年版240页"辵"［参证］），其中，"行"为道路；"止"为脚，从属［人类—脚步—字符］，隐喻本方付诸行动，则"辵"隐喻本方走的路。因而"建"的字符隐意可表述为：

"建（金文：𢓋）"＝"本方采取措施"＋"内卦中的某项因素"＋"本方走的路"

综合上式组字要素的隐意信息，"建"的隐意可解读为：本方发展的道路是：针对内卦中的某项因素而采取措施。

3."侯"字隐意解析

𥎊 𥎊 𥎊 𥎊 侯

甲骨文　　金文　　小篆　　楷书（繁体）　　楷书

侯，甲骨文和金文字形，像一只箭射向靶心。造字本义：靶心。古代有"射侯之礼"，凡能射中"侯"的就是了不起的男子，因此引申为有本事的人，后来又用作爵位的名称。（参考资料：左民安著《细说汉字》九州出版社2005年版32页"侯"）

「旁注」

"建"＝"聿（隐喻本方采取措施，内卦某项因素）"＋"辵（隐喻本方走的路）"，合成隐意：本方发展的道路是：针对内卦中的某项因素而采取措施。

"侯"＝"侯（隐喻本方）"＋"矢，靶心（隐喻军事）"，合成隐意：本方的军事因素。

依据甲骨文和金文字形及字源解说内容，分解"侯"的组字要素：

"侯（甲骨文：🏹）"＝"矢"＋"靶心"

按照推测及验证的［类别—隐意—共性］规律，解析上述字符的隐意："矢"和"靶心"为冷兵器时代的军事器械，从属［兵器—军事—字符］，隐喻军事；"侯"作为爵位，从属［人类—称谓—字符］，隐喻本方。因而"侯"的字符隐意可表述为：

"侯（甲骨文：🏹）"＝"军事因素"＋"本方"

综合上式组字要素的隐意信息，"侯"的隐意可解读为：本方的军事因素。

4. 卦辞"利建侯"的隐意

根据当前形势下的有利时机（利），本方发展的道路是：针对内卦中的军事因素而采取措施（建侯）。

◀

"利建侯"的隐意：根据当前形势下的有利时机（利），本方发展的道路是：针对内卦中的军事因素而采取措施（建侯）。

第四节 贲卦隐意解析

卦名: 贲

卦象:

卦辞: 亨: 小利有攸往?

一、贲卦隐意解读

将贲卦的卦象""转换为左右排列的象素表达式"":

八卦符号	表示因素	外卦-对方	内卦-本方
上线	军事:	"–"优势	"–"优势
中线	疆域:	"--"劣势	"--"劣势
下线	经济:	"--"劣势	"–"优势

"象素"表显示,内卦(本方)只有中线疆域因素尚存劣势。这就是君子要解决的问题。君子问卦(卦辞隐语):本方尚存疆域劣势因素"",可以用本方已经具备的军事和经济优势,与对方开展"互通有无、优势互补"的合作,使其形成优势吗?(卦辞:亨:小利有攸往?)

贲卦是否符合"优势互补"合作的前提条件?

从上线军事因素上看,内卦(本方)和外卦(对方)均处于优势状态;从中线疆域因素来看,双方均处于劣势;从下线经济因素来看,只有本方拥有优势。可见,贲卦不具备齿合关系特征,故而,开展"互通有无"合作,对本方没有任何益处。

因而，周文王通过卦名的隐语给出了答案：通过本方的军事行动来完成。（卦名：贲。）

"贲"为大鼓。鼓的作用是向军队发出前进的指令。言外之意，贲卦不具备"优势互补"的前提条件，所以，要改变本方疆域劣势状况，可以通过本方的军事行动来完成。更何况，本方还有支撑军事的经济优势。

从贲卦的卦象"☲☶"上看，虽然敌我双方在军事上实力相当，都具备优势，但本方的经济优势为本方军事开疆拓土奠定了良好的基础。这正是周文王的决策依据。

二、卦名"贲"隐意解析

"贲"字隐意解析

甲骨文　　小篆　　楷体

贲，甲骨文字形，像装有饰物的大鼓，是指挥军队发动攻势的工具。（参考资料：宗福邦、陈世铙、萧海波主编《故训汇纂》商务印书馆2007年版4076页"贲"57条；徐中舒主编《甲骨文字典》四川辞书出版社2014年版518页"鼖"〔解字〕）

依据甲骨文字形及字源解说内容，解析"贲"的隐意："贲（甲骨文：👑）"为装有饰物的大鼓，是指挥军队发动攻势的工具，按照推测及验证的〔类别—隐意—共性〕规律，从属〔兵器—军事—字符〕，隐喻本方的军事因素。

"亨：小利有攸往？"
的隐意：君子问卦（亨）：
本方尚存劣势因素（小），
可以用本方已经具备的
军事和经济优势（利），与
对方开展"互通有无、优
势互补"的合作，使其形
成优势吗（有攸往）？

三、卦辞"亨：小利有攸往？"隐意解析

1."亨"的隐意

针对内卦出现的各种不同的情况，以及内卦与外卦对比形成的复杂局面，寻求解决方案，或：问卦。（参见第三章第二节［泰卦隐意解析］中"亨"字论述）

2."小"的隐意

劣势。（参见第三章第二节［泰卦隐意解析］中"小"的论述）

3."利有攸往"的隐意

只有形成某种优势（利），才能使本方与对方采取"互通有无、优势互补"的合作方式（有攸往）。（参见第六章第一节［坤卦隐意解析］中"有攸往"、第二节［复卦隐意解析］中"利有攸往"的论述）

4.卦辞"亨：小利有攸往？"的隐意

君子问卦（亨）：本方尚存劣势因素（小），可以用本方已经具备的军事和经济优势（利），与对方开展"互通有无、优势互补"的合作，使其形成优势吗（有攸往）？

第五节 巽卦隐意解析

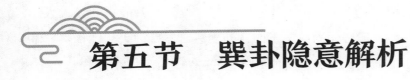

卦名：**巽**

卦象：

卦辞：小亨：利有攸往？
利见大人。

一、巽卦隐意解读

君子针对本方尚存的劣势因素问卦（卦辞隐语）：本方能够采取与对方开展"互通有无、优势互补"的合作方式，来解决本方唯一的劣势因素吗？（卦辞：小亨：利有攸往？）

君子提出的方案是否可行，取决于巽卦的卦象情况。

将巽卦的卦象"☴"转换为左右排列的象素表达式"⚎⚎"：

八卦符号	表示因素	外卦-对方	内卦-本方
上线	军事：	"–"优势	"–"优势
中线	疆域：	"–"优势	"–"优势
下线	经济：	"--"劣势	"--"劣势

"象素"表中显示，内卦（本方）与外卦（对方）的情况相同，军事和疆域方面都处于优势，而经济方面同处于劣势。显然，巽卦卦象不存在互补关系，因而不适合"优势互补"的合作方式。

周文王没有直接回答能否使用"优势互补"方式，而是说出另一个可行的方案（卦辞隐语）：根据当前优势状况，实现（见）用一个已经形成的优势发展另一个因素，使其也形成优势的目标，即"优势叠加"模式。（卦辞：利见大人。）

能感受到周文王的言外之意，不赞同采用"优势互补"方式，因为，巽卦的卦象"☴☴"显示，双方的优势和劣势都相同，不具备互补关系。此时只能采取另一种发展模式。这就是下一章所涉及的内容——"优势叠加"模式。

周文王用"巽"字进一步阐明（卦名隐语）：本方有两个因素。（卦名：巽。）

即本方采用"优势叠加"模式发展经济，可用本方另外的两项因素。这就是已经形成优势的军事和疆域因素。

二、卦名"巽"隐意解析

"巽"字隐意解析

$$ 羿 \quad 羿 \quad 巽 $$

金文大篆　　小篆　　楷体

巽，金文大篆字形，像在祭祀的台案上摆齐所需物品。《说文》：巽，具也。（参考资料：汤可敬撰（东汉许慎著）《说文解字今释》岳麓书社2002年版645页"巽"）

依据金文大篆字形及字源解说内容，分解"巽"的组字要素：

"巽（金文大篆：羿）"＝"台案"＋"两个物件"

按照推测并验证的［类别—隐意—共性］规律，解析上式字符的隐意："台案"为人们祭祀的用具，从属［人类—用具—字符］，隐喻内卦里的因素，"两个物件"从属［指事—数量—字符］，隐喻二项因素。因而"巽"的字符隐意可表述为：

"巽（金文大篆：羿）"＝"内卦里的因素"＋"两项因素"

综合上式组字要素的隐意信息，"巽"的隐意可解读为：内卦里的两个因素。

三、卦辞"小亨：利有攸往?"隐意解析

1. "小"的隐意

劣势。（参见第三章第二节［泰卦隐意解析］中"小"的论述）

2. "亨"的隐意

针对内卦出现的各种不同的情况，以及内卦与外卦对比形成的复杂局面，寻求解决方案，或：问卦。（参见第三章第二节［泰卦隐意解析］中"亨"的论述）

"小亨"的隐意：君子针对本方存在的劣势因素问卦求解。

3. "利有攸往?"的隐意

只有形成某种优势（利），才能使本方与对方采取"互通有无、优势互补"的合作方式（有攸往）。（参见第六章第一节［坤卦隐意解析］中"有攸往"、第二节［复卦隐意解析］中"利有攸往"的论述）

4. 卦辞"小亨：利有攸往?"的隐意

君子针对本方存在的劣势因素问卦（小亨）：能够采取与对方"互通有无、优势互补"的合作方式，来解决本方的劣势因素吗（利有攸往）？

四、卦辞"利见大人"的隐意

根据当前优势状况（利），实现（见）用一个已经形成的优势发展另一个因素，使其也形成优势的目标。或：根据当前优势状况，实现本方的"优势叠加"发展模式。（参见第四章第二节［讼卦隐意解析］中"利见大人"的论述）

▲
"小亨"的隐意：君子针对本方存在的劣势因素（小）问卦求解（亨）。

"小亨：利有攸往?"的隐意：君子针对本方存在的劣势因素问卦（小亨）：能够采取与对方"互通有无、优势互补"的合作方式，来解决本方的劣势因素吗（利有攸往）？

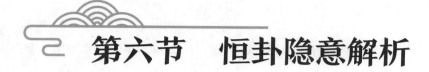

第六节 恒卦隐意解析

卦名：**恒**

卦象：

卦辞：亨：无咎，利贞，利有攸往？

一、恒卦隐意解读

君子问卦：此卦情形不错。在此基础上，要形成本方综合实力的优势格局，可通过本方已经形成的优势因素，与对方开展"互通有无、优势互补"的合作方式来实现吗？（卦辞：亨：无咎，利贞，利有攸往？）

若要回答君子的问题，先要考察恒卦的卦象。

将恒卦的卦象"䷟"转换为左右排列的象素表达式"䷟"：

八卦符号	表示因素	外卦-对方	内卦-本方
上线	军事：	"--"劣势	"—"优势
中线	疆域：	"--"劣势	"—"优势
下线	经济：	"—"优势	"--"劣势

"象素"表显示，恒卦是一个"优势互补"型的卦象，虽然内卦（本方）优势明显，军事和疆域都处于优势，但经济因素存在劣势，需要外卦（对方）的经济优势来弥补。而外卦（对方）的疆域和军事因素都处于劣势，也需要在这两方面具备优势的内卦（本方）给予支援。正好形成优势互补的齿合关系。

但是，周文王回答君子的问卦，却给出另一

种发展模式（卦辞隐语）：针对劣势状况，用"优势叠加"的发展模式。（卦名：恒。）

周文王弃用"优势互补"合作模式，而用"优势叠加"发展模式，所考虑的因素是：（1）自身已经具备实力，（2）不想让对方通过合作发展军事。

二、卦名"恒"隐意解析

"恒"字隐意解析

甲骨文　　金文　　小篆　　楷体

恒，甲骨文字形，像月亮在天地之间常行。金文字形，在"月"旁添加"心"，加强心意恒常历久不变之意。（参考资料：左民安著《细说汉字》九州出版社2005年版219页"恒"）

依据甲骨文字形及字源解说内容，分解"恒"的组字要素：

"恒（甲骨文：🌙）"＝"2横符"＋"月亮"

按照推测及验证的［类别—隐意—共性］规律，解析上式字符的隐意："2横符"从属［象形—实线—字符］，隐喻一个优势加另一个优势，即"优势叠加"的发展模式；"月亮"与"太阳"相对应，从属［阴阳—对应—字符］，隐喻某项因素为阴性，或劣势。因而"恒"的字符隐意可表示为：

"恒（甲骨文：🌙）"＝"'优势叠加'的发展模式"＋"劣势"

综合上式组字要素的隐意信息，"恒"的隐意可解读为：针对劣势因素，可采取"优势叠加"的发展模式。

◀

周文王弃用"优势互补"合作模式，而用"优势叠加"发展模式，所考虑的因素是：（1）自身已经具备实力，（2）不想让对方通过合作发展军事。

"恒"＝"2横符（隐喻优势叠加）"＋"月亮（隐喻劣势）"，合成隐意：针对劣势因素，可采取"优势叠加"的发展模式。

"亨：无咎，利贞，利有攸往？"的隐意：君子问卦（亨）：此卦情形不错（无咎），在此基础上要形成本方综合实力的优势格局（利贞），可以通过本方已经形成的优势因素（利），与对方开展"互通有无、优势互补"的合作方式来实现（有攸往）吗？

三、卦辞"亨：无咎，利贞，利有攸往？"隐意解析

1."亨"的隐意

针对内卦出现的各种不同的情况，以及内卦与外卦对比形成的复杂局面，寻求解决方案，或：问卦。（参见第三章第二节［泰卦隐意解析］中"亨"的论述）

2."无咎"的隐意

本方行为不会变差，或：本方行为没问题，没毛病，或：本方立于不败之地。（参见第六章第二节［复卦隐意解析］中"无咎"的论述）

3."利贞"的隐意

形成本方综合实力的优势格局。（参见第四章第一节［涣卦隐意解析］中"利贞"的论述）

4."利有攸往"的隐意

只有形成某种优势（利），才能使本方与对方采取"互通有无、优势互补"的合作方式（有攸往）。（参见第六章第一节［坤卦隐意解析］中"有攸往"、第二节［复卦隐意解析］中"利有攸往"的论述）

5.卦辞"亨：无咎，利贞，利有攸往？"的隐意

君子问卦（亨）：此卦情形不错（无咎），在此基础上要形成本方综合实力的优势格局（利贞），可以通过本方已经形成的优势因素（利），与对方开展"互通有无、优势互补"的合作方式来实现（有攸往）吗？

第十章
优势叠加的发展模式

形成『本方综合实力的优势格局』，除了采取『优势互补』的合作方式之外，还有另一种可以运用的模式——『优势叠加』发展模式。

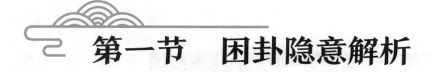

第一节 困卦隐意解析

卦名：**困**

卦象：

卦辞：亨：贞大人吉？无咎，有言不信。

一、困卦隐意解读

将困卦的卦象"☱☵"转换为左右排列的象素表达式"☰☰☰"：

八卦符号	表示因素	外卦-对方	内卦-本方
上线	军事：	"--"劣势	"--"劣势
中线	疆域：	"—"优势	"—"优势
下线	经济：	"—"优势	"--"劣势

君子看出，这个卦象不具备"优势互补"合作的条件，因为，本方仅有的优势因素（疆域），对方也具备优势，不需要本方给予帮助。

于是，君子问卦求解（卦辞隐语）：采用"优势叠加"方式发展本方尚还存在的劣势因素，能够形成本方综合实力的优势格局吗？（卦辞：亨：贞大人吉？）

周文王评价君子提出的"优势叠加"发展方案（卦辞隐语）：这是个不错的方案，本方可以凭借自身已经形成的一项优势，助力其它两项劣势方面的发展。（卦辞：无咎，有言不信。）

接着，周文王指出具体的发展方向（卦名隐意）：凭借本方疆域优势发展经济。（卦名：困。）

从困卦的卦象"☰☰☰"上看，本方已经形成的优势是中线疆域因素，而尚还存在的劣势因素有两项：上线的军事和下线的经济。周文王根据当前形势，决定用已经形成的疆域优势为基础，采用"优势叠加"的发展模式，率先带动经济发展。这就是卦名"困"的隐意——"困"="囗"＋"木"，即"经济"在"疆域"里。

为什么要率先带动经济发展呢？道理已在坤卦辞里阐述明了：疆域直接影响经济（坤卦辞：东北丧朋），经济是军事发展的基础（坤卦辞：先迷後得主）。

然而，在蒙卦的情形"☶☵"下，虽然本方仅有疆域优势，周文王却决定同时发展经济和军事。具体理由将在蒙卦卦象隐意解析中详解。

二、卦名"困"隐意解析

"困"字隐意解析

甲骨文　　　 小篆　　　　 楷体

困，甲骨文字形，由"木"在"囗"中会意：因衰败而倒塌的房屋。（参考资料：汤可敬撰（东汉许慎著）《说文解字今释》岳麓书社2002年版847页"困"、［参证］）

依据甲骨文字形及字源解说内容，分解"困"的组字要素：

"困（甲骨文：）"="囗"＋"木"

按照推测并验证的［类别—隐意—共性］规律，解析上式字符的隐意："囗"表示四周围起来，从属［城邑—疆域—字符］，隐喻疆域因素；"木"为生长的树木，从属［植物—经济—字符］，隐喻农耕经济。因而"困"的字符隐意可表述为：

"困（甲骨文：）"="疆域"＋"经济"

综合上式组字要素的隐意信息，"困"的隐意可解读为：疆域和经济。

三、卦辞"亨：贞大人吉"隐意解析

1."亨"的隐意

针对内卦出现的各种不同的情况，以及内卦与外卦对比形成的复杂局面，寻求解决方案，或：问卦。（参见第三章第二节［泰卦隐意解析］中"亨"字论述）

2."贞"字的隐意

占卜得到的内卦情况，或：经过研究分析获得本方综合实力的比较状况。简称：本方综合实力的情形。（参见第三章第三节［否卦隐意解析］中"贞"的论述）

3."大人"的隐意

本方优势叠加。或：本方借助一个已经形成的优势发展另一个因素，使其也形成优势。（参见第四章第二节［讼卦隐意解析］中"大人"的论述）

4."吉"字的隐意

本方确定某某情形为优势，或：本方确定某方案为尚佳之策。（参见第三章第二节［泰卦隐意解析］中"吉"的论述）

5.卦辞"亨：贞大人吉？"的隐意

君子问卦求解（亨）：本方的综合实力（贞）——用本方已经形成的优势，发展本方其它方面，使其也形成优势（大人）——进而形成优势格局（吉）？

或：问卦（亨）：本方的综合实力（贞），可以通过"优势叠加"的发展途径（大人）而形成优势格局（吉）吗？

四、卦辞"无咎，有言不信"隐意解析

1."无咎"的隐意

本方行为不会变差，或：本方行为没问题，没毛病。（参见第六章第二节［复卦隐意解析］中"无咎"的论述）

2."有"的隐意

本方拥有，本方采取措施。（参见第四章第二节［涣卦隐意解析］中"有"的论述）

3."言"字的隐意

本方综合实力中的某项因素为优势。（参见第七章第二节［震卦隐意解析］中"言"的论述）

"有言"的隐意：本方凭借自身某项优势而采取措施。

4."不"的含意

"不"假借表示"相反"意。（参见第三章第三节［否卦隐意解析］中"不"的论述）

5."信"字隐意解析

金文　　篆文　　楷体

信，金文字形，由"人"和"言"组成会意字，表示人口中说出的话，本意：诚实可信。（参考资料：汤可敬撰（东汉许慎著）《说文解字今释》岳麓书社 2002 年版 326 页"信"、［参证］）

▲
▶
◀

"困"＝"口（隐喻疆域）"＋"木（隐喻经济）"，合成隐意：疆域和经济。

"亨：贞大人吉？"的隐意：君子问卦求解（亨）：本方的综合实力（贞）——用本方已经形成的优势（大），发展本方其它方面，使其也形成优势（人）——进而形成优势格局（吉）。

"信"＝"人（隐喻优势）"＋"言（隐喻内卦里的优势）"，合成隐意：本方综合实力中有两个方面处于优势。

"不信"的隐意：本方综合实力中有两个方面不存在优势。

▼

依据金文字形及字源解说内容，分解"信"的组字要素：

"信（金文：）"＝"人"＋"言"

按照推测并验证的［类别—隐意—共性］规律，解析上式字符的隐意："人（甲骨文： ）"与"人的反像（甲骨文： ），即反写的'人'"在字形上存在对应关系，从属［阴阳—对应—字符］，隐喻阳性、优势状态；"言（甲骨文： ）"为人嘴吹乐器（参考资料：左民安著《细说汉字》九州出版社2005年版491页"言"），其中："乐器"为人类的用品，从属［人类—用具—字符］，隐喻内卦或本方综合实力中的某个方面；"人嘴吹乐器"表示发出好听的声音，而"发出好听的声音"与"哑（发出难听的声音）"相对应，从属［阴阳—对应—字符］，"发出好听的声音"隐喻"阳"，即优势状态，"发出难听的声音"则隐喻"阴"，即劣势状态。因而"信"的字符隐意可表示为：

"信（金文：）"＝"优势"＋"本方综合实力中的某个方面"＋"优势"

综合上式组字要素的隐意信息，"信"的隐意可解读为：本方综合实力中有两个方面处于优势。

"不信"的隐意：本方综合实力中有两个方面不存在优势。

6. 卦辞"无咎，有言不信"的隐意

周文王评价君子提出的"优势叠加"发展方案：这是个不错的方案（无咎），本方可以凭借自身一项优势助力（有言）其它两项劣势方面的发展（不信）。

第二节 噬嗑卦隐意解析

卦名：  噬嗑

卦象：

卦辞：亨：利？用狱。

一、噬嗑卦隐意解读

将噬嗑卦的卦象"☲☳"转换为左右排列的象素表达式"☷☳"：

八卦符号	表示因素	外卦-对方	内卦-本方
上线	军事：	"–"优势	"--"劣势
中线	疆域：	"--"劣势	"--"劣势
下线	经济：	"–"优势	"–"优势

象素表中可见，噬嗑"☷☳"不具备"优势互补"合作的前提条件。虽然内卦（本方）下线经济因素呈现阳性状态，但外卦（对方）的经济也处于优势状态，不需要本方优势弥补。

因而，君子问卦（卦名隐语）：本方取得经济优势"☳"后，可以用这项自身的优势发展其它方面吗？（卦名：噬？）

周文王的回答（卦名隐语）：发展本方的军事，使其形成优势。（卦名：嗑。）

这句辞已经包含了认同采用"优势叠加"模式。可以解读为：采用"优势叠加"模式，发展本方军事，使其形成优势。

周文王看到，噬嗑卦"☷☳"中，对方形成的军事优势已经对本方构成威胁，只有强军才能

形成抗衡的局面，况且本方已经具备了发展军事的经济基础。

君子又问（卦辞隐语）：可有好的方式吗？（亨：利?）

周文王解答（卦辞隐语）：经过分析研究本方综合实力中的各个方面，得出可以施行使用的方案是：对方的军事可以为我所用。（卦辞：用狱。）

这句辞为周文王告诉君子：本方要通过学习对方的长处，来弥补本方的短处。从噬嗑卦的卦象"☲☳"上看，对方的军事因素为优势，因而周文王提出要"取长补短"，向对方学习军事。

二、卦名"噬嗑"隐意解析

1. "噬"字隐意解析

噬　噬

小篆　　楷体

噬，小篆字形为形声字，"口"表意，"筮"表声，本义：咬吃。（参考资料：汤可敬撰（东汉许慎著）《说文解字今释》岳麓书社2002年版183页"噬"）

尚未查找到甲骨文和金文的字形。这就存在一种可能性："噬"是周文王将"口"和"筮"组合成隐意会意字。

依据小篆字形及字源解说内容，分解"噬"的组字要素：

"噬（小篆：噬）"="口"＋"筮"

按照推测并验证的［类别—隐意—共性］规律，解析上式字符的隐意："口"为人嘴说话，从属［人类—语言—字符］，隐喻本方表述，结合上下辞的含意分析，"口"在此表示君子问卦；"筮"="竹"＋"巫"（参考资料：汤可敬撰（东汉许慎著）《说文解字今释》岳麓书社2002年版621页"筮"），其中："竹"为植物，从属［植物—经济—字符]，隐喻农耕经济；"巫（甲骨文：、金文：）"字形，像两条横竖重叠摆放的玉器，为古代巫师占卜的灵器（参考资料：汤可敬撰（东汉许慎著）《说文解字今释》岳麓书社2002年版648页"巫"[参证]），这两条横竖重叠摆放的实线"—"，从属[象形—实线—字符]，隐喻双"–"——"优势+优势"，即"优势叠加"的发展模式。因而"噬"的字符隐意可表示为：

"噬（小篆：）"="君子问卦"＋"经济"＋"优势叠加"

综合上式组字要素的隐意信息，"噬"的隐意可解读为：君子问卦：本方以经济为起点，采取"优势叠加"的发展模式吗？

2. "嗑"字隐意解析

小篆　　楷体

嗑，小篆字形为形声字，"口"表意，"盍"表声，本义：话多。（参考资料：汤可敬撰（东汉许慎著）《说文解字今释》岳麓书社2002年版200页"嗑"）

尚未查找甲骨文和金文的字形。这就存在一种可能性，周文王用"口"和"盍"组合成隐意会意字。

依据小篆字形及字源解说内容，分解"嗑"的组字要素：

"嗑（小篆：）"＝"口"＋"盍"

按照推测并验证的[类别—隐意—共性]规律，解析上式字符的隐意："口"为人嘴说话，从属[人类—语言—字符]，隐喻本方表述，结合上下辞的含意分析，"口"在此表示周文王解答君子之问；"盍（甲骨文：）"字形，像在

"噬"="口（隐喻本方问卦）"+"筮（隐喻经济，优势叠加）"，合成隐意：君子问卦：本方以经济为起点，采取"优势叠加"的发展模式吗？

"嗑"="口（隐喻本方解答）"+"盍（隐喻内卦，军事，优势）"，合成隐意：周文王回答：发展本方的军事，使其形成优势。

"器皿"上添加一个像盖子的字形"大"，表示器皿的盖子（参考资料：汤可敬撰（东汉许慎著）《说文解字今释》岳麓书社2002年版681页"盍"［注释］），其中："皿"从属［人类—用具—字符］，隐喻内卦里的因素；"大"与"小"对应，从属［阴阳—对应—字符］，隐喻"阳性，优势"；而"盖子"位于器皿的上方，从属［指事—部位—字符］，隐喻上线军事因素。因而"盍"的隐意可表示为：

"嗑（小篆：𠱸）"＝"周文王解答君子之问"＋"内卦里的因素"＋"军事因素"＋"优势"

综合上式组字要素的隐意信息，"嗑"的隐意可解读为：周文王回答：发展本方的军事，使其形成优势。

3. 卦名"噬嗑"的隐意

君子问卦（口）：本方以经济为起点，采取"优势叠加"的发展模式吗（筮）？

周文王回答（口）：发展本方的军事，使其形成优势（盍）。

三、卦辞"亨：利？用狱"隐意解析

1. "亨"的隐意

针对内卦出现的各种不同的情况，以及内卦与外卦对比形成的复杂局面，寻求解决方案，或：问卦。（参见第三章第二节［泰卦隐意解析］中"亨"的论述）

2. "利"的隐意

优势因素，优势格局。（参见第三章第三节［否卦隐意解析］中"利"的论述）

3. "用"的隐意

分析研究内卦里的各项因素，得出可以施行使用的方案。或：分析研究本方综合实力中的各个方面，得出可以施行使用的方案。（参见八章第三节［损卦隐意解析］中"用"的论述）

4. "狱" 字隐意解析

鈴 鈴 狱

金文   篆文   楷书

狱，金文字形，像两犬相对，中间有"辛"（变异为"言"），表示罪人。本意：两犬看守罪人。（参考资料：汤可敬撰（东汉许慎著）《说文解字今释》岳麓书社2002年版1362页"狱"[参证]）

依据金文字形及字源解说内容，分解"狱"的组字要素：

"狱（金文：鈴）"＝"狀"＋"辛"

按照推测并验证的［类别—隐意—共性］规律，解析上式字符的隐意："狀"为两只犬类动物，从属［禽兽牲畜—字符］，隐喻对方；"辛"为刑具，是对人类实刑的器具，从属［刑具—军事—字符］，隐喻对方的军事。因而"狱"的隐意可表述为：

"狱（金文：鈴）"＝"对方"＋"对方的军事"

综合上式组字要素的隐意信息，"狱"的隐意可解读为：对方的军事。

5. 卦辞"亨：利？用狱"的隐意

君子听到周文王让他发展上线军事的指点，却不知如何实施，于是，君子进一步问道（亨）：可有好的方式（利）？

周文王回答：经过分析研究本方综合实力中的各个方面，得出可以施行的方案是：对方的军事可以为我所用（用狱）。

"狱"＝"狀（隐喻对方）"＋"辛（隐喻对方的军事）"，合成隐意：对方的军事。

"亨：利？用狱"的隐意：君子问卦（亨）：可有好的方式吗（利）？周文王回答：经过分析研究本方综合实力中的各个方面，得出可以施行的方案是：对方的军事可以为我所用（用狱）。

第三节　旅卦隐意解析

卦名：

卦象：

卦辞：小亨：旅？贞吉。

一、旅卦隐意解读

旅卦的卦名隐意：本方以军事为基点，采取"优势叠加"的发展模式。（卦名：旅。）

为什么要以军事为基点？为什么要选择"优势叠加"发展模式？这两个"为什么"都与旅卦的卦象直接相关。

将旅卦的卦象"䷄"转换为左右排列的象素表达式"䷄"：

八卦符号	表示因素	外卦-对方	内卦-本方
上线	军事：	"–"优势	"–"优势
中线	疆域：	"--"劣势	"--"劣势
下线	经济：	"–"优势	"--"劣势

"象素"表显示，本方仅有军事优势，而疆域和经济都处于劣势，因而君子提出"以军事为基点"的发展思路；同时，旅卦的卦象不具备互补关系，本方与对方在军事上实力相当，都处于强势；而对方的下线经济因素处于优势，是本方需要借助的优势因素，但是本方没有能够提供给对方的优势因素。因而本方没有"优势互补"合作的资本，只能选择"优势叠加"的发展模式。

于是，针对本方尚存两项劣势因素，君子问

卦求解，可否利用本方已经取得优势的军事力量，采取"优势叠加"的发展模式吗？（卦辞：小亨：旅？）

周文王针对君子的方案进行分析研究，得出的结论是（卦辞隐语）：这个方案能够形成本方综合实力的优势格局。（卦辞：贞吉。）

二、卦名"旅"隐意解析

"旅"字隐意解析

甲骨文　　金文　　篆文　　楷体

旅，甲骨文和金文字形，左边是有飘带的军旗；右下边是"从"字，代表数人，即许多士兵。字形会意：军队驻扎在外，造字本义：军旅。《说文》："旅，军之五百人为旅"。（参考资料：李乐毅著《汉字演变五百例》北京语言大学出版社2002年版207页"旅"）

依据甲骨文和金文字形及字源解说内容，分解"旅"的组字要素：

"旅（甲骨文：𣃘）" = "军旗" ＋ "从"

按照推测并验证的［类别—隐意—共性］规律，解析上式字符的隐意："军旗"为军队的标志，从属［兵器—军事—字符］，隐喻本方的军事；"从"有两层含意：（1）"从"代表许多士兵，"士兵"从属［人类—称谓—字符］，隐喻本方；（2）"从"由两"人"构成，而"人（甲骨文：𠆢）"与"人的反像（甲骨文：𠨍），即反写的'人'"在字形上存在对应关系，从属［阴阳—对应—字符］，隐喻阳性、优势状态；且

旅卦的卦象不具备互补关系，本方没有"优势互补"合作的资本，只能选择"优势叠加"的发展模式。

"旅" = "军旗（隐喻本方的军事）" + "从（隐喻本方，优势叠加）"，合成隐意：本方以军事为基点，采取"优势叠加"的发展模式。

两"人"隐意两项优势，隐喻"优势叠加"。因而"旅"的字符隐意可表述为：

"旅（甲骨文：𣃚）"＝"本方的军事"＋"本方"＋"优势叠加"

综合上式组字要素的隐意信息，"旅"的隐意可解读为：本方以军事为基点，采取"优势叠加"的发展模式。

三、卦辞"小亨：旅？"隐意解析

1."小"的隐意

劣势。（参见第三章第二节［泰卦隐意解析］中"小"的论述）

本句辞中的"小"隐喻卦象中的劣势因素。

2."亨"的隐意

针对内卦出现的各种不同的情况，以及内卦与外卦对比形成的复杂局面，寻求解决方案，或：问卦。（参见第三章第二节［泰卦隐意解析］中"亨"的论述）

3."旅"的隐意

本方以军事为基点，采取"优势叠加"的发展模式。（参见本节上文中"旅"的论述）

4.卦辞"小亨：旅？"的隐意

针对本方存在的劣势因素（小），问卦（亨）：本方以军事为基点，采取"优势叠加"的发展模式吗（旅）？

"小亨：旅？"的隐意：针对本方存在的劣势因素（小），问卦（亨）：本方以军事为基点，采取"优势叠加"的发展模式吗（旅）？

"贞吉"的隐意：周文王针对君子的方案进行分析研究，得出的结论是：这项措施能够形成本方综合实力（贞）的优势格局（吉）。

四、卦辞"贞吉"隐意解析

1. "贞"字的隐意

占卜得到的内卦情况，或：经过研究分析获得本方综合实力的比较状况。简称：本方综合实力的情形。（参见第三章第三节［否卦辞隐意解析］中"贞"的论述）

2. "吉"的隐意

本方确定某某情形为优势，或：本方确定某方案为尚佳之策。（参见第三章第二节［泰卦隐意解析］中"吉"的论述）

3. 卦辞"贞吉"的隐意

周文王针对君子的方案进行分析研究，得出的结论是：这项措施能够形成本方综合实力（贞）的优势格局（吉）。

第四节 蹇卦隐意解析

卦名：**蹇**

卦象：

卦辞：利西南，不利东北。利见大人，贞吉。

一、蹇卦隐意解读

将蹇卦的卦象"☵☶"转换为左右排列的象素表达式"☵☶"：

八卦符号	表示因素	外卦-对方	内卦-本方
上线	军事：	"‐‐"劣势	"‐"优势
中线	疆域：	"‐"优势	"‐‐"劣势
下线	经济：	"‐‐"劣势	"‐‐"劣势

"象素"表显示，内卦（本方）和外卦（对方）各有一项优势，只是内卦的优势体现在上线军事上，外卦的优势体现在中线疆域上。这种格局看似存在互补关系，但通过军事优势直接发展本方的经济更为有利。

周文王通过比较双方综合实力的情形，指出蹇卦的卦象对本方发展经济呈现出来的有利因素和不利因素（卦辞隐语）：本方综合实力具有超越对方综合实力的优势格局（卦辞：利西南），但发展经济仍然存在劣势因素，这就是内卦疆域因素尚在劣势中。（卦辞：不利东北。）

因而，周文王用卦名"蹇"指出（卦名隐语）：凭借本方已经形成的军事优势，走发展农业繁荣经济之路。（卦名：蹇。）

并提出具体的实施方案（卦辞隐语）：这种优势格局能够通过"优势叠加"模式，以形成本方的综合实力的优势格局。（卦辞：利见大人，贞吉。）

二、卦名"蹇"隐意解析

"蹇"字隐意解析

小篆　　　楷体

蹇，小篆字形为形声字，"足"表意，"寒（省两点）"表声，本义：跛。（参考资料：汤可敬撰（东汉许慎著）《说文解字今释》岳麓书社2002年版297页"蹇"）

尚未查找到甲骨文和金文字形，这就存在一种可能性：周文王用"宀"、"䒑"、"人"、"足"四个要素合成隐意会意字。

依据小篆字形及字源解说内容，分解"蹇"的组字要素："蹇（小篆：）"＝"足"＋"宀"＋"人"＋"䒑"

按照推测及验证的［类别—隐意—共性］规律，解析上式字符的隐意："足（金文：　）"字形，像连腿带脚的整个下肢，本意指人的下肢，后专指人的脚（参考资料：汤可敬撰（东汉许慎著）《说文解字今释》岳麓书社2002年版285页"足"），从属［人类—脚步—字符］，隐喻本方的行动；"宀"为房屋的符号，从属［人类—房屋—字符］，隐喻内卦，或本方的综合实力；"人（甲骨文：　）"与"人的反像（甲骨文：　），即反写的'人'"在字形上存在对应关系，从属［阴阳—对应—字符］，隐喻阳性、优势状态；"䒑"由

蹇卦的战略方针是：凭借本方已经形成的军事优势，通过"优势叠加"模式，走发展农业繁荣经济之路，以形成本方的综合实力的优势格局。

"蹇"＝"足（隐喻本方的行动）"＋"宀（隐喻内卦）"＋"人（隐喻优势）"＋"䒑（隐喻发展经济）"，合成隐意：本方凭借内卦已经形成的优势，走发展农业繁荣经济之路。

369

四个"草"构成，表示很多的植物，从属［植物—经济—字符］，隐喻发展农耕生产。因而"蹇"的字符隐意可表述为：

"蹇（小篆：蹇）"＝"本方发展之路"＋"内卦"＋"优势"＋"发展农耕生产"

综合上式组字要素的隐意信息，"蹇"的隐意可解读为：本方凭借内卦已经形成的优势，走发展农业繁荣经济之路。

三、卦辞"利西南、不利东北"隐意解析

1."利西南"的隐意

具有优势的格局是（利），外卦的优势弱（西）于内卦（南）。或：形成本方综合实力超越对方综合实力的优势格局。（参见第六章第一节［坤卦隐意解析］中"利西南"的论述）

2."不利"的隐意

劣势因素，没有优势的格局。（参见第三章第三节［否卦隐意解析］中"不利"的论述）

3."东北"的隐意

本方疆域优势（东）发生阴阳变化（北）。（参见第六章第一节［坤卦隐意解析］中"东北"的论述）

4.卦辞"利西南，不利东北"的隐意

本方综合实力具备超越对方综合实力的优势格局（利西南），但也存在劣势因素（不利），本方的疆域因素处于劣势（东北）。

四、卦辞"利见大人，贞吉"隐意解析

1."利见大人"的隐意

根据当前优势状况（利），实现（见）用一个已经形成的优势发展另一个因素，使其也形成优势的目标（大人）。即"优势叠加"发展模式。（参见第四章第二节［讼卦隐意解析］中"利见大人"的论述）

2."贞吉"的隐意

形成本方综合实力（贞）的优势格局（吉）。（参见本章第三节［旅卦隐意解析］中"贞吉"的论述）

3.卦辞"利见大人，贞吉"的隐意

根据当前自身的优势格局，能够通过"优势叠加"模式（利见大人），以形成本方的综合实力的优势格局（贞吉）。

◀

"利西南，不利东北"的隐意：本方综合实力具备超越对方综合实力的优势格局（利西南），但也存在劣势因素（不利），本方的疆域因素处于劣势（东北）。

"利见大人，贞吉"的隐意：根据当前自身的优势格局，能够通过"优势叠加"模式（利见大人），以形成本方的综合实力的优势格局（贞吉）。

请留下你的足迹……

第五节 明夷卦隐意解析

卦名：**明夷**

卦象：

卦辞：利艰贞。

一、明夷卦隐意解读

将明夷卦的卦象"☷☲"转换为左右排列的象素表达式"☲☷"：

八卦符号	表示因素	外卦-对方	内卦-本方
上线	军事：	"--"劣势	"—"优势
中线	疆域：	"--"劣势	"--"劣势
下线	经济：	"--"劣势	"—"优势

象素表格显示，外卦（对方）三线全部处于劣势，内卦（本方）已经拥有两条阳线，只剩中线疆域因素还处于劣势。很显然，此卦不具备"优势互补"关系。

根据这个卦象，周文王指出（卦名隐语）：虽然本方综合实力中存在劣势因素，但在军事上本方处于优势。（卦名：明夷。）

因而，可以采取"优势叠加"的发展模式，即（卦辞隐语）：发动军事攻势，开拓本方疆域，形成本方综合实力的优势格局。（卦辞：利艰贞。）

在对方没有任何优势的情况下，"优势互补"不能弥补自身的弱项，因此，只能采取"优势叠加"的发展模式。

二、卦名"明夷"隐意解析

1. "明"字隐意解析

甲骨文　　　金文　　　小篆　　　楷体

明，甲骨文字形，由"日"和"月"组成会意字，其本义是日月并出，交辉放光；金文字形由"窗"和"月"组成会意字，用月亮照在窗上来表示明亮。（参考资料：左民安著《细说汉字》九州出版社2005年版239页"明"）

依据金文字形及字源解说内容，分解"明"的组字要素：

"明（金文：）"="窗"+"月"

按照推测及验证的［类别—隐意—共性］规律，解析上式字符的隐意："窗"为房屋的窗户，从属［人类—用具—字符］，隐喻内卦里的因素，或本方综合实力中的某个方面；"月"为月亮，古人认为"太阳"和"月亮"相对应，二字符从属［阴阳—对应—字符］，"日"隐喻"阳性，优势"，"月"隐喻"阴性，劣势"。因而"明"的字符隐意可表示为：

"明（金文：）"="本方综合实力中的某个方面"+"劣势"

综合上式组字要素隐意信息，"明"的隐意可解读为：本方综合实力中的劣势因素。

2. "夷"字隐意解析

甲骨文　　金文　　小篆　　　楷体

在对方没有任何优势的情况下，"优势互补"不能弥补自身的弱项，因此，只能采取"优势叠加"的发展模式。

"明"="窗（隐喻内卦里的因素）"+"月（隐喻劣势）"，合成隐意：本方综合实力中的劣势因素。

夷,甲骨文字形,用"尸"字作"夷";金文字形,像一个人("大"字形)身上带着缯(一种带着丝绳的箭),表现游牧民族的特征。(参考资料:李乐毅著《汉字演变五百例》北京语言大学出版社2002年版409页"夷")

依据金文字形及字源解说内容,分解"夷"的组字要素:

"夷(金文:𢎺)"="带着丝绳的箭"+"人('大'字形)"

按照推测及验证的〔类别—隐意—共性〕规律,解析上式字符的隐意:"带着丝绳的箭"为古代兵器,从属〔兵器—军事—字符〕,隐喻本方军事;"人('大'字形)"为人类的总称,从属〔人类—称谓—字符〕,隐喻本方;"大"与"小"存在对应关系,从属〔阴阳—对应—字符〕,隐喻阳性、优势。因而"夷"的字符隐意可表述为:

"夷(金文:𢎺)"="本方军事"+"本方优势"

综合上式组字要素的隐意信息,"夷"的隐意可解读为:本方在军事上处于优势。

3.卦名"明夷"的隐意

虽然本方综合实力中存在劣势因素,但在军事上本方处于优势。

三、卦辞"利艰贞"隐意解析

1."利贞"的隐意

形成本方综合实力的优势格局。(参见第四章第一节〔涣卦隐意解析〕中"利贞"的论述)

> "夷"="带着丝绳的箭(隐喻本方的军事)"+"人(隐喻优势)",合成隐意:本方在军事上处于优势。

> "明夷"的隐意:虽然本方综合实力中存在劣势因素(明),但在军事上本方处于优势(夷)。

2.“艰”字隐意解析

甲骨文　　金文　　篆文　　楷书　　简体

艰，甲骨文字形，由“壴”和“堇（𡗜）”组合而成，其中：“壴”像鼓的形状，“堇（𡗜）”像两手交缚之人形，两字会意：一边敲鼓一边献祭人牲。该字反映远古祭祀时的情景，用被献祭人的艰难困苦、惨痛来表达“艰”的本义。（参考资料：徐中舒主编《甲骨文字典》四川辞书出版社2014年版1464页“艱”［解字］、1463页“堇”［解字］、514页“壴”［解字］）

依据甲骨文字形及字源解说内容，分解“艰”的组字要素：

“艰（甲骨文：　）”＝“壴”＋“𡗜”。

按照推测及验证的［类别—隐意—共性］规律，解析上式字符的隐意：“壴”为鼓，在古代军事上的作用是发出前进的指令，从属［兵器—军事—字符］，隐喻本方的军事攻势；“堇（𡗜）”为被束缚之人，其中，“人的身形”从属［人类—身形—字符］，隐喻本方；“被束缚”的位置在身体的中部，从属［指事—部位—字符］，隐喻卦象中的疆域因素。因而“艰”的字符隐意可表示为：

“艰（甲骨文：　）”＝“本方的军事攻势”＋“本方”＋“疆域因素”。

综合上式组字要素的隐意信息，“艰”的隐意可解读为：发动军事攻势，开拓本方疆域。

3. 卦辞“利艰贞”的隐意

发动军事攻势，开拓本方疆域，形成本方综合实力的优势格局。

◀

“艰”＝“壴（隐喻军事攻势）”＋“𡗜（隐喻本方，中线疆域因素）”，合成隐意：发动军事攻势，开拓本方疆域。

“利艰贞”的隐意：发动军事攻势，开拓本方疆域（艰），形成本方综合实力的优势格局（利贞）。

第六节　既济卦隐意解析

卦名：**既济**

卦象：

卦辞：亨：小利贞？初吉终乱。

一、既济卦隐意解读

将既济卦的卦象"䷾"转换为左右排列的象素表达式"☲☵"：

八卦符号	表示因素	外卦-对方	内卦-本方
上线	军事：	"--"劣势	"—"优势
中线	疆域：	"—"优势	"--"劣势
下线	经济：	"--"劣势	"—"优势

"象素"表显示，此卦存在"优势互补"关系，在上线军事和下线经济方面，内卦（本方）拥有优势，而外卦却是劣势；在中线疆域方面，内卦（本方）处于劣势，而外卦（对方）却为优势。

那么，这时是否应该采取"优势互补"的合作方式，来改变本方疆域的劣势状况呢？

周文王给出的答案是（卦名隐语）：本方的综合实力已经形成针对外卦疆域的扩张能力。（卦辞：既济。）

这句话的弦外之音是：虽然此卦存在"优势互补"关系，但本方已经拥有军事优势，可以直接助力开疆拓土，而不需要通过"优势互补"的合作来实现。

　　君子疑惑地问卦（卦辞隐语）：在本方尚存劣势因素的情况下，如何才能形成本方综合实力的优势格局？（卦辞：亨：小利贞？）

　　可以看出，君子对自身实力相当担心。

　　周文王通过分析卦象，排解君子的担忧（卦辞隐语）：本方军事和经济两方面均已形成优势。（卦辞：初吉。）

　　这两个因素非常重要，经济优势为军事优势提供了有力的支撑，而军事优势是本方开疆拓土的利器。这两方面均为优势，已经构筑了发展疆域的基础。

　　因而，周文王继续说道（卦辞隐语）：军事和经济存在密不可分的相关性，所以，本方能够从军事和经济这两个已经形成优势的方面，合力助力相关的处在劣势的疆域方面的发展。（卦辞：终乱。）

　　既济卦隐意说明，虽然有些卦形存在齿合关系，但还要观察双方的实力对比情况，来决定采用何种方式。

二、卦名"既济"隐意解析

1. "既"字隐意解析

甲骨文　　金文　　小篆　　楷体

　　既，甲骨文和金文字形，像跪坐在食器旁边的人把脸向后转过去，表示"吃饱了"，引申"完"、"尽"、"已经"等义。（参考资料：九州出版社《细说汉字》第一版498页"既"）

　　依据甲骨文字形及字源解说内容，分解"既"的组字要素：

（侧栏）

既济卦隐意说明，虽然有些卦形存在齿合关系，但还要观察双方的实力对比情况，来决定采用何种方式。

"既"＝"器皿与食物（隐喻内卦里的成果）"＋"人形与转过脸去的动作（隐喻本方，完成吞噬）"，合成隐意：本方的综合实力已经具备扩张力。

"既（甲骨文：🐾）" = "器皿与食物" + "人形与转过脸去的动作"

按照推测及验证的［类别—隐意—共性］规律，解析上式字符的隐意："器皿"从属［人类—用具—字符］，隐喻内卦里的因素，或本方综合实力中的某某方面，"食物"隐喻成果，则"器皿与食物"隐喻内卦里的成果；"人形与转过脸去的动作"含意为人已经吃完了，从属［人类—张嘴—字符］，隐喻本方完成吞噬，或本方完成扩张。因而"既"的字符隐意可表述为：

"既（甲骨文：🐾）" = "本方综合实力中的某项因素" + "本方完成扩张"

综合上式组字要素的隐意信息，"既"的隐意可解读为：本方的综合实力已经具备扩张力。

2."济"的隐意

外卦的中线疆域因素。（参见第七章第六节［未济卦隐意解析］中"济"的论述）

3.卦名"既济"的隐意

本方的综合实力已经形成针对外卦疆域的扩张能力。

三、卦辞"亨：小利贞？"隐意解析

1."亨"的隐意

针对内卦出现的各种不同的情况，以及内卦与外卦对比形成的复杂局面，寻求解决方案，或：问卦。（参见第三章第二节［泰卦隐意解析］中"亨"的论述）

2."小"的隐意

劣势。（参见第三章第二节［泰卦隐意解析］中"小"的论述）

本句辞中的"小"隐喻卦象中的劣势因素。

3."利贞"的隐意

本方综合实力的优势格局。（参见第四章第一节［涣卦隐意解

析］中"利贞"的论述）

4. 卦辞"亨：小利贞?"的隐意

君子问卦（亨）：在本方尚存劣势因素的情况下（小），如何才能形成本方综合实力的优势格局（利贞）？

四、卦辞"初吉终乱"隐意解析

1. "初"字隐意解析

| 甲骨文 | 金文 | 小篆 | 楷体 |

初，甲骨文和金文字形，像用刀裁剪衣物。用刀裁布是制衣之始，故而"初"字引申指开端。（参考资料：李乐毅著《汉字演变五百例》北京语言大学出版社2002年版42页）

依据甲骨文和金文字形及字源解说内容，分解"初"的组字要素：

"初（甲骨文：𥘉）"＝"衣"＋"刀"

按照推测并验证的［类别—隐意—共性］规律，解析上式字符的隐意："衣"从属［衣食—经济—字符］，隐喻本方的经济；"刀"从属［兵器—军事—字符］，隐喻本方的军事。因而"初"的字符隐意可表述为：

"初（甲骨文：𥘉）"＝"本方的经济"＋"本方的军事"

综合上式组字要素的隐意信息，"初"的隐意可解读为：本方的经济和军事。

2. "吉"的隐意

本方确定某某情形为优势，或：本方确定某某方案为尚佳之策。（参见第三章第二节［泰卦隐意解析］中"吉"的论述）

"既济"的隐意：本方的综合实力已经形成针对外卦疆域的扩张能力。

"初"＝"衣（隐喻本方的经济）"＋"刀（隐喻本方的军事）"，合成隐意：本方的经济和军事。

"初吉"的隐意：本方军事和经济两项因素（初）均为优势（吉）。

"乱"="上下两只手（隐喻本方齐心协力，上线军事因素和下线经济因素）"+"中间一束乱丝（隐喻内卦相关联的因素，中线疆域因素）"，合成隐意：本方要从军事和经济两个优势方面，助力相关的疆域方面发展。

"初吉"的隐意：本方军事和经济两项因素（初）处于优势（吉）。

3. "终"的隐意

存在关联性的上线军事和下线经济因素。（参见第四章第二节［讼卦隐意解析］中"终"的论述）

4. "乱"字隐意解析

金文　　小篆　　楷书（繁体）　　楷体

乱，金文字形，像上下两只手正在整理一束乱丝。造字本义：丝易乱，紊乱。（参考资料：左民安著《细说汉字》九州出版社2005年版99页"乱"）

依据金文字形及字源解说内容，分解"乱"的组字要素：

"乱（金文：）"="上下两只手"+"中间一束乱丝"

按照推测并验证的［类别—隐意—共性］规律，解析上式字符的隐意："上下两手"从属［人类—双手—字符］和［指事—部位—字符］，隐喻本方的上下两个方面齐心协力同时采取措施；"丝"为结绳记事的符号，从属［人类—用具—字符］，隐喻内卦里的相关因素，且"丝"在中间位置，从属［指事—部位—字符］，隐喻中线疆域因素。因而"乱"的字

请留下你的足迹··

符隐意可表述为：

"乱（金文：🔯）"＝"本方的上下两个方面齐心协力同时采取措施"＋"内卦里的相关因素"＋"中线疆域因素"

综合上式组字要素的隐意信息，"乱"的隐意可解读为：本方上下两个方面齐心协力，针对自身相关联的中线因素而采取措施。

由于卦象的上线、中线和下线分别表示军事、疆域和经济，而且既济卦象"☲☵"显示：本方的军事和经济为优势，疆域因素为劣势，所以"乱"的隐意还可解读为：本方要从军事和经济两个优势方面，助力相关的处在劣势的疆域方面的发展。

"终乱"的隐意：军事和经济存在相互依存的相关性（终），本方要从军事和经济两个优势方面，助力相关的处在劣势的疆域方面的发展（乱）。

5. 卦辞"初吉终乱"的隐意

本方军事和经济两方面（初）均已形成优势（吉），而军事和经济存在相互依存的关联性（终），所以，本方能够从军事和经济这两个已经形成优势的方面（☵），助力相关的处在劣势的疆域方面的发展（乱）。

"终乱"的隐意：军事和经济存在相互依存的相关性（终），本方要从军事和经济两个优势方面，助力相关的处在劣势的疆域方面的发展（乱）。

第七节　升卦隐意解析

卦名：**升**

卦象：

卦辞：元亨：用见大人？勿恤，南征吉。

一、升卦隐意解读

将升卦的卦象"䷭"转换为左右排列的象素表达式"䷭"：

八卦符号	表示因素	外卦-对方	内卦-本方
上线	军事：	"--"劣势	"-"优势
中线	疆域：	"--"劣势	"-"优势
下线	经济：	"--"劣势	"--"劣势

象素列表显示：内卦（本方）的军事和疆域拥有优势，只有经济处于劣势。而外卦（对方）全线处于劣势。这表明：外卦没有任何可取之处，因而，没有必要采取"优势互补"的合作。

君子依据本方已经形成的军事优势情况"䷭"问卦（卦辞隐语）：经过分析研究本方综合实力中的各个方面，得出可以施行使用的方案是：用本方已经形成的军事优势和疆域优势，改变处于劣势的经济，使其也成为优势。这个方案可行吗？（卦辞：元亨：用见大人？）

君子提出的这个策略是在3000年前。反观近代军事辅助经济的案例不在少数。英国在中国发动鸦片战争，就是要打开中国的通商口岸，把它的工业产品倾销到中国的巨大市场中来。美国二战后建立以美元为中心的全球货币体系，靠得就是它的强军之道。

周文王的回答相当干脆（卦辞隐语）：不要让内卦继续存在任何一项劣势因素。本方已经步入综合实力全优目标之路，即可实现内卦全面优势的格局。（卦辞：勿恤，南征吉。）

最后，周文王用卦名“升”的隐意指出：本方已经形成了军事优势“䷭”（卦名：升）。

二、卦名“升”隐意解析

“升”字隐意解析：

甲骨文　　金文　　小篆　　楷体

升，甲骨文和金文字形为象形字，像一把有长柄的勺子，勺子里有几个或一个表示黍粒的短横，“升”是古代用于度量黍米的一种容器，造字本义：容器名，引申：度量（一斗的十分之一）。（参考资料：左民安著《细说汉字》九州出版社2005年版245页“升”）

依据金文字形及字源解说内容，分解“升”的组字要素：

“升（金文：）”=“勺子”＋“短横”

按照推测并验证的［类别—隐意—共性］规律，解析上式字符的隐意：“勺子”属容器，从属［人类—用具—字符］，隐喻内卦里的因素，或本方综合实力中的某个方面；“短横”处于勺子上方位置，从属［指事—部位—字符］，隐喻卦象的上线军事因素。因而“升”的字符隐意可表述为：

“升(金文：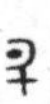)”=“内卦里的因素”＋“上线军事因素”

◀

升卦隐意说明：在外卦没有任何优势情况下，“优势互补”的合作方式不能为本方形成全优格局起到促进作用。因而，本方的尚佳之策是：采用“优势叠加”的发展模式。

“升”=“勺子(隐喻内卦里是因素)”＋“短横(隐喻上线军事因素)”，合成隐意：内卦的上线因素，或：本方综合实力中的军事方面。

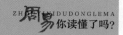

综合上式组字要素的隐意信息，"升"的隐意可解读为：内卦的上线因素，或：本方综合实力中的军事方面。

三、卦辞"元亨：用见大人？"隐意解析

1."元亨"的隐意

君子针对本方的军事情况问卦。（参见第五章第二节［临卦隐意解析］中"元亨"的论述）

2."用"的隐意

分析研究内卦里的各项因素，得出可以施行使用的方案。或：分析研究本方综合实力中的各个方面，得出可以施行使用的方案。（参见第八章第三节［损卦隐意解析］中"用"的论述）

3."见"的隐意

本方看见某事，或：本方实现某事。（参见第四章第二节［讼卦隐意解析］中"见"的论述）

4."大人"的隐意

本方借助一个已经形成的优势发展另一个因素，使其也形成优势。或：本方的"优势叠加"发展模式。（参见第四章第二节［讼卦隐意解析］中"大人"的论述）

5.卦辞"元亨：用见大人？"的隐意

依据本方的军事优势情况问卦（元亨）：运用本方已经形成的优势，助力其它因素，使其也成为优势，这个方案可以实施使用吗（用见大人）？

四、卦辞"勿恤，南征吉"隐意解析

1."勿"的隐意

"勿"字的本意当"不要"讲。后假借为表示劝阻、禁止，做否定词。（参见第九章第三节［屯卦隐意解析］中"勿"的论述）

2."恤"字隐意解析

恤

小篆　　楷体

恤，小篆字形为形声字，"忄"表意，"血"表声，本义：忧虑，救济。（参考资料：汤可敬撰（东汉许慎著）《说文解字今释》岳麓书社2002年版1455页"恤"）

没有查找到甲骨文和金文的"恤"，这就存在一种可能性：周文王用"心"和"血"组合成隐意会意字。

依据小篆字形及字源解说内容，分解"恤"的组字要素：

"恤（小篆：恤）"＝"心"＋"血"

按照推测并验证的［类别—隐意—共性］规律，解析上式字符的隐意："血（甲骨文：）"＝"皿"＋"一个小圆球符号"（资料来源：李乐毅著《汉字演变五百例》北京语言大学出版社2002年版392页"血"），其中："皿"为盛物的容器，从属［人类—用具—字符］，隐喻内卦里的因素，或本方的综合实力中的某个方面；"一个小圆圈符号"从属［指事—数量—字符］，隐喻一个因素；"心"的本意即心脏。古人认为心是思维的器官，并把思想、感情等精神方面的概念都用"心"来表示（参考资料：左民安著《细说汉字》九州出版社2005年版217页"心"）。这些概念是看不见摸不着的，属于"虚"，它与物质的"实"相对应，转换到阴阳表述上，从属［阴阳—对应—字符］，隐喻阴性，或劣势。因而"恤"的字符隐意可表述为：

"恤（小篆：恤）"＝"内卦里的某一项因素"＋"劣势"

"元亨：用见大人？"的隐意：依据本方的军事优势情况问卦（元亨）：运用本方已经形成的优势，助力其它因素，使其也成为优势，这个方案可以实施使用吗（用见大人）？

"恤"＝"心（隐喻劣势）"＋"血（隐喻内卦里的某一项因素）"，合成隐意：内卦中的某一项因素为劣势。

"勿恤"的隐意：不要让（勿）内卦还存在任何一项劣势因素（恤）。

综合上式组字要素的隐意信息，"恤"的隐意可解读为：内卦中的某一项因素为劣势。

"勿恤"的隐意：不要让内卦还存在任何一项劣势因素。

3. "南"的隐意

内卦里的因素，或：本方综合实力中的某个方面。（参见第六章第一节［坤卦隐意解析］中"南"的论述）

4. "征"的隐意

在本方迈向内卦全优目标的道路上（征）。（参见第七章第五节［归妹卦隐意解析］中"征"的论述）

5. "吉"的隐意

本方确定某某情形为优势，或：本方确定某方案为尚佳之策。（参见第三章第二节［泰卦隐意解析］中"吉"的论述）

6. 卦辞"勿恤，南征吉"的隐意

不要让内卦还存在任何一项劣势因素（勿恤）。在本方迈向综合实力全优目标的道路上（南征），实现全面优势（吉）。

第十一章

逆境发展之道

无论「优势互补」，还是「优势叠加」，前提是本方必须具备某项因素的优势。那么，当本方没有任何优势的情况下，应该怎么办？这是萃卦、晋卦和豫卦所探讨的课题。

当本方形成微弱的经济优势时，在对方强大阴影笼罩下，如何发展本方的综合实力呢？这是随卦、颐卦所探讨的课题。

当本方仅仅取得了疆域优势时，应该向何处发展呢？这是解卦、坎卦和蒙卦所涉及的内容。

第一节 萃卦隐意解析

卦名：萃

卦象：

卦辞： 亨：王假有庙，利见大人？亨：利贞？用大牲吉，利有攸往。

一、萃卦隐意解读

将萃卦的卦象"☱☷"转换为左右排列的象素表达式"☷☱"：

八卦符号	表示因素	外卦-对方	内卦-本方
上线	军事：	"--"劣势	"--"劣势
中线	疆域：	"—"优势	"--"劣势
下线	经济：	"—"优势	"--"劣势

君子看到，本方最重要的综合实力指标均为劣势，对方却有2/3的因素处于优势。

面对如此糟糕的卦象，君子非常为难地问卦道（卦辞隐语）：我已经明白了发展本方军事和改变经济劣势的重要性，可是，此卦没有任何优势因素，如何实现用一个优势发展另一个优势的目标？（卦辞：亨：王假有庙，利见大人？）

"优势叠加"是在讼卦辞中提到的自我助力的发展方法，当时的情况是：虽然本方军事和经济都是劣势，但疆域因素却是优势，因而，周文王提出用疆域优势助力发展军事和经济。现在的情况比那时还要糟糕，本方没有任何优势，没有任何可以借助的支点，耗动本方"用一个优势发展另一个优势"的发展模式。

君子似乎满腹牢骚，不等周文王解答，又抛出第二个问题（卦辞隐语）：在这种恶劣环境下，能形成本方综合实力的优势格局吗？（卦辞：亨：利贞？）

周文王胸有成竹。他之所以选择萃卦为分析模式，正是要借用如此糟糕的卦象，来解释逆境发展之道。

周文王给出的方案（卦辞隐语）是：经过分析研究本方综合实力中的各个方面，得出可以施行使用的方案是：利用对方的经济优势来增强自身的实力。当形成某项因素的优势后，就可以与对方采取"互通有无、优势互补"的合作模式，达到超越对方的目的。（卦辞：用大牲吉，利有攸往。）

用现代的语言可解读为：敞开国门，采用各种优惠政策引进外资和技术，用以发展本国经济。

周文王用卦名"萃"的隐语概括这项策略的核心思想：在本方没有任何优势的情况下"☱☷"，为求经济发展，本方要从为他人服务的经济活动做起。（卦名：萃。）

这项策略体现了周文王的高明之处，在没有支点的情况下，也能耗动地球。即通过利用外卦的经济优势，来改变本方的经济劣势；当本方有了自身的局部优势后，就可以运用互惠互利的交往方式，来实现本方的全面发展，从而达到超越对方的目标。

1979年中国的改革开放之策与这项策略何其相似。

二、卦名"萃"隐意解析

"萃"字隐意解析

金文　　小篆　　楷体

概括萃卦策略的核心思想是：在没有支点（优势因素）的情况下，本方要从为他人服务的经济活动做起，通过利用外卦的经济优势，来改变本方的经济劣势；当本方有了自身的局部优势后，便有了撬动"地球"的支点，从而有可能运用互惠互利的交往方式，来实现本方的全面发展，从而达到超越对方的目标。

（资料来源：汤可敬撰（东汉许慎著）《说文解字今释》岳麓书社2002年版125页"萃"）

萃，金文字形为形声字，"艸"表意，"卒"表声。本义：草木密集丛生，形容草木茂盛。（参考资料：汤可敬撰（东汉许慎著）《说文解字今释》岳麓书社2002年版125页"萃"）

依据金文字形及字源解说内容，分解"萃"的组字要素：

"萃（金文：）"＝"艸"＋"卒"

按照推测并验证的［类别—隐意—共性］规律，解析上式字符隐意："艸"为植物，从属［植物—经济—字符］，隐喻农耕时代的经济；"卒（金文：）"是指事字，是在"衣"上加了一个指事符号，表意与一般的衣服不同，穿这种衣服的往往是差役或奴隶（参考资料：左民安著《细说汉字》九州出版社2005年版435页"卒"），从属［人类—称谓—字符］，隐喻本方；且"卒（衣）"是人的穿着服饰，从属［衣食—经济—字符］，隐喻此经济是为他人服务的。因而"萃"的字符隐意可表述为：

"萃（金文：）"＝"经济"＋"本方从事为他人服务的经济活动"

综合上式组字要素的隐意信息，"萃"的隐意可解读为：本方从事为他人服务的经济活动，以求经济发展。

三、卦辞"亨：王假有庙，利见大人？"隐意解析

1. "亨"的隐意

针对内卦出现的各种不同的情况，以及内卦与外卦对比形成的复杂局面，寻求解决方案，或：问卦。（参见第三章第二节［泰卦隐意解析］中"亨"的论述）

2. "王假有庙"的隐意

本方要全力以赴发展本方的军事，并针对自身的经济劣势而采取措

施。(参见第四章第一节［涣卦隐意解析］中"王假有庙"的论述)

3."利见大人"的隐意

根据当前优势状况(利),实现(见)用一个已经形成的优势发展另一个因素,使其也形成优势的目标。或:根据当前优势状况,实现本方的"优势叠加"发展模式。(参见第四章第二节［讼卦隐意解析］中"利见大人"的论述)

4.卦辞"亨:王假有庙,利见大人?"的隐意

君子问卦(亨):本方要全力以赴发展本方的军事(王假),并针对自身的经济劣势而采取措施(有庙),可是,此卦有何优势因素(利)能够实现(见)用一个优势(大)发展另一个优势(人)的目标呢?

潜台词是:本方没有任何优势"☰☷",如何实现(见)用一个优势(大)发展另一个优势(人)的目标?

四、卦辞"亨:利贞?"隐意解析

1."亨"的隐意

针对内卦出现的各种不同的情况,以及内卦与外卦对比形成的复杂局面,寻求解决方案,或:问卦。(参见第三章第二节［泰卦隐意解析］中"亨"的论述)

2."利贞"的隐意

形成本方综合实力的优势格局。(参见第四章第一节［涣卦隐意解析］中"利贞"的论述)

3.卦辞"亨:利贞?"的隐意

君子接着问道(亨):本方能够形成综合实力的优势格局吗(利贞)?

"萃"="艸(隐喻经济)"+"卒(隐喻本方,为他人服务,经济)",合成隐意:本方从事为他人服务的经济活动,以求经济发展。

"亨:王假有庙,利见大人?"的隐意:君子问卦(亨):本方要全力以赴发展本方的军事(王假),并针对自身的经济劣势而采取措施(有庙),可是,此卦有何优势因素(利)能够实现(见)用一个优势(大)发展另一个优势(人)的目标呢?

"牲"="羊或牛（隐喻对方）"＋"生（隐喻经济）"，合成隐意：对方的经济因素。

"大牲"的隐意：具有优势（大）的对方的经济（牲）。

"用大牲吉"的隐意：利用（用）对方的经济优势（大牲）发展自身实力，是尚佳之策（吉）。

五、卦辞"用大牲吉"隐意解析

1. "用"的隐意

分析研究内卦里的各项因素，得出可以施行使用的方案。或：分析研究本方综合实力中的各个方面，得出可以施行使用的方案。（参见第八章第三节［损卦隐意解析］中"用"的论述）

2. "大"的隐意

优势。（参见第三章第二节［泰卦隐意解析］中"大"的论述）

3. "牲"字隐意解析

甲骨文	金文	小篆	楷体

牲，甲骨文和金文字形，"羊"或"牛"表意：献给神的礼物。"生"表声。本义：用牛羊等动物祭祀。（参考资料：左民安著《细说汉字》九州出版社2005年版250页"牲"）

依据甲骨文和金文字形及字源解说内容，分解"牲"的组字要素：

"牲（甲骨文：🐂）"="羊或牛"＋"生"

按照推测并验证的［类别—隐意—共性］规律，解析上式字符隐意："羊或牛"为牲畜的符号，从属［禽兽牲畜—字符］，隐喻对方；"生"的本义是草木破土萌发（参考资料：左民安著《细说汉字》九州出版社2005年版367页"生"），从属［植物—经济—字符］，隐喻农耕经济。因而"牲"的字符隐意可表述为：

"牲（甲骨文：🐂）"="对方"＋"经济"

综合上式组字要素的隐意信息，"牪"的隐意可解读为：对方的经济因素。

"大牪"的隐意：对方的经济优势。

4."吉"的隐意

本方确定某某情形为优势，或：本方确定某某方案为尚佳之策。（参见第三章第二节［泰卦隐意解析］中"吉"的论述）

5.卦辞"用大牪吉"的隐意

利用对方的经济优势发展自身实力，是尚佳之策。

六、卦辞"利有攸往"的隐意

形成某种优势（利），使本方与对方采取"互通有无、优势互补"的合作方式（有攸往）。（参见第六章第一节［坤卦隐意解析］中"有攸往"、第二节［复卦隐意解析］中"利有攸往"的论述）

这是周文王进一步阐述利用外卦优势（用大牪）的重要性，也是回答君子提出的第二个问题（利贞?）。其中的逻辑关系是：在本方一无所有的情况下，通过利用外卦优势之策改变本方的劣势状况，当本方有了自身的局部优势后，就可以运用互惠互利的交往方式来改变本卦的整体状况，从而实现综合实力的优势格局。

第二节 晋卦隐意解析

卦名：**晋**

卦象：

卦辞：康侯用锡马蕃庶，昼日三接。

一、晋卦隐意解读

将晋卦的卦象"䷢"转换为左右排列的象素表达式"☲☷"：

八卦符号	表示因素	外卦-对方	内卦-本方
上线	军事：	"–"优势	"--"劣势
中线	疆域：	"--"劣势	"--"劣势
下线	经济：	"–"优势	"--"劣势

"象素"表显示，本方仍然处于全线的劣势状态，而对方却占据军事和经济的优势。

在这样劣势局势的背景下"☲☷"，周文王用含有"双箭"的"晋"字为卦名，其隐意内涵是：在对方已经具备强大的军事实力情况下，如何增强本方军事实力及综合实力的各个方面。（卦名：晋。）

周文王指出（卦辞隐语）：实现本方军事发展目标，首先要本方齐心协力发展经济并取得业绩。（卦辞：康侯。）

即是说：经济是发展军事的支点，是强军的资本。

接着，周文王根据当前内卦一无所有的情况"☲☷"，制定了本方发展经济的战略（卦辞隐语）：经过分析研究本方综合实力中的各个方面，得出可以施行使用的方案是：运用对方已经实现的经济和军事因素由劣势向优势转变的冶金技术。（卦辞：用锡马。）

这是"开放国门"、"引进外资和技术"的方针。

他还特别强调（卦辞隐语）：要借鉴对方发展经济的成功经验，以形成内卦的经济优势。（卦辞：蕃庶。）

这是"取人之长，补己之短"的做法。

当本方经过上述一系列发展阶段而取得经济优势后，就能以此为支点，撬动整个"地球"了。

在此基础上，周文王写道（卦辞隐语）：本方采取"优势叠加"方式，逐项发展综合实力的三个最重要的方面，最终将彻底摆脱本方处于劣势情况下的对方军事威胁。（卦辞：昼日三接。）

二、卦名"晋"隐意解析

"晋"字隐意解析

甲骨文　金文　小篆　楷书(繁体)　楷书(繁体)　楷体

晋，甲骨文和金文字形，像把两支箭倒过来插入方形或椭圆形的箭筒里。"晋"是"搢"的本字，后来"晋"常用于"进"。（参考资料：左民安著《细说汉字》九州出版社2005年版329页"晋"）

依据甲骨文和金文字形及字源解说内容，分解"晋"的组字要素：

"晋（甲骨文：）"＝"箭筒"＋"双箭"

周文王制定的发展战略是：在内卦一无所有的情况"☷☷☷"下，本方要借鉴对方发展经济的成功经验，首先发展本方经济，进而采取"优势叠加"的发展模式，实现全面优势的格局。

"晋"＝"箭筒（隐喻内卦里的因素）"＋"双箭（隐喻军事因素）"，合成隐意：如何增强本方军事实力及综合实力的各个方面。

按照推测并验证的［类别—隐意—共性］规律，解析上式字符隐意："箭筒"为用具，从属［人类—用具—字符］，隐喻内卦里的因素；"双箭"为武器，从属［兵器—军事—字符］，隐喻本方的军事。因而"晋"的字符隐意可表述为：

"晋（甲骨文：𣎴）"＝"内卦里的因素"＋"本方的军事"

综合上式组字要素的隐意信息，"晋"的隐意可解读为：如何增强本方军事实力及综合实力的各个方面。

三、卦辞"康侯"隐意解析

1."康"字隐意解析

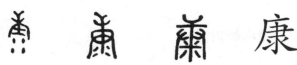

| 甲骨文 | 金文 | 小篆 | 楷体 |

康，字意尚不明确。一说：甲骨文和金文字形，像打谷的农具和一把"禾"下面落下来的谷糠。"康"是"穅"的初文，《说文》：穅，谷皮也（参考资料：左民安著《细说汉字》九州出版社2005年版439页"康"）。

笔者对甲骨文和金文"康"的字形解读为：双手握住一把"禾"，"禾"下边落下来谷康。（参考"康"的小篆字形结构，以推测金文字形要素）

依据甲骨文和金文字形及字源解说内容，分解"康"的组字要素：

"康（金文：㡿）"＝"双手"＋"禾"＋"谷康"

按照推测并验证的［类别—隐意—共性］规律，解析上式字符隐意："双手"从属［人类—双手—字符］，隐喻本方要齐心协力做某事；"禾"为农作物，从属［植物—经济—字符］，隐喻经济；"谷康"为农作物结下的成果。因而"康"的字符隐意可表述为：

"康（金文：萬）"＝"本方齐心协力做某事"＋"经济"＋"成果"

综合上式组字要素的隐意信息，"康"的隐意可解读为：本方齐心协力发展经济并取得业绩。

2."侯"的隐意

本方的军事因素。（参见第九章第三节［屯卦隐意解析］中"侯"的论述）

3.卦辞"康侯"的隐意

本方齐心协力发展经济并取得业绩（康），进而实现军事发展目标（侯）。

四、卦辞"用锡马"隐意解析

1."用"的隐意

分析研究内卦里的各项因素，得出可以施行使用的方案。或：分析研究本方综合实力中的各个方面，得出可以施行使用的方案。（参见八章第三节［损卦隐意解析］中"用"的论述）

3."锡"字隐意解析

金文　　小篆　　楷体

锡，金文字形为形声字，"金"表意，"易"表声，（金文"睗"表声）。本义：一种熔点低的金属。（参考资料：汤可敬撰《东汉

"康"＝"双手（隐喻本方齐心协力）"＋"禾（隐喻经济）"＋"谷康（隐喻经济成果）"，合成隐意：本方齐心协力发展经济并取得业绩。

"康侯"的隐意：本方齐心协力发展经济并取得业绩（康），进而实现军事发展目标（侯）。

许慎著)《说文解字今释》岳麓书社2002年版2004页"锡"、[参证])

依据金文字形及字源解析内容,分解"锡"的组字要素:

"锡(金文:𨥠)"="金"+"目"+"易"

按照推测并验证的[类别—隐意—共性]规律,"金"是人类制造冶炼的五金的总称,从属[人类—用具—字符],隐喻本方的冶金技术;"目"为眼睛,从属[人类—眼睛—字符],隐喻本方看见,本方实现;"易"的本义:将容器里的水(液体)倒出去(参考资料:徐中舒主编《甲骨文字典》四川辞书出版社2014年版1063页"易"),其中:"容器"从属[人类—用具—字符],隐喻内卦里的因素;"水"与"火"对应,从属[阴阳—对应—字符],隐喻劣势。因而"锡"的字符隐意可表述为:

"锡(金文:𨥠)"="本方的冶金技术"+"实现"+"内卦里的劣势因素消除"

综合上式组字要素的隐意信息,"锡"的隐意可解读为:通过本方的冶金技术,可实现内卦里的因素由劣势向优势的转变。

3."马"的隐意

"马"为牲畜,从属[禽兽牲畜—字符],在此隐喻对方。(参见六章第一节[损卦隐意解析]中"马"的论述)

"锡马"="通过本方的冶金技术,可实现内卦里的因素由劣势向优势的转变"+"对方"

"锡马"的隐意可解读为:对方通过冶金技术,实现外卦里的因素由劣势向优势的转变。(注:当表示内卦的字符特别注明"对方"时,"内卦"之意则变成"外卦"之意。)

4.卦辞"用锡马"的隐意

经过分析研究本方综合实力中的各个方面,得出可以施行使用的方案(用)是:运用对方已经实现的综合实力中的诸多因素由劣势向优势转变的冶金技术(锡马)。

五、卦辞"蕃庶"隐意解析

1. "蕃"字隐意解析

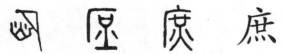

篆文　　楷体

蕃，篆文字形为形声字，"艹"表意，"番"表声，意为：茂盛。（参考资料：汤可敬撰（东汉许慎著）《说文解字今释》岳麓书社2002年版152页"蕃"）

依据篆文字形及字源解说内容，分解"蕃"的组字要素：

"蕃（篆文：𤣥）" = "艹" + "番"

按照推测并验证的［类别—隐意—共性］规律，解析上式字符的隐意："艹"为植物的符号，从属［植物—经济—字符］，隐喻农耕时代的经济；"番（金文：𤴔）"为兽足的印记（参考资料：左民安著《细说汉字》九州出版社2005年版522页"番"），从属［禽兽牲畜—字符］，隐喻对方的足迹。因而"蕃"的字符隐意可表述为：

"蕃（篆文：𤣥）" = "经济" + "对方的足迹"

综合上式组字要素的隐意信息，"蕃"的隐意可解读为：对方发展经济的足迹。

2. "庶"字隐意解析

甲骨文　　　小篆　　楷书（繁体）　　楷体

庶，甲骨文字形，从火从石（厂），会意以火烤石，借以烧煮食物。这是陶器出现之前，古人烧煮的方式。"庶"是煮

"锡" = "金（隐喻冶金）" + "目（隐喻实现）" + "易（隐喻去除内卦里的劣势）"，合成隐意：通过本方的冶金技术，可实现内卦里的因素由劣势向优势的转变。

"锡马"的隐意：对方通过冶金技术，实现外卦里的因素由劣势向优势的转变。

"蕃" = "艹（隐喻经济）" + "番（隐喻对方的足迹）"，合成隐意：对方发展经济的足迹。

399

的本字。（参考资料：左民安著《细说汉字》九州出版社2005年版85页"庶"；徐中舒主编《甲骨文字典》四川辞书出版社2014年版1030页"庶"［解字］）

依据甲骨文字形及字源解说内容，分解"庶"的组字要素：

"庶（甲骨文：𤇪）"＝"石（厂）"＋"火"

按照推测并验证的［类别—隐意—共性］规律，解析上式字符隐意："石"为烧煮的器物，从属［人类—用具—字符］，隐喻内卦里的某项因素；且"石"在此处用于煮饭，从属［衣食—经济—字符］，隐喻内卦中的经济因素；"火"与"水"对应，从属［阴阳—对应—字符］，隐喻"阳性，优势"。因而"庶"的字符隐意可表示为：

"庶（甲骨文：𤇪）"＝"内卦里的因素"＋"经济"＋"优势"

综合上式组字要素的隐意信息，"庶"的隐意可解读为：形成内卦的经济优势。

3.卦辞"蕃庶"的隐意

借鉴对方发展经济的足迹（蕃），形成内卦的经济优势（庶）。

六、卦辞"昼日三接"隐意解析

1."昼"字隐意解析

书　畫　晝　昼

金文　　　小篆　　　楷书（繁体）　　　楷体

（资料来源：汤可敬撰（东汉许慎著）《说文解字今释》岳麓书社2002

年版422页"畫"；容庚编著《金文编》中华书局1985年版
203页"畫"）

昼，金文字形，上部是手（又）执竖起的"笔"，下部是
"日"，二字会意表示画出从日出到日落的整个时段，造字本
义：白天。（参考资料：汤可敬撰（东汉许慎著）《说文解字
今释》岳麓书社2002年版422页"昼"）

依据金文字形及字源解说内容，分解"昼"的组字要素：

"昼（金文：畫）"＝"右手"＋"笔"＋"日"

按照推测并验证的［类别—隐意—共性］规律，解析上
式字符的隐意："右手"从属［人类—右手—字符］，隐喻本
方采取的措施；"笔"为人使用的工具，从属［人类—用具—
字符］，隐喻内卦中的某项因素，"执笔"则隐喻本方借助内
卦中的某项因素；"日"与"月"对应，从属［阴阳—对应—
字符］，隐喻阳性状态，即或优势状态。因而"昼"的字符隐
意可表示为：

"昼（金文：畫）"＝"本方采取措施"＋"借助内卦中的
某项因素"＋"优势"

综合上式组字要素的隐意信息，"昼"的隐意可解读为：
本方采取的措施是：借助内卦中的某项优势因素。

2."日"的隐意

"日"是最明显表示"阳性"的字符，用在描述卦象的因
素上，则表示实线"－"，即或优势的状态。（参见第五章第五
节［革卦隐意解析］中"日"的论述）

◄

"庶"＝"石（隐喻内卦
里的因素，经济）"＋"火
（隐喻优势）"，合成隐意：
形成内卦的经济优势。

"蕃庶"的隐意：借鉴
对方发展经济的足迹
（蕃），形成内卦的经济优
势（庶）。

"昼"＝"右手（隐喻本
方采取措施）"＋"笔（隐
喻借助内卦里的因
素）"＋"日（隐喻优
势）"，合成隐意：本方采
取的措施是：借助内卦中
的某项优势因素。

"昼日"的隐意:本方采取的措施是:借助内卦中的某项优势因素(昼),形成另一项优势(日)。或:本方采取"优势叠加"的发展方式。

3."三"的隐意

卦象中的三个因素。或:综合实力的三项最重要的指标。(参见第五章第六节[蛊卦隐意解析]中"三"的论述)

4."接"字隐意解析

小篆　　　　楷体

接,小篆字形为形声字,"扌"表意,"妾"表声,本义:用手相交引。(参考资料:汤可敬撰(东汉许慎著)《说文解字今释》岳麓书社2002年版1705页"接")

尚未查找到甲骨文和金文字形,这就存在一种可能性:"接"是周文王用"扌"和"妾"组合而成的隐意会意字。

依据小篆字形及字源解说内容,分解"接"的组字要素:

"接(小篆:𢬵)"="妾"+"扌"

按照推测并验证的[类别—隐意—共性]规律,解析上式字隐意:"妾"的造字本义为有罪的女人,"妾(甲骨文:𡜇)"="辛(刑具)"+"女",(资料来源:汤可敬撰(东汉许慎著)《说文解字今释》岳麓书社2002年版370页"妾"

［参证］），其中："有罪的女人"从属［人类—称谓—字符］和［人类—女性—字符］，隐喻本方处于劣势；"辛（刑具）"是对人类使用的武器，从属［刑具—军事—字符］，隐喻对方的军事；"扌"从属［人类—右手—字符］，隐喻本方采取的措施；因而"接"的字符隐意可表述为：

"接（小篆：𢺝）"＝"本方处于劣势"＋"对方的军事"＋"本方采取措施"

综合上式组字要素的隐意信息，"接"的隐意可解读为：本方在自身处于劣势情况下面对对方的军事威胁而采取的措施。

5. 卦辞"昼日三接"的隐意

本方采取"优势叠加"的方式（昼日），逐项发展综合实力的三个最重要的方面（三），改变本方处于劣势情况下面对对方的军事威胁（接）。

"昼日"的隐意：本方采取的措施是：借助内卦中的某项优势因素（昼），形成另一项优势（日）。或：本方采取"优势叠加"的发展方式。

"接"＝"妾（隐喻对方的军事，本方处于劣势）"＋"扌（隐喻本方采取措施）"，合成隐意：本方在自身处于劣势情况下面对对方的军事威胁而采取的措施。

"三接"的隐意：发展综合实力的三个最重要的方面（三），改变本方处于劣势情况下面对对方的军事威胁（接）。

第三节　随卦隐意解析

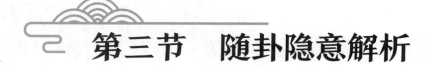

卦名：**随**

卦象：

卦辞：元亨：利贞？无咎。

一、随卦隐意解读

将随卦的卦象"☱☳"转换为左右排列的象素表达式"☱☳"：

八卦符号	表示因素	外卦-对方	内卦-本方
上线	军事：	"--"劣势	"--"劣势
中线	疆域：	"—"优势	"--"劣势
下线	经济：	"—"优势	"—"优势

象素表显示，外卦（对方）和内卦（本方）的上线军事因素均为劣势，而外卦的疆域和经济因素都已形成优势，内卦只有经济因素取得优势。

显然，本方处于较为弱势的情形，而且这个卦象不存在"优势互补"关系。那么，本方应该采取怎样的对策呢？

在当前双方军事均处于劣势情形"☱☳"下，君子问卦（卦辞隐语）：如何才能形成本方综合实力的优势格局？（卦辞：元亨：利贞？）

周文王解答（卦辞和卦名隐语）：根据此卦情况，不出大错的方案是通过辅佐对方开疆拓土来发展本方的疆域（卦辞：无咎。卦名：随。）

这是周文王给出的另一种发展模式——"辅佐对方"。

二、卦名"随"隐意解析

"随"字隐意解析

随 随

小篆　　楷书（繁体）　　楷体

随，小篆字形为形声字，"辵"表意，"隋"表声，本义：随从。（参考资料：汤可敬撰（东汉许慎著）《说文解字今释》岳麓书社2002年版243页"随"）

尚未查找到甲骨文和金文字形，这就存在一种可能性："随"是周文王将"辵"、"阜"、"左手"和"肉"这四个字符组合在一起的隐意会意字。

依据小篆字形及字源解说内容，分解"随"的组字要素：

"随（小篆：随）"="辵"+"阜"+"左手"+"肉"

按照推测及验证的［类别—隐意—共性］规律，解析上式字符的隐意："辵（甲骨文：辵）"字形=（行）+（止），（参考资料：徐中舒主编《甲骨文字典》四川辞书出版社2014年版149页"辵"［解字］），其中，"行"为道路；"止"为脚，从属［人类—脚步—字符］，隐喻本方付诸行动，则"辵"隐喻本方走的路；"阜"为起伏的山丘（参考资料：左民安著《细说汉字》九州出版社2005年版542页"阜"），从属［山丘—疆域—字符］，隐喻卦象中的疆域因素；"左手"为人的左手并有辅助帮助之意（参考资料：汤可敬撰（东汉许慎著）《说文解字今释》岳麓书社2002年版645页"左"），从属［人类—左手—字符］，隐喻本方采取辅佐的方式；"肉"为动物的肉，从属［禽兽牲畜—字符］和［意示—部位—字符］，隐喻对方的中线疆域因素。因而"随"的字符

◀

"随"＝"辵（隐喻本方走的路）"＋"阜（隐喻疆域）"＋"左手（隐喻本方辅佐）"＋"肉（隐喻对方的疆域）"，合成隐意：本方发展疆域之路，可通过辅佐对方开疆拓土而获益。

请留下你的足迹……

405

隐意可表述为：

"随（小篆：𨙦）"＝"本方走的路"＋"疆域"＋"本方采取辅佐的方式"＋"对方的疆域因素"

综合上式组字要素的隐意信息，"随"的隐意可解读为：本方发展疆域之路，可通过辅佐对方开疆拓土而获益。

三、卦辞"元亨：利贞?"的隐意

针对本方的军事情况（元），君子问卦（亨）：此卦属于本方综合实力的优势格局（利贞）吗？

或：针对本卦中的本方军事情况（元），君子问卦（亨）：如何才能形成本方综合实力的优势格局（利贞)？

（参见第五章第二节［临卦隐意解析］中"元亨：利贞?"的论述）

四、卦辞"无咎"的隐意

本方行为不会变差，或：本方行为没问题，没毛病，或：本方立于不败之地。（参见第六章第二节［复卦隐意解析］中"无咎"的论述）

第四节　颐卦隐意解析

卦名：  颐

卦象：

卦辞：贞吉：观颐，自求口实。

一、颐卦隐意解读

将颐卦的卦象"☶☳"转换为左右排列的象素表达式"☶☳"：

八卦符号	表示因素	外卦-对方	内卦-本方
上线	军事：	"–"优势	"--"劣势
中线	疆域：	"--"劣势	"--"劣势
下线	经济：	"--"劣势	"–"优势

上表显示，外卦（对方）拥有最重要的军事因素优势，内卦（本方）只有经济因素的优势。

这是一个实力差距很大的卦象，但比较符合周文王在前面的章节里反复强调的基本前提条件——只要对方没有形成全面的优势，只要本方存在一点小小的优势，就能精心设计，一步一步地走向成功。

那么，在如此之大的优势差距下，本方应该怎么做呢？

周文王指出（卦辞隐语）：在对方密切注视本方发展军事的动向时，形成本方综合实力优势格局的策略是：本方要形成超越对方经济的绝对优势，因为本方的综合实力与自身的经济财力密切相关。（卦辞：贞吉，观颐，自求口实。）

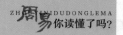

"颐"和"自求口实"是韬晦之策，起着二方面的重要作用：（1）当军事实力强大的对方密切监视本方发展军事的动向时，已经表现出对方担心本方发展军事。这时候，本方万万不可暴露发展军事的心机，一定要热衷于经济发展，以打消对方的疑心；（2）本方致力发展经济，为将来形成综合实力优势（包括军事发展）打好物质基础。

二、卦名"颐"隐意解析

"颐"字隐意解析

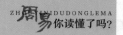

金文　　小篆　　楷体

颐，金文字形，像竖起的下巴形，造字本义：人的面颊，腮。"颐"的本字是"臣"。（参考资料：汤可敬撰（东汉许慎著）《说文解字今释》岳麓书社2002年版1685页"颐"）

依据金文字形及字源解说内容，解析"颐"的隐意："颐（金文：臣）"＝"面颊"，按照推测并验证的［类别—隐意—共性］规律，"面颊"属于人的身体部分，位于人的头部，从属［意示—部位—字符］，隐喻卦象的上线军事因素；且"面颊"是头部的外表，即隐喻内卦上线军事因素的表面信息。因而，"颐"的隐意可解读为：本方发展军事的动向。

三、卦辞"贞吉"的隐意

本方经过分析研究，制定"能够形成本方综合实力（贞）的优势格局（吉）"的方案。（参见第十章第一节［旅卦隐意解析］中"贞吉"的论述）

四、卦辞"观颐"隐意解析

1. "观"的隐意

对方在密切注视。（参见第七章第一节［观卦隐意解析］中"观"的论述）

2. "颐"的隐意

本方发展军事的动向。（参见上文"颐"的论述）

3. 卦辞"观颐"的隐意

对方密切注视（观）本方发展军事的动向（颐）。

五、卦辞"自求口实"隐意解析

1. "自"字隐意解析

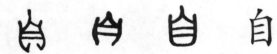

甲骨文　　　金文　　　小篆　　　楷体

自，原是"鼻子"的本字。后表示自我。（参考资料：左民安著《细说汉字》九州出版社2005年版443页"自"）

依据甲骨文和金文字形及字源解说内容，解析"自"的隐意："自"是表示自我的人称，按照推测并验证的［类别—隐意—共性］规律，从属［人类—称谓—字符］，隐喻本方。因而，"自"的隐意可解读为：本方。

2. "求"字隐意解析

甲骨文　　　金文　　　小篆　　楷书（繁体）　　　楷体

求，甲骨文和金文字形，正像有毛皮的衣。"求"是"裘"的古字，造字本义：毛皮衣（以毛为表的皮衣）。（资料

▲

"颐"="面颊（隐喻本方上线军事因素，动向）"，隐意：本方发展军事的动向。

"观颐"的隐意：对方密切注视（观）本方发展军事的动向（颐）。

"自"的隐意：本方。

请留下你的足迹⋯

409

来源：李乐毅著《汉字演变五百例》北京语言大学出版社2002年版267页"求"）

依据甲骨文和金文字形及字源解说内容，解析"求"的隐意："求"为用禽兽牲畜的皮毛做成的"皮衣"，按照推测并验证的［类别—隐意—共性］规律，"禽兽牲畜"从属［禽兽牲畜—字符］，该类字符隐喻对方；而皮毛做成的"皮衣"，从属［衣食—经济—字符］，隐喻经济因素。因而"求"的字符隐意可表述为：

"求（金文：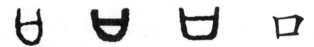）"＝"对方"＋"经济"

综合上式组字要素的隐意信息，"求"的隐意可解读为：对方的经济因素。

3."口"字隐意解析

甲骨文	金文	小篆	楷体

口，甲骨文和金文字形，像张开嘴巴的形状。《说文》：口，人所以言食也。（参考资料：李乐毅著《汉字演变五百例》北京语言大学出版社2002年版184页"口"）

依据甲骨文和金文字形及字源解说内容，解析"口"的隐意：按照推测并验证的［类别—隐意—共性］规律，"口"为人张嘴的形状，从属［人类—嘴巴—字符］，隐喻本方的言语；从"口"与"哑"的对应关系理解，"口"表示发出声音，"哑"表示"发不出声音"，由此"口"从属［阴阳—对应—字符］，隐喻"阳性，优势状态"。因而，"口"在此处的隐意可解读为：本方处于优势。

"求"＝"皮衣（隐喻对方，经济）"，隐意：对方的经济因素。

"口"＝"人的言语（隐喻本方，优势）"，隐意：本方处于优势。

4."实"字隐意解析

賣 賣 實 实

金文　　小篆　　楷书（繁体）　楷体

实，金文字形，由"宀"（房屋）和"贯"（成串的贝－钱）组成会意字，用"有房有钱"表示富裕殷实之意。（参考资料：左民安著《细说汉字》九州出版社2005年版114页"实"）

依据金文字形及字源解说内容，分解"实"的组字要素：

"实（金文：賣）"＝"宀"＋"贯"

按照推测并验证的［类别—隐意—共性］规律，解析上式字符的隐意："宀"为房屋的符号，从属［人类—房屋—字符］，隐喻内卦，或本方的综合实力；"贯"字形，像绳索将"贝"穿成串（参考资料：汤可敬撰（东汉许慎著）《说文解字今释》岳麓书社2002年版938页"贯"），其中："绳索"从属［人类—用具—字符］，隐喻内卦里的相关联的因素；"贝"为货币，从属［财富—经济—字符］，隐喻经济财力。因而"实"的隐意可表述为：

"实（金文：賣）"＝"内卦"＋"内卦里的相关联因素"＋"经济财力"

综合上式组字要素的隐意信息，"实"的隐意可解读为：本方的综合实力与自身的经济财力密切相关。

5.卦辞"自求口实"的隐意

本方（自）与对方的经济发展状况（求）相比，本方要形成优势（口），因为本方的综合实力与经济财力密切相关（实）。或：本方要形成超越对方经济的绝对优势（自求口），因为本方的综合实力与自身的经济财力密切相关（实）。

◀

"实"＝"宀（隐喻内卦）"＋"贯（隐喻经济财力，相关因素）"，合成隐意：本方的综合实力与自身的经济财力密切相关。

"自求口实"的隐意：本方（自）与对方的经济发展状况（求）相比，本方要形成优势（口），因为本方的综合实力与经济财力密切相关（实）。

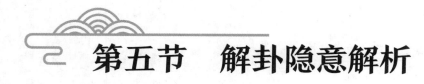

第五节 解卦隐意解析

卦名：解

卦象：

卦辞：利西南，无所往，
其来复，吉。有攸往，夙吉。

一、解卦隐意解读

将解卦的卦象"☳☵"转换为左右排列的象素表达式"☳☵"：

八卦符号	表示因素	外卦-对方	内卦-本方
上线	军事：	"--"劣势	"--"劣势
中线	疆域：	"--"劣势	"—"优势
下线	经济：	"—"优势	"--"劣势

象素表格显示，内卦（本方）和外卦（对方）各自只有一根阳线。本方拥有疆域优势，对方具备经济优势。这种格局具有齿合型互补关系的特征。

综合解卦的卦象、卦名和卦辞的隐意，笔者认为解卦卦象的内卦和外卦，或本方与对方，指的是为了共同对付强敌，两个弱小国家形成的联盟。即：内卦为联盟的本方，外卦为联盟的对方。联盟的本方拥有疆域优势，联盟的对方拥有经济优势。

卦名"解（甲骨文： ）"的字形是"两只手掰牛角"，隐喻联盟的本方和对方要齐心协力消灭实力强悍的敌方的军事实力。

如何才能战胜军事实力强悍的敌方呢？周文

王指出：若要形成本方综合实力强于敌方的优势格局（卦辞：利西南），在联盟中的本方和对方都不具备军事实力的情形下（卦辞：无所往），本方的军事要通过本方走出门户对外交往发展经济而形成优势（卦辞：其来复吉），就要在联盟内部开展优势互补的合作（卦辞：有攸往），通过双方的齐心协力通力合作形成优势（卦辞：夙吉）。

二、卦名"解"隐意解析

"解"字隐意解析

甲骨文　　金文　　小篆　　楷体

解，甲骨文和金文字形，像两手将牛角从牛身上取下来。本义为分割、分解。（参考资料：左民安著《细说汉字》九州出版社2005年版500页"解"）

依据甲骨文字形及字源解说内容，分解"解"的组字要素：

"解（甲骨文：）" = "双手" + "牛" + "牛角"

按照推测及验证的［类别—隐意—共性］规律，解析上式字符的隐意："双手"从属［人类—双手—字符］，隐喻本方齐心协力，全力以赴做某事；"牛"为牲畜，从属［禽兽牲畜—字符］，隐喻敌方；"牛角"意在牛的头部，从属［意示—部位—字符］，隐喻外卦的上线，且牛角是牛进攻的武器，从属［角爪—军事—字符］，隐喻敌方的军事。因而"解"的字符隐意可表述为：

"解（甲骨文：）" = "本方齐心协力做某事" + "敌方" + "敌方的军事"

综合上式组字要素的隐意信息，"解"的隐意可解读为：本方只有齐心协力，才能消灭敌方的军事实力，最终战胜敌方。

三、卦辞"利西南，无所往"隐意解析

1．"利"的隐意

优势因素，优势格局。（参见第三章第三节［否卦隐意解析］中"利"的论述）

2．"西"的隐意

外卦优势下降。（参见第六章第一节［坤卦隐意解析］中"西"的论述）

3．"南"的隐意

内卦里的因素，或：本方综合实力中的某个方面。（参见第六章第一节［坤卦隐意解析］中"南"的论述）

"利西南"的隐意：外卦和内卦各有优势，且外卦的优势弱于内卦。或：本方综合实力强于敌方的优势格局。

4．"无"的隐意

本方没有。（参见第六章第二节［复卦隐意解析］中"无"的论述）

5．"所"字隐意解析

金文　　　小篆　　　楷体

（资料来源：左民安著《细说汉字》九州出版社2005年版267页"所"）

所，金文字形，左边的"户"像单扇门户之形，右边的"斤"像斧斤之形。《说文·斤部》：所，伐木声也。从斤、户声。造字本义：伐木的声音。（参考资料来：汤可敬撰（东汉许慎著）《说文解字今释》岳麓书社2002年版2052页"所"）

依据金文字形及字源解说内容，分解"所"的组字要素：

"所（金文：𠂤）" ＝ "户" ＋ "斤"

414

按照推测及验证的［类别—隐意—共性］规律，解析上式字符的隐意："户"为单扇门板，从属［人类—用具—字符］，隐喻内卦里的因素；"斤"为斧，从属［兵器—军事—字符］，隐喻本方的军事，因而"所"的字符隐意可表述为：

"所（金文：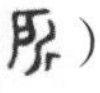）"＝"内卦里的因素"＋"本方的军事"

综合上式组字要素的隐意信息，"所"的隐意可解读为：内卦的军事因素，或：本方综合实力中的军事方面。

6."往"的隐意

相对本方而言，去往他方。当内卦与外卦分别暗示本方与对方时，"往"则隐喻"离开本方，去往对方"。（参见第三章第二节［泰卦隐意解析］中"往"的论述）

"无所往"的隐意：某种情况没在内卦的军事因素上，也没在外卦的军事因素上。或：内卦和外卦的军事因素都不存在某种情形。

四、卦辞"其来复吉，有攸往，夙吉"隐意解析

1."其"字的含意

造字本义：簸箕。"其"是"箕"的古字，后假借为第三人称。（参见第六章第二节［复卦隐意解析］中"其"的论述）

"其"，在本句辞里代指上句提到的"军事"。

2."来"的隐意

当内卦与外卦分别暗示本方与对方时，"来"隐喻"离开对方，来到本方"。（参见第三章第二节［泰卦隐意解析］中"来"的论述）

3."复"的隐意

本方走出门户对外交往发展经济。（参见第六章第二节［复卦隐意解析］中"复"的论述）

"解"="双手（隐喻本方齐心协力）"＋"牛（隐喻敌方）"＋"牛角（敌方的军事）"，合成隐意：本方只有齐心协力，才能消灭敌方的军事实力，最终战胜敌方。

"所"="户（隐喻内卦里的因素）"＋"斤（隐喻本方的军事）"，合成隐意：内卦的军事因素，或：本方综合实力中的军事方面。

"无所往"的隐意：某种情况没在内卦的军事因素上，也没在外卦的军事因素上。或：内卦和外卦的军事因素都不存在某种情形。

4. "吉" 的隐意

本方确定某某情形为优势，或：本方确定某某方案为尚佳之策。（参见第三章第二节 [泰卦隐意解析] 中 "来" 的论述）

"其来复吉" 的隐意：发展军事（其）需要在本方（来）走出门户对外交往发展经济（复）的基础上形成优势（吉）。

5. "有攸往" 的隐意

本方采取借助对方某项优势的方法。而 "借助对方的优势" 是要付出一定的代价的，即用本方的优势因素作为条件，换取对方的优势，因而，"有攸往" 的隐意可解读为：本方采取与对方 "互通有无、优势互补" 的合作方式。（参见第六章第一节 [坤卦隐意解析] 中 "有攸往" 的论述）

6. "夙" 字隐意解析

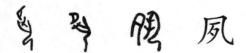

甲骨文　金文　小篆　　楷体

夙，甲骨文和金文字形，像天上还挂着残月，一人在辛勤劳动。造字本义：天不亮就起来做事情。引申：早。（参考资料：左民安著《细说汉字》九州出版社2005年版124页 "夙"）

依据甲骨文和金文字形及字源解说内容，分解 "夙" 的组字要素：

"夙（甲骨文：　）" = "人形" + "双手" + "月亮"

按照推测及验证的 [类别—隐意—共性] 规律，解析上式字符的隐意："人形" 从属 [人类—身形—字符]，隐喻本方；"双手" 从属 [人类—双手—字符]，隐喻本方齐心协力，或本方全力以赴做某事；"月亮"与"太阳"存在对应关系（古人认为），从属[阴阳—对应—字符]，隐喻阴性，劣势。因而"夙"的字符隐意可表示为：

"夙（甲骨文：𥄙）"＝"本方"＋"本方齐心协力做某事"＋"劣势"

综合上式组字要素的隐意信息，"夙"的隐意可解读为：本方针对劣势因素而齐心协力采取措施。

7. "吉"的隐意

本方确定某某情形为优势，或：本方确定某某方案为尚佳之策。（参见第三章第二节［泰卦隐意解析］中"吉"的论述）

8. 卦辞"其来复吉，有攸往，夙吉"的隐意

发展军事（其）依赖于本方（来）走出门户对外交往发展经济（复）形成优势（吉），即本方开展与对方"优势互补"的合作方式（有攸往）。本方只有齐心协力通力合作，才能将劣势（夙）转变成优势（吉）。

◀

"其来复吉"的隐意：发展军事（其）需要在本方（来）走出门户对外交往发展经济（复）的基础上形成优势（吉）。

"夙"＝"人形（隐喻本方）"＋"双手（隐喻本方齐心协力）"＋"月亮（隐喻劣势）"，合成隐意：本方针对劣势因素而齐心协力采取措施。

"夙吉"的隐意：本方只有齐心协力通力合作，才能将劣势（夙）转变成优势（吉）。

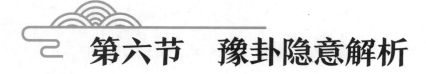

第六节　豫卦隐意解析

卦名：**豫**

卦象：

卦辞：利建侯、行师。

一、豫卦隐意解读

周文王通过豫卦卦象隐意，向我们阐述另一个不拘一格打破常规的案例。笔者称之为"弯道超车"策略。理解这项策略，要从［象素］视角看卦象。

将豫卦的卦象"䷏"转换为左右排列的象素表达式"䷏"：

八卦符号	表示因素	外卦-对方	内卦-本方
上线	军事：	"--"劣势	"--"劣势
中线	疆域：	"--"劣势	"--"劣势
下线	经济：	"–"优势	"--"劣势

虽然内卦（本方）仍旧处于三线全阴的局面，而周文王看到外卦（对方）仅有下线经济因素呈现"阳"的状态。于是，提出此时要针对外卦只有经济优势的情形而采取措施。这就是卦名"豫"的隐意：本方应针对对方的具体情况而采取相应的措施。（卦名：豫。）

周文王简明扼要指出（卦辞隐语）：根据当前形势下的有利时机，制定审时度势的策略，既是发展本方军事，走开疆拓土之路。（卦辞：利建侯，行师。）

从象素结构表"▦▦▦▦"上看，虽然对方抢占了先机，形成了经济优势，但其它两个方面仍处于劣势，因而，周文王提出，抓住这个有利时机，趁机进入这两个不具竞争力的领域，不失为一项"弯道超车"的大胆设计。

二、卦名"豫"隐意解析

"豫"字隐意解析

象 豫

小篆   楷体

豫，小篆字形为形声字，"象"表意，"予"表声。（参考资料：汤可敬撰（东汉许慎著）《说文解字今释》岳麓书社2002年版1311页"豫"）

尚未查找到甲骨文和金文字形，这就存在一种可能性："豫"是周文王用"予"和"象"合成的隐意会意字。

依据小篆字形和字源解说内容，分解"豫"的组字要素：

"豫（小篆：象）"＝"予"＋"象"

按照推测并验证的［类别—隐意—共性］规律，解析上式字符隐意："予（甲骨文：予）"字形，像"以手推物付之"。《说文》：予，推予也（参考资料：汤可敬撰（东汉许慎著）《说文解字今释》岳麓书社2002年版546页"予"）。该字从属［人类—右手—字符］，隐喻本方采取的措施；"象（甲骨文：象）"字形，像有着长长的卷曲鼻子和长长的伸出

从豫卦的象素结构表"▦▦▦▦"上看，虽然对方抢占了先机，形成了经济优势，但其它两个方面仍处于劣势，因而，周文王提出，抓住这个有利时机，趁机进入这两个不具竞争力的领域，不失为一项"弯道超车"的大胆设计。

"豫"＝"予（隐喻本方采取措施）"＋"象（隐喻对方）"，合成隐意：本方应针对对方的具体情况而采取相应的措施（豫）。

口外的门牙的"大象"（参考资料：左民安著《细说汉字》九州出版社2005年版518页"象"）。该字从属［禽兽牲畜—字符］，隐喻对方。因而"豫"的字符隐意可表示为：

"豫（甲骨文： 豫 ）"＝"本方采取措施"＋"对方"

综合上式组合字符的隐意信息，"豫"的隐意可解读为：本方应针对对方的具体情况而采取相应的措施（豫）。

三、卦辞"利建侯，行师"隐意解析

1. 卦辞"利建侯"的隐意

根据当前形势下的有利时机（利），本方发展的道路是：针对内卦中的军事因素而采取措施（建侯）。（参见第九章第三节［屯卦隐意解析］中"利建侯"的论述）

2. "行"字的含意

甲骨文　　金文　　小篆　　楷体

行，甲骨文和金文字形，很明显像十字路口。造字本义：路。后泛指行走。（参考资料：李乐毅著《汉字演变五百例》北京语言大学出版社2002年版384页"行"）

3. "师"的隐意

本方的军事与疆域。（参见第七章第三节［师卦隐意解析］中"师"的论述）

4. 卦辞"利建侯，行师"的隐意

根据当前形势下的有利时机（利），制定审时度势的策略是（建）：发展本方军事（侯），走开疆拓土之路（行师）。

▶

"行"＝"道路"，隐意：本方选择的发展之路。

"利建侯，行师"的隐意：根据当前形势下的有利时机（利），制定审时度势的策略是（建）：发展本方军事（侯），走开疆拓土之路（行师）。

第七节　坎卦隐意解析

卦名：

卦象：

卦辞：有孚，维心，亨：行？有尚。

一、坎卦隐意解读

将坎卦的卦象"☵"转换为左右排列的象素表达式"䷜"：

八卦符号	表示因素	外卦-对方	内卦-本方
上线	军事：	"--"劣势	"--"劣势
中线	疆域：	"—"优势	"—"优势
下线	经济：	"--"劣势	"--"劣势

"象素"表显示，本方和对方的情况完全相同，在"疆土"方面已经形成优势（卦名：坎。）而相关的上线军事和下线经济均为劣势。

周文王指出（卦辞隐语）：本方在制定所要采取的措施时，不但要考虑抵御来自对方的挑衅和进犯，还要考虑抓住对方相关因素处于劣势的机会。（卦辞：有孚维心。）

君子懂得周文王的观点——"要抓住对方相关因素处于劣势的时机"制定发展之策，但现在本方在军事和经济两个方面都存在劣势，本方应该选择哪个方面作为"重中之重"率先发展呢？于是，君子就此问题问卦求解（卦辞隐语）：在坎卦情形下，本方应该选择怎样的发展方向呢？（卦辞：亨：行？）

周文王回答（卦辞隐语）：必需改变本方综合实力中的劣势因素，尤其军事。（卦辞：有尚）。

二、卦名"坎"隐意解析

"坎"字隐意解析

坎 坎

小篆　　　楷体

坎，小篆字形为形声字，"土"表意，"欠"表声。本义：陷。（参考资料：汤可敬撰（东汉许慎著）《说文解字今释》岳麓书社2002年版1965页"坎"）

尚未查找到甲骨文和金文的字形。这就存在一种可能性："坎"是周文王用"土"和"欠"组合而成的隐意会意字。

依据小篆字形及字源解说内容，分解"坎"的组字要素：

"坎（小篆：坎）"＝"土"＋"欠"

按照推测并验证的［类别—隐意—共性］规律，解析上式字符隐意："土"为大地，从属［土地—疆域—字符］，隐喻疆域；"欠（甲骨文：𠂢）"字形，像一个跪姿的人向前张口的样子（参考资料：徐中舒主编《甲骨文字典》四川辞书出版社2014年版981页"欠"），从属［人类—张嘴—字符］，隐喻本方吞噬，本方扩张。因而"坎"的字符隐意可表述为：

"坎（小篆：坎）"＝"疆域因素"＋"本方扩张"

综合上式组字要素的隐意信息，"坎"的隐意可解读为：本方在疆域方面取得进展。

三、卦辞"有孚维心"隐意解析

1. "有孚"的隐意

本方采取措施，抵御来自对方的挑衅和进犯。或：本方针对来自对方的军事威胁而采取的措施。（参见第四章第二节［讼卦隐意解析］中"有孚"的论述）

2. "维"字隐意解析

金文　　小篆　　楷体

（资料来源：容庚编著《金文编》中华书局1985年版862页"维"）

维，金文字形为形声字，"糸"表意，"隹"表声，本义：栓物的绳子。引申：维系。（参考资料：汤可敬撰（东汉许慎著）《说文解字今释》岳麓书社2002年版1876页"维"）

依据金文字形及字源解说内容，分解"维"的组字要素：

"维（金文：）"＝"隹"＋"糸"

按照推测并验证的［类别—隐意—共性］规律，解析上式字符隐意："隹"为一种短尾的鸟类（参考资料：左民安著《细说汉字》九州出版社2005年版534页"隹"），从属［禽兽牲畜—字符］，隐喻对方；"糸"为绳子，此处"糸"与"隹"有关，从属［禽兽牲畜—用具—字符］，隐喻外卦里的相关因素。因而"维"的字符隐意可表述为：

"维（金文：）"＝"对方"＋"外卦里的相关因素"

综合上式组字要素的隐意信息，"维"的隐意可解读为：外卦里的相关因素。

▲

"坎"＝"土（隐喻疆域因素）"＋"欠（隐喻本方吞噬）"，合成隐意：本方在疆域方面取得进展。

"维"＝"隹（隐喻对方）"＋"糸（隐喻相关因素）"，合成隐意：外卦里的相关因素。

"心"的隐意:
某象素处于劣势状态。

"维心"的隐意:外卦里的相关因素（维）为劣势（心）。或:对方在相关的军事和经济方面都处于劣势。

3."心"字隐意解析

甲骨文　　　金文　　　小篆　　　楷体

心，甲骨文和金文字形，像人或鸟兽的心脏，造字本意:心脏。（参考资料:左民安著《细说汉字》九州出版社2005年版217页"心"）

依据甲骨文和金文字形及字源解说内容，解析"心"的隐意:古人认为"心"是思维的器官，因此把思想、感情都说做"心"。周文王用"心"与物质相对应的关系，隐喻"阴"的状态（从属［阴阳—对应—字符］）。因而，"心"的隐意可解读为:某象素处于劣势状态。

"维心"的隐意:外卦里的相关因素（维）为劣势（心）。

从坎卦卦象"䷜"上看，外卦只有疆域因素为优势，而"维"所隐喻的相关因素则是指军事和经济，"心"指它们均为劣势状态。因而，卦辞"维心"的隐意可译为:对方在相关的军事和经济方面都处于劣势。

5.卦辞"有孚维心"的隐意

本方在制定所要采取的措施时（有），不但要考虑抵御来自对方的挑衅和进犯（孚），还要考虑抓住对方相关的军事和经济因素（维）处于劣势的机会（心）。

四、卦辞"亨：行?"隐意解析

1."亨"的隐意

针对内卦出现的各种不同的情况，以及内卦与外卦对比形成的复杂局面，寻求解决方案，或：问卦。（参见第三章第二节［泰卦隐意解析］中"亨"字论述）

2."行"的含意

造字本义：路。后来多用于"行走"义。（参见本章第六节［豫卦隐意解析］中"行"的论述）

3.卦辞"亨：行?"的隐意

君子问卦求解（亨）：本方应该向哪个方向发展呢（行）?

五、卦辞"有尚"隐意解析

1."有"的隐意

本方拥有，本方采取措施。（参见第四章第一节［涣卦隐意解析］中"有"的论述）

2."尚"字隐意解析

甲骨文　　金文　　小篆　　楷体

"亨：行?"的隐意：君子问卦求解（亨）：本方应该向哪个方向发展呢（行）?

"尚"＝"向（隐喻内卦）"＋"八（隐喻劣势，上线军事）"，合成隐意：本方综合实力中存在劣势因素，尤其军事因素处于劣势。

"有尚"的隐意：改变（有）本方综合实力中的劣势因素，尤其军事因素（尚）。

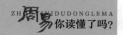

尚，甲骨文和金文字形为形声字，"八"表意，"向"表声，本义：希冀。（参考资料：左民安著《细说汉字》九州出版社2005年版160页"尚"、［参证］）

依据甲骨文和金文字形及字源解说内容，分解"尚"的组字要素：

"尚（甲骨文：尚）"＝"向"＋"八"

按照推测并验证的［类别—隐意—共性］规律，解析上式字符隐意："向（甲骨文：向）"字形，大都由"宀（表示房屋）"和"口（表示窗口）"组合而成（参考资料：徐中舒主编《甲骨文字典》四川辞书出版社2014年版801页"向"［解字］），其中："房屋"从属［人类—房屋—字符］，隐喻内卦，或本方的综合实力；"窗"从属［人类-用具-字符］，隐喻内卦或本方综合实力中的因素；而"八"从属［意似—虚线—字符］，隐喻卦象中的虚线"--"符号，即劣势；且"八"的部位在"向"的上方，从属［指事—部位—字符］，隐喻卦象中的上线军事因素。因而"尚"的字符隐意可表示为：

"尚（甲骨文：尚）"＝"本方综合实力中的因素"＋"上线军事"＋"劣势"

综合上式组字要素的隐意信息，"尚"的隐意可解读为：本方综合实力中存在劣势因素，尤其军事因素处于劣势。

3. 卦辞"有尚"的隐意

周文王解答：改变综合实力中的劣势因素，尤其军事因素（有尚）。

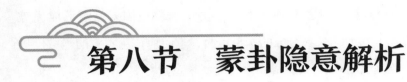

第八节 蒙卦隐意解析

卦名：**蒙**

卦象：

卦辞：亨：匪我求童蒙？童蒙求我，初筮告。再三渎，渎则不告，利贞。

一、蒙卦隐意解读

比较蒙卦、解卦、（困卦），坎卦，它们的内卦情形相同，都是只有疆域优势"☷"，在解卦和困卦中，周文王提出的策略是率先发展经济，在坎卦和蒙卦中，他却提出同时要兼顾军事发展，这是为什么呢？且看蒙卦的卦象。

将蒙卦的卦象"☷☵"转换为左右排列的象素表达式"☷☵"：

八卦符号	表示因素	外卦-对方	内卦-本方
上线	军事：	"–"优势	"--"劣势
中线	疆域：	"--"劣势	"–"优势
下线	经济：	"--"劣势	"--"劣势

君子看到上表的显示，对方占据上线军事的绝对优势。虽然卦象存在齿合互补关系，但周文王在剥卦情形下指出：在对方军事强势情况下，本方不具备"优势互补"的合作条件。君子知道，面对蒙卦情形，本方应该采用"优势叠加"发展方式，助力自身其它劣势因素的发展，但不知应该首先发展经济还是军事（卦名隐语：蒙）。

这便是卦辞隐意探讨的议题。

君子针对外卦军事优势和疆域、经济劣势的

情况问卦（卦辞隐语）：虽然本方综合实力中的疆域因素已经形成优势""，但本方却面临来自对方的军事威胁，这时应该用本方的疆域优势发展经济，还是发展军事？（卦辞：亨：匪我求童蒙？）

周文王解答（卦辞隐语）：本方综合实力中只有疆域因素形成优势，在本方军事处于劣势状态下，本方不可避免会受到来自对方的军事威胁，这时，选择用本方的疆域优势因素发展经济，还是发展军事，就要针对对方的经济和本方的军事现状而制定。（卦辞：童蒙求我。）

当然，从本方的经济与军事的内在关系来看，经济因素是"优势叠加"发展模式的基点，但从外卦军事优势的现状来看（☳），本方经济会成为对方吞食的盘中大餐。（卦辞：初筮告。）

虽然对方综合实力中存在疆域和经济两项劣势（☶），而需要本方经济向对方输出。但本方经济对外输出，只有以本方的军事为后盾，本方的利益才不会受到对方的伤害，才能形成本方综合实力的优势格局。（卦辞：再三渎，渎则不告，利贞。）

二、卦名"蒙"隐意解析

"蒙"字隐意解析

（图：甲骨文 金文 小篆 楷体 "蒙"字形演变）

甲骨文　　金文　　小篆　　楷体

（资料来源：容庚编著《金文编》中华书局1985年版39页"蒙"；徐中舒主编《甲骨文字典》四川辞书出版社2014年版849页"冢"）

蒙，甲骨文字形，下方是个"豕"的形状，上面被一个东西蒙住了头部，显示出遮蔽的意思。金文字形，由"艸"（枝叶）、"冃"（帽子，表示遮盖）、"又"（右手）和"人"组合成字，造字本义：用草木枝叶遮挡头部。

依据金文字形及字源解说内容，分解"蒙"字的构成要素：

"蒙（金文：𦥊）" = "右手" + "人" + "冃" + "艸"

按照推测并验证的［类别—隐意—共性］规律，解析上式字符的隐意："右手"从属［人类—右手—字符］，隐喻本方采取的措施；"人（甲骨文：𠂤）"与"人的反像（甲骨文：𠘧）"，即反写的'人'"在字形上存在对应关系，从属［阴阳—对应—字符］，隐喻阳性、优势状态；"冃"为帽子，从属［人类—用具—字符］，隐喻内卦里的因素，且"帽子"意为位于人的头部，从属［意示—部位—字符］，暗示上线（军事）；"艸"表示枝叶，从属［植物—经济—字符］，隐喻农耕经济。因而"蒙"的字符隐意可表述为：

"蒙（金文：𦥊）" = "本方采取措施" + "优势" + "军事因素" + "经济因素"

综合上式组字要素的隐意信息，"蒙"的隐意可解读为：用本方已经形成的优势（☶）发展军事，还是发展经济？

三、卦辞"亨：匪我求童蒙？"隐意解析

1. "亨"的隐意

针对内卦出现的各种不同的情况，以及内卦与外卦对比形成的复杂局面，寻求解决方案，或：问卦。（参见第三章第二节［泰卦隐意解析］中"亨"字论述）

2. "匪"的隐意

外卦里的因素，或：对方综合实力中的某项因素。（参见三章第三节［否卦隐意解析］中"匪"的论述）

3. "我"字隐意解析

我　我　我　我

甲骨文　金文　小篆　楷体

"蒙" = "右手（隐喻本方采取措施）" + "人（隐喻优势）" + "冃（隐喻上线军事因素）" + "艸（隐喻经济因素）"，合成隐意：用本方已经形成的优势（☶）发展军事，还是发展经济？

"我" = "古代的兵器"，隐意：本方的军事。

"匪我"的隐意：外卦里的（匪）军事因素（我）。

当"我"的前面添加一个特定隐喻外卦的冠词"匪"时，"我"的隐意则变为对方综合实力中的军事因素。

我，甲骨文字形，像一种武器的形状，它有长柄和三个齿的锋刃。造字本义：一种兵器。"我"字本义所代表的兵器被后起的更优良的兵器淘汰，而后"我"字渐渐被作为第一人称代词使用。（参考资料：左民安著《细说汉字》九州出版社2005年版282页"我"）

依据甲骨文和金文字形及字源解说内容，解析"我"的隐意："我（甲骨文：𢦒）"是古代的武器，从属［兵器—军事—字符］，按照推测并验证的［类别—隐意—共性］规律，该类字符隐喻军事；由于"我"被作为第一人称代词使用，故而从属［人类—称谓—字符］，隐喻本方。因而，"我"的隐意可解读为：本方的军事。

当"我"的前面添加一个特定隐喻外卦的冠词"匪"时，"我"的隐意则变为对方综合实力中的军事因素。

4."求"的隐意

对方的经济因素。（参见本章第四节［颐卦隐意解析］中"求"的论述）

5."童"字隐意解析

金文　　小篆　　楷体

童，金文字形，上部是"辛"（刑刀），当中是"目"，两个字符会意，像把一个人的眼睛刺瞎，迫他成奴。下部的"东"表音（"童"读若"东"）。（参考资料：左民安著《细说汉字》九州出版社2005年版490页"童"）

依据金文字形及字源解说内容，分解"童"的组字要素：

"童（金文：𩫖）"="男奴"＋"东"＋"人形"＋"眼睛"＋"刑具"

按照推测并验证的［类别—隐意—共性］规律，解析上式字符的隐意："男奴"为人称，从属［人类—称谓—字符］，隐喻本方；"东"有三层含意：（1）"东"是一个装物的袋子，从属［人类—用具—字符］，隐喻内卦里的因素；（2）"东"这种袋子的形状和特征，突出用"中部"装物，从属［指事—部位—字符］，隐喻卦象中的中线疆域因素；（3）"东"假借为太阳升起的地方，从属［阴阳—对应—字符］，隐喻阳性，优势。而"人形"从属［人类—身形—字符］，隐喻本方；"眼睛"从属［人类—眼睛—字符］，隐喻本方看见，或本方实现某种目标；"刑具"是对人类施刑的器具，从属［刑具—军事—字符］，隐喻对方的军事。因而"童"的字符隐意可表述为：

"童（金文：𝍣）"＝"本方"＋"内卦里的因素"＋"中线疆域因素"＋"优势"＋"本方"＋"面临"＋"对方军事"

综合上式组合要素的隐意信息，"童"的隐意可解读为：虽然内卦疆域因素已经形成优势，但本方却面临来自对方的军事威胁。

6. "蒙"的隐意

用本方已经形成的优势发展军事，还是发展经济？（参见上文"蒙"的论述）

7. 卦辞"亨：匪我求童蒙？"的隐意

君子问卦（亨）：分析外卦（匪）军事（我）和经济现状（求），本方面临来自对方的军事威胁，虽然内卦疆域因素已经形成优势（童），这时用本方的疆域优势发展军事，还是发展经济（蒙）？

四、卦辞"童蒙求我"隐意解析

综合上述"童"、"蒙"、"求"、"我"的隐意解析，卦辞"童蒙求我"的隐意可解读为：周文王解答：虽然本方综合实力中的疆域因素已经形成优势，但在本方面临来自对方的军事威胁

"童"＝"男奴（隐喻本方）"＋"东（隐喻内卦里的中线疆域因素，优势）"＋"人形（隐喻本方）"＋"眼睛（隐喻本方面临）"＋"刑具（隐喻对方的军事）"，合成隐意：虽然内卦疆域因素已经形成优势，但本方却面临来自对方的军事威胁。

"童蒙"的隐意：虽然内卦疆域因素已经形成优势，但本方却面临来自对方的军事威胁（童），这时用本方的疆域优势发展军事，还是发展经济（蒙）？

时（童），用本方的疆域优势发展军事，还是发展经济（蒙）？要依据对方的经济（求）和本方的军事现状（我）而制定。

五、卦辞"初筮告"隐意解析

1. "初"的隐意

本方的经济和军事。（参见第十章第六节［既济卦隐意解析］中"初"的论述）

2. "筮"的隐意

以经济为基点的"优势叠加"模式。（参见第六章第二节［比卦隐意解析］中"筮"的论述）

3. "告"字隐意解析

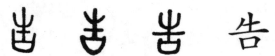

甲骨文　　金文　　小篆　　楷体

告，甲骨文和金文字形，均是在一头牛下面有一个食槽，造字本义：圈养。"告"是"牿"的本字，"牿"是养牛马的圈。（参考资料：李乐毅著《汉字演变五百例》北京语言大学出版社2002年版101页"告"）

依据甲骨文和金文字形及字源解说内容，分解"告"的构字要素：

"告（甲骨文：▯）"="牛"＋"食槽"

按照推测并验证的［类别—隐意—共性］规律，解析上式字符的隐意："牛"为牲畜，从属［禽兽牲畜—字符］，隐喻对方；且"牛（甲骨文：　）"字形，突出牛角的特征，而角爪是禽畜战斗的"武器"，从属［角爪-军事-字符］，隐喻对方的军事因素；"食槽"是与牲畜有关的用具，从属［禽兽牲畜—用具—字符］，隐喻外卦里的因素。因而"告"的字符隐意可表示为：

"告（甲骨文：　）" = "对方的军事" + "外卦里的因素"

综合上式组字要素的隐意信息，"告"的隐意可解读为：对方通过军事将某个方面占为已有。

4. 卦辞"初筮告"的隐意

从本方经济与军事的内在关系来看（初），经济因素是"优势叠加"发展模式的基点（筮），但也会使本方利益成为对方掠夺的盘中大餐（告）。

六、卦辞"再三渎"隐意解析

1. "再"字隐意解析

甲骨文　　金文　　小篆　　楷体

再，甲骨文的字形，是在一条鱼的头尾处各加一横，表示"1＋1"之意。本义：两次或第二次。（参考资料：李乐毅著《汉字演变五百例》北京语言大学出版社2002年版456页"再"）

▶ "求我"的隐意：对方的经济因素（求）和本方的军事因素（我）。

"告"="牛（隐喻对方，军事）"+"食槽（隐喻外卦里的因素）"，合成隐意：对方通过军事将某个方面占为已有。

"初筮告"的隐意：从本方经济与军事的内在关系来看（初），经济因素是"优势叠加"发展模式的基点（筮），但也会使本方利益成为对方掠夺的盘中大餐（告）。

依据甲骨文字形及字源解说内容，分解"再"的组字要素：

"再（甲骨文：𩵋）"＝"鱼"＋"两线"

按照推测并验证的［类别—隐意—共性］规律，解析上式字符隐意："鱼"为水中（"水"与"火"对应）生存的动物，从属［禽兽牲畜—字符］和［阴阳—对应—字符］，隐喻对方某项因素为劣势；"两线"从属［指事—数量—字符］，隐喻卦象的两项因素。因而"再"的字符隐意可表示为：

"再（甲骨文：𩵋）"＝"对方某项因素为劣势"＋"两项因素"

综合上式组字要素的隐意信息，"再"的隐意可解读为：对方有两项因素处于劣势。

2."三"的隐意

综合实力的三项最重要的指标。（参见第五章第六节［蛊卦隐意解析］中"三"的论述）

3."渎"字隐意解析

小篆　　　楷体

渎，小篆字形为形声字，"氵"表意，"卖"表声，本义：沟渠。（参考资料：汤可敬撰（东汉许慎著）《说文解字今释》岳麓书社2002年版1559页"渎"）

尚未查找到甲骨文和金文字形，这就存在一种可能性："渎"为周文王用"氵"、"卖（出＋买）"组成的隐意会意字。

左侧边注：

"再"＝"鱼（隐喻对方，劣势）"＋"两线（隐喻两项因素）"，合成隐意：对方有两项因素处于劣势。

"再三"的隐意：对方存在两项劣势因素（再），在综合实力最重要的三项指标里（三）。

"渎"＝"氵（隐喻外卦）"＋"出（隐喻本方走出内卦的行为）"＋"买（隐喻内卦里的因素，经济）"，合成隐意：本方的行为是：将本方经济对外输出。

依据小篆字形及字源解说内容，分解"渎"的组字要素：

"渎（小篆：𤁱）"＝"氵"＋"出"＋"买"

按照推测并验证的［类别—隐意—共性］规律，解析上式字符的隐意："氵"为川河，从属［禽兽—川河—字符］，隐喻外卦；而"出（甲骨文：屮，金文：屮）"＝"居室"＋"脚步"（资料来源：左民安著《细说汉字》九州出版社2005年版336页"出"），其中："居室"为人的住所，从属［人类—房屋—字符］，隐喻内卦；离开居室的"脚步"从属［人类—脚步—字符］，隐喻本方的行为，在此表示离开内卦的行动；而"买（甲骨文：買，金文：買）"＝"网"＋"贝"（资料来源：左民安著《细说汉字》九州出版社2005年版483页"买"），其中："网"为用具，从属［人类—用具—字符］，隐喻内卦里的因素；"贝"为古代的货币，从属［财富—经济—字符］，隐喻经济。因而"渎"的字符隐意可表示为：

"渎（小篆：𤁱）"＝"外卦"＋"本方走出内卦的行为"＋"内卦的经济"

综合上式组字要素的隐意信息，"渎"的隐意可解读为：本方的行为是：将本方经济对外输出。

4. 卦辞"再三渎"的隐意

对方的综合实力存在两项劣势因素，需要本方经济向对方输出。

七、卦辞"渎则不告，利贞"隐意解析

1. "渎"的隐意

本方的行为是：将本方经济对外输出。（参见上文"渎"的论述）

2. "则"字隐意解析

金文　　小篆　　楷体

▶

"则"="鼎（隐喻内卦里的因素）"+"刀（隐喻军事因素）"，合成隐意：内卦的军事因素，或：本方的军事。

"渎则不告，利贞"的隐意：本方实施经济对外输出（渎），只有以本方的军事为后盾（则），本方的利益才不会受到对方的伤害（不告），才能形成本方综合实力的优势格局（利贞）。

则，金文字形，由"鼎"和"刀"组合成会意字，表示用刀在鼎上刻字，以作为后人的典则。造字本义：准则，法典。（参考资料：左民安著《细说汉字》九州出版社2005年版66页"则"）

依据金文字形及字源解说内容，分解"则"的组字要素：

"则（金文：鼎）"="鼎"+"刀"

按照推测并验证的［类别—隐意—共性］规律，解析上式字符的隐意："鼎"为用具，从属［人类—用具—字符］，隐喻内卦里的因素；"刀"为古代的兵器，从属［兵器—军事—字符］，隐喻本方的军事。因而"则"的字符隐意可表示为：

"则（金文：鼎）"="内卦里的因素"+"本方的军事"

综合上式组字要素的隐意信息，"则"的隐意可解读为：内卦的军事因素，或：本方的军事。

3. "不"的含意

"不"假借表示"相反"意。（参见第三章第三节［否卦隐意解析］中"不"的论述）

4. "告"的隐意

对方将某方面占为己有。（参见上文"告"的论述）

5. "利贞"的隐意

形成本方综合实力的优势格局。（参见第四章第一节［涣卦隐意解析］中"利贞"的论述）

6. 卦辞"渎则不告，利贞"的隐意

本方实施经济对外输出（渎），只有以本方的军事为后盾（则），本方的利益才不会受到对方的伤害（不告），才能形成本方综合实力的优势格局（利贞）。

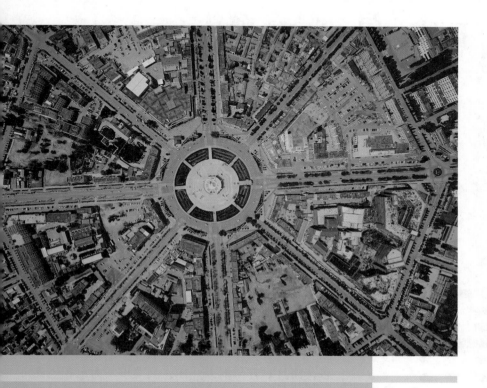

第十二章
把握进攻时机的策略

本方形成军事优势以后，还要把握好运用军事的时机。这是周文王的用兵之道。

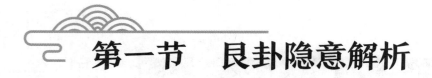

第一节　艮卦隐意解析

卦名：艮

卦象：

卦辞：艮其背，不获其身，行其庭，不见其人。无咎。

一、艮卦隐意解读

将艮卦的卦象"☶"转换为左右排列的象素表达式"☷☷"：

八卦符号	表示因素	外卦-对方	内卦-本方
上线	军事：	"－"优势	"－"优势
中线	疆域：	"--"劣势	"--"劣势
下线	经济：	"--"劣势	"--"劣势

周文王根据艮卦的局面，认为自身虽然拥有了军事优势，但其它两个方面仍然处于劣势状态，而且对方与本方一样，其军事实力也相当强大。在这种尚不具备绝对优势的情况下，本方不宜倚仗军事优势，发动攻击行动。

卦名"艮"的含意是（卦名隐意）：本方必须看到自身仍然存在劣势因素。（卦名：艮。）

在这种形势下，周文王特别强调两项策略（卦辞隐语）：

1. 在本方尚未实现综合实力全部优势的情况下，要分化瓦解对方统治下的各路诸侯，使其发生质的变化，却不要向他们发动攻击，即使他们处于劣势状态。（卦辞：艮其背，不获其身。）

显然，这是周文王的攻心之策，他在争取对

方统治下的各路诸侯。

2. 在对方处于统治地位时，本方按照朝纲政令行事，却不让优势见效于对方。（卦辞：行其庭，不见其人。）

显然，这是周文王表面上敷衍暗地里拆台的另一策略。

最后，他总结说（卦辞隐语）：采用上述两项策略，本方就不会出问题。（卦辞：无咎。）

二、卦名"艮"隐意解析

"艮"字隐意解析

甲骨文　　小篆　　楷体

（资料来源：左民安著《细说汉字》九州出版社2005年版416页"艮"）

艮，甲骨文字形，由"目"和"匕"组成会意字，意为：怒目相视，互不相让。（参考资料：汤可敬撰（东汉许慎著）《说文解字今释》岳麓书社2002年版1117页"艮"）

依据甲骨文字形及字源解说内容，分解"艮"的组字要素：

"艮（甲骨文：）"＝"目"＋"匕"

按照推测并验证的［类别—隐意—共性］规律，解析上式字符的隐意："目"为人的眼睛，从属［人类—眼睛—字符］，隐喻本方看到，本方实现；"匕（甲骨文：，金文：）"在卜辞里用作先祖的配偶（参考资料：徐中舒主编《甲骨文字典》四川辞书出版社2014年版913页"匕"［解字］［释义］），从属［人类—女性—字符］，隐喻本方或本方的某项因素为劣势。因而"艮"的字符隐意可表述为：

"艮（甲骨文：）"＝"本方看见"＋"本方劣势"

439

综合上式组合要素的隐意信息，"艮"的隐意可解读为：本方必须看到自身仍然存在劣势因素。

三、卦辞"艮其背，不获其身"隐意解析

1."艮"的隐意

本方必须看到自身仍然存在劣势因素。（参见本节上文中"艮"的论述）

2."其"的含意

"其"是"箕"的古字，后假借为代词。（参见第六章第二节［复卦隐意解析］中"其"的论述）

"其"在本句辞里代指对方。

3."背"字隐意解析

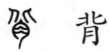

小篆 楷书

背，小篆字形为形声字，"肉"表意，"北"表声，本义：脊背。（参考资料：汤可敬撰（东汉许慎著）《说文解字今释》岳麓书社2002年版567页"背"）

尚未查找到甲骨文和金文的字形。这就存在一种可能性："背"是周文王用"北"和"肉"组合成隐意会意字。

依据小篆字形及字源解说内容，分解"背"的组字要素：

"背（小篆：𧝋）"＝"北"＋"肉"

按照推测并验证的［类别—隐意—共性］规律，解析上式字符的隐意："北（甲骨文：𠈌，金文：𢏚）"字形由二"人"相背成字（资料来源：汤可敬撰（东汉许慎著）《说文解字今释》岳麓书社2002年版1119页"北"［参证］），即"北"＝"'人'字形"＋"反像'人'字形"，其中："人（甲骨文：𠂉）"与"反像'人'（甲骨文：

ƒ），即反写的'人'"在字形上存在对应关系，从属［阴阳—对应—字符］，"人"隐喻阳性、优势；"反像'人'"隐喻阴性、劣势。因而"北"的隐意可解读为：优势与劣势的转换；而"肉"指动物身上的肉，从属［禽兽牲畜—字符］和［意示—部位—字符］，隐意对方的疆域因素，由于"肉"为从动物身上割下来的肉，则可隐喻分化瓦解对方的内部势力（各路诸侯）。因而"背"的隐意可表示为：

"背（小篆：𦟝）" = "优势与劣势的变化" + "分化瓦解对方统治下的各路诸侯"

综合上式组字要素的隐意信息，"背"的隐意解读为：分化瓦解对方统治下的各路诸侯，使其发生质的变化。

4. "不"字的含意

"不"假借表示"相反"意。（参见第三章第三节［否卦隐意解析］中"不"的论述）

5. "获"字隐意解析

𦥑　𦥑　𤉬　獲　获

甲骨文　金文　小篆　楷书（繁体）楷体

获，甲骨文的字形，像用手抓住一只待飞的鸟，意为捕获。（参考资料：左民安著《细说汉字》九州出版社2005年版478页"获"）

依据甲骨文字形及字源解说内容，分解"获"的组字要素：

"获（甲骨文：𦥑）" = "右手" + "鸟"

按照推测并验证的［类别—隐意—共性］规律，解析上式字符的隐意："右手"从属［人类—右手—字符］，隐喻本

"艮"="目（隐喻本方看到）"+"匕（隐喻本方劣势）"，合成隐意：本方必须看到自身仍然存在劣势因素。

"背"="北（隐喻优势与劣势的变化）"+"肉（隐喻对方的疆域因素，切割）"，合成隐意：分化瓦解对方统治下的各路诸侯，使其发生质的变化。

"艮其背"的隐意：在本方尚未实现综合实力全部优势的情况下（艮），要分化瓦解对方统治下的各路诸侯，使其发生质的变化（其背）。

"获"="右手(隐喻本方采取措施)"+"鸟(隐喻对方)",合成隐意:本方发动进攻对方的行动。

方采取措施;"鸟"为飞禽,从属［禽兽牲畜—字符］,隐喻对方。因而"获"的字符隐意可表述为:

"获(甲骨文: )"="本方采取措施"＋"对方"

综合上式组字要素的隐意信息,"获"的隐意可解读为:本方发动进攻对方的行动。

6."身"字隐意解析

"身"="孕身",隐意:本方的疆域因素为劣势情形。

身,甲骨文和金文的字形,像一个侧立的妇女,突出了她的腹部,本义:身孕、妊娠。引申为身体。(参考资料:李乐毅著《汉字演变五百例》北京语言大学出版社2002年版295页"身")

"其身"的隐意:在"身"的前面添加特指对方的代词"其",则隐意对方的疆域因素为劣势情形。

依据甲骨文和金文字形及字源解说内容,按照推测并验证的［类别—隐意—共性］规律,解析"身(甲骨文:)"的隐意:(1)"身"为女性,从属［人类—女性—字符］,隐喻本方处于劣势,或本方某项因素处于劣势;(2)"身"的字形突出腹部,从属［指事—部位—字符］,隐喻卦象的中线疆域因素。因而,"身"的隐意可解读为:本方的疆域因素为劣势情形。

"其身"的隐意:对方的疆域因素为劣势情形。("其"在此代指对方,因而"其身"在此特别强调"身"为对方的劣势因素）。依据殷商时代背景，可把"对方的疆域因素"视为"对方统治下的各路诸侯"。

7. 卦辞"艮其背，不获其身"的隐意

在本方尚未实现综合实力全部优势的情况下（艮），要分化瓦解对方统治下的各路诸侯，使其发生质的变化（其背），却不要向他们发动攻击（不获），即使他们处于劣势状态（其身）。

◄

"不获其身"的隐意：不要向他们发动攻击（不获），即使他们处于劣势状态（其身）。

四、卦辞"行其庭，不见其人"隐意解析

1. "行"的含意

造字本义：路。后来多用于"行走"义。（参见第十一章第六节［豫卦隐意解析］中"行"的论述）

"行"在此句辞中的隐意是：行动。

2. "其"字的含意

"其"是"箕"的古字，后假借为代词。（参见第六章第二节［复卦隐意解析］中"其"的论述）

"其"在本句辞里代指对方。

3. "庭"字隐意解析

金文　　篆文　　楷体

庭，金文字形中，左边的"𠃊"指庭中通道；中部加"彡"，为多层台阶；右边像人挺立于地上之形。合起来表示人登上很高的台阶进入厅堂。本义：人所住之庭院。（参考资料：汤可敬撰（东汉许慎著）《说文解字今释》岳麓书社2002年版272页"廷"［参证］、1267页"庭"）

"庭"="通道和台阶（隐喻内卦）"+"人（隐喻优势）"，合成隐意：内卦形成优势状态，或：本方的综合实力为优势。

"其庭"的隐意：在"庭"的前面添加代词"其"，则隐意外卦形成的优势。

"行其庭"的隐意：在对方统治下按照朝纲政令行事。

依据金文字形及字源解说内容，分解"庭"的组字要素：

"庭（金文：􀀀）"="通道"＋"台阶"＋"人"

按照推测并验证的［类别—隐意—共性］规律，解析上式字符的隐意："通道"与"台阶"为建筑物，从属［人类—房屋—字符］，隐喻内卦，或本方的综合实力；"人（甲骨文：􀀀）"与"人的反像（甲骨文：􀀀），即反写的'人'"在字形上存在对应关系，从属［阴阳—对应—字符］，隐喻阳性、优势状态。因而"庭"的字符隐意可表示为：

"庭（金文：􀀀）"="内卦"＋"优势"。

综合上式组字要素的隐意信息，"庭"的隐意可解读为：内卦形成优势状态，或：本方的综合实力为优势。

"其庭"的隐意：在"庭"的前面添加代词"其"，则隐意为外卦形成的优势。

"庭"与"廷"在金文时代为同一个字"􀀀"，小篆时代分化成"廷"、"庭"二字，其中："朝廷"、"宫廷"用"廷"字，"庭院"、"庭园"、"家庭"用"庭"字。所以，卦辞中的"庭"存在着表示朝廷或宫廷的可能性。

再从周文王所处时代来看，当时的统治者是商纣王，周文王只是臣服于他的一路诸侯。因而，如果本句辞中的"庭"是暗示朝廷的话，那么"其庭"既是隐喻"商纣王的朝廷"。

"行其庭"的隐意：在对方统治下按照朝纲政令行事。

4. "不"字的含意

"不"假借表示"相反"意。（参见第三章第三节［否卦隐意解析］中"不"的论述）

5. "见"的隐意

本方看见某事，或：本方实现某事。（参见第四章第二节［讼卦隐意解析］中"见"的论述）

卦辞"不见"的隐意：本方不让实现，或不让见效。

6. "人"的隐意

本方为优势。或：本方某项因素为优势。（参见第三章第三节［否卦隐意解析］中"人"的论述）

"其人"的隐意：对方的优势。（用"其"特指"人"，在此表述对方的优势）。

7. 卦辞"行其庭，不见其人"的隐意

在对方处于统治地位时，本方按照朝纲政令行事，却不让优势见效于对方。

五、卦辞"无咎"的隐意

本方行为不会变差，或：本方行为没问题，没毛病，或：本方立于不败之地。（参见第六章第二节［复卦隐意解析］中"无咎"的论述）

笔者理解，周文王在此用"无咎"表述的意思是：只要采用上述两项策略，本方就会立于不败之地。

"不见"的隐意：本方不让（不）实现（见），或不让见效。

"其人"的隐意：对方（其）的优势（人）。

"不见其人"的隐意：本方不让优势见效于对方。

第二节 咸卦隐意解析

卦名：**咸**

卦象：

卦辞：亨：利贞？取女吉。

一、咸卦隐意解读

将咸卦的卦象"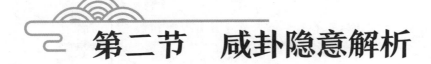"转换为左右排列的象素表达式"▤▤"：

八卦符号	表示因素	外卦-对方	内卦-本方
上线	军事：	"--"劣势	"—"优势
中线	疆域：	"—"优势	"--"劣势
下线	经济：	"—"优势	"--"劣势

对比卦象的上线军事因素，内卦（本方）为优势，外卦（对方）为劣势，这样的军事对比状况对本方非常有利。但是，对比卦象的中线疆域和下线经济因素，外卦为优势，内卦为劣势，显然这对本方十分不利。

君子意识到双方各有利弊，需要完善自身，于是问卦道（卦辞隐语）：如何才能形成本方综合实力的优势格局？（卦辞：亨：利贞？）

周文王给出的策略是（卦辞隐语）：倚仗本方的军事实力来完善本方存在的劣势因素，以形成本方综合实力的优势格局。（卦辞：取女吉。）。

比较艮卦和咸卦，本方的军事都是优势状态，而艮卦的策略是"不要发动军事攻击"，咸卦的策略发生了变化，可以动用本方的军事力量了，究其原因是：（1）当对方的军事实力发生变化，由军事优势变成军事劣势时（卦象"▆▆▆▆"），（2）对方仍旧采用巫师占卜"天意"来指挥军队的落后决策方式（卦名：咸）。对方这两项因素的"劣势叠加"有利于发挥本方的军事优势。

二、卦名"咸"隐意解析

"咸"字隐意解析

甲骨文　　金文　　小篆　　楷体

咸，甲骨文和金文字形，由"戌"和"口"组成。卜辞之"咸"用于人名，即殷商元臣"巫咸"。（参考资料：徐中舒主编《甲骨文字典》四川辞书出版社 2014 年版 92 页"咸"）

依据甲骨文和金文字形及字源解说内容，分解"咸"的组字要素：

"咸（甲骨文：）"＝"殷商元臣巫咸"＋"戌"＋"口"

按照推测并验证的［类别—隐意—共性］规律，解析上式字符的隐意："殷商元臣巫咸"为人称，从属［人类—称谓—字符］，本应隐喻本方，但殷商王朝是周文王的死敌，所以"巫咸"人称的隐意则变为特指对方。由于"巫咸，古神巫也"（参考资料：王逸注《楚辞》"巫咸将夕降兮"），故而"巫咸"的隐意可解读为：对方从事占卜的巫师；"口"为人嘴发出的声音，从属［人类—语言—字符］，本应隐喻本方发出的指令，但因"巫咸"隐喻对方的缘故，则"口"在此特指对方发出的指令；"戌"为大斧，从属［兵器—军事—字

"咸"＝"殷商元臣巫咸（隐喻对方，巫师占卜）"＋"戌（隐喻对方的军事）"＋"口（隐喻对方的指令）"，合成隐意：对方从事占卜的巫师指挥对方的军事行动。或：对方的军事决策方式是巫师占卜。

符〕，本应隐喻本方的军事，同样受"巫咸"的特指，在此隐喻对方的军事。因而"咸"的字符隐意可表述为：

"咸（甲骨文：）"＝"对方从事占卜的巫师"＋"对方的指令"＋"对方的军事"

综合上式组字要素的隐意信息，"咸"的隐意可解读为：对方从事占卜的巫师指挥对方的军事行动。或：对方的军事决策方式是巫师占卜。

三、卦辞"亨：利贞?"隐意解析

1."亨"的隐意

针对内卦出现的各种不同的情况，以及内卦与外卦对比形成的复杂局面，寻求解决方案，或：问卦。（参见第三章第二节［泰卦隐意解析］中"亨"的论述）

2."利贞"的隐意

形成本方综合实力的优势格局。（参见第四章第一节［涣卦隐意解析］中"利贞"的论述）

这是君子的问卦，因而，"利贞"为问话，标点符号改成"?"，内容相应调整为问句：如何形成本方综合实力的优势格局？

3.卦辞"亨：利贞?"的隐意

君子对比敌我双方的综合实力，意识到双方各有利弊，需要完善自身，于是问卦道：如何才能形成本方综合实力的优势格局？

四、卦辞"取女吉"隐意解析

1. "取"字隐意解析

甲骨文　　金文　　小篆　　楷体

取，甲骨文和金文字形，都是"右手"和"耳"的组合，会意为割取耳朵。造字本义：（古代战争中），战胜者割取敌人左耳以记功。（参考资料：左民安著《细说汉字》九州出版社2005年版460页"取"）

依据甲骨文和金文字形及字源解说内容，分解"取"的组字要素：

"取（甲骨文：🖐）" = "右手" + "耳朵"

按照推测并验证的［类别—隐意—共性］规律，解析上式字符的隐意："右手"从属［人类—右手—字符］，隐喻本方采取措施；"耳朵"位于人的头部，从属［意示—部位—字符］，隐喻卦象中的上线军事因素。因而"取"的字符隐意可表述为：

"取（甲骨文：🖐）" = "本方采取措施" + "上线军事因素"

综合上式组字要素的隐意信息，"取"的隐意可解读为：本方采取军事措施。

◄

　　"取"="右手（隐喻本方采取措施）"＋"耳朵（隐喻上线军事因素）"，合成隐意：本方采取军事措施。

449

▶

"取女"的隐意：本方倚仗军事实力来完善（取）本方存在的劣势（女）。

"取女吉"的隐意：本方倚仗军事实力来完善（取）本方存在的劣势因素（女），以形成本方综合实力的优势格局（吉）。

2. "女"的隐意

本方处于劣势，或本方的某项因素为劣势。（参见第五章第四节［家人卦隐意解析］中"女"的论述）

"取女"的隐意：本方倚仗军事实力来完善本方存在的劣势。

3. "吉"的隐意

本方确定某某情形为优势，或：本方确定某某方案为尚佳之策。（参见第三章第二节［泰卦隐意解析］中"吉"的论述）

4. 卦辞"取女吉"的隐意

这是周文王针对君子提问的解答。他说：本方倚仗军事实力来完善（取）本方存在的劣势因素（女），以形成本方综合实力的优势格局（吉）。

第三节　小过卦隐意解析

卦名：**小过**

卦象：

卦辞：亨：利贞？可小事，不可大事。飞鸟遗之音，不宜上，宜下，大吉。

一、小过卦隐意解读

将小过卦的卦象"▦▦"转换为左右排列的象素表达式"▦▦"：

八卦符号　表示因素　外卦-对方　内卦-本方

上线　　军事："--"劣势"—"优势

中线　　疆域："--"劣势"--"劣势

下线　　经济："—"优势"--"劣势

"象素"表显示，内卦（本方）和外卦（对方）各有一项优势，各有两项劣势。

因而，小过卦的卦名隐意为：在本方存在较多劣势因素的情况下"▦▦"，如何向全面优势目标发展？（卦名：小过。）

君子针对小过卦象特征，问卦求解（卦辞隐语）：如何形成本方综合实力的优势格局？（卦辞：亨：利贞？）

将小过卦象"▦▦"与咸卦"▦▦"和艮卦"▦▦"比较，虽然三个卦象中本方都是只有军事优势，但周文王采取的军事策略却存在差异。艮卦中，对方也具备军事优势，因而艮卦的军事策略是"按兵不动"，甚至不对处在劣势的各路诸侯动武；咸卦中，对方军事处于劣势，但其它两项因素处于优势，因而咸卦的军事策略是"用军事助力本方劣势因素的转变"，现在，小过卦中，对方不但军事处于劣势，而且仅有一项经济优势，这时本方应该采取怎样的军事策略呢?

周文王指出（卦辞隐语）：本方只可寻找对方的薄弱环节采取军事行动，不可针对对方的优势方面发动军事进攻（卦辞：可小事，不可大事。）

即使本方军事拥有优势，也不可以持强硬攻。因为，本方的综合实力仍然存在较多方面的劣势。这就是卦名"小过"的隐意。

周文王解释（卦辞隐语）：虽然对方的军事和疆域因素都处于劣势，但本方当务之急是要全力以赴发展自身、完善自我，即用已经拥有的军事优势助力其它方面发展，进而使本方的疆域和经济方面步入"优势叠加"状态。（卦辞：飞鸟遗之音。）

他继续说（卦辞隐语）：在这样的形势下，即使对方两项因素处于劣势，已经成为刀俎下的鱼肉，本方也不能在对方的军事方面发动攻势，只能在对方的疆域方面下手。这是形成优势局面的尚佳之策。（卦辞：不宜上，宜下，大吉）。

显然，小过卦所采取的军事策略，比咸卦又进了一步，但仍然保持有条件的攻势。

二、卦名"小过"隐意解析

1. "小"的隐意

劣势。（参见第三章第二节［泰卦隐意解析］中"小"的论述）

2. "过"的隐意

本方走在向全面优势发展的进程中。（参见第八章第五节 ［大过卦隐

意解析] 中"过"的论述）

3. 卦名"小过"的隐意

在本方存在较多劣势因素的情况下，如何向全面优势目标发展。

三、卦辞"亨：利贞?"隐意解析

1. "亨"的隐意

针对内卦出现的各种不同的情况，以及内卦与外卦对比形成的复杂局面，寻求解决方案，或：问卦。（参见第三章第二节 [泰卦隐意解析] 中"亨"的论述）

2. "利贞"的隐意

形成本方综合实力的优势格局。（参见第四章第一节 [涣卦隐意解析] 中"利贞"的论述）

这是君子的问卦，因而，"利贞"为问话，标点符号改成"?"，内容相应调整为问句：如何形成本方综合实力的优势格局?

3. 卦辞"亨：利贞?"的隐意

君子面对"小过"卦象，寻求向全优目标发展的策略，问卦求解（亨）：如何才能形成本方综合实力的优势格局（利贞)?

四、卦辞"可小事，不可大事"隐意解析

1. "可"的隐意

本方的决策合适于内卦里的因素，或：本方的决策是可行的。（参见第七章第四节 [节卦隐意解析] 中"可"的论述）

2. "不"字的含意

"不"假借表示"相反"意。（参见第三章第三节 [否卦隐意解析] 中"不"的论述）

3."大"和"小"的隐意

"大"与"小"相对,从属［阴阳—对应—字符］,"大"隐喻阳性,"小"隐喻阴性。因而,"大"的隐意可解读为:优势;"小"的隐意可解读为:劣势。(参见第三章第二节［泰卦隐意解析］中"大"和"小"的论述)

4."事"的隐意

本方针对自身的军事状况而采取的措施。或:本方采取军事措施。(参见第八章第二节［睽卦隐意解析］中"事"的论述)

5.卦辞"可小事,不可大事"的隐意

本方只可寻找对方的薄弱环节采取军事行动(可小事),不可针对对方的优势方面发动军事进攻(不可大事)。

五、卦辞"飞鸟遗之音"隐意解析

1."飞"字隐意解析

战国文字　小篆　楷体

飞,尚未查找到甲骨文和金文字形。从战国文字的字形来看,飞,属象形字,字形上部像鸟冠、鸟头的转动,左右分别像羽毛、翅膀,正像鸟飞的样子。(参考资料:汤可敬撰(东汉许慎著)《说文解字今释》岳麓书社2002年版1651页"飞";汉字:「飞」字形演变 字源演变)

［左侧批注栏］

"可小事,不可大事"的隐意:本方只可(可)寻找对方的薄弱环节(小)采取军事行动(事),不可针对(不可)对方的优势方面(大)发动军事进攻(事)。

"飞"="鸟的头颈(隐喻外卦上线军事因素)"+"鸟的两翅(隐喻外卦中线疆域因素)",合成隐意:外卦的军事和疆域因素。

依据战国文字字形及字源解说内容，分解"飞"的组字要素：

"飞（战国文字：𰾛）"＝"鸟的头颈"＋"鸟的两翅"

按照推测及验证的［类别—隐意—共性］规律，解析上式字符的隐意："鸟的头颈"字符意为鸟身体的上部，从属［意示—部位—字符］，隐喻卦象的上线军事因素；"鸟的两翅"字符意为鸟身体的中部，从属［意示—部位—字符］，隐喻卦象的中线疆域因素。因而"飞"的字符隐意可表述为：

"飞（战国文字：𰾛）"＝"上线军事因素"＋"中线疆域因素"

综合上式组字要素的隐意信息，"飞"的隐意可解读为：军事和疆域因素。

2. "鸟"字隐意解析

甲骨文　　金文　　小篆　楷书（繁体）　楷体

鸟，甲骨文和金文字形，像一只鸟儿的形状。（参考资料：李乐毅著《汉字演变五百例》北京语言大学出版社2002年版237页"鸟"）

依据甲骨文和金文字形及字源解说内容，解析"鸟"的隐意：按照推测及验证的［类别—隐意—共性］规律，"鸟"属［禽兽牲畜—字符］，是隐喻对方的标识。因而，"鸟"的隐意可解读为：对方。

"飞鸟"的隐意：对方的军事和疆域因素。

结合小过的卦象"䷽"情形，此时对方的军事和疆域因素都处于劣势，因而"飞鸟"在此处的隐意是：对方的军

◀

"鸟"的隐意：对方。

"飞鸟"的隐意：对方综合实力中的军事和疆域因素。

结合小过的卦象"䷽"情形，"飞鸟"在此处的隐意是：对方的军事和疆域因素都处于劣势。

请留下你的足迹：

事和疆域因素都处于劣势。

3."遗"字隐意解析

愸　遺　遗

金文　　小篆　　楷体

（资料来源：汤可敬撰（东汉许慎著）《说文解字今释》岳麓书社2002年版257页"遗"［参证］）

遗，金文字形是会意字。其字形的右上方为双手，中间一竖"丨"表示遗落的东西，左边的"辵"为义符，表示"动"。这几个字符会意为：手中的东西会落下去。造字本义：遗失。

依据金文字形及字源解说内容，分解"遗"的组字要素：

"遗（金文：愸）"＝"辵"＋"双手"＋"丨"＋"向下遗散符"

按照推测及验证的［类别—隐意—共性］规律，解析上式字符的隐意："辵（甲骨文：𧺷）"字形＝（行）＋（止），（参考资料：徐中舒主编《甲骨文字典》四川辞书出版社2014年版149页"辵"），其中，"行"为道路；"止"为脚，从属［人类—脚步—字符］，隐喻本方付诸行动，则"辵"隐喻本方走的路；"双手"从属［人类—双手—字符］，隐喻本方齐心协力，或全力以赴做某事；"丨"从属［象形—实线—字符］，隐喻卦象中的实线"—"，即优势；"双手"捧着"丨"则隐喻本方拥有的优势；"向下遗散符"从属［意示—部位—字符］，隐喻向卦象的下方延伸。因而"遗"的字符隐意可表示为：

"遗（金文：愸）"＝"本方走的路"＋"全力以赴用本方拥有的优势"＋"向卦象的下方延伸"

综合上式组字要素的隐意信息，"遗"的隐意可解读为：本方发展之路是本方全力以赴用已经拥有的优势助力其它方面发展。

从小过卦的卦象"⚎⚏"来看，内卦仅有上线军事因素为优势，中线疆域因素和下线经济因素均为劣势，因而"遗的向下遗散符"的隐意是：本方用已经拥有的上线军事优势助力中线疆域因素和下线经济因素的发展。

4."之"的隐意

本方付诸行动，达到优势。（参见第三章第三节［否卦隐意解析］中"之"的论述）

5."音"字隐意解析

金文　　　小篆　　　楷体

音，金文字形，是在古字"言"的"口"中添上一笔指事符号，表示声音就是从口中发出的。这声音可以是语音，也可以是乐音。（参考资料：汤可敬撰（东汉许慎著）《说文解字今释》岳麓书社2002年版368页、［参证］）

依据金文字形及字源解说内容，解析"音"的隐意："音"的字形含意与"言"相同，按照推测及验证的［类别—隐意—共性］规律，"言（甲骨文：𠮷）"为人嘴吹乐器（参考资料：左民安著《细说汉字》九州出版社2005年版491页"言"），其中："乐器"为人类的用品，从属［人类—用具—字符］，隐喻内卦或本方的综合实力中的某个方面；"人嘴吹乐器"表示发出好听的声音，而"发出好听的声音"与"哑（发出难听的声音）"相对应，从属［阴阳—对应—字符］，"发出好听的声音"隐喻"阳"，即优势状态，"发出难听的声音"则隐喻"阴"，即劣势状态。因而，"音"的隐意

◀

"遗"="辵（隐喻本方走的路）"＋"双手（隐喻本方齐心协力、全力以赴）"＋"丨（隐喻优势因素）"＋"向下遗散符（隐喻向其它因素扩展）"，合成隐意：本方发展之路是本方全力以赴用已经拥有的优势助力其它方面发展。

从小过卦的卦象"⚎⚏"来看，"遗的向下遗散符"的隐意是：本方用已经拥有的上线军事优势助力中线疆域因素和下线经济因素的发展。

"音"的隐意：本方的综合实力中的某个方面存在优势。

可解读为：本方的综合实力中的某个方面存在优势。

"遗之音"的隐意：本方发展之路是：本方全力以赴用已经拥有的优势助力其它方面发展（遗），使本方步入优势（之）发展优势（音）的良性态势。

当前"▣▣▣"，本方仅有上线为优势，因而"遗之音"的隐意可进一步译为：本方发展之路是：本方全力以赴用已经拥有的军事优势助力其它方面发展，使疆域和经济方面步入"优势叠加"状态。

6. 卦辞"飞鸟遗之音"的隐意

虽然对方的军事和疆域因素都处于劣势（飞鸟），但本方在当前形势下的发展之路是：全力以赴用已经拥有的军事优势助力其它方面发展（遗），使疆域和经济方面步入"优势叠加"状态（之音）。

六、卦辞"不宜上，宜下，大吉"隐意解析

1. "不"字的含意

"不"假借表示"相反"意。（参见第三章第三节［否卦隐意解析］中"不"的论述）

2. "宜"字隐意解析

甲骨文　　金文　　小篆　　楷体

宜，甲骨文和金文字形，像砧板上放着两块肉的图示。本义：布置祭祀所用的牺牲品。引申：适合、适宜。（参考资料：汤可敬撰（东汉许慎著）《说文解字今释》岳麓书社2002年版996页"宜"、［参证］）

依据甲骨文和金文字形及字源解说内容，分解"宜"的组字要素：

"宜（金文：▣）"="砧板"＋"多"

按照推测及验证的［类别—隐意—共性］规律，解析上式字符的隐

意："砧板"为用具，此处与"肉"有关，从属［禽兽牲畜—用具—字符］，隐喻外卦里的因素；"多"有两层含意：（1）"多"由"两个肉"组成，从属［意示–象素–字符］，隐喻卦象中的两个因素；（2）"多"字本身由"肉（禽兽牲畜的肉）"构成，表示用来祭祀的牺牲品，从属［禽兽牲畜—字符］，隐喻对方成为祭品。因而"宜"的字符隐意可表述为：

"宜（金文：▲）"＝"外卦里的因素"＋"两个因素"＋"对方成为祭品"

综合上式组字要素的隐意信息，"宜"的隐意可解读为：外卦有两个因素已经成为祭品。或：对方的两个因素已经成为刀俎下的鱼肉。

从小过的卦象"▆▆▆▆"上看，外卦的上线军事和中线疆域因素处于劣势，参考前面"可小事，不可大事"的辞句，"宜"隐意的"刀俎下的鱼肉"指的便是对方处于劣势的军事因素和疆域因素。

3. "上"字隐意解析

二　二　上　上

甲骨文　金文　小篆　楷体

上，甲骨文和金文字形为指事字，古人造字先建立一个参照体，以"—"为基准，在"—"之上添加短"-"，表示在此之上意。（参考资料：李乐毅著《汉字演变五百例》北京语言大学出版社2002年版289页"上"）

依据甲骨文和金文字形及字源解说内容，解析"上"的隐意："上"是表示上方位置的字符，按照推测及验证的［类别—隐意—共性］规律，从属［指事—部位—字符］，隐喻卦

"遗之音"的隐意：本方发展之路是：本方全力以赴用已经拥有的军事优势助力疆域和经济方面发展（遗），使本方步入优势（之）发展优势（音）的良性态势。

"宜"＝"砧板（隐喻外卦里的因素）"＋"多（隐喻对方的两个因素，祭品）"，合成隐意：外卦有两个因素已经成为祭品。或：对方的两个因素已经成为刀俎下的鱼肉。

"上"＝"指事上方位置的字符"，隐意：卦象中的上线因素。

象中的上线因素。

"不宜上"的隐意:对方两个劣势因素中处于上方的那个因素,还不能成为本方刀俎下的鱼肉。

从小过的卦象""上看,对方两个劣势因素中处于上方的是军事因素,因而,"不宜上"的隐意可具体解读为:本方还不能对外卦两个劣势因素中的上线军事因素发动进攻。

4. "下"字隐意解析

| 甲骨文 | 金文 | 小篆 | 楷体 |

下,甲骨文和金文字形为指事字,古人造字先建立一个参照体,以"—"为基准,在"—"之下添加短"-",表示在此之下意。(参考资料:李乐毅著《汉字演变五百例》北京语言大学出版社2002年版367页"下")

依据甲骨文和金文字形及字源解说内容,解析"下"的隐意:"下"是表示下方位置的字符,按照推测及验证的[类别—隐意—共性]规律,从属[指事—部位—字符],隐喻卦象中的下线因素。

"宜下"的隐意:对方两个劣势因素中处于下方的那个因素,已经成为本方刀俎下的鱼肉。

从小过的卦象"⚏⚏⚏⚏"上看，对方两个劣势因素中处于下方的是疆域因素，因而，"宜下"的隐意可具体解读为：本方能对外卦两个劣势因素中的下线疆域因素发动进攻。

5. "大"字的隐意

优势状态。(参见第三章第二节［泰卦隐意解析］中"大"的论述)

6. "吉"的隐意

本方确定某某情形为优势，或：本方确定某某方案为尚佳之策。(参见第三章第二节［泰卦隐意解析］中"吉"的论述)

"大吉"的隐意：形成优势(大)的尚佳方案(吉)。

7. 卦辞"不宜上，宜下，大吉"的隐意

谨记：即使对方两项因素存在劣势，已成本方砧板上的鱼肉，本方也不在对方的军事方面下手(不宜上)，只在对方疆域方面下手(宜下)。这是形成优势局面(大)的尚佳之策(吉)。

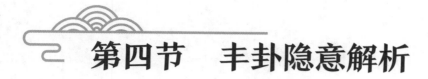

第四节　丰卦隐意解析

卦名：丰

卦象：

卦辞：亨：王假之，勿忧？宜日中。

一、丰卦隐意解读

将丰卦的卦象"☳☲"转换为左右排列的象素表达式"☲☳"：

八卦符号	表示因素	外卦-对方	内卦-本方
上线	军事：	"--"劣势	"—"优势
中线	疆域：	"--"劣势	"--"劣势
下线	经济：	"—"优势	"—"优势

丰卦卦象"☲☳"与小过卦卦象"☲☳"比较，外卦情况相同，都是只有经济因素存在优势，军事和疆域因素都处于劣势；而内卦情况发生了变化，丰卦不仅本方的军事因素具备优势，而且支撑军事的经济因素也变成优势。

周文王用卦名"丰"的隐意表述本方的优势特征（卦名隐语）：本方已经形成双优局面。（卦名：丰。）

依据丰卦的卦象特征"☲☳"，可译为：本方已经形成军事和经济两项优势。

在这种情形下，本方应该采取怎样的军事策略呢？

君子问卦（卦辞隐语）：当本方全力以赴发展军事并形成优势后，能使本方疆域因素不再处于劣势状态吗？（亨：王假之，勿忧？）

周文王回答（卦辞隐语）：对外卦处于劣势的军事和疆域方面发动攻势，以形成本方疆域优势。（卦辞：宜日中。）

能够感受到，丰卦的军事策略显得很有底气。不但能对对方处于劣势的疆域方面发动攻势，而且能对其处于劣势的军事方面采取军事措施了。

这比小过卦的军事策略又前进了一大步。

二、卦名"丰"隐意解析

"丰"字隐意解析

甲骨文　　金文　　小篆　　楷体（繁体）　楷书

丰，甲骨文和金文字形，像在"豆"（食器）里装着丰满的东西。造字本义：丰盛。（参考资料：左民安著《细说汉字》九州出版社2005年版512页"丰"）

依据甲骨文和金文字形及字源解说内容，分解"丰"的组字要素：

"丰（金文：𤿁）" = "豆（食器）" + "2丯（物）"

按照推测并验证的［类别—隐意—共性］规律，解析上式字符的隐意："豆"为盛食物的"器皿"（参考资料：左民安著《细说汉字》九州出版社2005年版512页"豆"），从属［人类—用具—字符］，隐喻内卦里的因素，或本方综合实力中的某某方面；"2丯（物）"从属［象形—实线—字符］和［指事—数量—字符］，隐喻两条实线"–"，即两项优势。因而"丰"的字符隐意可表示为：

依据丰卦的卦象特征"☲☳"，可译为：本方已经形成军事和经济两项优势。在这种情形下，本方应该采取怎样的军事策略呢？

"丰"="食器（隐喻内卦里的因素）"+"2丯（隐喻两项因素，优势）"，合成隐意：本方综合实力中存在两个方面的优势。

463

"丰（金文：）"＝"内卦或本方的综合实力中的因素"＋"两项因素为优势"

综合上式组字要素的隐意信息，"丰"的隐意可解读为：内卦里有两条阳线，或：本方综合实力中存在两个方面的优势。

三、卦辞"亨：王假之，勿忧？"隐意解析

1. "亨"的隐意

针对内卦出现的各种不同的情况，以及内卦与外卦对比形成的复杂局面，寻求解决方案，或：问卦。（参见第三章第二节［泰卦隐意解析］中"亨"的论述）

2. "王假"的隐意

本方全力以赴发展内卦的军事。（参见第四章第一节［涣卦隐意解析］中"王假"的论述）

3. "之"的隐意

本方付诸行动，达到优势。（参见第三章第三节［否卦隐意解析］中"之"的论述）

"王假之"的隐意：本方全力以赴发展军事（王假），并已形成优势（之）。

4. "勿"的含意

"勿"字的本意当"不要"讲。后假借为表示劝阻、禁止，做否定词。（参见第九章第三节［屯卦隐意解析］中"勿"的论述）

5. "忧"字隐意解析

金文　　小篆　　楷体　　简体

忧，金文字形，像一个人以手掩面之形。造字本义：忧愁，忧伤。

464

小篆字形，上部为"页（头）"，中部为"心"，下部为"夊（脚）"，仍表示忧愁之意。（参考资料：左民安著《细说汉字》九州出版社2005年版219页"忧"）

依据小篆字形及字源解说内容（注：尚未解开金文字形的隐意），分解"憂"的组字要素：

"憂（小篆：𢝊）" = "页" + "心" + "夊"

按照推测并验证的［类别—隐意—共性］规律，解析上式字符的隐意："页"意为人的头部，从属［意示—部位—字符］，隐喻内卦的上线军事因素；"夊"为人行走的胫，其在"人形"的下方，从属［指事—部位—字符］，隐喻内卦的下线经济因素；"心"在"憂"字形的中间部位，从属［指事—部位—字符］，隐喻卦象中的中线疆域因素；且"心"是主管思想的器官（古人以为）（参考资料：左民安著《细说汉字》九州出版社2005年版217页"心"），"心"（意识）与"物质"相对应，从属［阴阳—对应—字符］，隐喻卦象中的某项因素为"阴性，劣势"。因而"忧"的字符隐意可表述为：

"憂（小篆：𢝊）" = "军事" + "疆域劣势" + "经济"

综合上式组字要素的隐意信息，"忧"的隐意可解读为：就综合实力的军事、疆域和经济而言，本方仅有疆域因素为劣势。

"勿忧"的隐意：不让本方的疆域因素处于劣势状态。

6. 卦辞"亨：王假之，勿忧？"的隐意

君子问卦（亨）：当本方全力以赴发展军事（王假）并形成优势后（之），能使本方疆域因素不再处于劣势状态吗（勿忧）？

◄
　　"王假之"的隐意：本方全力以赴发展军事（王假），并已形成优势（之）。

　　"忧——憂" = "页（隐喻本方上线军事因素）" + "心（隐喻劣势，本方中线疆域因素）" + "夊（隐喻本方下线经济因素）"，合成隐意：就综合实力的军事、疆域和经济而言，本方仅有疆域因素为劣势。

　　"勿忧"的隐意：不让本方的疆域因素处于劣势状态。

▶

"日中"的隐意：形成本方疆域因素的优势。

"宜日中"的隐意：对方的两个因素已经成为刀俎下的鱼肉（宜），能够形成本方疆域优势（日中）。或：对外卦处于劣势的军事和疆域方面发动攻势（宜），能够形成本方疆域优势（日中）。

四、卦辞"宜日中"隐意解析

1. "宜"的隐意

外卦有两个因素已经成为祭品。或：外卦里的两个因素已经成为刀俎下的鱼肉。（参见本章第三节［小过隐意解析］中"宜"的论述）

从丰卦的卦象"☲☳"上看，外卦的上线军事和中线疆域都在劣势中，已经成为刀俎下的鱼肉。

2. "日"的隐意

"日"是最明显表示"阳性"的字符，用在描述卦象的因素上，则表示实线"—"，即或优势的状态。（参见第五章第五节［革卦隐意解析］中"日"的论述）

3. "中"的隐意

内卦的中线因素，或：本方综合实力中的疆域因素。（参见第四章第二节［讼卦隐意解析］中"中"的论述）

"日中"的隐意：形成本方疆域因素优势。

4. 卦辞"宜日中"的隐意

对方的两个因素已经成为刀俎下的鱼肉（宜），能够形成本方疆域优势（日中）。或：对外卦处于劣势的军事和疆域方面发动攻势（宜），能够形成本方疆域优势（日中）。

第五节　离卦隐意解析

卦名：**离**

卦象：

卦辞：利贞？亨。畜牝牛，吉。

一、离卦隐意解读

将离卦的卦象"☲"转换为左右排列的象素表达式"▤"：

八卦符号	表示因素	外卦-对方	内卦-本方
上线	军事：	"–"优势	"–"优势
中线	疆域：	"--"劣势	"--"劣势
下线	经济：	"–"优势	"–"优势

比较离卦"▤"和丰卦"▥"，内卦的情形没有发生变化，军事和经济方面都具有优势，疆域方面存在劣势。但是，外卦的情况明显发生了变化，对方的军事方面由丰卦时的劣势状况变成离卦时的优势状况。在这种情势下，本方还能像丰卦的策略那样，采取多目标的军事进攻，来发展本方的疆域吗？

君子针对这种情况问卦求解（卦辞隐语）：在敌我双方实力相当的情况下（▤），如何才能形成本方综合实力的优势格局？（卦辞：利贞？亨。）

周文王回答（卦名隐语）：本方可以针对经济因素而采取军事措施。（卦名：离。）

即是说：在双方军事均为优势的情况下，不

要硬碰硬地发生军事冲突，而要用本方的军事优势去削弱对方的经济优势。

周文王解释采取这项策略的理由（卦辞隐语）：对方的其它因素与经济因素息息相关，将对方这个方面变成劣势，不但可以削弱对方的军事优势，而且能够削弱对方的整体实力。这是当前形势下的尚佳之策。（卦辞：畜牝牛，吉。）

二、卦名"离"隐意解析

"离"字隐意解析

| 甲骨文 | 金文 | 小篆 | 楷体 | 简体 |

离，甲骨文字形，上边是"鸟"的象形，下边是长柄网，用捕捉鸟表示擒获义。金文将"鸟"改为"林"，表示不单单捕鸟，还捕其它的林中猎物，长柄网再加"手"，更明确表示捕猎。（参考资料：徐中舒主编《甲骨文字典》四川辞书出版社2014年版395页"離"［解字］）

依据金文字形及字源解说内容，分解"离"的组字要素：

"离（金文：鸒）"＝"右手"＋"长柄网"＋"林"

按照推测并验证的［类别—隐意—共性］规律，解析上式字符的隐意："右手"从属［人类—右手—字符］，隐喻本方采取措施；"长柄网"为捕获猎物的工具，从属［猎具—军事—字符］，隐喻本方的军事；"林"为植物，从属［植物—经济—字符］，隐意农耕时代的经济。因而"离"的字符隐意

在双方军事均为优势的情况下，不要硬碰硬地发生军事冲突，而要用本方的军事优势去削弱对方的经济优势。采取这项策略，不但可以削弱对方的军事优势，而且能够削弱对方的整体实力。

"离"＝"右手（隐喻本方采取措施）"＋"长柄网（隐喻本方军事）"＋"林（隐喻经济）"，合成隐意：本方可针对经济而采取军事措施。

"畜"＝"田（隐喻经济）"＋"糸（隐喻内卦里的相关因素）"，合成隐意：经济因素与其它因素相关联。

可表述为：

"离（金文：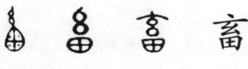）"="本方采取措施"＋"本方的军事"＋"经济"

综合上式组字要素的隐意信息，"离"的隐意可解读为：本方可针对经济而采取军事措施。

三、卦辞"利贞？亨。"隐意解析

1."利贞"的隐意

形成本方综合实力的优势格局。（参见第四章第一节 ［涣卦隐意解析］中"利贞"的论述）

这是君子的问卦，因而，"利贞"为问话，标点符号改成"？"，内容相应调整为问句：如何形成本方综合实力的优势格局？

2."亨"的隐意

针对内卦出现的各种不同的情况，以及内卦与外卦对比形成的复杂局面，寻求解决方案，或：问卦。（参见第三章第二节 ［泰卦隐意解析］中"亨"字论述）

3.卦辞"利贞？亨。"的隐意

君子面对双方势均力敌的形势，寻求超越对方的方法。他问卦求解道：在这种形势下，如何形成本方综合实力的优势格局？

四、卦辞"畜牝牛吉"隐意解析

1."畜"字隐意解析

| 甲骨文 | 金文 | 小篆 | 楷体 |

畜，甲骨文字和金文字形，由"糸"和"田"构成，表示蚕丝粮食丰收。（参考资料：李乐毅著《汉字演变五百例》北京语言大学出版社2002年版389页"畜"）

依据甲骨文和金文字形及字源解说内容，分解"畜"的组字要素：

"畜（甲骨文：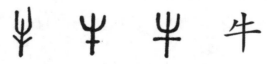）" = "田" + "糸"

按照推测并验证的［类别—隐意—共性］规律，解析上式字符的隐意："田"为耕作的田地，从属［农耕—经济—字符］，隐喻经济因素；"糸"为绳子，从属［人类—用具—字符］，隐喻内卦里的相关因素。因而"畜"的字符隐意可表示为：

"畜（甲骨文：）" = "经济因素" + "内卦里的相关因素"。

综合上式组字要素的隐意信息，"畜"的隐意可解读为：经济因素与其它因素相关联。

2."牝"的隐意

对方或外卦的某项因素处于劣势。（参见第六章第一节［坤卦隐意解析］中"牝"的论述）

此处"牝"应指对方的经济方面，可具体解读为：将对方的经济方面变成劣势。

3."牛"字溯源：

甲骨文	金文	小篆	楷体

牛，甲骨文和金文字形，用寥寥几笔突出了牛的头部的外形特征，上部为一对牛角。造字本义：牛。（参考资料：左民安著《细说汉字》九州出版社2005年版246页"牛"）

依据甲骨文和金文字形及字源解说内容，解析"牛"的隐意："牛"

为牲畜，按照推测并验证的［类别—隐意—共性］规律，从属［禽兽牲畜—字符］和［角爪-军事-字符］，隐喻对方，尤其对方的军事。

"畜牝牛"的隐意：经济因素与其它因素息息相关（畜），将对方的这个因素变成劣势（牝）可以削弱对方的实力，尤其对方的军事实力（牛）。

注：虽然"畜"隐喻"内卦"，但它与"牝牛"组合，则变为隐喻"外卦"。

4."吉"的隐意

本方确定某某情形为优势，或：本方确定某某方案为尚佳之策。（参见第三章第二节［泰卦隐意解析］中"吉"字论述）

5.卦辞"畜牝牛，吉"的隐意

周文王针对君子的问卦，给出切实可行的方案：外卦其它因素与经济因素经济息息相关，将对方的经济因素变成劣势，以削弱对方的整体实力，尤其对方的军事。这是当前形势下的尚佳之策。

◀

"牛"为牲畜，隐意：对方，尤其对方的军事。

"畜牝牛"的隐意：经济因素与其它因素息息相关（畜），将对方的这个因素变成劣势（牝）可以削弱对方的实力，尤其对方的军事实力（牛）。

第六节　姤卦隐意解析

卦名：**姤**

卦象：

卦辞：女壮，勿用取女。

一、姤卦隐意解读

本方具备两项优势（包括军事）以后，是否可以采取军事攻击措施，来完善本方存在的劣势因素呢？周文王以姤卦为例，说明有些情况则不可使用已经具备优势的本方军事。

将姤卦的卦象"☰☴"转换为左右排列的象素表达式"☰☴"：

八卦符号	表示因素	外卦-对方	内卦-本方
上线	军事：	"–"优势	"–"优势
中线	疆域：	"–"优势	"–"优势
下线	经济：	"–"优势	"--"劣势

象素表格显示，本方的优势非常强盛，军事和疆域都处于优势，只有经济方面还存在差距。然而，内卦与外卦相比，总体上却处于劣势，因为外卦三线全阳，表明对方在各个方面都处于优势。

这就是卦名"姤"的隐意：虽然本方仅有经济因素处于劣势，但会形成"劣势叠加"的被动局面。（卦名：姤；卦象：☰☴。）

周文王指出（卦辞隐语）：与外卦的优势相比，本方处于相对劣势，虽然内卦本身具备很强的优势。经过分析研究本方综合实力中的各个方面，得出的方案是：本方不要采用或使用倚仗军事实力来完善本方存在劣势的措施。（卦辞：女壮，勿用取女。）

二、卦名"姤"隐意解析

"姤"字隐意解析

小篆　　　楷体

姤，尚未查找到甲骨文和金文字形。这就存在一种可能性："姤"是周文王用"女"和"后"组合成隐意会意字。

依据篆文字形及字源解说内容，分解"姤"的组字要素：

"姤（小篆：𰯲）" = "女" + "后"

按照推测并验证的［类别—隐意—共性］规律，解析上式字符的隐意："女"从属［人类—称谓—字符］和［人类—女性—字符］，隐喻本方或本方的某项因素处于劣势；"后"卜辞里用"毓"为"后"，为母系社会的氏族酋长，乃一族之始祖母，"毓（甲骨文：𰯲，金文：𰯲）"字形，像女子产子之形，子旁或有数小点乃羊水（参考资料：徐中舒主编《甲骨文字典》四川辞书出版社2014年版997页"后"［解字］、1581页"育"［解字］），即"毓" = "女" + "水" + "子"，其中："女"从属［人类—称谓—字符］和［人类—女性—字符］，隐喻本方处于劣势；"子"为人的称谓，从属［人类—称谓—字符］，隐喻本方；且"子"在"女"的下方，从属［指事—部位—字符］，隐喻象素的下线经济因素；"水"与"火"对应，从属［阴阳—对应—字符］，隐喻某项因素为劣势。因而"姤"的字符隐意可表述为：

"姤（小篆：𰯲）" = "本方或本方某项因素为劣势" + "本方或本方某项因素为劣势" + "本方的下线经济因素" + "劣势"

卜辞里用"毓"为"后"，为母系社会的氏族酋长，乃一族之始祖母。

"姤" = "女（隐喻本方处于劣势）" + "后——毓（隐喻下线经济因素，劣势，本方处于劣势）"，合成隐意：本方的经济因素处于劣势，会导致本方由一个因素的劣势，波及形成另一个因素的劣势。

或：本方的经济因素处于劣势，会导致本方进入"劣势叠加"的被动状态。

综合上式组字要素的隐意信息，"姤"的隐意可解读为：本方的经济因素处于劣势，会导致本方由一个因素的劣势，波及形成另一个因素的劣势。或：本方的经济因素处于劣势，会导致本方进入"劣势叠加"的被动状态。

三、卦辞"女壮"隐意解析

1."女"的隐意

本方处于劣势，或本方的某项因素为劣势。（参见第五章第四节［家人卦隐意解析］中"女"的论述）

2."壮"的隐意

本方综合实力中的某个方面处于优势。（参见第五章第八节［大壮卦隐意解析］中"壮"的论述）

3.卦辞"女壮"的隐意

> "女壮"的隐意：虽然内卦本身具备很强的优势（壮），但与外卦的优势相比，则处于相对劣势（女）。或：内卦的优势与外卦相比处于劣势。

虽然内卦本身具备很强的优势（壮），但与外卦的优势相比，则处于相对劣势（女）。或：内卦的优势与外卦相比处于劣势。

四、卦辞"勿用取女"隐意解析

1."勿用"的隐意

经过分析研究本方综合实力中的各个方面，得出的方案是：本方不要采用或使用某项措施。（参见第九章第三节［屯卦隐意解析］中"勿用"的论述）

2."取女"的隐意

本方倚仗军事实力来完善本方存在的劣势。（参见本章第二节［咸卦隐意解析］中"取女"的论述）

3.卦辞"勿用取女"的隐意

> "勿用取女"的隐意：经过分析研究本方综合实力中的各个方面，得出的方案是：本方不要采用或使用（勿用）倚仗军事实力来完善本方存在劣势的措施（取女）。

经过分析研究本方综合实力中的各个方面，得出的方案是：本方不要采用或使用（勿用）倚仗军事实力来完善本方存在劣势的措施（取女）。

第十三章

全面优势与军事攻势

本方形成综合实力的全面优势后，是否可以发动军事攻势，仍要依据敌我双方综合实力的对比情况。

第一节　乾卦隐意解析

卦名：**乾**

卦象：

卦辞：元亨：利贞？

一、乾卦隐意解读

将乾卦的卦象"☰"转换为左右排列的象素表达式"☰☰"：

八卦符号	表示因素	外卦-对方	内卦-本方
上线	军事：	"–"优势	"–"优势
中线	疆域：	"–"优势	"–"优势
下线	经济：	"–"优势	"–"优势

"象素"表显示，内卦（本方）形成三线全优的局面，不但在军事上形成强强对峙之势，而且双方在其它方面都不存在弱项。

面对这种以强对强的形势，君子很想知道本方的军事实力是否已经具备优势，于是，问卦求解：这是本方综合实力的优势格局吗？（卦辞：元亨：利贞？）

周文王的回答是（卦名隐意）：虽然本方的军事和经济形成了优势，但还没有达到成熟的程度。本方仍然位居第二。（卦名：乾。）

在周文王的现实世界中，"对方"是指居于统治地位的殷商王朝，周文王告诫君子，即使本方的综合实力均已实现了全面优势，还要清醒地认识本方优势的程度。

二、卦名"乾"隐意解析

"乾"字隐意解析

小篆　　楷体

乾，小篆字形为形声字，"乙"表意，"倝"表声，本义：强健。（参考资料：汤可敬撰（东汉许慎著）《说文解字今释》岳麓书社2002年版2118页"乾"）

尚未查找到甲骨文和金文的字形，这就存在一种可能性："乾"是周文王用"倝"和"乙"两个字符组成的隐意会意字。

依据小篆字形及字源解说内容，分解"乾"的组字要素：

"乾（小篆：𠦚）" = "倝" + "乙"

按照推测及验证的［类别—隐意—共性］规律，解析上式字符的隐意："倝（小篆：𠦝）" = "㫃（甲骨文：

🦅）" + "旦（金文：🔆）"（资料来源：汤可敬撰（东汉许慎著）《说文解字今释》岳麓书社 2002 年版 917 页"倝"），其中："㫃（甲骨文：🦅）"，像旌旗随风飘舞（资料来源：汤可敬撰（东汉许慎著）《说文解字今释》岳麓书社 2002 年版 918 页"㫃"），从属［兵器—军事—字符］，隐喻本方的军事因素；旦（金文：🔆），像太阳刚刚升起但还未离开地面的状态（资料来源：李乐毅著《汉字演变五百例》北

面对这种以强对强的形势，君子很想知道本方的军事实力是否已经具备优势，于是，问卦求解：这是本方综合实力的优势格局吗？

在周文王的现实世界中，"对方"是指居于统治地位的殷商王朝，周文王告诫君子，即使本方的综合实力均已实现了全面优势，还要清醒地认识本方优势的程度。

477

京语言大学出版社2002年版55页"旦"），从属［阴阳—对应—字符］，隐喻刚刚出现"阳性"，或刚刚形成优势；而"乙（甲骨文：𠃊；金文：𠃌）"字形，像春天的植物破土而出时的萌芽形状（资料来源：汤可敬撰（东汉许慎著）《说文解字今释》岳麓书社2002年版2117页"乙"），从属［植物—经济—字符］，隐喻卦象中的经济因素；且"乙"借指天干的第二位，殷商时代为先人的庙号（参考资料：徐中舒主编《甲骨文字典》四川辞书出版社2014年版1538页"乙"［释义］），故而"乙"又从属［人类—称谓—字符］，隐喻本方居于第二位。因而"乾"的字符隐意可表述为：

"乾（小篆：𩰚）"＝"本方的军事刚刚出现优势"＋"经济初见成效"＋"本方位居第二"

综合上式组字要素的隐意信息，"乾"的隐意可解读为：虽然本方的军事和经济形成了优势，但还没有达到成熟的程度。本方仍然位居第二。

三、卦辞"元亨：利贞?"的隐意

针对本卦中的本方军事情况（元），君子问卦（亨）：此卦属于本方综合实力的优势格局（利贞）吗？

或：针对本卦中的本方军事情况（元），君子问卦（亨）：如何才能形成本方综合实力的优势格局（利贞）？

（参见第五章第二节［临卦隐意解析］中"元亨：利贞?"的论述）

（侧栏）"乾"="𠃊（隐喻本方的军事因素，刚刚形成优势）"+"乙（隐喻经济，本方居于第二）"，合成隐意：虽然本方的军事和经济形成了优势，但还没有达到成熟的程度。本方仍然位居第二。

478

第二节　大有卦隐意解析

卦名：**大有**

卦象：

卦辞：元亨？

一、大有卦隐意解读

将大有卦的卦象"☲☰"转换为左右排列的象素表达式"☰☲"：

八卦符号	表示因素	外卦-对方	内卦-本方
上线	军事：	"—"优势	"—"优势
中线	疆域：	"--"劣势	"—"优势
下线	经济：	"—"优势	"—"优势

上表显示，内卦（本方）不但军事因素已经形成优势，而且其它因素均已实现优势；而外卦（对方）的优势因素只有两项，虽然军事因素仍然具备优势，但总体优势已经输给本方。在这样的对比格局下，本方可以发动军事攻势吗？

针对大有卦象"☰☲"，君子问卦（卦辞隐语）：如何看待本方的军事优势？（卦辞：元亨？）

周文王用卦名"大有"的隐意回答了君子的问题（卦名隐语）：本方已经具备采取军事措施的优势。（卦名：大有。）

因为，本方不但形成了军事优势，而且实现了综合实力的全面优势，并且整体优势超越了对方。

二、卦名"大有"隐意解析

1."大"的隐意

优势。（参见第三章第二节［泰卦隐意解析］中"大"的论述）

2."有"的隐意

本方拥有，本方采取措施。（参见第四章第一节［涣卦隐意解析］中"有"的论述）

3.卦名"大有"的隐意

本方具备优势采取措施。

这是周文王针对君子关于"元亨"的问卦所作的回答，因而，可以更加具体地解读"大有"的隐意：本方已经具备采取军事措施的优势。

三、卦辞"元亨?"的隐意

君子针对本方的军事情况问卦。（参见第五章第二节［临卦隐意解析］中"元亨"的论述）

结合大有卦的卦象"☲☰"——本方的军事处于优势的状况，对方的军事也处于优势状态，因而可解读为：君子针对本方与对方均存在军事优势的情况问卦：如何看待本方的军事优势?

▶ "大有"的隐意：本方具备优势（大）采取措施（有）。

这是周文王针对君子关于"元亨"的问卦所作的回答，因而，可以更加具体地解读"大有"的隐意：本方已经具备采取军事措施的优势。

第三节 小畜卦隐意解析

卦名： 小畜

卦象：

卦辞：亨：密云不雨？自我西郊。

一、小畜卦隐意解读

小畜卦名的隐意是：劣势与经济相关。（卦名：小畜。）

结合小畜卦的象素表达式，可以更清楚地理解"小畜"的隐意。

将小畜卦的卦象"☰☴"转换为左右排列的象素表达式"☰☴"：

八卦符号	表示因素	外卦-对方	内卦-本方
上线	军事：	"–"优势	"–"优势
中线	疆域：	"–"优势	"–"优势
下线	经济：	"--"劣势	"–"优势

象素表格显示，本方与对方的差别仅仅在于经济因素。本方经济因素为优势，对方经济因素为劣势。这就是周文王指出的"劣势与经济相关"。

君子针对敌我双方综合实力对比情况，问卦求解（卦辞隐语）：在本方的综合实力中，军事和疆域因素已经形成优势，完全能与对方抗衡，这样的局面本方应该不在劣势吧？（卦辞：亨：密云不雨。）

能够看出君子仍然心存疑虑——本方与对方

▶

本方的经济处于优势,可以支撑本方的军事攻势;而对方的经济处于劣势,难以维持对方的军事开支。这是影响军事实力的关键因素。

"小畜"的隐意:处于劣势(小)的直接原因,是相关联的经济因素(畜)。

的差别仅仅表现在经济因素上,而双方在军事和疆域方面势均力敌,难分伯仲。

周文王根据象素对比情况得出本方在军事上胜于对方的结论,即本方的经济处于优势,可以支撑本方的军事攻势;而对方的经济处于劣势,难以维持对方的军事开支。这是影响军事实力的关键因素。

因而,周文王制定的策略是(卦辞隐语):本方可以通过本方的军事攻势,削弱对方综合实力的优势,使其拥有的优势转至本方疆域。(卦辞:自我西郊。)

即发动本方军事攻势,夺取对方尚有优势的疆域。

注意:此时卦辞中尚未提及是否可以针对对方的军事优势发动攻势。

二、卦名"小畜"隐意解析

1."小"的隐意

劣势。(参见第三章第二节［泰卦隐意解析］中"小"的论述)

2."畜"的隐意

经济与其它因素相关联。(参见第十二章第五节［离卦隐意解析］中"畜"的论述)

3.卦名"小畜"的隐意

处于劣势(小)的直接原因,是相关联的经济因素(畜)。

三、卦辞"亨：密云不雨？"隐意解析

1."亨"的隐意

针对内卦出现的各种不同的情况，以及内卦与外卦对比形成的复杂局面，寻求解决方案，或：问卦。（参见第三章第二节［泰卦隐意解析］中"亨"的论述）

2."密"字隐意解析

金文　　篆文　　楷体

（资料来源：容庚编著《金文编》中华书局1985年版656页"密"）

密，金文字形，由"宓（'宀'和'戈'，或：二戈'）"和"山"构成。（参考资料：汤可敬撰（东汉许慎著）《说文解字今释》岳麓书社2002年版1259页"密"；徐中舒主编《甲骨文字典》四川辞书出版社2014年版803—804页"宓"）

依据金文字形及字源解说内容，分解"密"的组字要素：

"密（金文：）"="宀"＋"两柄武器"＋"山"

按照推测及验证的［类别—隐意—共性］规律，解析上式字符的隐意："宀"为房屋建筑的符号，从属［人类—房屋—字符］，隐喻内卦，或本方的综合实力；"两柄武器"从属［兵器—军事—字符］，隐喻军事因素；"山"从属［山丘—疆域—字符］，隐喻疆域因素。因而"密"的字符隐意可表示为：

"密（金文：）"="内卦"＋"军事因素"＋"疆域因素"

"密"="宀（隐喻内卦）"＋"两柄武器（隐喻本方的军事）"＋"山（隐喻疆域）"，合成隐意：内卦的军事和疆域因素，或：本方综合实力的军事和疆域方面。

综合上式组字要素的隐意信息，"密"的隐意可解读为：内卦的军事和疆域因素，或：本方综合实力的军事和疆域方面。

3."云"字隐意解析

甲骨文　　金文　　小篆　　楷书（繁体）　　楷体

云，甲骨文字形，像云回转形。造字本义：天上的云。（参考资料：徐中舒主编《甲骨文字典》四川辞书出版社2014年版1251页"雲"［解字］）

依据甲骨文字形及字源解说内容，解析"云"的隐意："云（甲骨文：𠃌）"＝"天上的云"。按照推测及验证的［类别—隐意—共性］规律，"云"与"雨"存在对应关系，即"雨"为水的一种形式，而"云"在空中飘浮，尚未变成"水"，故而从属［阴阳—对应—字符］，隐喻阳性，优势。因而，"云"的隐意可解读为：优势。

"密云"的隐意：本方综合实力中的军事和疆域因素已经形成优势。

从小畜的卦象"☰☴"上看，本方这两项因素为优势非常重要，因为对方在这两方面也具有优势，说明本方的优势可与对方抗衡了。

4."不"的含意

"不"假借表示"相反"意。（参见第三章第三节［否卦隐意解析］中"不"的论述）

5."雨"字隐意解析

甲骨文　　金文　　小篆　　楷体

雨，甲骨文和金文字形，像云层落下水滴的样子，以表示雨水之意。（参考资料：左民安著《细说汉字》九州出版社2005年版549页"雨"）

依据甲骨文和金文字形及字源解说内容，解析"雨"的隐意："雨（金文：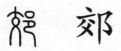）"＝"向地面洒落的水"。按照推测及验证的［类别—隐意—共性］规律，"雨"与"云"存在对应关系，即"雨"为水的一种形式，而从属［阴阳—对应—字符］，隐喻阴性，劣势。因而，"雨"的隐意可解读为：劣势。

"不雨"的隐意：不存在劣势的情形。

6.卦辞"亨：密云不雨？"的隐意

君子问卦（亨）：在本方的综合实力中，本方的军事和疆域因素（密）已经形成优势（云），完全能与对方抗衡（☵☵），此卦不存在（不）劣势吧（雨）？

四、卦辞"自我西郊"隐意解析

1."自"的隐意

本方。（参见第十一章第四节［颐卦隐意解析］中"自"的论述）

2."我"的隐意

本方的军事。（参见第十一章第四节［蒙卦隐意解析］中"我"的论述）

"自我"的隐意：本方通过本方的军事攻势达到某种目的。

3."西"的隐意

外卦优势下降。（参见第六章第一节［坤卦隐意解析］中"西"的论述）

4."郊"字隐意解析

篆文　　楷体

"云"＝"天上的云"，隐意：优势。

"密云"的隐意：本方综合实力中的军事和疆域因素（密）已经形成优势（云）。

"雨"＝"向地面洒落的水"，隐意：劣势。

"不雨"的隐意：不存在（不）劣势的情形（雨）。

"郊"="交（隐喻因素转至）"+"邑（隐喻本方，疆域）"，合成隐意：本方将某项因素转换至本方的疆域方面。

"自我西郊"的隐意：本方（自）通过本方的军事攻势（我），削弱对方综合实力的优势（西），并将这些优势转换至本方疆域方面（郊）。

郊，小篆字形为形声字，"交"表声，"邑"表意，本义：离城百里的地方。（参考资料：汤可敬撰（东汉许慎著）《说文解字今释》岳麓书社2002年版863页"郊"）

尚未查找到甲骨文和金文字形。这就存在一种可能性："郊"是周文王用"交"和"邑"组合而成的隐意会意字。

依据篆文字形及字源解说内容，分解"郊"的组字要素：

"郊（篆文：𨛫）"＝"交"＋"邑"

按照推测及验证的［类别—隐意—共性］规律，解析上式字符的隐意："交（金文：𠓥）"字形，像一个两腿交叉的"人形"（参考资料：左民安著《细说汉字》九州出版社2005年版167页"交"），从属［人类—身形—字符］，隐喻将某某因素转至本方；"邑（甲骨文：𢀒；金文：𢀒）"字形，上方的方框表示封地，下边跪着的人表示臣民（资料来源：左民安著《细说汉字》九州出版社2005年版525页"邑"），其中："人身形"从属［人类—身形—字符］，隐喻本方；"口"为封地，从属［城邑—疆域—字符］，隐喻疆域因素。因而"郊"的字符隐意可表述为：

"郊（篆文：𨛫）"＝"本方的转换"＋"本方"＋"疆域因素"

综合上式组字要素的隐意信息，"郊"的隐意可解读为：本方将某项因素转换至本方的疆域方面。

"西郊"的隐意：外卦优势下降，转换至本方的疆域。

5. 卦辞"自我西郊"的隐意

周文王解答：本方（自）通过本方的军事攻势（我），削弱对方综合实力的优势（西），并将这些优势转换至本方疆域方面（郊）。

第四节 大畜卦隐意解析

卦名： 大畜

卦象：

卦辞：利贞，不家，食吉，利涉大川。

一、大畜卦隐意解读

将大畜卦的卦象"☰☶"转换为左右排列的象素表达式"☰☶"：

八卦符号	表示因素	外卦-对方	内卦-本方
上线	军事：	"–"优势	"–"优势
中线	疆域：	"--"劣势	"–"优势
下线	经济：	"--"劣势	"–"优势

从大畜的卦象"☰☶"来看，虽然对方的军事因素处于优势，但支撑它的经济因素和疆域因素却是劣势；而本方的军事、疆域和经济均为优势，使得本方的军事实力更具优势。

这就是卦名"大畜"的隐意：优势与经济相关。（卦名：大畜。）

周文王针对此卦，明确指出（卦辞隐语）：本方综合实力已经形成优势格局，而对方的综合实力却相反，已经陷入整体劣势的被动局面，此时，本方通过军事实力消灭对方是尚佳之策。此时，本方已经形成绝对优势格局，能够战胜综合实力具有优势的对方（卦辞：利贞，不家，食吉，利涉大川。）

注意：此句卦辞的隐意要比小畜卦中的军事

策略更有力度，明确表示本方具有"战胜对方"的实力。

二、卦名"大畜"隐意解析

1. "大"的隐意

优势。（参见第三章第二节［泰卦隐意解析］中"大"的论述）

2. "畜"的隐意

经济因素与其它因素相关联。（参见第十二章第五节［离卦隐意解析］中"畜"的论述）

3. 卦名"大畜"的隐意

经济上处于优势直接影响其它因素（大畜）。

从大畜的卦象"☰☶"来看，虽然对方的军事因素处于优势，但支撑它的经济因素却是劣势；而本方的军事和经济均为优势，使得本方的军事实力更具优势。

三、卦辞"利贞，不家，食吉"隐意解析

1. "利贞"的隐意

形成本方综合实力的优势格局。（参见第四章第一节［涣卦隐意解析］中"利贞"的论述）

此时，本方已经形成三线全优的局面"☰☰"。

2. "不"的含意

"不"假借表示"相反"意。（参见第三章第三节［否卦隐意解析］中"不"的论述）

"大畜"的隐意：经济上处于优势直接影响其它因素。

从大畜的卦象"☰☶"来看，虽然对方的军事因素处于优势，但支撑它的经济因素却是劣势；而本方的军事和经济均为优势，使得本方的军事实力更具优势。

请留下你的足迹…

3."家"的隐意

对方的卦象,即外卦。或:对方的综合实力。(参见第五章第四节 [家人卦隐意解析] 中"家"的论述)

"不家"的隐意:外卦处于相反的状态。

4."食"字隐意解析

甲骨文　　金文　　小篆　　楷书

食,甲骨文字形,像一个盛有食物的食器,上面有一个盖子。(参考资料:左民安著《细说汉字》九州出版社2005年版557页"食")

依据甲骨文和金文字形及字源解说内容,分解"食"的组字要素:

"食(甲骨文:🖼)" = "🖼" + "盖子"

按照推测及验证的 [类别—隐意—共性] 规律,解析上式字符的隐意:"🖼"为盛食物的器皿,从属 [人类—用具—字符],隐喻内卦的食物;"盖子"在器皿的上方,从属 [指事—部位—字符],隐喻卦象的上线军事因素。因而"食"的字符隐意可表示为:

"食(甲骨文:🖼)" = "军事因素" + "本方的食物"

综合上式组字要素的隐意信息,"食"的隐意可解读为:军事覆盖下的本方食物。

"利贞,不家"的隐意:本方的综合实力已经形成优势格局(利贞),而相反的情形(不)却发生在对方的综合实力上(家)。

"食" = "🖼 (隐喻本方的食物)" + "盖子(隐喻内卦上线军事因素)",合成隐意:军事覆盖下的本方食物。

"食吉"的隐意:"食"暗指处于劣势状态的外卦已经成为本方军事威力下"盘中之物",此时本方通过军事实力消灭对方(食)是尚佳时机(吉)。

结合上文"不家"的隐意,"食"暗指处于劣势状态的外卦已经成为本方军事威力下"盘中之物"。

5．"吉"的隐意

本方确定某某情形为优势,或:本方确定某方案为尚佳之策。(参见第三章第二节［泰卦隐意解析］中"吉"的论述)

6．卦辞"利贞,不家,食吉"的隐意

本方的综合实力已经形成优势格局(利贞),而对方的综合实力却相反(不家),此时本方通过军事实力消灭对方是尚佳时机(食吉)。

四、卦辞"利涉大川"的隐意

形成优势格局(利),战胜(涉)综合实力具有优势的对方(大川)。(参见第四章第一节［涣卦隐意解析］中"利涉大川"的论述)

第五节 夬卦隐意解析

卦名： 夬

卦象：

卦辞：扬于王庭，孚号有厉。告自邑，不利，即戎。利，有攸往。

一、夬卦隐意解读

将夬卦的卦象"☱☰"转换为左右排列的象素表达式"☰☱"：

八卦符号	表示因素	外卦-对方	内卦-本方
上线	军事：	"--"劣势	"—"优势
中线	疆域：	"—"优势	"—"优势
下线	经济：	"—"优势	"—"优势

从夬卦的卦象上看，内卦与外卦的唯一差别体现在军事因素上。本方处于军事优势，对方处于军事劣势。而且本方三线全阳，综合实力相当了得。

面对本方军事上的绝对优势和综合实力的全面优势，周文王用"夬"字作卦名，体现了本方应该采取的军事策略（卦名隐语）：本方具备随时发动军事攻势的能力。（卦名：夬。）

周文王指出（卦辞隐语）：当本方致力形成军事优势，且将优势贯穿整个内卦时，针对对方发出挑衅进犯的嚣张气焰，本方已经做好充分的准备，坚决回击逞凶之敌。（卦辞：扬于王庭，孚号有厉。）

一旦对方胆敢入侵本方，尤其本方的领土，

造成危害本方利益的后果，本方将毫不犹豫采取军事攻势，消灭对方的军事力量。（卦辞：告自邑，不利，即戎。）

如果对方诚心归顺，本方将与对方和平共处"互通有无"。（卦辞：利，有攸往。）

上述卦辞隐意内容，显示了本方具有的底气。这个底气来自实力——本方军事和全面优势的实力。正因为本方具备的实力，因此遇到棘手的问题，则可以采取军事措施加以解决。

二、卦名"夬"隐意解析

"夬"字隐意解析

甲骨文　　小篆　　楷体

（资料来源：汤可敬撰（东汉许慎著）《说文解字今释》岳麓书社2002年版413页"夬"）

夬，甲骨文字形，像手上套着一个指环。造字本义：拉弓射箭时用的钩弦扳指。"夬"是"玦"的初文。（参考资料：宗福邦、陈世铙、萧海波主编《故训汇纂》商务印书馆2007年版907页"夬"（14）、（15）、（16）条；徐中舒主编《甲骨文字典》四川辞书出版社2014年版34页"玦"）

依据甲骨文字形及字源解说内容，分解"夬"的组字要素：

"夬（甲骨文：♀）"＝"右手"＋"钩弦扳指"

按照推测并验证的［类别—隐意—共性］规律，解析上式字符的隐意："右手"从属［人类—右手—字符］，隐喻本方采取措施；"钩弦扳指"为拉弓射箭时佩戴在手指上的器物，从属［兵器—军事—字符］，隐喻本方的军事。因而"夬"的字符隐意可表述为：

"夬（甲骨文：**𝑓**）" = "本方采取措施" + "本方军事"

综合上式组字要素的隐意信息，"夬"的隐意可解读为：箭在弦上，本方随时可以发动军事攻势。

"钩玄扳指"非常形象地表明了本方的态度：对于来犯之敌，即可予以军事打击。

三、卦辞"扬于王庭，孚号有厉"隐意解析

1. "扬"字隐意解析

甲骨文　金文　小篆　楷体　简体

扬，金文字形，像一个人对着太阳双手向前方举起。造字本义:高举，称讼。（参考资料：李乐毅著《汉字演变五百例》北京语言大学出版社2002年版401页"扬"）

依据金文字形及字源解说内容，分解"扬"的组字要素：

"扬（金文：**𝑎𝑏**）" = "太阳" + "人形" + "双手"

按照推测并验证的［类别—隐意—共性］规律，解析上式字符的隐意："太阳"是最明显的阴阳字符，它与月亮相对应，从属［阴阳—对应—字符］，隐喻阳性，优势；"人形"从属［人类—身形—字符］，隐喻本方；"双手"从属［人类—双手—字符］，隐喻本方齐心协力，或本方全力以赴做某事。因而"扬"的字符隐意可表示为：

"扬（金文：**𝑎𝑏**）" = "优势" + "本方" + "本方致力于某事"

综合上式组字要素的隐意信息，"扬"的隐意可解读为：本方全力以赴形成某种优势。

2. "于"的含意

造字本义:迂回。(参见第五章第二节［临卦隐意解析］中"于"的论述)

3. "王"的隐意

本方军事。(参见第四章第一节［换卦隐意解析］中"王"的论述)

4. "庭"的隐意

内卦形成优势状态,或:本方的综合实力为优势。(参见第十二章第一节［艮卦隐意解析］中"庭"的论述)

"扬于王庭"的隐意:本方致力发展各项优势(扬),不但在军事因素上(于王),而且优势贯穿整个内卦(庭)。

5. "孚"的隐意

对方挑衅、掠夺、进犯本方。(参见第四章第二节［讼卦隐意解析］中"孚"的论述)

6. "号"字隐意解析

号

小篆   楷体

号,小篆字形为会意兼形声字,本义:高叫。(参考资料:汤可敬撰(东汉许慎著)《说文解字今释》岳麓书社2002年版656页"號")

尚未查找到甲骨文和金文字形,这就存在一种可能性,"号"是周文王用"虎"、"口"、"丂"三个字符组成的会意字。

依据小篆字形及字源解说内容,分解"号"的组字要素:

"号(小篆:號)"="虎"+"口"+"丂"

按照推测并验证的［类别—隐意—共性］规律,解析上式字符的隐意:"虎"为兽中之王,从属［禽兽牲畜—字符］,隐喻凶猛的对方;"口"为发出的声音,从属［人类—语言—字符］,隐喻本方的语言;

"丂"气舒出状（参考资料：汤可敬撰（东汉许慎著）《说文解字今释》岳麓书社 2002 年版 656 页"丂"），"口"＋"丂"＝"号"，表示拖长声音大声喊叫。当"号"与"虎"组合，则表示声音出自对方。因而"号"字符隐意可表述为：

"号（小篆：雘）"＝"凶猛的对方"＋"拖长声音大声喊叫"

综合上式组字要素的隐意信息，"号"的隐意可解读为：凶猛的对方大肆叫嚣。

7．"有"的隐意

本方拥有，本方采取措施。（参见第四章第一节［涣卦隐意解析］中"有"的论述）

8．"厉"字隐意解析

甲骨文　小篆　楷书（繁体）　楷体

厉，金文字形，由"厂"和"萬（虿）"组合成会意字，"厂"表示坚硬的石器，"萬"（本义是蝎子一类的毒虫）表示利害。（参考资料：汤可敬撰（东汉许慎著）《说文解字今释》岳麓书社 2002 年版 1277 页"属"；容庚编著《金文编》中华书局 1985 年版 662 页"厲"）

依据金文字形及字源解说内容，分解"厉"的组字要素：

"厉（金文：雘）"＝"厂"＋"虿"

按照推测并验证的［类别—隐意—共性］规律，解析上式字符的隐意："虿"为蝎子一类的毒虫，从属［禽兽牲畜—字符］，隐喻对方弱小但却狠毒；"厂"为石器（参考资料：徐中舒主编《甲骨文字典》四川辞书出版社 2014 年版 1031 页"厂"［解字］、1033 页"石"［解字］），此处"厂"与"虿"

◀

"号"＝"虎（隐喻对方凶猛）"＋"号（隐喻拖长声音大声喊叫）"，合成隐意：凶猛的对方大肆叫嚣。

"厉"＝"厂（隐喻外卦里的因素）"＋"虿（隐喻对方弱小但却狠毒）"，合成隐意：虽然对方在军事方面处于劣势，但却相当凶狠。

"孚号有厉"的隐意：针对对方发出挑衅进犯（孚）的嚣张气焰（号），本方已经做好充分的准备，坚决回击（有）逞凶之敌（厉）。

▼

有关，从属［禽兽牲畜—用具—字符］，隐喻外卦里的因素。因而"厉"的隐意可表述为：

"厉（金文：）"＝"对方弱小但却狠毒"＋"外卦里的因素"

综合上式组字要素的隐意信息，"厉"的隐意可解读为：对方的综合实力中存在劣势因素，但却相当狠毒。

从夬卦的卦象上看，外卦的军事处于劣势，因而"厉"的隐意是描述外卦的军事情形：虽然对方在军事方面处于劣势，但却相当凶狠。

"孚号有厉"的隐意：针对对方发出挑衅进犯的嚣张气焰（孚号），本方已经做好充分的准备，坚决回击逞凶之敌（有厉）。

9. 卦辞"扬于王庭，孚号有厉"的隐意

当本方形成军事优势（扬于王），且优势贯穿整个内卦时（庭），针对对方发出挑衅进犯的嚣张气焰（孚号），本方已经做好充分的准备（有），足以应对任何猖狂的对手（厉）。

四、卦辞"告自邑，不利，即戎"隐意解析

1. "告"的隐意

对方将某方面占为己有。（参见第十一章第八节［蒙卦隐意解析］中"告"的论述）

2. "自"的隐意

本方。（参见第十一章第四节［颐卦隐意解析］中"自"的论述）

3. "邑"的隐意

本方的疆域因素。（参见第六章第四节［井卦隐意解析］中"邑"的论述）

"告自邑"的隐意：对方胆敢入侵（告）本方（自），尤其本方的领土（邑）。

4. "不利"的隐意

劣势因素，没有优势的格局。（参见第三章第三节［否卦隐意解析］

中"不利"的论述）

此处"不利"隐意指：对方的行为损伤了本方的利益。

5."即"字隐意解析

甲骨文　　金文　　小篆　　楷体

即，甲骨文和金文字形，像人靠近食器准备就餐。本义是就食。（参考资料：左民安著《细说汉字》九州出版社2005年版497页"即"）

依据甲骨文和金文字形及字源解说内容，分解"即"的组字要素：

"即（甲骨文：）"＝"器皿与食物"＋"人形与张嘴"

按照推测并验证的［类别—隐意—共性］规律，解析上式字符的隐意："器皿"从属［人类—用具—字符］，隐喻内卦，"食物"隐喻成果，"器皿与食物"隐喻内卦的成果；"人形与张嘴"从属［人类—张嘴—字符］，隐喻本方吞噬。因而"即"的字符隐意可表述为：

"即（甲骨文：）"＝"内卦的成果"＋"本方吞噬"

综合上式组字要素的隐意信息，"即"的隐意可解读为：本方吞噬某某，使其成为内卦的成果。或：本方消灭某某，将其变成本方的战果。

6."戎"字隐意解析

甲骨文　　金文　　小篆　　楷体

戎，甲骨文和金文字形，由用于进攻的"戈"和用于防御的"盾"构成，本义是兵器的总称。引申指与军事有关的

"告自邑"的隐意：对方胆敢入侵(告)本方(自)，尤其本方的领土(邑)。

"即"＝"器皿与食物（隐喻内卦的成果）"＋"人形与张嘴（隐喻本方吞噬）"，合成隐意：本方消灭某某，将其变成本方的战果。

"戎"＝"戎部族（隐喻对方）"＋"戈和盾（隐喻军事）"，合成隐意：对方的军事。

"即戎"的隐意：本方消灭对方的军事力量，将其变成本方的战果。

事情。戎在上古时期又指称中国西部的少数民族。因其善用戈盾而中原人称其为戎。（参考资料：徐中舒主编《甲骨文字典》四川辞书出版社2014年版1359页"戎"［解字］）

依据甲骨文和金文字形及字源解说内容，解析"戎"的隐意："戎（金文：𢦏）"＝"戈"＋"盾"，两个字符都与兵器有关，按照推测并验证的［类别—隐意—共性］规律，从属［兵器—军事—字符］，隐喻军事；由于"戎"在上古时期又指称中国西部的少数民族，从属［人类—称谓—字符］，应该隐喻本方，但因周部落自从定居周原地区，长期与各个"戎"部落大动干戈（参见开篇［《周易》作者的经历与"兵书"］中有关季历的生平），故"戎"的隐意变为对方。因而，"戎"的隐意可解读为：对方的军事。

"即戎"的隐意：本方消灭对方的军事力量，将其变成本方的战果。

7. 卦辞"告自邑，不利，即戎"的隐意

一旦对方胆敢入侵（告）本方（自），尤其本方的领土（自邑），造成危害本方利益的后果（不利），本方将毫不犹豫采取军事攻势，消灭对方的军事力量（即戎）。

五、卦辞"利，有攸往"隐意解析

1. "利"的隐意

优势因素，优势格局。（参见第三章第三节［否卦隐意解析］中"利"的论述）

此处的"利"可解读为：对方的行为对本方有利，或：对方诚心归顺本方。

2. "有攸往"的隐意

本方采取与对方"互通有无、优势互补"的合作方式。（参见第六章第一节［坤卦隐意解析］中"有攸往"的论述）

3. 卦辞"利，有攸往"的隐意

如果对方诚心归顺，本方将与对方和平共处"互通有无"。

第六节 需卦隐意解析

卦名：需

卦象：

卦辞：有孚，光亨：贞吉？利涉大川。

一、需卦隐意解读

将需卦的卦象"☵☰"转换为左右排列的象素表达式"☵☰"：

八卦符号	表示因素	外卦-对方	内卦-本方
上线	军事：	"--"劣势	"—"优势
中线	疆域：	"—"优势	"—"优势
下线	经济：	"--"劣势	"—"优势

君子针对卦象显示的双方实力对比情况（卦辞隐语）——本方已经形成防范对方挑衅和进犯的能力，不但具备了军事绝对优势，而且实现了综合实力最重要的三项因素的全优局面，问卦：本方已经形成综合实力的优势格局了吗？（卦辞：有孚，光亨：贞吉？）

的确，需卦的卦象对本方极为有利，内卦（本方）的三个方面都呈现优势状态，外卦（对方）仅有中线疆域因素为优势。尤其在军事力量方面，本方占据绝对优势。

周文王针对这样的局势，回答道（卦辞隐语）：这种优势格局能够战胜仅存一项优势因素的对方。（卦辞：利涉大川。）

并指出（卦名隐语）：将对方仅存的那点优势变成劣势（卦名：需）。

需卦卦象和卦辞隐意再次显示出本方的实力。

二、卦名"需"隐意解析

"需"字隐意解析

甲骨文　　金文　　小篆　　楷体

需，甲骨文字形，从"大"表示人体，在"大"的两边添加四点或三点，像水淋湿人体形。上古时代祭祀前须沐浴斋戒，以示诚意，这是"需"的本义。金文字形变为" "。（参考资料：徐中舒主编《甲骨文字典》四川辞书出版社2014年版1248页"需"、878页"儒"［解字］）

依据甲骨文字形及字源解说内容，分解"需"的组字要素：

"需（甲骨文：）"＝"水（淋湿）"＋"大（人体）"

按照推测并验证的［类别—隐意—共性］规律，解析上式字符隐意："水（淋湿）"与"火"对应，从属［阴阳—对应—字符］，隐喻"使某项因素变成阴性"，即变成劣势；"大"与"小"对应，从属［阴阳—对应—字符］，隐喻"阳性"，即优势。因而，"需"的字符隐意可表示为：

"需（甲骨文：）"＝"使某某因素变成劣势"＋"优势"

综合上式组字要素的隐意信息，"需"的隐意可解读为：将某某优势因素变成劣势。

三、卦辞"有孚，光亨：贞吉？"隐意解析

1."有孚"的隐意

本方采取措施，抵御来自对方的挑衅和进犯。或：本方针对来自对方的军事威胁而采取的措施。（参见第四章第二节［讼卦隐意解析］中"有孚"的论述）

2. "光"字隐意解析

光　光　光　光

甲骨文　金文　小篆　楷体

光，甲骨文和金文字形为会意字，像火在人的头上燃烧的形状。造字本义：光明。（参考资料：左民安著《细说汉字》九州出版社2005年版39页"光"）

依据甲骨文和金文字形及字源解说内容，分解"光"的组字要素：

"光（甲骨文：光）"＝"人体"＋"头部三簇火焰"

按照推测并验证的［类别—隐意—共性］规律，解析上式字符的隐意："人体"从属［人类—身形—字符］，隐喻本方；"头部"从属［人类--身体部位--字符］和［指事—部位—字符］，隐喻本方综合实力中的上线军事因素；"火焰"从属［阴阳—对应—字符］，借"火"与"水"的对应，隐喻阳性，或优势，尤其"火焰"的图形显示三簇火焰，从属［指事—数量—字符］，隐喻卦象中的三项因素。因而"光"的字符隐意可表示为：

"光（甲骨文：光）"＝"本方"＋"本方上线军事"＋"优势"＋"卦象中的三项因素"

综合上式组字要素的隐意信息，"光"的隐意可解读为：不但本方军事呈现优势，而且综合实力的三项主要指标均为优势。

3. "亨"的隐意

针对内卦出现的各种不同的情况，以及内卦与外卦对比形成的复杂局面，寻求解决方案，或：问卦。（参见第三章第

"需"＝"淋湿（隐喻将某某因素变成劣势）"＋"大（隐喻优势）"，合成隐意：将某某优势因素变成劣势。

"光"＝"人体（隐喻本方）"＋"头部三簇火焰（隐喻卦象上线军事因素，三项因素，优势）"，合成隐意：不但本方军事呈现优势，而且综合实力的三项主要指标均为优势。

二节［泰卦隐意解析］中"亨"的论述）

4."贞吉"的隐意

本方进行分析研究，得出的结论是：能够形成本方综合实力（贞）的优势格局（吉）。（参见第十章第一节［旅卦隐意解析］中"贞吉"的论述）

5.卦辞"有孚，光亨：贞吉?"的隐意

本方已经形成抵御对方军事威胁的能力（有孚），不但具备了军事优势，而且实现了综合实力三项主要指标的全面优势（光），针对这一情形，君子问卦（亨）：本方已经形成综合实力的优势格局（贞吉）了吗？

四、卦辞"利涉大川"的隐意

形成优势格局（利），战胜（涉）综合实力具有优势的对方（大川）。（参见第四章第一节［涣卦隐意解析］中"利涉大川"的论述）

从需卦卦象"☵☰"上看，对方仅存一项优势，因而可将此处的"利涉大川"解读为：本方形成的优势格局（利），能够战胜（涉）仅存一项优势因素的对方（大川）。

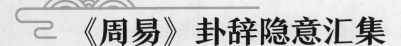

《周易》卦辞隐意汇集

一、理想模式与警示底线

1. 泰卦"☷☰"。本方必须齐心协力，才能消除劣势因素，形成全面优势局面（泰），即对方处于全面劣势、本方处于全面优势的格局（小往大来）。问卦：如何才能形成这样的优势格局（吉亨）？

2. 否卦"☰☷"。周文王否定这样的格局（否）。本方没有形成任何优势，而对方的综合实力已经具备优势（否之匪人），这是极为糟糕的本方综合实力局面（不利君子贞），即优势去往对方而劣势聚集于本方的局面（大往小来）。

二、打铁必须自身硬

1. 涣卦"☴☵"。周文王提出"齐心协力打造本方军事优势"的策略（涣）。问卦（亨）：本方全力以赴发展军事，并针对自身的经济劣势而采取措施（王假有庙），目的是要形成优势格局，战胜综合

实力具有优势的对方吗（利涉大川）？周文王回答：首先要形成本方综合实力的优势格局（利贞）。

2. 讼卦"☰☵"。周文王针对当前的卦象所做的论述（讼）：本方所要采取的措施，必须能够抵御来自对方的军事挑衅和进犯，因为，对方的军事优势会对本方增强综合实力构成巨大威胁和隐患（有孚窒惕）。此卦显示，本方只有疆域因素存在优势，而相关联的军事和经济因素都处于劣势（中吉终凶）。当前本方只能用已经取得的优势，通过自我助力的方式，去发展完善自身的实力（利见大人），此时本方不具备优势去战胜实力超强的对方（不利涉大川）。

3. 履卦"☰☱"。关于本方军事和经济发展的论述（履）。本方军事和经济的发展进程，与对方相比较，只有经济方面

取得了优势（履虎尾），但却始终没有形成具有征战能力的军事优势（不咥人），这时，本方应该采取怎样的策略应对军事实力强劲的对方呢（亨）？

4. 中孚卦"⚌⚏"。在本方疆域方面受到来自对方的挑衅和进犯时（中孚），应该采取怎样的对策呢？本方应该采取分化瓦解方式，促使对方统治下的各路诸侯分崩离析，进而使对方的势力范围变成劣势，这是当前形势下的尚佳之策（豚鱼吉），但要形成优势格局，最终战胜综合实力具有优势的对方（利涉大川），还必须形成本方综合实力的优势格局（利贞）。

三、自身硬的概念与标准

1. 兑卦"⚌⚌"。问卦（亨）：此卦象属于本方综合实力为优势的格局吗（利贞）？回答：本方军事尚在劣势中（兑）。

2. 临卦"⚏⚌"。针对本卦中的本方军事情况问卦（元亨）：此卦属于本方综合实力的优势格局（利贞）吗？解答：本

该具备优势的军事，却徘徊在劣势状态，将会导致其它因素成为劣势（至于八月）。因此，本方必须针对这项劣势因素采取措施（有凶）。强调：本方必须重视综合实力的三个方面（临）。

3. 遁卦"⚎⚌"。问卦（亨）：本方尚存劣势因素，这种局面属于本方综合实力的优势格局吗（小利贞）？解答：本方走这样的单纯发展军事之路，是只能用于防御的军事（遁）。

4. 家人卦"⚌⚏"。用本方综合实力的优势格局的标准来衡量，自身仍然存在差距（利女贞）。而且，对方的优势还较强大（家人）。

5. 革卦"⚌⚍"。在本方的军事尚未形成优势的情况下，疆域和经济方面会受到来自对方的骚扰和进犯（巳日乃孚）。根据当前本方军事情况，问卦（元亨）：这种情形属于本方综合实力的优势格局吗（利贞）？解答：本方处于劣势的疆域因

素，会削弱本方的军事因素，使其变成劣势（悔亡）。指出：本方全力以赴通过本方的军事实力夺取对方的疆域（革）。

6. 蛊卦 "䷑"。对方综合实力中有两个方面处于弱势（蛊）。针对本方军事优势情况问卦（元亨）：此卦形成的优势格局，能够战胜综合实力具有优势的对方吗（利涉大川）？解答：无论本方发展军事，还发展经济，都要继续努力形成本方综合实力全面优势的格局（先甲三日 后甲三日）。

7. 同人卦 "䷌"。将本方的上线军事和下线经济优势加以整合，形成合力（同人）。将本方军事和经济优势加以整合，形成合力，致力拓展农耕经济赖以生存和发展的疆域范围（同人于野）。问卦（亨）：实施这个方案，能够形成优势格局，战胜实力超强的对方（利涉大川）吗？回答：仅仅能够形成本方综合实力的优势（利君子贞）。

8. 大壮卦 "䷡"。不但内卦本身具备优势，而且与外卦相比，也具备优势（大壮），这种情形才是"本方综合实力的优势格局"（利贞）。

四、综合国力的内在关系

1. 坤卦 "䷁"。神祇：经济优势对疆域、军事优势十分重要（坤）。针对本方的军事情况问卦（元亨）：如何才能形成本方综合实力相对于对方处于全面劣势，本方付诸行动形成优势的优势格局（利牝马之贞）？解答：本方采取与对方"互通有无、优势互补"的合作方式（君子有攸往）。强军还需走发展农耕经济之路，因为，只有本方发展经济，才能增加财力，从而形成军事优势（先迷后得主）。形成本方综合实力超越对方综合实力的优势格局，有助于本方在发展经济的道路上获得巨大的财力（利西南得朋）。本方的疆域优势直接影响本方的农耕经济成就和财富积累（东北丧朋）。懂得上述三者之间的关系，会使本方从劣势局面转变为本方的综合实力处于优势的状态（安贞吉）。

2. 复卦"☷☳"。走出门户对外交往发展经济的思路（复）。问卦（亨）：本方走出门户对外交往，并不能形成本方军事优势吧（出入无疾）？解答：这个策略能为本方带来经济繁荣，从而可使本方立于不败之地（朋来无咎）。根据当前形势，本方采取走出门户对外交往发展经济之策略，目的就是要走强军之路（反复其道）。因为，本方实现军事优势，需要通过走出门户对外交往发展经济来实现（七日来复），即通过与对方展开"优势互补"的合作，进而实现强军之目标（利有攸往）。

3. 比卦"☵☷"。劣势叠加（比）。将本方的综合实力中的各个方面由劣势局面转变为优势格局，就要以经济为基点，采取"优势叠加"的发展模式（吉原筮）；而针对外卦具有的优势情况，制定内卦的军事发展布局，可使本方立于不败之地（元永贞，无咎）。改变本方综合实力全面

劣势的状况，一定要靠经济发展（不宁方来）；一旦本方综合实力成为劣势，尤其经济因素变成劣势，终会导致军事优势丧失殆尽（后夫凶）。

4. 井卦"☵☴"。经济（井）。本方借助自身已经形成的军事优势，只顾开疆拓土，却忽视了经济发展（改邑不改井），造成本方始终没有形成经济成就，从而导致本方没有财富积累（无丧无得）。假如对方与本方对待经济发展的态度截然相反，将会形成两种完全不同的经济发展趋势（往来井井）。一旦对方形成了全面优势的格局，而本方似乎仍然具备军事优势和疆域优势。然而，本方的经济繁荣直接关系到本方的军事战斗力（汔至亦未繘）。本方经济出现问题将会导致当前不具进攻性的对方变成具备进攻性的对方，从这个角度来理解，对方的综合实力占据了两项优势（井嬴其瓶）。所以，不重视经济发展的后果是：本方的综合实力将会处于极其危险的劣势地位（凶）。

5. 谦卦 "☷☶"。周文王强调：本方必须采取措施，发展经济（谦）。为什么（亨）？解答：因为本方的军事和经济存在着极大的关联性（君子有终）。

6. 渐卦 "☴☶"。虽然内卦在军事方面能与外卦抗衡了（渐），但还要将本方处于劣势的疆域和经济因素转变成优势（女归吉），才能形成本方综合实力的优势格局（利贞）。

五、军事军事还是军事

1. 观卦 "☴☷"。本方处境相当危险，已经成为对方猎捕的对象（观）。本方必须竭尽全力改变自身综合实力中的各项因素全部处于劣势的状况，只有形成本方的军事优势，才不会使本方的经济成为对方吞噬的食物（盥而不荐）；本方必须采取措施，抵御来自对方的挑衅和进犯，要使对方处于劣势，尤其军事，即使在本方综合实力处于劣势环境下，本方也要齐心协力想方设法发展军事（有孚颙若）。

2. 震卦 "☳☳"。本方针对受到打压的经济而应采取的措施（震）。问卦（亨）：本方应该采取怎样的措施，应对目前经济受到来自对方的打压？此卦情形是：虽然对方的两项因素处于劣势，但对方凶残野蛮极具进攻性（震来虩虩），而本方仅有经济因素处于优势，另外两项因素处于劣势（笑言哑哑）。解答：本方针对受到打压的经济而应采取的措施，必须借助某种因素，警告或回击一小撮敌对势力的进犯，以震慑对方整体，这个因素就是形成惠及经济和疆域等方面的军事优势（震惊百里）。只有这样，才不会使本方当前唯一的经济优势变成劣势，而使本方综合实力中已经形成优势的方面得以持续（不丧匕鬯）。

3. 师卦 "☷☵"。军队保卫疆域的重要性（师）。本方的综合实力，只有取得军事优势，才能形成真正的优势格局（贞丈人吉），而立于不败之地（无咎）。

4. 节卦 "☵☱"。本方能够独享经济

成果吗（节）？问卦（亨）：虽然本方军事因素处于劣势，但就军事保卫经济而言，应能起到保护本方独享经济优势的作用吧（苦节）？解答：这样的想法不具可行性，这是根据目前本方的综合实力状况而得出的结论（不可贞）。

5. 归妹卦"☳☱"。就疆域和经济而言，本方经济处于劣势（归妹）。在本方迈向内卦全优目标的道路上，仍然存在劣势因素（征凶），使得本方没有可以倚仗的优势，实现超越对方的优势格局（无攸利）。

6. 未济卦"☲☵"。采取制约经济的手段，间接阻止对方的疆域扩张的方案（未济）。问卦（亨）：如何削弱对方的军事实力，使其变成劣势？当前对方正在谋求形成外卦全面优势的局面，现在仅有外卦中线的劣势因素（小狐汔济）。在这种情形下，可以用打垮对方的经济优势来遏制对方吗（濡其尾）？解答：本方并不具备可以借助的优势因素，去实现削弱对方

经济的策略（无攸利）。

7. 鼎卦"☲☴"。此卦显示，本方军事已经形成优势（元吉），如何看待（亨）？回答：至关重要（鼎）。

六、优势互补与强军之道

1. 益卦"☴☳"。虽然本方仅有经济优势，在军事和疆域上都处于劣势状态（益），但可以通过自身仅有的经济优势与对方进行"互通有无、优势互补"的合作（利有攸往），进而形成全面优势格局，最终战胜综合实力具有优势的对方（利涉大川）。

2. 睽卦"☲☱"。要使本方军事由当前的劣势状况转变成优势（小事吉），采取的措施是在军事上实现"优势交换"（睽）。

3. 损卦"☶☱"。针对本方军事情形而采取的措施（损）。本方必须针对来自对方的挑衅和进犯而采取措施（有孚）。

只有本方军事处于优势，才能立于不败之地（元吉无咎）。根据目前本方的综合实力状况而制定的可行办法（可贞）是：通过本方已经具备的某种优势，采取与对方"互通有无、优势互补"的合作方式（利有攸往），实现强军目标。如何通过本方已经取得的优势来转变处于劣势的军事，使其达到优势状态：经过分析研究本方综合实力中的各个方面，得出可以施行的方案是：用本方已经实现优势的两项因素作为换取另一项因素的条件（曷之用二簋）。问卦：这样的方案合适吗（可用享）？

4. 大过卦"☰"。在本方拥有较多优势因素的基础上向全面优势目标发展（大过）。经济因素与本方蒸蒸日上的疆域因素直接相关，此卦显示本方已经形成军事和疆域优势，因而能够以自身的军事和疆域实力为手段（栋挠）。而本方与对方开展"互通有无"的合作，有助于改变当前本方经济劣势的状况（利有攸往），问卦：应该采取何种方式（亨）？

七、互补合作的前提

1. 剥卦"☷"。本方的综合实力里的多项因素处于劣势，尤其军事（剥）。本方不具备任何优势因素，能够与对方开展"互通有无，优势互补"的合作方式（不利有攸往）。

2. 无妄卦"☰"。根据当前本方军事情况问卦（元亨）：如何才能形成本方综合实力的优势格局（利贞）？解答：对方综合实力已经形成全面优势的格局（其匪正），即使本方采取措施实现了经济方面的优势（有眚），本方也没有任何优势因素，能够与对方开展"互通有无、优势互补"的合作（不利有攸往）。本方不具备"优势互补"的条件，本方军事也处于劣势，使得本方难以摆脱劣势的局面（无妄）。

3. 屯卦"☵"。经济得到发展（屯）。针对本卦中的本方军事情况问卦（元亨）：如何才能形成本方综合实力的优势格局（利贞）？解答：经过分析研究本方综合实力中的各个方面，得出的方案是：不要采用与对方"互通有无、优势互补"的合作方式（勿用有攸往）。根据当前形势下的有利时机，本方发展的道路是：针对内卦中的军事因素而采取措施（利建侯）。

4. 贲卦"☲☶"。问卦（亨）：针对本方尚存劣势因素情况，本方可以与对方开展"互通有无、优势互补"的合作，使其形成优势吗（小利有攸往）？解答：通过本方的军事行动来完成（贲）。

5. 巽卦"☴☴"。君子针对本方尚存的劣势因素问卦（小亨）：本方能够采取与对方开展"互通有无、优势互补"的合作方式，来解决这一问题吗（利有攸往）？解答：根据当前优势状况，实现用一个已经形成的优势发展另一个因素，使其也形成优势的目标，即"优势叠加"模式（利见大人）。本方有两个因素可用（巽）。

6. 恒卦"☳☴"。问卦（亨）：此卦情形不错（无咎）。在此基础上，要形成本方综合实力的优势格局，可通过本方已经形成的优势因素，与对方开展"互通有无、优势互补"的合作方式来实现（利贞，利有攸往）吗？解答：针对劣势状况，用"优势叠加"的发展模式（恒）。

八、优势叠加的发展模式

1. 困卦"☱☵"。疆域和经济的关系（困）。问卦（亨）：本方的综合实力，可以通过"优势叠加"的发展途径而形成优势格局（贞大人吉）吗？解答：这是个不错的方案（无咎），本方可以凭借自身一项优势助力其它两项劣势方面的发展（有言不信）。

2. 噬嗑卦"☲☳"。问卦：本方以经济为起点，采取"优势叠加"的发展模式吗（噬）？回答：发展本方的军事，使其形成优势（嗑）。又问（亨）：可有好的方式吗（利）？解答：对方的军事可以为我所用（用狱）。

3. 旅卦"☲☶"。本方以军事为基点，采取"优势叠加"的发展模式（旅）。针对本方尚存两项劣势因素问卦（小亨）：可否利用本方已经取得优势的军事力量，采取"优势叠加"的发展模式（旅）？解答：这个方案能够形成本方综合实力的优势格局（贞吉）。

4. 蹇卦"☵☶"。本方凭借内卦已经形成的优势，走发展农业繁荣经济之路（蹇）。比较双方综合实力的优势因素，外卦的优势弱于内卦（利西南）。但也存在劣势因素，本方的疆域因素处于劣势（不利东北）。此卦能够通过"优势叠加"模式（利见大人），以形成本方的综合实力的优势格局（贞吉）。

5. 明夷卦"☷☲"。虽然本方综合实力中存在劣势因素，但在军事上本方处于优势（明夷）。因而，可以发动军事攻势，开拓本方疆域，形成本方综合实力的优势格局（利艰贞）。

6. 既济卦"☵☲"。本方的综合实力已经形成针对外卦疆域的扩张能力（既济）。问卦（亨）：在本方尚存劣势因素的情况下，如何才能形成本方综合实力的优势格局（小利贞）？解答：本方军事和经济两方面均已形成优势，所以，本方可从军事和经济这两个方面，合力助力相关的处在劣势的疆域方面的发展（初吉终乱）。

7. 升卦"☷☴"。本方已经形成了军事优势（升）。针对本方军事情况问卦（元亨）：用本方已经形成的军事优势和疆域优势，改变处于劣势的经济，使其也成为优势。这个方案可行吗（用见大人）？解答：不要让内卦继续存在任何一项劣势因素（勿恤）。本方已经步入综合实力全优目标之路，即可实现内卦全面优势的格局（南征吉）。

九、逆境发展之道

1. 萃卦"☱☷"。本方从事为他人服务的经济活动，以求经济发展（萃）。问卦（亨）：本方要全力以赴发展本方的军事，并针对自身的经济劣势而采取措施（王假有庙），可是，此卦有何优势因素能够实现用一个优势发展另一个优势的目标呢（利见大人）？又问（亨）：本方能够形成综合实力的优势格局吗（利贞）？解答：利用对方的经济优势发展自身实力，是尚佳之策（用大牲吉）。进而形成某种优势，使本方能够与对方采取"互通有无、优势互补"的合作方式（利有攸往）。

2. 晋卦"䷢"。如何增强本方军事实力及综合实力的各个方面（晋）。本方齐心协力发展经济并取得业绩，进而实现军事发展目标（康侯）。本方要充分利用对方已经实现由劣势转变为优势的冶金技术（用锡马）。借鉴对方发展经济的足迹，形成内卦的经济优势（蕃庶）。然后本方采取"优势叠加"的方式，逐项发展综合实力的三个最重要的方面，改变本方处于劣势情况下面对对方的军事威胁（昼日三接）。

3. 随卦"䷐"。针对当前本方军事

情况问卦（元亨）：如何才能形成本方综合实力的优势格局（利贞）？解答：根据此卦情况，不出大错的方案（无咎）是通过辅佐对方来发展本方的疆域（随）。

4. 颐卦"䷚"。本方发展军事的动向（颐）。在对方密切注视本方发展军事的动向时，形成本方综合实力优势格局的策略（贞吉，观颐）是：本方要形成超越对方经济的绝对优势，因为本方的综合实力与自身的经济财力密切相关（自求口实）。

5. 解卦"䷧"。本方只有齐心协力，才能消灭敌方的军事实力，最终战胜敌方（解）。对比双方综合实力的优势因素，外卦优势偏弱于内卦（利西南），且优势没在内卦和外卦的军事上（无所往）。这种情形下，发展军事可通过本方发展经济形成优势来实现（其来复吉），即通过与对方开展"优势互补"的合作方式（有攸往），使本方经济劣势因素转变成优势（夙吉）。

6. 豫卦"☳☷"。本方应针对对方的具体情况而采取相应的措施（豫）。根据当前形势下的有利时机，本方发展的道路是：针对内卦中的军事因素而采取措施（利建侯），走开疆拓土之路（行师）。

7. 坎卦"☵☵"。本方在"疆土"方面已经形成优势（坎）。本方在制定所要采取的措施时，不但要考虑抵御来自对方的挑衅和进犯，还要考虑抓住对方相关因素处于劣势的机会（有孚维心）。问卦（亨）：在坎卦情形下，本方应该选择怎样的发展方向呢（行）？解答：必需改变本方综合实力中的劣势因素，尤其军事（有尚）。

8. 蒙卦"☶☵"。发展经济还是发展军事（蒙）？问卦（亨）：分析外卦军事和经济现状，虽然本方综合实力中的疆域因素已经形成优势，但本方却面临来自对方的军事威胁，这时应该用本方的疆域优势发展经济，还是发展军事（匪我求童蒙）？解答：虽然本方综合实力中的疆域

因素已经形成优势，但在本方面临来自对方的军事威胁时，用本方的疆域优势发展军事，还是发展经济？要依据对方的经济和本方的军事现状而制定（童蒙求我）。从本方经济与军事的内在关系来看，经济因素是"优势叠加"发展模式的基点，但也会使本方利益成为对方掠夺的盘中大餐（初筮告）。当前，对方的综合实力存在两项劣势因素，需要本方经济向外卦输出（再三渎）。但本方实施经济对外输出，只有以本方的军事为后盾，本方的利益才不会受到对方的伤害（渎则不告），才能形成本方综合实力的优势格局（利贞）。

十、把握进攻时机的策略

1. 艮卦"☶☶"。本方必须看到自身仍然存在劣势因素（艮）。在本方尚未实现综合实力全部优势的情况下，要分化瓦解对方统治下的各路诸侯，使其发生质的变化（艮其背），却不要向他们发动攻击，即使他们处于劣势状态（不获其身）。在对方处于统治地位时，本方按照朝纲政令行事（行其庭），却不让优势见

效于对方（不见其人）。采用上述两项策略，本方就不会出问题（无咎）。

2. 咸卦"☰☰"。问卦（亨）：如何才能形成本方综合实力的优势格局（利贞）？解答：倚仗本方的军事实力来完善本方存在的劣势因素，以形成本方综合实力的优势格局（取女吉），在对方的军事决策取决于巫师占卜时（咸）。

3. 小过卦"☰☰"。在本方存在较多劣势因素的情况下，如何向全面优势目标发展（小过）。问卦（亨）：如何形成本方综合实力的优势格局（利贞）？解答：本方只可寻找对方的薄弱环节采取军事行动，不可针对对方的优势方面发动军事进攻（可小事，不可大事）。虽然对方的军事和疆域因素都处于劣势（飞鸟），但本方当务之急是要全力以赴发展自身、完善自我，即用已经拥有的军事优势助力其它方面发展，进而使本方的疆域和经济方面步入"优势叠加"状态（遗之音）。在这样的形势下，即使对方两项因素处于劣

势，已经成为刀俎下的鱼肉，本方也不能在对方的军事方面发动攻势（不宜上），只能在对方的疆域方面下手（宜下）。这是形成优势局面的尚佳之策（大吉）。

4. 丰卦"☰☰"。本方已经形成双优局面（丰）。问卦（亨）：当本方全力以赴发展军事并形成优势后（王假之），能使本方疆域因素不再处于劣势状态吗（勿忧）？解答：对外卦处于劣势的军事和疆域方面发动攻势，以形成本方疆域优势（宜日中）。

5. 离卦"☰☰"。本方可以针对经济因素而采取军事措施（离）。问卦：如何才能形成本方综合实力的优势格局（利贞？亨）？解答：对方的其它因素与经济因素息息相关，将对方这个方面变成劣势，不但可以削弱对方的军事优势，而且能够削弱对方的整体实力（畜牝牛）。这是当前形势下的尚佳之策（吉）。

6. 姤卦"☰☰"。本方经济因素处于

劣势，会形成"劣势叠加"的被动局面（姤）。与外卦的优势相比，本方处于相对劣势，虽然内卦本身具备很强的优势（女壮）。经过分析研究本方综合实力中的各个方面，得出的方案是：本方不要采用或使用倚仗军事实力来完善本方存在劣势的措施（勿用取女）。

十一、全面优势与军事攻势

1. 乾卦"☰☰"。针对本方军事情况问卦（元亨）：这是本方综合实力的优势格局吗（利贞）？回答：虽然本方的军事和经济形成了优势，但还没有达到成熟的程度，本方仍然位居第二（乾）。

2. 大有卦"☲☰"。问卦：如何看待本方的军事优势（元亨）？回答：本方已经具备采取军事措施的优势（大有）。

3. 小畜卦"☴☰"。劣势与经济相关（小畜）。问卦（亨）：在本方的综合实力中，军事和疆域因素已经形成优势，这样的局面本方应该不在劣势吧（密云不雨）？解答：本方可以通过本方的军事攻势，削弱对方综合实力的优势，使其拥有的优势转至本方疆域（自我西郊）。

4. 大畜卦"☶☰"。优势与经济相关（大畜）。本方综合实力已经形成优势格局（利贞），而对方的综合实力却相反，已经陷入整体劣势的被动局面（不家），此时，本方通过军事实力消灭对方是尚佳之策（食吉）。此时，本方已经形成绝对优势格局，能够战胜综合实力具有优势的对方（利涉大川）。

5. 夬卦"☱☰"。本方具备随时发动军事攻势的能力（夬）。当本方致力形成军事优势，且将优势贯穿整个内卦时（扬于王庭），针对对方发出挑衅进犯的嚣张气焰，本方已经做好充分的准备，坚决回击逞凶之敌（孚号有厉）。一旦对方胆敢入侵本方，尤其本方的领土（告自邑），造成危害本方利益的后果（不利），本方将毫不犹豫采取军事攻势，消灭对方的军事力量（即戎）。如果对方诚心归顺

（利），本方将与对方和平共处"互通有无"（有攸往）。

6. 需卦"☱☷"。将对方仅存的那点优势变成劣势（需）。本方已经形成防范对方挑衅和进犯的能力（有孚），不但具备了军事绝对优势，而且实现了综合实力最重要的三项因素的全优局面，问卦（光亨）：本方已经形成综合实力的优势格局了吗（贞吉）？解答：这种优势格局能够战胜仅存一项优势因素的对方（利涉大川）。

解字—拼音—检索——237字